教育部人文社会科学重点研究基地

对外汉语/汉语国际教育研究生系列教材
总主编 崔希亮

"十三五"国家重点出版物出版规划项目

语言教育技术研究

郑艳群　朱世芳　田晋华　王　艳
刘　冰　邢安祺　朱莉莉　著

北京语言大学出版社
BEIJING LANGUAGE AND CULTURE
UNIVERSITY PRESS

© 2022 北京语言大学出版社，社图号 22025

图书在版编目（CIP）数据

语言教育技术研究 / 郑艳群等著 . -- 北京：北京语言大学出版社，2022.5（2023.4 重印）

对外汉语 / 汉语国际教育研究生系列教材

ISBN 978-7-5619-6086-8

Ⅰ.①语… Ⅱ.①郑… Ⅲ.①语言教学－教育技术－对外汉语教学－研究生－教材 Ⅳ.① H09

中国版本图书馆 CIP 数据核字（2022）第 068087 号

语言教育技术研究
YUYAN JIAOYU JISHU YANJIU

排版制作：	北京创艺涵文化发展有限公司
责任印制：	周 燚
出版发行：	北京语言大学出版社
社　　址：	北京市海淀区学院路 15 号，100083
网　　址：	www.blcup.com
电子信箱：	service@blcup.com
电　　话：	编辑部　8610-82303647/3592
	国内发行　8610-82303650/3591/3648
	海外发行　8610-82303365/3080/3668
	北语书店　8610-82303653
	网购咨询　8610-82303908
印　　刷：	北京鑫丰华彩印有限公司
版　　次：	2022 年 5 月第 1 版　　印　次：2023 年 4 月第 2 次印刷
开　　本：	787 毫米 × 1092 毫米　1/16　印　张：23.5
字　　数：	493 千字
定　　价：	99.00 元

PRINTED IN CHINA

凡有印装质量问题，本社负责调换。售后 QQ 号 1367565611，电话 8610-82303590。

"对外汉语/汉语国际教育研究生系列教材"
编委会

总 主 编：崔希亮

编委会成员：（以姓氏拼音为序）

郭凤岚　姜丽萍　梁彦民（秘书长）

孙德金　吴应辉　张　博　张　健

张　凯　张旺熹　张维佳

总　序

崔希亮

2010年初，由张博、孙德金教授提议，编写一套对外汉语/汉语国际教育研究生系列教材，推举我做总主编。我觉得这是一件值得去做的事就答应下来了。然后我们就组成编委会，开始确定选题，物色作者，并几次开会研究讨论，确定这套教材的编写思路，包括指导思想、教材定位、教材特色、编写体例等。北京语言大学出版社对这一选题也很感兴趣，从技术和资金方面给予支持。

编委会经过研究，确定了这套教材的八个板块，拟定了每个板块的内容，并初步确定了作者队伍。这八个板块是：

一、基础理论与方法板块

二、汉语语言学理论板块

三、语言教学理论板块

四、语言技能教学理论板块

五、语言要素教学理论板块

六、语言教育技术理论板块

七、汉外对比及跨文化交际理论板块

八、其他板块

根据这八个板块，我们拟分批推出30种教材：

1.《语言导论》

2.《语言学流派》

3.《语言学方法论》

4.《语言教学研究方法论》

5.《语言研究的实验设计》

6.《汉语概论》

7.《汉语简史》

8.《第二语言教学导论》

9.《第二语言教学设计概论》

10.《语言学的观念和方法》

11.《第二语言学习概论》

12.《语言测试导论》

13.《第二语言教学史》

14.《第二语言教学法研究》

15.《专门用途汉语教学》

16.《对外汉语教材导论》

17.《汉语听说教学研究》

18.《汉语阅读教学研究》

19.《汉语写作教学研究》

20.《语法及语法教学研究》

21.《语音及语音教学研究》

22.《词汇及词汇教学研究》

23.《汉字及汉字教学研究》

24.《语用、篇章教学研究》

25.《语言教育技术研究》

26.《语言教育资源研究》

27.《汉外对比研究与教学》

28.《跨文化交际研究与教学》

29.《第二语言教学与文化》

30.《第二语言教师发展与培养》

这个框架是按照学科的学理逻辑构建的，作者的选择也是根据学者们的学术背景和专业特长确定的。待各项工作展开之后，我们才发现这一工作并不简单。首先，教材的文本内容应该是深入浅出的，而要做到深入浅出实非易事；其次，这套教材应该考虑到趣味性、可读性，这又是一个更困难的任务，因为严肃的学术问题有的时候只能不苟言笑；第三，现在的教授们都很忙，忙着上课、带学生、讲学、做项目，甚至云游四海，很难静下来好好考虑教材的问题。由于有以上一些困难，有的作者表示难以完成任务，提出退出课题组，因此编委会经过讨论，决定从实际出发，适时调整板块内容和作者。

对外汉语教学/汉语国际教育是一个独立的学科，也是一个交叉的学科，同时它还是一个新兴的学科，这个学科涉及语言学理论、汉语语言学、语言教学和语言学习理论、语言教学技能、语言教学方法、语言测试、语言教育技术、汉外对比研究和跨文化研究等不同的分支学科。从学科分布上看，这个学科涉及语言学、教育学、认知科学、心理学、计算机技术等不同的领域，任何人都难于以一己之力贯通所有研究领域。因此整合学术力量、协力合作才是最佳选择。当前，开设语言学及应用语言学专业对外汉语教学／汉语国际教育方向研究生课程的高等学校越来越多，招收的研究生数量也十分可观，尤其是专业研究生的数量增加速度很快，而学生来源却是五花八门，什么专业背景的都有，师资力量准备不充分，没有现成的合用教材。我们也知道这个学科既有的研究基础尚嫌薄弱，但是编辑出版一套针对研究生的教材时机已经成熟。我们邀请了学界知名学者和汉语教学经验丰富的专家担纲，推出这套"对外汉语／汉语国际教育研究生系列教材"，可以填补这个领域的空白，为对外汉语教学和汉语国际教育的研究生培养贡献绵薄之力。这也是学界期盼已久的事情。

这套教材的学科定位为语言学及应用语言学专业的对外汉语教学／汉语国际教育方向；读者定位为硕士研究生指导教师和硕士研究生群体，当然也涵盖汉语教师志愿者、孔子学院教师等；内容定位为对外汉语教学／汉语国际教育的所有分支学科；作者队伍定位为对外汉语教学与研究的一线教师和资深专家；编写理念定位为理论与实践相结合，学术性与可读性相统一。

在讨论的时候，我们在以下几个方面达成共识，即本套教材应该具备以下几个方面的特色：

（1）以问题为导向设计章节，目的是引导学习者尽快介入本学科研究的前沿课题，深入思考各种各样的问题，鼓励学习者自己动手寻找答案；

（2）注意知识点和问题排列的科学性和系统性，借鉴国内外学界最新研究成果，求创新，图新颖；

（3）对问题的讨论力求深入浅出，晓畅易懂，不拘泥于成说，诱导读者步步深入，探及问题本质；

（4）教材要有趣味性，语言生动、例子经典，学习者可以用来自学而不觉得枯燥乏味；

（5）配合各章节提出的问题注重研究方法的讲解和阐释，尽量给学习者留出进一步研究的空间。

科学研究是一项个体性非常强的行为，所以本选题虽然是系列教材，但是每一本教材的个性特征还是很鲜明的。尽管我们在体例上提出了要求，但是不同的作者还是会把自己的印迹留在教材上。不管是内容的剪裁还是语言表达风格，都与作者的研究领域和教学经验密不可分。

四年时间过去了，作者们开始陆续交稿了，我期待着学界的批评指正，更期待着大家对这套教材提出完善意见和建议（反馈邮箱：gjhyjxyj@blcup.com），为日后的修订提供借鉴和参考。

2015 年 10 月

前　言

教育技术学是现代教育学发展的重要成果，也是现代科学技术迅猛发展进而对教育产生深刻影响的写照。

教育技术学自诞生以来，美国教育传播与技术协会对其的定义从1994年、2005年，到2017年，几经更迭，充分表明它是一个年轻的学科，正处于活跃和快速发展时期。严格来说，应该称之为现代教育技术。因为自从有了教育，就出现了关于教育中的技术的思考。

毫无疑问，教育技术对各个学科的教学都产生了影响。已有的教育技术的教材可谓目不暇接，特别是师范类院校出版了很多。这类教材内容通常涵盖教育技术的定义与内容、理论基础、技术基础和研究方法，对广大教师从通识的角度认识现代教育技术起到了积极的作用。

探究教育技术在特定学科中的应用，是学科发展的重要增长点，也是学科教育技术研究的主要任务。就语言教育技术来说，除去一般性的教育技术规律之外，一定有其自身的、专门的教育技术理论和实践问题。特别是现阶段，广大外语教师都已受到现代科技的洗礼，感受到技术的变革对语言教学的影响。因此，语言教育技术教材编写在学科建设方面具有重要意义。

由于工作的原因，此前全国对外汉语教学本科系列教材的相关分册、关于汉语教育技术的优秀文献选编（《对外汉语计算机辅助教学的理论研究》《对外汉语计算机辅助教学的实践研究》《汉语作为第二语言教学的教学技术研究》《汉语作为第二语言教学的教学资源研究》等），以及对外汉语教学学科发展报告教育技术分项等，均由本人承担。因此，多年来关注语言教育技术的动态就像是我的日常工作。十年前，我和我的研究团队开始系统地追踪国内外语言教育技术动态，包括著名的国际外语教育技术专门会议以及权威的外语教育技术期刊，同时也关注国内外语（英语）教学界和汉语教学界关于教育技术研究的动态。可以说，这些构成了语言教育技术研究的背景资料。

继编写本科教材之后，编写研究生教材是我多年来的愿望。很高兴"对外汉语/汉语国际教育研究生系列教材"编委会在策划的时候设立了《语言教育技术研究》分册，并把这项任务交给了我。考虑到研究生教材重在研究性和启发性，且为了突出现代教育技术在具体学科应用方面的特点，本书从通识的角度对现代教育技术基础知识做简述，重点是立足语言教育技术研究，紧密围绕语言教学中教育技术的理论和实践问题展开，希望能够加深和拓展研究生对语言教育技术的认识、理解和思考。

作为一门综合性交叉学科，如何编写，至少有两条思路。一是从技术应用的角度探讨语言教学问题，二是从语言教学的角度探讨技术应用问题。已经出版的《对外汉语教育技术概论》（商务印书馆，2012）基本属于前者，可以说是适应当时突出技术应用认识的产物，主要围绕多媒体技术、语料库技术和网络技术在语言教学中的应用展开。本书将采用后者，是考虑到技术的普及应用已经达到一定的水平，回归教学本体，思考教育技术背景下外语教学的问题，会更有利于学科的建设和发展。

纵观1993—2021年的顶级外语教育技术国际会议[1]的主题、分议题、子议题和大会报告4000多条，以及2000—2020年的权威外语教育技术期刊[2]论文近5000条，还有部分专著，且标注了52项关于语言、科技和教育技术属性信息，如何驾驭这些宝贵信息，并不是一件容易的事。为此，我们建立了会议和期刊信息数据库，既从语言教学视角[3]，又从科技类别[4]和教育技术视角[5]对其进行标注，这使我们得以清晰地辨识，在去粗取精后，进一步提炼概括，在讨论和研究的基础上形成对语言教育技术的认识。因此，本书围绕国际外语教育技术研究纵览、教育技术支持下的语言教学设计、教育技术与语言要素教学、教育技术与语言技能教学、数字化环境下的语言习得与认知、计算机化语言教学测试与评估、教育技术应用对语言教师的影响、教育技术应用对语言学习者的影响，以及教育技术专题研究等九大章展开，而其下又涉及具体的科技类别的应用。同时，既涉及研究内容，也包括相应的研究方法。这些信息共同构成了本书的

---

[1] 包括：European Association for Computer Assisted Language Learning Conference (EuroCALL); Computer-Assisted Language Instruction Consortium Conference (CALICO); International Conference ICT for Language Learning (ICT4LL); The Globalization and Localization in Computer-Assisted Language Learning Conference (GLoCALL); Natural Language Processing for Computer-Assisted Language Learning (NLP4CALL)。

[2] 包括：*System*; *CALICO Journal*; *ReCALL*; *Computer Assisted Language Learning*（简称 CALL）; *Language Learning & Technology*。

[3] 包括：教师或学生语言背景；教师或学习者；教学与学习；语言要素及教学；语言技能；习得与认知；测试与评估；等等。

[4] 包括：硬件及软件设备；多媒体及超媒体、多模态；语料库/数据库；网络技术；移动技术/设备、虚拟现实技术、人工智能等技术特性；数字化；软件、平台、系统、各类应用程序；等等。

[5] 包括：关于教学过程和资源的设计；开发；利用；管理；评价。

体系和体例，对于认识"教育技术全面支撑外语教学设计"这样的理念大有裨益。

　　作为配合研究生培养方案的研究生教材，本书的初稿已在本人主讲的"第二语言教育技术研究"研究生课程上试用，其中的很多专题都可以进一步展开讨论。可以说，这正是培养研究生思辨和创新能力的起点和契机。本书也可供从事外语教学的教师和科研工作者使用，相信每位教师都可以从中受到启发，开展自己的研究课题，在教育和技术的变革中推进语言教育技术的发展，为第二语言/外语教育的明天做好准备。

郑艳群
2022 年 5 月 10 日

目 录

第一章　国际外语教育技术研究纵览　　　　　　　　　　　　1
　　第一节　教育技术的基本概念和理论基础　　　　　　　　1
　　第二节　国际外语教育技术研究动态及热点分析　　　　　4
　　第三节　教育技术学框架下国际外语教育技术研究综述　19

第二章　教育技术支持下的语言教学设计　　　　　　　　　　28
　　第一节　教育技术支持下的教学目标和教学内容　　　　29
　　第二节　教育技术支持下的教与学模式　　　　　　　　34
　　第三节　教育技术支持下的教学资源建设及应用　　　　49
　　第四节　教育技术支持下的教学环境构建及应用　　　　63

第三章　教育技术与语言要素教学　　　　　　　　　　　　　73
　　第一节　教育技术环境下的语音教学　　　　　　　　　73
　　第二节　教育技术环境下的词汇教学　　　　　　　　　78
　　第三节　教育技术环境下的语法教学　　　　　　　　　86
　　第四节　教育技术环境下的文字书写及拼写教学　　　　90
　　第五节　教育技术环境下的语用教学　　　　　　　　　92
　　第六节　教育技术环境下的文化及跨文化交际教学　　　94

第四章　教育技术与语言技能教学　　　　　　　　　　　　　99
　　第一节　教育技术环境下的听力教学　　　　　　　　　99
　　第二节　教育技术环境下的口语教学　　　　　　　　　103
　　第三节　教育技术环境下的阅读教学　　　　　　　　　105
　　第四节　教育技术环境下的写作教学　　　　　　　　　110
　　第五节　教育技术环境下的翻译教学　　　　　　　　　114

第五章　数字化环境下的语言习得与认知　118

- 第一节　不同技术类型下的二语习得理论与实践　118
- 第二节　数字化环境下的中介语及其相关研究　122
- 第三节　数字化环境下的语言输入与输出　124
- 第四节　数字化环境下的互动相关研究　128
- 第五节　数字化环境下的语言教学反馈　139
- 第六节　数字化环境下的语言认知过程及相关因素　146
- 第七节　数字化环境下的习得与认知研究新动向　154

第六章　计算机化语言教学测试与评估　161

- 第一节　不同用途的计算机化语言测试　164
- 第二节　计算机化语言要素测试与评估　168
- 第三节　计算机化语言技能测试与评估　173
- 第四节　计算机化语言教学动态评价　179
- 第五节　数字化语言教学资源评价　182

第七章　教育技术应用对语言教师的影响　188

- 第一节　教育技术应用对教师信念和角色的影响　188
- 第二节　教育技术应用对教师情感的影响　191
- 第三节　教育技术应用对教师行为的影响　192
- 第四节　教育技术与教师发展和教学反思　194
- 第五节　教育技术应用对不同教师群体的影响　200

第八章　教育技术应用对语言学习者的影响　207

- 第一节　教育技术应用对学习风格和学习策略的影响　207
- 第二节　教育技术应用对学习者情感的影响　213
- 第三节　教育技术应用对学习者行为的影响　219
- 第四节　教育技术应用对学习效果的影响　222
- 第五节　教育技术应用对不同学习群体的影响　223

第九章　教育技术专题研究　　　　　　　　　　　　　　　　　236
　　第一节　专题研究1：欧洲外语教育技术研究动态及热点分析　　236
　　第二节　专题研究2：商务外语教学教育技术研究图谱及热点分析　247
　　第三节　专题研究3：汉语作为第二语言教育技术研究　　266

中文参考文献　　　　　　　　　　　　　　　　　　　　　　　285

英文参考文献　　　　　　　　　　　　　　　　　　　　　　　293

术语表　　　　　　　　　　　　　　　　　　　　　　　　　　357

第一章 国际外语教育技术研究纵览

第一节 教育技术的基本概念和理论基础

一、教育技术的基本概念

1994年，美国教育传播与技术协会（Association for Educational Communications and Technology，简称AECT）发表的《教育技术：领域的定义和范畴》[1]一书正式给出了"教育技术"的定义，并对其研究范围和知识体系进行了界定。即教育技术学是对学习过程和学习资源进行设计、开发、利用、管理和评价的理论与实践[2]。

2005年，该协会对教育技术的定义做了进一步修订，更新后的中文定义为：教育技术是通过创造、利用和管理合适的技术性过程和资源，以促进学习和提高绩效的研究，及符合伦理道德的实践[3]。

2017年，该定义又重新进行了修订，更新后的中文定义为：教育技术是通过对学与教的过程和资源进行策略设计、管理和实施，以提升知识、调节和促进学习与绩效

---

[1] Seels, B. & Richey, R. (1994) *Instructional Technology: The Definition and Domains of the Field*. Washington, D.C.: Association for Educational Communications and Technology. 参见 [美] 巴巴拉·西尔斯、丽塔·里齐著，邬美娜、刘雍潜等译（1999）《教学技术：领域的定义和范畴》，北京：中央广播电视大学出版社。

[2] 英文全文如下：
Instructional technology is the theory and practice of design, development, utilization, management and evaluation of processes and resources for learning.

[3] 英文全文如下：
Educational technology is the study and ethical practice of facilitating learning and improving performance by creating, using, and managing appropriate technological processes and resources.

的关于理论、研究和最佳方案的研究且符合伦理的应用[1]。

教育出现之始就有教育技术，并非有了信息技术，有了科技才有教育技术。这里所说的技术，既有有形的物化技术，又有无形的智化技术。随着科学技术的快速发展和应用，人们对教育技术的认识也在不断深入和发展。人们发现了一些从未认识到的问题，或者开始重视一些过去未曾得到重视但又愈加凸显的问题，因此教育技术受到越来越多的关注。如何应用教育技术解决学科教学的理论和实践问题已经成为各个学科共同探讨的话题，其目的是更好地为教学服务。教育技术已发展成为一个专门的学科，即教育技术学。

二、教育技术的理论基础

作为一门与教育相关的学科，教育技术的理论基础包括：学习理论、教育心理学、教育传播理论、系统科学理论、教学设计理论和视听教育理论。其中，与技术相关的理论内容对教育技术的实践具有更为直接的指导作用。

1. 视听教学理论

美国视听教育家戴尔在1949年出版的《视听教学法》中提出了"经验之塔"（cone of experience）理论。该理论提出，经验有的是直接方式得来的，有的是间接方式得来的。这个理论给出了从底层到顶层的阶梯，说明各个经验的具体或抽象的程度。戴尔认为，学生积累了一些具体经验，并能够理解真实事物的抽象表现形式，在这个基础上，才能有效地参加更加抽象的教学活动。其中，应用各种教学媒体使学习更为具体，以及视听媒体较语言和视觉符号，更能为学生提供具体和易于理解的经验等观点，对于应用技术解决教学问题较有指导意义。

现代视听教学的发展与计算机多媒体技术有着密切的联系，多媒体技术在教育领域中的普及和应用，对解决教学问题、促进学生学习有着积极的作用。理查德·E.迈耶在其《多媒体学习》（2006）一书中指出，按照人的心理工作方式设计的多媒体信息比没有按照人的心理工作方式设计的多媒体信息，更能产生有意义的学习。多媒体学

---

[1] 英文全文如下：
Educational technology is the study and ethical application of theory, research, and best practices to advance knowledge as well as mediate and improve learning and performance through the strategic design, management and implementation of learning and instructional processes and resources.
关于三个定义的评析可以参看：李海峰、王炜、吴曦（2018）AECT2017定义与评析——兼论AECT教育技术定义的历史演进，《电化教育研究》第8期。

习的认知理论假定：人类的信息加工系统包括视觉/图像加工和听觉/言语加工双通道（双通道假设）；每个通道同时加工的信息数量是有限的（容量有限假设）；主动的学习要求对学习过程中各认知加工过程进行协调（主动加工假设）。据此，迈耶提出了多媒体教学信息设计原则，分别是多媒体认知原则、空间接近原则、时间接近原则、一致性原则、通道原则、冗余原则和个体差异原则。这对于促进我们对人如何从词语和画面中学习的认识，以及改善多媒体呈现的设计，具有重要的意义，有力推动了多媒体学习从对学习的理论研究，迈向对教学的实践改进。

2. ADDIE 模型

ADDIE 是一个教学系统设计（Instructional System Design，简称 ISD）框架，许多教学设计师和培训开发人员使用它来开发课程。该名称是它定义的五个阶段的首字母缩写，用于构建培训和绩效支持工具：分析（Analysis）、设计（Design）、发展（Development）、实现（Implementation）和评价（Evaluation）。目前，大多数 ISD 模型都是 ADDIE 过程的变体模型，包括迪科－凯利模式（Dick & Carey Model）和肯普模式（Kemp Model，或 Kemp ISD 模型）。

教学系统设计的概念出现在 20 世纪 50 年代早期，ADDIE 第一次出现在 1975 年，它是由美国佛罗里达州立大学的教育技术研究中心为美国陆军设计和开发的培训模型，是指一套有系统地发展教学的方法。教学系统设计运用系统论的观点和方法，分析教学中的问题和需求，探索教学系统中教学目标、教师、学生、媒体等各个要素之间，以及要素与整体之间的联系，使各要素有机结合起来，从而找出教学问题的最佳解决方案。这种系统和整体的观念对于全面把握教育技术应用中的方方面面很有帮助。

3. 联通主义学习理论

Siemens（2005）指出，联通主义是理解数字时代学习的理论框架。他提出数字时代学习理论强调网络浏览器、搜索引擎、wiki、在线论坛和社交网络等互联网技术如何为新的学习途径做出贡献。技术使人们能够通过万维网，彼此之间学习与分享信息，这在数字时代之前是不可能的。学习不是简单地在个人内部发生，而是发生在网络内部和网络之间。联通主义与建构主义等理论的区别在于，学习可以存在于我们自身之外（在组织或数据库内），人们可以将学习集中在如何使专业知识系统地关联起来，以便可以从中学到更系统和更重要的知识。联通主义认为，知识是一个网络，学习是一个模式识别的过程。联通主义与维果茨基的最近发展区（Zone of Proximal Development，简称 ZPD）和 Engeström 的活动理论有相似之处。联通主义强调技术对人们如何生活、交流和学习会产生影响，是一种经由混沌、网络、复杂性与自我组织等理论探讨的原理的整体。

教育技术作为一门综合性学科，在运用理论基础指导研究的过程中，常常会借用社会学科和教育学科的研究方法，并结合教育技术自身特点来解决教学中的实际问题。教育技术研究中常用的方法包括调查法、准实验研究法、民族志研究法、行动研究法、基于设计的研究法、内容分析法等。例如：针对教育技术现象的复杂性，涉及的变量众多，而有些现象并不能容易或完全被直接观察和控制，尤其是对于大范围的研究对象，通过调查研究方法可以对已形成的事实进行考察和分析；通过内容分析法可以对学习过程和教学资源做客观系统的量化并加以描述，包括传播内容及客观性、系统性，学习者的反馈信息等；另外，基于设计的研究方法具有更好地体现教育技术学科所强调的"设计"和"问题解决"的特征，能够更好地指导教学实践，正逐渐引起研究人员的重视。

第二节　国际外语教育技术研究动态及热点分析[1]

目前，教育技术已发展成为一个专门的学科，即教育技术学。作为一个学科，其真正成熟的标志是不仅有自己的专业、培养目标、课程、师资队伍，还有专门的会议、期刊等。本节基于翔实的国际外语教育技术专门会议的主题（包括议题、分议题或子议题），主旨报告及专题报告，期刊论文题目和摘要，教育技术专业和课程信息，计算其中的词语频率和关联关系，进而讨论国际外语教育技术研究动态，并对近年来的热点研究问题进行分析。

一、国际外语教育技术重要学术会议信息及研究热点分析

（一）国际外语教育技术重要学术会议信息

教育技术领域重要的学术会议有很多，从中我们可以看到如下关于外语教育技术的特殊的一类。（见表1）

表1　外语教育技术重要学术会议信息一览表

会议名称	简称	主办单位	起始年份
European Association for Computer Assisted Language Learning Conference	EuroCALL	The European Association for Computer Assisted Language Learning (EuroCALL)	1993

---

[1] 本节摘自郑艳群.国际外语教育技术研究动态及热点分析[R].2018年国际汉语教育技术前沿与应用高级讲习班主旨报告（国家汉办/孔子学院总部主办），2018年7月22—24日，北京。略有改动。

续表

会议名称	简称	主办单位	起始年份
Computer-Assisted Language Instruction Consortium Conference	CALICO	The Computer-Assisted Language Instruction Consortium (CALICO)	1998
International Conference ICT for Language Learning	ICT4LL	Pixel – International Education and Training Institution	2007
Globalization and Localization in Computer-Assisted Language Learning Conference	GLoCALL	The Pacific Association for Computer Assisted Language Learning (PacCALL) and the local host	2007
Natural Language Processing for Computer-Assisted Language Learning	NLP4CALL	Special Interest Group in Intelligent Computer-Assisted Language Learning (SIG-ICALL of NEALT)	2012

由表1可以看出该领域研究的如下三个特点：第一，它们都是关于外语教学教育技术的专门会议。这表明外语教学和研究不仅伴随教育技术的发展在发展，而且逐渐发展成为一个专门的分支领域，即外语教育技术。第二，有些重要的会议实际上早在1993年就发起了，前辈和先驱在过去长达近30年的时间里付出了巨大的努力，推动了该领域的进步。第三，近年发起的会议（如2012年发起的）体现出多学科或多领域交叉与融合的特点。

上述会议每年召开一次，它们为促进该领域的学术交流搭建了重要平台，是推动学科进步和繁荣的重要阵地。通过对这些会议的主题和子议题，以及大会主旨和专题报告进行深入分析，可以一览该领域的发展脉络和当前状况。

（二）国际外语教育技术重要学术会议主题和子议题分析

国际外语教育技术重要学术会议以探讨如何利用教育技术提高外语教学的效率和效果、扩大教育规模、降低教育成本为宗旨，在不同时期对信息技术环境下的二语教学和学习产生了同寻常的影响，对学科的发展起到了引领作用。其主题和子议题或是当时业界关心的新问题，或是正视当下、面向未来的敏感问题，或是重要的学科理论与实践问题，体现了学者们的新思考与新认识。其中，会议主题反映的是会议的中心思想，也是研究者们力求解决的主要问题；子议题是主题的具体体现，它围绕主题展开，并具有明确的针对性。我们既可以对会议的主题和子议题进行历时分析，又可以聚焦于某个时间片段，通过最新的会议主题和子议题了解当下的研究状况和未来趋势。

上述国际会议中，CALICO（计算机辅助语言教学联盟）和EuroCALL（欧洲计算机辅助语言学习协会）创会时间早且国际影响力大，值得作为重要案例进行分析。其中，CALICO是一个国际组织，它致力于研究和开发计算机技术在语言学习中的应用。20多年来，众多包括语言教育工作者、程序员、技术人员、网页设计师、CALL（计算机辅助语言学习）开发人员、CALL从业者和第二语言习得研究人员在内的，对技术应用于外语教学感兴趣的人员在一起，探索大家共同关心的理论和实践问题。EuroCALL是一个汇集了一批语言教育技术研究者、从业者和开发者的国际组织，他们对技术应用于语言和文化学习与教学充满了热情。自成立以来，EuroCALL致力于在应用语言学、教育技术、计算机媒介传播及数字文化等领域建构与分享知识，不仅为全球语言教育技术研究与实践的发展做出了重要贡献，也为建立和传播以技术为中介的语言学习与教学的创新性研究与实践提供了欧洲视角。下面分别以CALICO和EuroCALL会议为例，对会议主题和子议题相关信息做简要分析。

1．会议主题分析

回顾学科发展的重要节点对于学科研究的传承有着重要的现实意义，它可以使人们看清学科发展的轨迹，厘清技术与语言教学的关系，深刻地认识教育技术在语言教学中的作用，以及教育技术可能在教学领域产生的变革，并据此从各方面做好积极的准备。

从表2可以看出，2018年CALICO会议的主题是"Connecting CALL's Past to Its Future（连接计算机辅助语言学习的过去和未来）"。这反映了学界的一种思考：从传统的计算机辅助语言学习（Computer-Assisted Language Learning，简称CALL），到网络时代各种新兴技术和新型教学形式的不断涌现，人们站在一个发展的新时代，一个承上启下的节点上，对面向未来的计算机辅助语言教学，专家和学者们给予了诸多期待。

表2　CALICO历届会议主题列表

召开年度	会议主题
2022	Social Justice and Diversity in CALL（计算机辅助语言学习中的社会公平和多元性）
2021	Global Realities（全球推行）
2020	*取消*
2019	Make It So / Fais ce que doit（创造计算机辅助语言学习的新发展）
2018	Connecting CALL's Past to Its Future（连接计算机辅助语言学习的过去和未来）
2017	Multilingualism and Digital Literacies（多元语言和数字文化）
2016	Evolving Interactions in Digital Language Learning（数字化语言学习中的演进性互动）
2015	Places and Spaces: Redefining Language Learning（地点与空间：重新定义语言学习）
2014	Open, Online, Massive: The Future of Language Learning?（开放、在线、大规模：语言学习的未来？）
2013	Navigating the Complexities of Language Learning in the Digital Age（应对数字时代语言学习的复杂性）

续表

召开年度	会议主题
2012	Open Education: Resources and Design for Language Learning（开放教育：语言学习的资源与设计）
2011	Mediated Learning Communities（中介学习社区）
2010	Enhancing Language Learning: Research, Innovation, and Evaluation in CALL（优化语言学习：计算机辅助语言学习的研究、创新与评估）
2009	Language Learning in the Era of Ubiquitous Computing（普适计算时代的语言学习）
2008	Bridging CALL Communities（连接计算机辅助语言学习社区）
2007	The Many (Inter)Faces of CALL（计算机辅助语言学习的多个[界]面）
2006	Online Learning: Come Ride the Wave（在线学习：来跟上潮流吧）
2005	CALL and the Year of Languages: Critical Needs（计算机辅助语言学习和"语言年"：迫切需求）
2004	CALL: Focusing on the Learner（计算机辅助语言学习：聚焦学习者）
2003	Collaborative CALL（协作性的计算机辅助语言学习）
2002	Creating Virtual Language Learning Communities（创建虚拟语言学习社区）
2001	Technologies for Language Learning: Using the Proven and Proving the New（语言学习技术：存真求新）
2000	Core Technologies: Impact on the Future（核心技术：对未来的影响）
1999	Advancing Language Learning Technologies into the New Millennium（提升语言学习技术，融入新千年）
1998	New Directions – New Perspectives（新方向与新视角）

从 CALICO 历届会议主题看，它一直是与科技的发展相呼应，将技术与教学和学习相融合，关注应时和前瞻性的语言教学和学习的研究热点。包括多语言和数字文化（或者说数字文化时代的语言教学），数字化语言学习的交互，如何在信息时代重新定义语言学习，大规模开放教学与未来语言学习，数字时代语言学习的复杂性，开放教育中的语言资源和设计，虚拟语言学习社区的创建，核心技术问题，等等。这些曾伴随技术的兴起而具有鲜明技术色彩的问题，或外语教学根本性的、永恒的问题，都曾作为会议主题，既显示出该领域专家学者的眼光，也体现了时代发展的需要。可以说，该会议的关注点始终位列时代的前沿，起到了非常好的引领作用。

2. 最新会议子议题分析

子议题通常是会议主题的进一步细分和深化。2020年度EuroCALL会议的子议题如表3所示。

表3 2020年度EuroCALL会议主题及子议题列表

	主题：CALL for Widening Participation（助力CALL的广泛参与）
子议题	Assessment and Feedback（评估与反馈）
	CALL for Social Inclusion（助力CALL的社会融入）
	CALL for Sustainability（助力CALL的可持续发展）
	Corpora and Language Learning（语料库和语言学习）
	Formal and Informal Learning（正式和非正式学习）
	Gamification and Virtual Reality（游戏化与虚拟现实）
	Intercultural Learning（跨文化学习）
	Learning Analytics（学习分析）
	Mobile-Assisted Language Learning（移动辅助语言学习）
	Open Educational Resources and Practices（开放式教育资源和实践）
	Pedagogy and Didactic Designs（教学法和教学设计）
	Research Trends in CALL（CALL的研究趋势）
	Teacher Education and Professional Development（教师教育与职业发展）
	Telecollaboration and CMC（远程协作和CMC）

从表3中可以看出，CALL已全面支持语言教学的方方面面，并为外语教学带来了新的活力。在教学与学习上，既有如正式和非正式学习等对外语教学业态等的宏观指导，也有关于教学过程研究等的微观指引。这些议题关注到了语料库技术、移动技术、远程协作技术和虚拟现实技术等正在逐渐渗入外语教育，并为外语教育带来新的认识。

（三）国际外语教育技术重要学术会议主旨报告和专题报告分析

学术会议通常会安排该领域有影响力的专家学者围绕会议主题做主旨报告，这些报告水平较高，通常是在宏观层面下做出的具体研究，具有扎实的理论基础，也反映出专家们对学科的最新思考。专家们必须站在时代的前沿,力求展示其权威性,起到引领作用。因此,对大会主旨报告进行分析有利于我们从专家的视角,更宏观地看待学科发展的全局问题。在此,我们将通过建立"主旨报告和专题报告题目专业词语数据库"并进行分词计算得出结论。我们从宏观的视角,分析表1重要学术会议2013年至2018年六年间大会主旨报告题目中主题词的分布特征,力求对学科研究领域有更全面的了解。

另外,会议往往会将在研究内容、对象、方法、材料等方面相似或相关的研究集中在一起,安排专题报告。在专题报告中,专家学者在同一专题下就各自的最新研究展开交流与讨论,这些专题通常都是学科面临的瓶颈问题或专家们最为关心的前沿问题。因此,对专题报告进行分析,有利于我们通过一些类型和范畴化的研究,集中并深入地思考特定的学科问题。下面将以CALICO会议为例,分析其2018年度专题报告的议题,以领略学科发展的最新动态。

1. 会议主旨报告分析

以表1中重要学术会议2013至2018年六年间会议的主旨报告题目为例,我们对其中的主题词进行了汇总。通过可视化软件对主题词进行分析,并按领域进行分类,可以计算出比较突出的研究领域(如图1所示)。

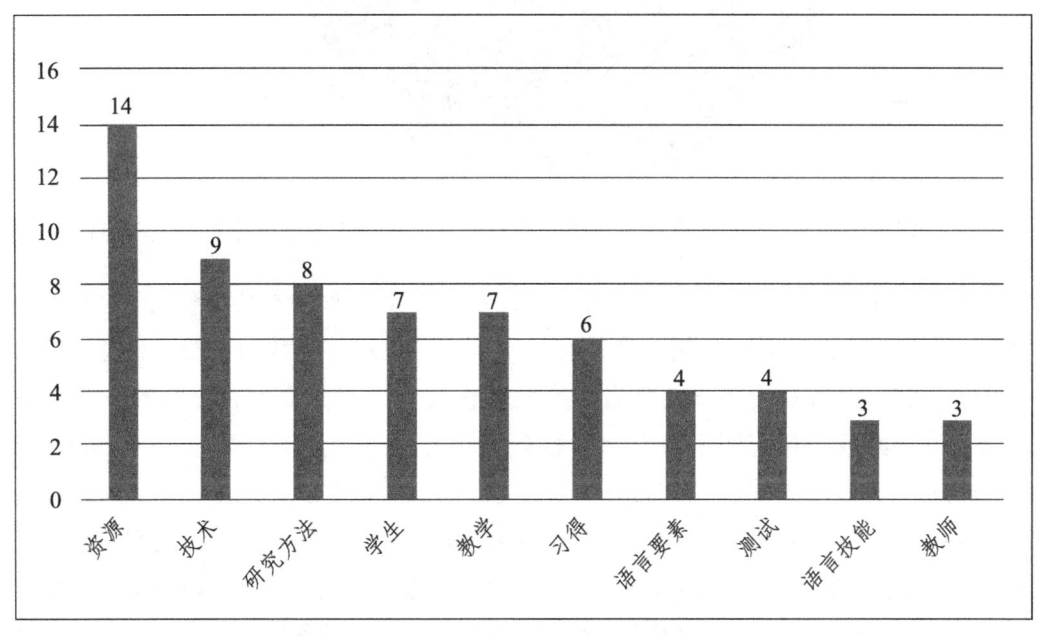

图1 2013—2018年外语教育技术重要学术会议
主旨报告题目主题词领域分布及频率指数图

从图1可以看出，专家学者们讨论得最多的是资源问题，这与美国教育传播与技术协会1994年的教育技术定义所述研究范畴是一致的。它显示出人们对资源的重视，以及资源在语言教学中的重要和根本作用。其他高频领域有：技术；研究方法；教学、学生；习得；语言要素、测试；语言技能、教师；等等。

下面再就普遍非常关心的"教学"领域做简要分析。例如，2013—2018年重要学术会议主旨报告教学领域分布及频率指数如图2。

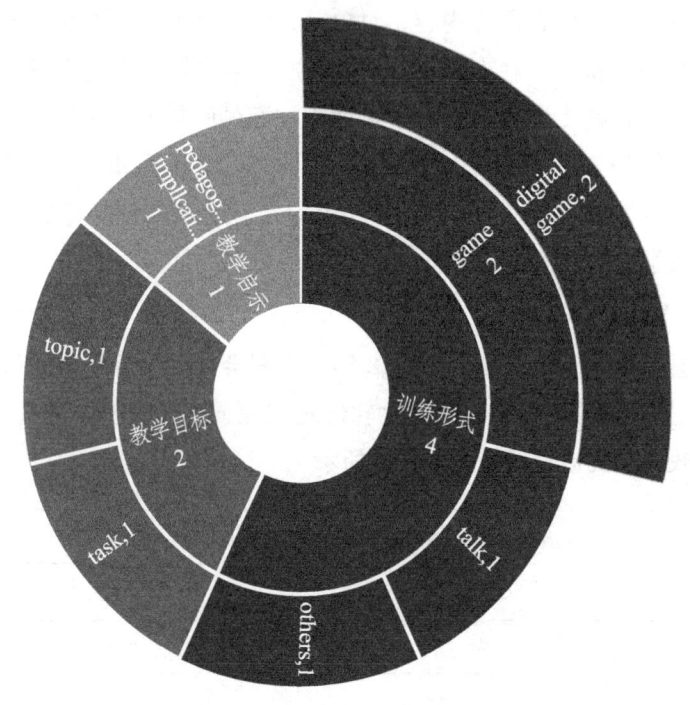

图2　2013—2018年外语教育技术重要学术会议主旨报告教学领域分布及频率指数图

从图2可以看出，针对训练形式的研究最为丰富，而其中又以游戏化教学/教育游戏研究居多。这是一个被当今教育技术重视，但被传统教学"抵触"或轻视的领域。事实上，游戏应用于教学自古有之。它甚至正演变成为教育学的一个分支领域。关于游戏如何应用于教育，已经有了专门的国际会议，如The International Conference on E-Learning and Games（Edutainment）。教育游戏旨在将特定的教育目的和游戏的趣味性结合起来，兼具教育性和娱乐性，形式上以计算机游戏和视频游戏为主。语言教学有鲜明的学科特点，例如需要技能操练，互动性、交际性强等，这与游戏的某些特点非常契合。技术手段在语言游戏化教学中的作用和应用形式非常值得探索。

2. 最新会议专题报告分析

从表 4 所列专题报告议题及相关说明信息可以看到如下六个关键问题：(1) 重视对无形技术的讨论，以及对计算机辅助语言学习未来发展的思考。(2) 重视语言教学和学习的学科特性，促进与相关学科的交叉和融合，如将远程协作用于跨文化教学中。(3) 通过师生互动、人机互动等共同参与的合作方式，寻求真实的语言教学与学习环境，包括与教材、资源、管理，以及与目的语者的联合等。(4) 与异步在线语言教学相比，同步在线环境提供了口语交际模态，用于远程口语教学具有明显的优势，值得重视。(5) 继续探讨技术手段如何应用于网络教学，特别是跟语言教学密切相关的多媒体技术与课程的整合，以及网络技术的应用。(6) 探讨虚拟现实等语言教育技术的发展，将对教师教学和学生学习产生怎样的影响。

表 4　2021 年度 CALICO 专题报告议题列表

	主题：Global Realities（全球推行）
专题报告议题	Language Learning & Technology: The Path Ahead（语言学习与技术：未来之路）
	Intercultural Telecollaboration: Through the Eyes of Teachers and Students（跨文化远程协作：师生视角）
	Placing Social Interactions at the Forefront of Language Learning through Real-World Online Tasks（通过真实在线任务将社交互动置于语言学习的前沿）
	The Impact of Facilitated Oral SCMC in an Online Language-Learning Program（促进口语 SCMC 在在线语言学习计划中的作用）
	Language Learner Interaction and Comprehension in Audio and Video Conferencing（音频和视频会议中的语言学习者互动与感知）
	Advances in Language Technologies: A Global Reality for CALL? And for Language Teachers?（语言技术的进步：这是全球范围内 CALL 和语言教师面对的现实吗？）

特别值得一提的是，课堂教学多次在重要场合出现。例如，在 2021 年度的 ICT4LL 大会上，其中一个主旨报告的题目为 Upping the Ante in Our Language Classrooms: Trauma-Informed Pedagogy during Covid Times（新冠疫情时期的创伤知情教学法为外语课堂提出更高的要求）。又如，在 2021 年度 CALICO 会议会前工作坊就有不少相关题目，如 Developing More Resilient Language Students: Technologies to Enhance Persistence and Buoyancy in the Foreign Language Classroom（培养更具承受力的语言学生：增强外语课堂持久性和活力的技术）和 Co-curricular, Community, Collaboration: Translation in the Language Classroom（合作课程、社群与协作：语言课堂中的

翻译）。这些信息提醒我们，与各类外语教学新业态相比，外语课堂教学仍需我们给予足够的重视。

二、国际外语教育技术重要期刊信息及研究热点分析

（一）国际外语教育技术重要期刊信息

除教育类、语言教学类期刊以外，我们搜集到专门发表外语教育技术论文的重要刊物，详见表5。

表 5　外语教育技术重要期刊列表

期刊名称	创刊时间
System	1973
CALICO Journal	1983
ReCALL	1989
Computer Assisted Language Learning	1990
Language Learning & Technology	1997

这些期刊有悠久的历史，体现了外语教育技术的受重视程度。

需要强调的是，经过分析，这些重要期刊的内容与表1所列重要会议中所呈现的热点和前沿问题有非常多的相近之处。这可以从一个侧面说明，我们考察的重要会议和重要期刊具有同质性，且在业界有相当高的水准。它们是外语教育技术研究的重要财富，值得参考和研究，应予以充分的重视。

（二）国际外语教育技术重要期刊高频主题词分布特征

首先，对上述期刊涉及的主要研究领域进行分析。方法是借助 VOSviewer 软件得到的关于2015至2018年间5份权威期刊中所有1116篇论文的题目和摘要主题词表及词频统计，再对高频主题词进行分类，将属于同一研究领域的高频主题词归入对应的研究领域，形成期刊论文领域图谱。图谱显示，研究方法、习得、教育技术、国别/语别、语言要素、学习者、语言技能和教师等占比相对较高，说明这些类别是比较受关注的方面。其分布特征如图3所示。

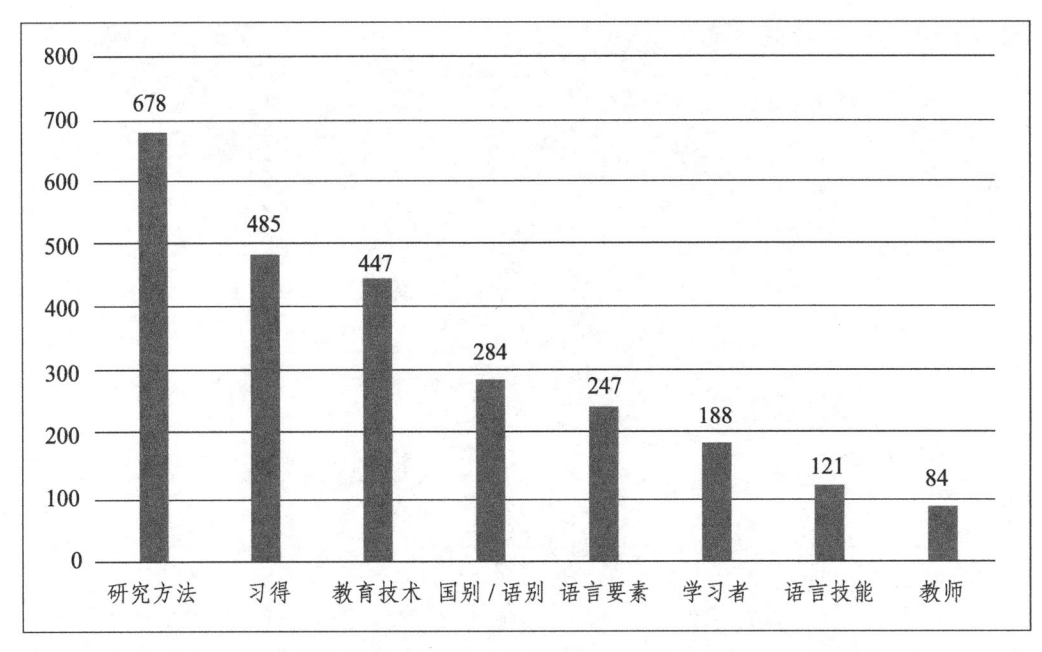

```
800
700  678
600
500       485
400            447
300                 284
200                      247
                              188
100                                121
                                        84
  0
    研究方法  习得  教育技术 国别/语别 语言要素 学习者 语言技能 教师
```

图 3　外语教育技术重要期刊高频主题词领域分布及频率指数图

其次，可以进一步得知相关下位信息。（1）"研究方法"类中的主要内容有：组、访谈、案例分析、实验组、后测试、预（预实验）、显著差异、处理（处理方法）、定性分析、实验、定性研究、实证研究、定量分析。（2）"习得"类中的主要内容有：理解、习得（二语习得）、反馈、顿悟、输入、偏误纠正反馈、L2 发展。（3）"教育技术"类中的主要内容有：技术、计算机辅助语言学习、以计算机为媒介的交流（Computer-Mediated Communication，简称 CMC）、线上、远程协作、游戏、语料库、感知、多模态、数据驱动学习（Data-Driven Learning，简称 DDL）、Facebook、以计算机为媒介的同步交流（Synchronous Computer-Mediated Communication，简称 SCMC）。（4）"语别"类中的主要内容有：英语、汉语、西班牙语、中国广东话。（5）"语言要素"类中的主要内容有：词、词汇、语篇、文化和语法。（6）"学习者"类中的主要内容有：学习者、儿童、英语作为外语（English as a Foreign Language，简称 EFL）的学习者、自主、年龄、学习者的感知、年轻的学习者、积极的态度。（7）"语言技能"类中的主要内容有：读、读写能力、发音、口头产出。

（三）国际外语教育技术重要期刊高频主题词相关性分析

我们再对这些外语教育技术重要期刊 2015—2018 年（全部期刊论文 1116 篇）的论文题目及摘要的高频主题词进行密度可视化分析（Density Visualization），即可观测到相关主题词群的分布特点（如图 4 所示）。

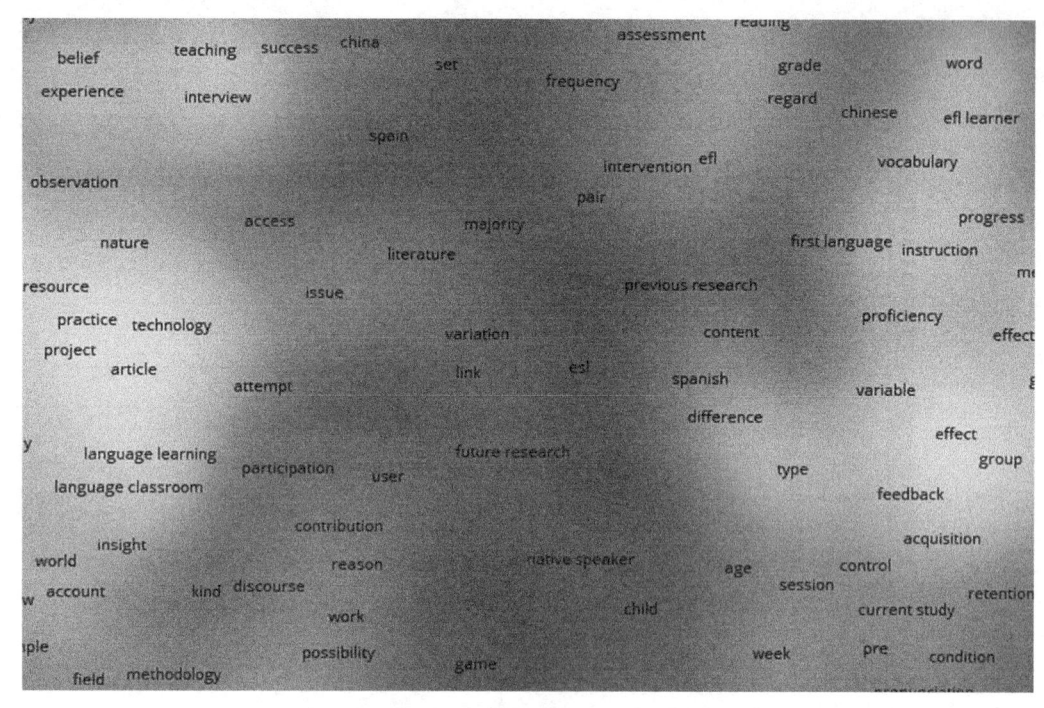

图 4　外语教育技术重要期刊高频主题词密度可视化图

这个密度可视化图中区块的明暗度和区块面积的大小，代表了学界对特定研究领域相关研究问题的重视程度；这些高频主题间距离的远近代表了它们之间相关性的弱与强。[1] 由此可以快速地对突出的类别进行观测，如 "language learning（语言学习）""effect（效果、影响）""practice（实践）""technology（技术）"等，以及"group（组）""type（类型）""interview（访谈）""experience（经验）"等。若在彩色密度可视化图中出现红色区块，则表明这是绝对集中或突出的研究问题。但实际并没有出现该情况，说明现阶段并没有显现出某个问题是特别集中或突出的。因此可以说，在发展阶段对任何方面的研究和探索都是必要和有意义的。

我们利用 VOSviewer 软件对外语教育技术重要期刊 2015—2018 年（全部期刊论文 1116 篇）的论文题目及摘要的高频主题词进行了网络可视化分析，以便观测主题词间

---

[1] 图中呈现出明暗不一、面积大小不等的色块区域。一个色块区域可对应一个术语或相关术语构成的术语群。颜色越亮，表明该区域中术语数量越多且术语间的相关性越高（彩色图中最极端情况为红色，但实际未出现）；反之，区域颜色就越暗（彩色图中最极端情况为蓝色，但实际未出现）。本密度可视化图提供了对文献计量网络中主要领域的快速概览。

的关联关系，以及关联关系的远近（如图5所示）。[1]

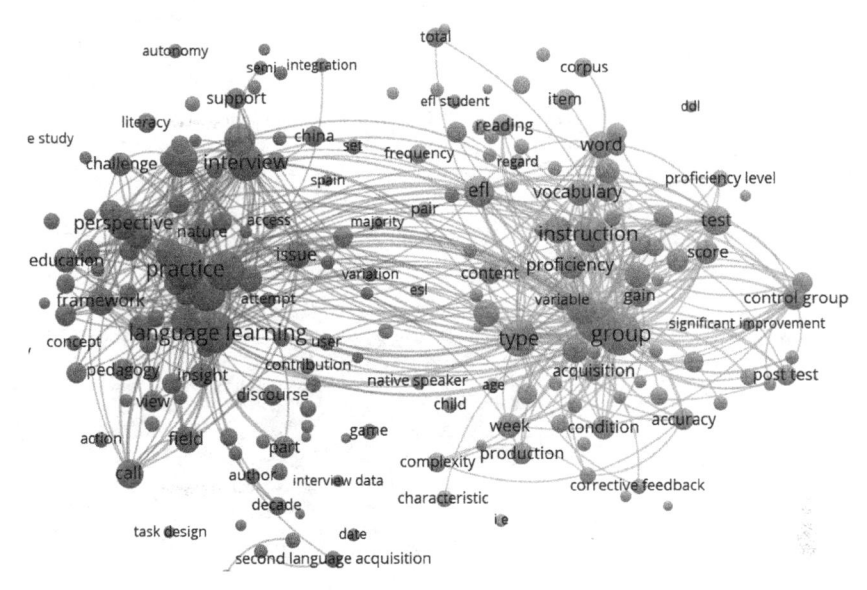

图 5 外语教育技术重要期刊高频主题词网络可视化图

主题词的共现关系实际上可进一步揭示研究类别或研究手段。

例如，从下面的图6可以看到，language teacher 和 practice 之间的距离，与 language teacher 和 technology 之间的距离相比，前者距离更短，表示关系更近，即在"语言教师"类的研究中，与实践相关的教师研究多于与技术相关的教师研究。用同样的方法我们可以通过系统得出其他相关性结果[2]。又如，reading 和 instruction 之间的距离，与 reading 和 comprehension 之间的距离相比，前者距离更短，表示关系更近（reading 和 instruction 常常同时出现），说明从教师角度出发的"阅读教学"类研究多于从学生角度出发的"阅读理解"类研究。

关于研究方法的内容，从图7可以看出，control group 和 test 之间的距离，与 control group 和 instruction 之间的距离相比，前者距离更短，表示关系更近，即相比于教学方面的研究，控制组这样的自变量处理方法更多地应用于测试相关研究。其他例子如，case study 和 technology，与 case study 和 interview 相比，前者在可视化图中的距离更短，表示关系更近，即可以通过多种手段开展个案研究，与访谈类研究相比，技术相关的个案研究相对更多。

---

[1] 图中每个圆点代表一个术语，圆点越大，表示该术语出现的频次越高。两个圆点之间距离越短，即在图中分布越靠近，表明两个术语共现的次数越多。在彩色图中，颜色代表不同的领域，其中每一种颜色代表一个主题/领域（cluster）。本网络可视化图提供了对文献计量网络中术语相关性的快速概览。

[2] 类似的可视化图此处从略。

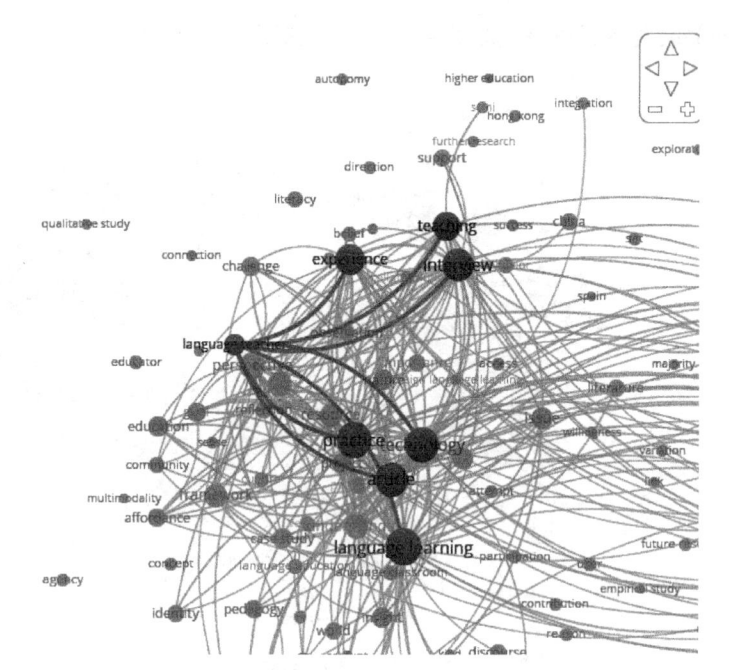

图 6　与 language teacher 关联的主题词分布特征

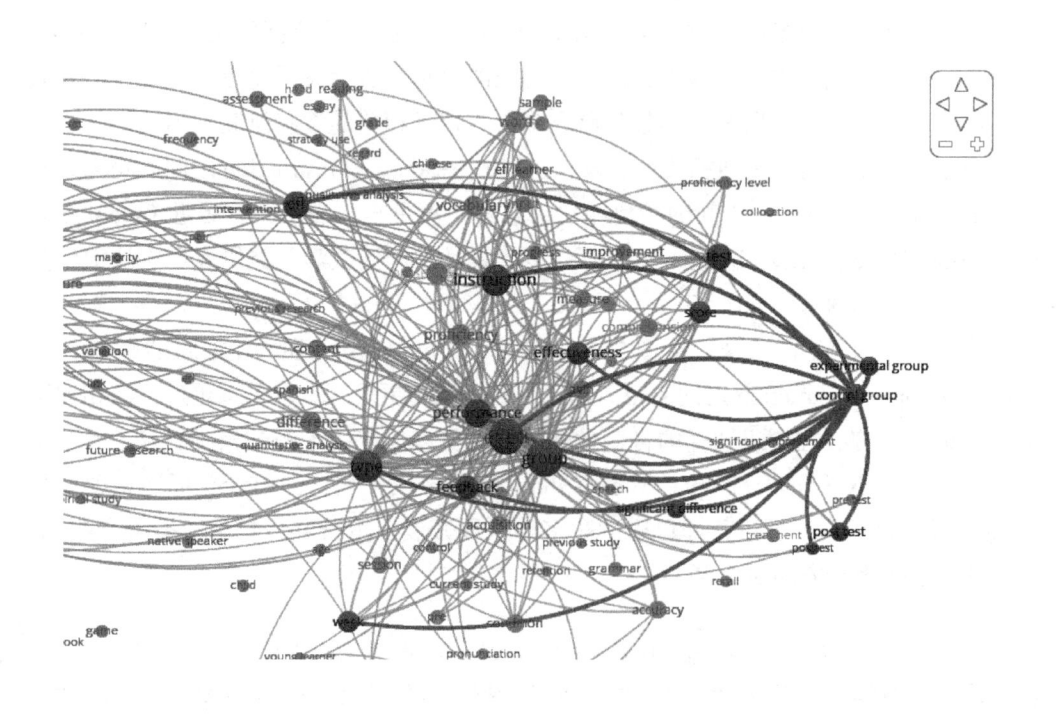

图 7　与 control group 关联的主题词分布特征

这些信息都可以提供给人们不同的研究参考或研究启发，也可以帮助人们从中把握或了解当前研究动态和趋势。

三、国际教育技术学相关专业课程发展动向及特征分析

一个学科的活跃程度，从其多样化的专业课程设置以及频繁的更新中便可窥见一斑。因此，通过考察近期教育技术学相关专业课程设置及发展动向，有助于预见学科未来的发展方向。在此，我们重点关注与外语教学相关的部分。

（一）教育技术学相关专业课程发展动向

我们考察了美国教育学排名前十三的高等院校[1]教育学院系的情况及教育类课程，其中重点关注跟教育技术有关的课程。从中可以看到一些跟教育技术有关的专业方向，也能发现一些新的热点内容。比如：技术创新和教育；教育中的通信、计算和技术；学习、设计和技术；统计、测量、评估和教学技术；学习科学和技术；教育传播与技术；学习技术；教学系统设计技术；等等。

放眼世界，当我们考察教育学较发达的其他国家和地区（如澳大利亚、德国、加拿大、英国以及中国香港等地）教育学排名靠前的院系，分析他们相关专业和课程设置特点时，就会发现如下一些新的前沿问题：事件相关电位（Event-Related Potentials，简称 ERP）技术；大脑、思维和教育；行为与认知神经科学；机器学习与人类学习：人工神经网络与神经科学交叉的教育；计算神经学；当前认知神经科学的主要问题；认知神经科学方法：神经影像学；认知神经科学与课堂教学；社交、认知和情感神经科学；神经语言学；心理学与认知神经科学的实证研究；心理学与语言科学研究的网络编程；学习差异的神经生物学；言语的产生、感知和神经处理的当前问题；语言的遗传学和神经生物学；语言神经科学；语音处理神经生物学；等等。

（二）教育技术学相关专业课程发展动向的特征分析

根据上述专业和课程的发展动向，可以发现其突出的特征体现在关注教学应用和教学研究手段的技术性，并涉及包括心理和生理在内的语言和语言教学的根本问题。

具体可以归纳为如下五个特征：（1）关注新技术；（2）关注大脑、思维及其网络；

---

[1] 本节考察的是教育学排名靠前的美国大学，包括：哈佛大学、哥伦比亚大学、斯坦福大学、加州大学伯克利分校、宾夕法尼亚大学、威斯康星大学麦迪逊分校、密歇根大学安娜堡分校、纽约大学、得克萨斯大学奥辛分校、印第安纳大学布卢明顿分校、弗吉尼亚大学、佐治亚大学、宾州州立大学等。

(3)关注认知、心理、感知和情感等方面;(4)关注神经、生物的问题;(5)关注教育、行为和社交等。

概括地说,我们可以形成这样的认识:第一,外语教育技术具有多学科、跨学科的特点;第二,既有有形的物化技术,又有无形的智化技术。这是作为外语或二语教师特别需要关注的问题。相信在未来,无论是专业还是课程,都会朝向这些方面发展,并且会更具交叉和融合的特点。

我们有理由相信,不久的将来,通过技术手段可以探寻到语言学习的规律,也会使人们对教学和学习有更加深入、细致的认知。现在通过一些研究成果,实际上已经看到了这样一种发展趋势,教育技术正全面支撑和引导着教学设计的开展。但是,我们更希望看到在语言研究、语言教学研究和语言学习研究当中涌现出这样的成果。这可能会大大地改变人们对于语言研究、语言教学和学习研究的一些固有认识,可能会大大提高语言教学的效率。

外语教育技术研究一直受到学者们的关注。已有的代表性研究也是通过对事实材料的调查和分析得出结论(罗红卫、祝智庭,2011;孙凤兰、胡加圣,2014;殷和素,2011;郑春萍,2015;尹婷、焦建利,2018;李静、于志涛,2015)。与之相比,本研究的特点是:(1)从时间上看,具有继承和延续性。因为郑春萍(2015)报告中涉及的5份权威期刊与本研究相同,观察的时间范围为2010—2014年间,尹婷、焦建利(2018)只是本研究所选期刊范围中的1份(*Language Learning & Technology*,2017)中关于研究方法专刊的分析;而本研究以2015—2018年本领域5份权威期刊为例,可以从中了解到新近外语教育技术的发展状况。(2)对本领域5份权威期刊全部1116篇论文的题目和摘要中的词语进行分析,以VOSviewer软件运行出的词语频次作为客观依据,重点观察高频词语的领域分布,计算出研究热点领域;考察高频词之间的关系,通过可视化图中节点间的距离和连线,发现了很多具体研究热点实例,并比较了同一范畴内研究对象之间关联性强弱,据此报告关联研究动态;由此得到了更具体、更系统的领域知识,如不仅可以知道词汇或阅读方面是研究热点,还可以从中知道语言要素教学和语言技能教学系统中其他项目的相对热度。(3)以2013—2018年为例,对本领域5个著名国际会议的主题、议题或子议题171条,主旨报告和专题报告题目856条,以VOSviewer软件运行出的词语频次作为客观依据,再对结果按领域进行了分类,计算出较突出的研究领域和子领域。而已有的相关研究为孙凤兰、胡加圣(2014),仅报告了2008年某会议(WorldCALL,2008)主题发言的情况,尚未有对国际外语教育技术所有重要会议的全面分析报告。(4)本研究还报告了教育技术学相关专业课程的情况。

从国际视野来看,教育技术作为真正的学科,在走向成熟的过程中,涌现出了大量的前沿和热点问题。从其重要学术会议、期刊，还有学科课程建设中都能够看出，这个领域非常活跃，并且仍在迅速发展。以教育技术的定义为例，随着人们对教育技术外延和内涵的认识不断深入，其定义也在不断更新。再如，远程教学伴随通信技术的产生而出现，其技术手段不断发展，从函授、电视到网络，其定义也随之不断变化。以开放的眼光看待教育技术，看待外语教育技术的发展，有利于人们更好地理解教育技术，并应用教育技术的理论开展外语教学实践。

第三节　教育技术学框架下国际外语教育技术研究综述

关于教育技术，美国教育传播与技术协会在1994年给出的定义至今仍有启示。具体为，教育技术学是对学习过程和学习资源进行设计、开发、利用、管理和评价的理论与实践。在语言教学与学习领域，教育技术的研究在这五方面均有涉及，本节将以此为框架分别展开论述，既探讨技术关注的研究对象，也探讨技术在针对语言学习过程的研究中所起的作用。

一、语言教育技术的设计研究

在教育技术领域，设计研究多指针对教学系统的设计。无论是学习过程还是教学资源，技术的影响都是全面而深刻的。具体到语言教学，相关研究主要涉及计算机技术、网络技术、虚拟技术等。

计算机技术在语言教育设计中的作用不仅体现在对具体学习过程的规划，例如设计教学活动或方法等，还体现在教学资源的丰富和细化上。相关研究成果在技能教学方面比较集中。Cardenas-Claros & Gruba（2013）为基于计算机的二语听力练习中帮助选项的概念化和设计提出了一个理论框架。其中设计部分建立了使帮助选项易于使用、鼓励学习者控制、框架指导和刺激学习的方法。Greene（2000）回顾了为日本的英语作为外语的初学者寻求有效的CALL写作课程设计模型的过程。在设计过程中，研究者将基于理论和研究的原则分为利益相关者、技术考虑和写作成果三类。可以看出，在设计阶段理论框架和设计模型的建立非常关键。

网络技术能够为学习者提供丰富的课程和资源，相关设计研究成果非常丰富，既包括网络课程的设计（Godwin-Jones, 1999; Basanta, 2004）、在线教材或教学资源的设计（Rosell-Aguilar, 2005; Nagata, 2010; Ranalli, 2013a），也包括在线教学活动或任务的设计（Hémard，2006a；Wang，2007；Hampel & Pleines，2013）。另外，技术方面的设计工作也必不可少。例如，Hudson & Bruckman（2002）提到在线讨论环境的设计，Bloch（2009）探讨了基于网络的检索程序的界面设计等。

  虚拟技术、移动技术和自动化技术为设计研究提供了新的思路，相关的研究成果同样体现在技能教学研究中。Deutschmann, Panichi & Molka-Danielsen（2009）采用行动研究的方法对在虚拟世界"第二人生"[1]（Second Life）中开设的两门口语课程设计进行了对比研究。研究者提出，在复杂如"第二人生"这样的环境中，技术和社交活动是课程设计中必须考虑的重要因素。Palalas（2011）报告了一项基于设计的研究（Design-Based Research，简称 DBR），该研究旨在通过移动设备提高英语作为二语（English as a Second Language，简称 ESL）的学习者的听力技能。Yu et al.（2016）在自动语音识别（Automatic Speech Recognition，简称 ASR）技术的支持下，根据中国大学生的口语需求，在 CALL 系统中设计了特殊的互动活动和反馈表格。可以看出，学习者的需求和技术特性均是教学设计中需要考虑的因素，不能有所偏废。

  总而言之，设计研究在语言教学中正日益受到重视。已有学者开始采用以设计学习环境和发展学习理论为目标的基于设计的研究法（Palalas，2011）。DBR 将软件设计和教育研究相结合，能够为设计研究提供新的视角，以理解如何通过使用技术来增强学生的语言学习效果（Yutdhana，2005）。综观现有研究，不仅从宏观层面对建立理论框架和设计模型予以关注，也在微观层面针对具体教学内容展开工作。更有学者以自下而上、教师为中心的混合语言学习设计为例，详细分析了不同层面的设计问题及设计过程，包括微观层面的混合任务设计、课程提纲制定等，中观层面的课程架构、可能的风险管理（例如，技术选择错误）等，宏观层面的国际或国家标准和指南、专业发展标准等（Hinkelman，2018）。丰富的研究成果为接下来的开发和应用等一系列研究打下了良好的基础。但如何把握设计维度和视角并在设计环节提高精准度，更好地满足语言教学个性化需求，是摆在研究者面前的任务。外语教学中的互动与反馈，应该从设计之初就引起重视。设计不应仅关注形式，更应该关注的是功能，以及如何运用技术实现功能。例如，循序渐进地引发思考、自我更正、个性化引导等。

二、语言教育技术的开发研究

  教育技术的开发通常是指针对教学过程和教学资源，按照事先设计好的方案予以

---

[1] 由 Linden Lab 开发并于 2003 年推出的一款以"合作、交融和开放"为特色的大型 3D 模拟现实的 PC 端网络游戏。

实施，从而将其转化为可操作的物理形式的过程（何克抗、李文光，2009）。在语言教学领域，技术开发者需要充分结合技术的优势和语言教学的学科特点，在符合语言教学规律的设计理念下开展工作。无论是在学习过程还是教学资源方面，均涌现出了一些研究成果。

在学习过程方面，相关研究涉及网络技术、多媒体技术、自然语言处理技术等，主要体现在针对教学中的某一个环节进行具体开发工作。例如，Yeh, Lo & Chu（2014）针对二语写作中的纠错和同伴反馈环节，开发了一种基于网络的纠错练习机制，并将其附加到英语写作教学的在线注释系统中。有研究者在 2016 年 CALICO 会议报告中针对语言学习中的口头互动，进行了计算机程序的开发和测试，该程序以扩展的语用常用语的形式支持口头模拟对话。Feng, Saricaoglu & Chukharev-Hudilainen（2016）介绍了一种正在开发的用于写作形成性评价的程序 CyWrite。

在教学资源方面，各类教学材料、在线网站、学习系统乃至语料库都是研究的关注点。例如，在 2008 年 CALICO 会议报告中，有研究者介绍了二语习得方面自适应超媒体系统的开发理论和步骤。Mendikoetxea, Bielsa & Rollinson（2010）以开发适合特定学习者的教学材料和改进课程设计为目的，从语料库中提取偏误，构建小型学习者数据库。技能培训方面的成果比较丰富，相关研究包括开发针对阅读理解的工具（Barrière & Duquette, 2002）、旨在提升口语技能的网站或材料（Chen, 2011）、针对写作课程的材料或软件（Schulze & Liebscher, 2010）等。

技术的可移动性和情境化拓宽了技术开发的思路。Cohen & Ezra（2018）从中国台湾和以色列的 53 名学生处收集实验数据，包括 296 种由学生展开的移动辅助语言学习（Mobile-Assisted Language Learning，简称 MALL）活动，用于开发情境化的 MALL 模型以及衡量现实世界和现实生活情境学习的指标。在程序结束时，研究者还开发了一种量化的操作评价工具。可以看出，开发领域的研究不仅限于有形的物化技术，还包括无形的智化技术，而后者是值得重视的发展趋势。

各类学习平台和工具的开发需要经历复杂的过程。Bush（2010）介绍了杨百翰大学（Brigham Young University）一学期课程在线部分的开发过程。包括基本教学设计原则的建立，国内资源的收集和后期制作等。Kerins & Ramsay（2012）报告了应用计算语篇建模技术生成语义模型进而开发相应工具的过程。值得注意的是，在开发过程中，研究者已经开始关注从不同的维度建立语言学习与教育技术之间的对应关系，进而加强系统或软件开发的针对性。Espada et al.（2006）探讨了超媒体自适应系统在外语学习者早期阶段的整合问题。研究者将重点放在从六个不同的阶段探讨语言学习与信息技术的关系，其中包括基于超媒体和学习者需求的课程开发。

三、语言教育技术的应用研究

技术具有不同的应用形式，这能够使它的作用在教学中得到最大限度的发挥，达到提高教学效率、改进教学质量和扩大教育规模等目的。相关研究成果很多，可以看出其中的技术应用既是合理的，也是必要的。

在理论方面，Barrette（2015）对指导教师应用 CALL 技术的综合理论进行了探讨。在实践方面，技术的应用既涉及学习过程，也涉及教学资源，两者之间存在一定的对应关系，即教学资源的应用往往会与特定的教学目的联系在一起。例如，将检索工具用于培养学习者的分析能力（Gabel，2001），将电子词典等学习资源应用于学习者的阅读训练（Wang，2012），将在线语料库应用于句式教学（Comelles et al.，2013），将写作自动评价（Automated Writing Evaluation，简称 AWE）软件应用于写作教学（Chen & Cheng，2008；Li et al.，2014；Hegelheimer，Dursun & Li，2016），将 wiki 应用于协作语言学习（DeHaan et al.，2012；Kennedy & Miceli，2013），等等。技术创造了不同于传统教学的环境，为教学法更好地得到实施提供了必要条件。例如，网络环境下实施任务型教学产生的多模态互动已成为互动研究中的热点问题（Guo & Möllering，2016）。另外，技术在语言习得等研究领域也为丰富研究手段、提高研究效率做出了贡献。例如，在习得研究中应用计算机技术获取或处理数据（Hulstijn，2000）。可以看出，技术应用存在不同的层次，既有微观层的某一个教学事件，也有中观层的某一门课程，更有可能延伸到宏观层的整体教学环境，甚至成为一种常态。

一项技术在教学或研究中的应用情况如何，有多种衡量标准。第一，测试成绩是相对容易量化的评价标准。Torlaković & Deugo（2004）研究了计算机辅助语法教学是否以及在何种程度上有助于提高学习者在语法方面的表现和信心。前测、后测的对比研究显示，计算机组的学习者在直觉任务上的表现有显著的改善，其信心也得到了显著提升。第二，技术的应用时机也非常重要。Loucky（2006）在比较各种研究的基础上，对可以在词汇加工和习得最适当阶段应用的 CALL 工具的特征和功能提出了建议，以使词汇学习更流畅、快捷和有效。第三，其他综合影响因素也得到了研究者的重视。以交互式白板为例，Schmid（2006）指出，在研究技术与环境的整合时，有必要将技术置于环境中，并理解其社会嵌入性。研究者通过调查交互式白板技术在 EFL 教学中的应用发现，在所研究的环境中，技术应用最终是若干要素相互作用的结果。例如：技术的固有特性、教师的教学信念、学生对技术潜力的理解以及师生之间如何利用该技术进行教学互动等。Mathews-Aydinli & Elaziz（2010）则通过调查学生和教师对在外语教学环境中应用交互式白板的态度，来观察技术的应用。统计分析结果表明，教师应用交互式白板的次数越多，他们越喜欢这种技术。另外，随着接触时间的增加，学生对该技术独特性的认知程度也随之提高。由此可见，师生对技术的共同认知是影响技术应用效果的重要因素。在教师方面，正如 Zou（2013）所指出的，教师不同方式的协助或许可以帮助学生更有效地应用计算机进行语言练习。在学习者方面，Kennedy & Miceli（2013）针对初学者应用 wiki 的研究显示，尽管学生们创建了几个吸引人的、有趣的页面，但他们对 wiki 的喜爱程度并没有预期的那么高，其中出现了一些技术障碍，且大多数人对参加跨校园在线小组兴趣不大。Sanprasert（2010）以两组参加英语基础课程的泰国大学生作为研究对象，采用定性和定量结合的方法，调查了将课程管理系统（Course Management System，简称 CMS）整合到传统的面对面英语课堂中的混合学习（Blended Learning）对学习者自主性的促进程度。研究数据包括问卷调查和学生学习日志。研究结果表明，CMS 在学习者自主性的创建和发展中发挥着重要作用。

综上所述，技术应用的有效性在部分研究中得到了证实，但也有研究结果并不乐观。如何通过加强师生在技术应用上的认知进而改善应用效果，成为摆在设计开发者乃至研究者面前的挑战。另外，除了学生和教师的因素，教育政策、社会需求等外部因素也会对教育技术的应用产生影响，这方面的研究目前涉及较少，应予以关注。

四、语言教育技术的管理研究

教育技术相关的管理研究在学习过程和教学资源两方面各有体现，其中具有组织、呈现、管理学习内容与学习活动等功能的学习管理系统（Learning Management System，简称 LMS）（也称课程管理系统）发挥了很大的作用。首先，对在线语言教育中学习过程的管理问题 CALICO 会议早有关注。在 2003 年会议上有研究者以 Blackboard 5.5 为例，报告了如何为语言学习补充学习管理系统的功能。在 2004 年会议报告中，有研究者提出，在以技术为媒介的自主语言学习环境中，构建得当的 LMS 可以跟踪学习者的能力提升情况、开展个性化的学习活动、提供学习者的知识和技能的全面视图、衡量学习效率的提高并展示课程的有效性。另外，网络技术也为教师线上管理学生行为提供了便利。Erben & Sarieva（2008）介绍了可用于课堂协作的电子课程管理工具 Nicenet 和 Ning。Guichon, Bétrancourt & Prié（2012）介绍了可用于同步在线教学的网络视频会议系统 Visu。该系统不仅具有视频和聊天等经典功能，并且还提供了独特的标记工具，该工具可以使教师在线互动时记下经过时间编码的笔记，以便之后进行补充教学。其次，在教学资源的管理上，Siekmann（2001）对网络课程工具（Web Course Tool，简称 WebCT）3.1 和 Blackboard 5.0 这两个常用的 LMS 进行了详细的对比。

五、语言教育技术的评价研究

评价是检验技术应用效果的终点,也是改进技术设计的起点。作为技术与教学形成良性互动的关键节点,其重要性不容忽视。根据研究对象,可以把评价相关研究分为对教学过程的评价和对教学资源的评价。

计算机技术在学习过程的评价方面发挥了很大的作用。其中利用相关技术对学习表现进行评价是成果相对集中的领域,特别是在动态评价(Dynamic Assessment,简称 DA)方面。Liou(2000a)讨论了在 CALL 环境下对学习者策略的评价及其优缺点。研究者在回顾现有实证研究的基础上指出,计算机具有强大的记录功能,其优势在于它的准确性、实时性、可靠性和压缩的存储空间。与技术相关的语言技能和语言要素教学效果也日益受到关注,相关研究越来越丰富。随着教育技术为人们熟知并广泛应用,教师和学习者的信息素养评价问题也进入了研究者的视野。

网络技术所具有的互动性在评价研究中得到了学者们的关注。Hémard(2006b)指出,通过提供访问、数据与新的读写和交流方式,网络技术已为促进学习者的自主性做出了许多贡献。为了更好地利用网络的交互潜力,以最大限度地实现独立的在线语言学习,研究者尝试提出了一个基于指定活动、设计任务和设计标准的在线超媒体交互性评价框架。另外,利用在线测试或评价工具评价学习者的语言水平也是研究热点。其中涉及口语能力(Fall, Adair-Hauck & Glisan, 2007),跨文化能力(Beaven & Livatino, 2012)等。

近年来,对计算机相关在线语言学习资源的评价逐渐受到重视,有关数字化教材、词典、课件、教学工具、教学平台、教学管理系统等资源评价的研究成果颇丰。同时对技术本身的评价研究也很受重视。现有研究主要涉及软硬件设备相关技术、网络技术、自动化技术等。比如,Blok et al.(2001)开发了用于描述和评价词汇学习课件的框架,并将该框架用于评价五个经过实验研究的词汇学习程序。Stockwell(2010)通过调查分析了 175 名初中级英语学习者在移动电话或台式电脑上完成词汇活动的数据,对移动平台的作用进行了评价。Caws(2013)通过分析学习者的行为来评价基于网络的 CALL 工具的有效性。

综合上述五个方面的研究可以看出,教育技术研究的五个范畴之间存在相互影响、相互作用的密切联系,在语言教学领域也不例外。第一,严谨、科学的设计原则可以为开发奠定良好的基础。例如 Pardo-Ballester & Rodríguez(2010)探讨了使用 DBR 为初级和中级西班牙语学习者开发在线阅读材料的优势。Lavid, Hita & Zamorano-Mansilla(2010)从语言教学的目的出发,对一个小型在线英语—西班牙语平行文本数据库的设计和开发进行了研究。第二，开发的新技术应在实际应用中检验并改善其性能（Feng, Saricaoglu & Chukharev-Hudilainen, 2016）。Levy（1997）通过调查发现，阻碍成功开发 CALL 材料的因素包括缺乏资金和对学术有效性的认可，以及软件开发未能使个人晋升或机构优先发展。其中，学术有效性有待得到应用研究的证实。第三，科学的设计原则能成为应用过程中的评价标准之一。Holland, Kaplan & Sams（1995）探讨了不同的智能语言辅导系统设计和评价过程中涉及的理论问题。Hémard & Cushion（2003）讨论了对基于网络的交互式语言学习环境中的在线测试工具的设计、实施和评价问题。最后，如果在应用和管理的过程中给予评价，及时获得反馈，再优化后续设计甚至开发新的技术，就可以形成良性循环，在改进教学的同时推进技术的进步。

六、数据科学在外语教育中的应用

随着教育信息化渐趋成熟，"教育大数据"进入人们的视野。在美国新媒体联盟（New Media Consortium）、地平线项目委员会发布的《地平线报告》和美国学校网络联合会发布的《基础教育创新驱动力报告》中，都及时地提醒教育工作者关注数据和学习分析等问题。

在语言教学中，基于大数据海量的数据规模（Volume）、快速的数据流转和动态的数据体系（Velocity）、多样的数据类型（Variety），以及巨大的数据价值（Value）这4V 特征，通过对教育大数据的挖掘和解析，研究者可以从中构建学习者相关模型，分析学习行为，并对学习趋势进行科学预测。

（一）大数据和数据挖掘技术

数据学（Dataology）和数据科学（Data Science）是探索数据奥秘的理论、方法和技术。它不仅研究数据本身，更重要的是为各领域、各学科提供一种新方法，其中就包括数据在教育领域中的应用。

大数据是人们通过数据获得新的认知、创造新的价值的源泉。将大数据和数据挖掘技术应用于语言教学与研究中，使得研究者从过去只能分析学习者的结构化数据，到现今收集到海量的非结构化数据，再到将学习者的学习行为和学习过程可视化呈现，大数据和数据挖掘技术可以探索语言教学中学习结果与学习内容、学习资源和教学行为等变量的关联关系，进而预测学习者的学习趋势。Godwin-Jones（2017）指出，大数据和数据挖掘技术在语言学习中的潜力有三，分别是：提高了关于教和学分析的有效性、有助于创建学习者预测模型、通过数据追踪提供个性化学习的机会。在为学习者提供个性化学习方面，Lee，Warschauer & Lee（2019）在基于语料库的二语词汇学习实验中挖掘隐藏的学习者群体。共有132名参与者按照随机顺序分别完成目标词项的索引列和定义、目标词项的索引列、无词汇信息这3项在线阅读任务。该研究得到与基于多元回归分析研究不同的结果。与以往"词汇及其信息越多，学习者收获越大"的认知不同，其中一组学习者表现出了成功使用索引列的能力；另一组只看到索引列的学习者所表现出来的词汇学习能力十分有限。此外，学习者的L2水平与不同类型学习者的词汇增益之间存在复杂的交叉关系。研究者认为，将数据挖掘技术应用于CALL研究中，可以帮助人们更好地识别隐藏的学习者类型并为其提供个性化的教学与服务。

在中国，郑艳群（2016）指出，汉语教学数据挖掘的意义在于全面认识影响汉语教学的相关因素，发现更多的汉语教学规律；用丰富的汉语教学知识指导教师和教学行为，开展教师培养和培训；用丰富的教学和学习分析结果，提供学习支持并开展进一步的习得研究。不久的将来，利用机器学习开展有监督和无监督语言教学和学习的相关研究是完全有可能也是非常必要的。

（二）学习分析与教学计算

2011年的《地平线报告》[1]中指出，学习分析技术是利用松散耦合的数据收集工具和分析技术，研究分析学习者学习参与、学习表现和学习过程的相关数据，进而对课程、教学和评价进行实时修正。

在语言教学中，已有研究倾向于关注学习者的自我报告数据（通常是对自身学习行为的看法和认知）。近年来，随着学习分析技术与语言教学的结合日益紧密，大规模在线学习环境的发展意味着研究者可以通过大量客观数据来分析学习者的行为。2017年，EuroCALL会议的其中一个分议题即为"学习分析和计算机辅助语言学习"。可见，将学习分析技术运用于语言教学和研究已是大势所趋。同时，该研究课题也成为2014年CALICO会议报告关注的焦点。比如，探讨在CALL中实施学习分析技术的潜力、挑战和问题；通过学习分析技术对初级法语学习者的在线法语学习进行过程性评价。

在线教育平台中存储着大量复杂的学习行为数据，从这些数据中可以挖掘出改善教学方法、优化教学决策、提升学习效果的信息，进而为学习者提供个性化的服务。Rienties et al.（2018）将学习分析和大数据的原理与学习设计相结合，使用由英国开放大学采用的基于学生活动的分类法来指导模块设计。通过对比教学模块的学习设计和学习者的在线参与来探讨语言教师的学习设计决策如何影响学生的参与。这样的相关

---

[1] Johnson, L., Smith, R., Willis, H., Levine, A., and Haywood, K. (2011) *The 2011 Horizon Report*. Austin, Texas: The New Media Consortium.

研究对优化教学设计很有启发，值得提倡。然而，学习分析技术可以告诉我们"发生了什么"，但无法告诉我们"为什么"。这样，将基于数据挖掘方法的学习分析技术与以往基于问卷调查和访谈的实证研究相结合，可以进一步实现对学习者学习行为主观与客观的融合解析。

学习分析可以帮助研究者和一线教师跟踪学习者的在线和离线活动与行为，将学习者与教师、学习者之间、学习者与在线平台的交互过程可视化。Martinmonje, Castrillo & Mananarodriguez（2018）运用实证研究的方法对慕课（Massive Open Online Course，简称 MOOC）语言学习中学习者的在线互动进行了学习分析。该研究尝试解决以下问题：（1）学习者最喜欢接触哪种类型的学习材料；（2）在线互动的哪些方面与课程的顺利进行关系更密切；（3）在慕课语言学习中，学习者最突出的特点是什么。研究发现，在线课程中短视频（short video-pills）最受学习者喜爱；定期提交自动评分有助于课程的顺利开展；在慕课语言学习中，大多数学习者仅访问学习材料，很少积极参与在线互动并提交作业，这也是慕课语言学习成功率较低的原因之一。

另外，通过对大规模教学数据的挖掘、分析和计算，通过教学各类特征表达、提取和计算的方法开展教学分析，可以实现为语言教学"画像"（郑艳群，2020），并在此基础上支持教学平台设计、实现大规模在线教学中的个性化辅导。我们有理由相信，数据与应用互动，循环往复，必将使教学系统和资源建设得以不断优化。

思考与练习

1. 简述教育技术定义的变化及意义。
2. 请对 CALICO 进行简单介绍。
3. 通过对世界教育技术学相关专业课程发展动向及特征进行分析，可以形成哪些认识？
4. 语言教育技术的设计研究在研究层次上有什么特点？
5. 语言教学资源的开发研究包括哪些内容？
6. 目前语言教育技术的评价研究主要涉及哪些具体技术？请举例说明。

第二章 教育技术支持下的语言教学设计

教学设计是运用系统方法分析教学问题，确定教学目标，选择教学方法和教学策略，制订试行教学方案，评价试行结果，并对试行方案进行修改和完善的过程。教学设计是语言教育技术研究的重要问题，是提高教学质量、实现教学最优化的重要途径，对于第二语言教学研究和实践有着十分重要的意义。语言教育技术在二语教学中的应用离不开科学、有效的教学设计。而与此同时，语言教育技术也全面支撑并深刻影响着教学设计，使教学设计更加系统化、程序化，并且使得工具更加多样、内容更加丰富、数据更加准确、反馈更加及时，从而使教学设计更好地为实现教学目标服务。

在 20 世纪 90 年代之前，各级各类学校的课堂教学中普遍采用的是传统的"以教为主"的教学设计理论，之后转向"以学为主"；随着 20 世纪 90 年代初中期开始日益普及的多媒体和网络技术在教学中的应用，以及建构主义逐步进入教学领域，技术为教学的这种转向提供了支持。外语教学现代化、信息化，既是这一时期发展的突出特点，也顺应了教学理念的转变。人们发现数字化学习（E-Learning）在促进学生自主学习以及培养学习者创新能力方面具有其他媒体、其他学习方式所不可比拟的优势，教学设计中也更多地关注技术条件下学生是如何学习的。但人们也认识到，此时的多媒体和网络教育并不能完全取代传统教育。比如，传统教育中教师的言传身教以及教师主导作用的有效发挥等都是 E-Learning 所无法取代的，应该强调将二者的优势相结合，这与教学转向的认识和深化是相一致的，而长期积累的教学思想、教学智慧将通过教学设计化身为教学系统和平台中的各项功能。

科技发展的同时，教育也在发生变革。人们能够感受到，自适应学习、泛在学习、基于项目的学习、电子书包、教育云平台、教育机器人、翻转课堂（Flipped / Inverted Classroom）、慕课、虚拟现实（Virtual Reality，简称 VR）、增强现实（Augmented

Reality，简称 AR）等与教学和学习相关的新概念、新名词层出不穷。与美国、英国、韩国、日本等国一样，我国近年来陆续出台了一系列专门的教育技术政策，例如《教育信息化 2.0 行动计划》《高等学校人工智能创新行动计划》《中国人工智能自适应教育行业研究报告（2018 年）》《中国教育现代化 2035》等。这些也势必会进一步推动第二语言教师在教育技术支持下重新进行语言教学设计。从学生的需求分析、课程的描述、教学的目的，到教学活动的安排及时间安排等，都属于教学设计。Hinkelman（2018）指出，在进行教学设计时应将教育项目看作在微观、中观和宏观三个层面上运行的三个部分。在微观层面，设计者应与特定课堂的特定学习者合作，负责制定课程大纲、课程计划或学习活动；在中观层面的设计要考虑地方或机构的准则，这些准则可能会影响决策，比如学习成果、学位要求可能会影响中层设计；在宏观层面上，设计者要考虑国际、国家或组织机构的课程指南或标准，这些指南或标准可能会影响设计项目的总体方向或基础立足点。

教学设计是对教学系统的总体设计，合理的教学设计是教学收到预期成效的前提和基础。基于教育技术进行语言教学设计，有助于在教学中更好地发挥教育技术的功用。在教学中，教学技术的作用已从"作料"式的调剂和辅助教学活动逐渐发展衍化，教学技术正在全面支撑教学的各个方面，处于作用日益凸显的支撑地位。回顾和梳理 21 世纪以来将语言教育技术应用于二语教学和学习的研究，将有助于我们对教育技术支持下的语言教学设计有更加深入和全面的认识，有助于把握未来的变革动向与发展趋势。本章将从教学目标和教学内容、教学方法和教学模式、教学资源以及教学环境等四个部分进行分析和讨论。

第一节 教育技术支持下的教学目标和教学内容

教育技术的发展及其在二语教学领域的应用，使得语言教师和研究者在教学设计过程中对教学目标的确定和实现、对教学内容的确定和安排等有了新的认识，并为此不断进行更为深入的研究和探索。教育技术在教学过程中如何与教学内容相融，进而助力实现教学目标值得探讨。不可否认的是，教学目标的实现首先离不开合理的教学内容，在教育技术支持下如何确定、安排教学内容是教学设计过程中非常重要的问题。本节将围绕教学目标和教学内容两个方面进行分析和讨论，探察教育技术给教学目标和教学内容带来的影响，更深入地了解教育技术在教学目标的确定和实现、教学内容的设计和调整方面所起的作用。

一、教学目标

教学目标是教学活动中希望学生达到的学习结果，是关于通过教学活动能够使学生发生何种变化的明确陈述。教学目标是教学的出发点和归宿点，在教学过程中起着十分重要的作用，所有的教学活动都要以教学目标为导向，并且始终围绕教学目标的实现而展开。教育技术是否能够通过改变教学活动帮助师生更好地实现教学目标，是每位教师都需要注意的问题。

在教学中充分利用教育技术的优势，使教育技术更好地为实现教学目标服务，这是研究者和教学者的追求及目标，相关研究和探索从未停歇。比如，Salaberry（2000）借助以计算机为媒介的交流技术进行任务教学设计，从而实现学习目标与技术能力的结合。研究者指出，不同的学习目标可以通过各种技术工具来实现，比如从文字处理器到协作写作软件，这些技术工具在当时呈现出不同的技术成熟度。Weasenforth, Biesenbach-Lucas & Meloni（2002）提出了在大学英语课堂上使用"线程讨论"（threaded discussion）技术，以实现建构主义课程目标。该研究特别关注的是，在教师的协调下，这项技术在多大程度上促进了学习者认知目标的实现和社交技能的提升，以及如何应对学习者的情感因素和个体差异。Yamada & Akahori（2007）基于以计算机为媒介的同步交流技术研究了社会临场感对学习目标的影响。Quixal & Meurers（2016）论述了如何通过写作任务服务于教学目标和自动分析需求。研究者指出，智能计算机辅助语言学习（Intelligent Computer-Assisted Language Learning，简称 ICALL）领域的一个核心问题是，在支持当前外语教学目标的同时，使语言学习任务概念化、明确化，语言学习任务的成功实现离不开合理的设计，在这个设计过程中，教学需求和技术需求应相互补充。

以目标为导向的教学技术应用在提出新问题、新要求的同时，也给教学和学科带来了新的发展契机。比如，改善发音是二语教学的重要教学目标之一，研究者在将教育技术应用于语音教学的同时，非常关注如何通过技术的应用更好地实现语音教学目标。Thomson（2011）研究了通过计算机辅助发音训练（Computer-Assisted Pronunciation Training，简称 CAPT）来实现改善发音的目标。研究者使用一个专门设计的计算机应用程序（application，简称 APP），让学习者对随机呈现的母语者录音做出判断，通过视觉和听觉反馈，确定其选择的准确性。通过对学习者英语元音发音的前测和后测发现，经过训练后，被试元音发音的可理解性显著提高。

Bueno-Alastuey & Kleban（2016）进行了一项案例研究，探讨了远程协作项目和不同教学目标匹配的问题。研究者为两组英语教师学员设立不同的学习目标（西班牙

B1 级学生专注于语言发展，波兰 C1 级学生专注于发展他们的教学技能与技术），考察了项目设计和实施在多大程度上影响了每一组学员的认知。研究结果表明，针对各组不同的课程目标所进行的远程协作项目有许多优点，但未必对所有参加者都有相同的益处。

无论是在课堂教学中还是远程教学中，或在其他形式的教学过程中，任何一项技术工具在二语教学过程中的运用，根本目的都是为了更好地满足学习者的学习需求，实现教学目标。在教学设计过程中，必须要围绕教学目标审慎地选择和运用语言教育技术，使技术真正地服务于教学目标的实现。

二、教学内容

教学内容是由教学目标决定的。选择教学内容并组织教学进程从而构建专业课程体系，是课程设计的主要任务（刘珣，2000）。一般来说，汉语作为二语教学的教学内容主要包括以下四个方面：

（1）语言要素（语音、词汇、语法、文字）；
（2）言语技能（听、说、读、写）；
（3）言语交际技能（汉语语用规则、话语规则、交际策略等）；
（4）相关文化知识（汉语的文化因素、中国基本国情和文化背景知识等）。

根据语言教学的目的还可将语言教学分为通用语言教学和专门用途语言（Language for Specific Purposes，简称 LSP）教学（也称特殊目的语言教学），由于目标不同，其教学内容各有侧重。人们期待语言教育技术能够增加教学知识容量，提高教学效率。语言教育技术在第二语言教学内容方面的影响，在专门用途语言教学领域尤为突出，特别是有关学术语言教学以及商务和职业用途语言教学的研究值得关注。语言教育技术对语言要素教学内容和言语技能教学内容的影响后续将单辟章节介绍。

（一）学术用途语言教学内容

在专门的外语教育技术会议报告和期刊中，与学术用途语言教学相关的技术主要有多媒体、网络、语料库/数据库及其他资源库、硬件设备和软件等。

在已有文献中有很多研究者谈及通过网络在线技术进行学术二语教学。比如 Chen, Belkada & Okamoto（2004）研究了网络课程如何促进学术英语（English for Academic Purposes，简称 EAP）学习。Stapleton（2005）在研究中探讨了网络对二语学术写作的启示，指出由于英语网站在网络上占主导地位，EAP 写作教学会倾向于国际性话题，对于在网络环境下进行学术写作可能出现的道德伦理问题，人们应该警觉。在 2006 年 CALICO 会议上还有研究者报告了英语作为二语的大学生的信息素养，以及他们如何运用互联网技术进行学术内容的学习。Kessler, Bikowski & Boggs（2012）关注基于网络的、以项目为导向的、多对多的协作写作在学术英语教学中的应用。Jun & Lee（2012）则专门研究了学生和教师对在线 ESL 学术写作单元的看法。Atai & Dashtestani（2013）报告了伊朗学习者在 EAP 课程中对互联网的态度。可以看出，研究者对网络技术在学术用途语言教学中的应用持开放、审慎的态度。

　　语料库技术的引入在外语学术词汇习得和写作教学等方面起到了积极作用。Fuentes（2001）研究了语料库技术对学术词汇习得的影响；在 2008 年 CALICO 会议上，也有研究者做了有关语料库技术对学术词汇习得的影响的报告。Horst, Cobb & Nicolae（2005）进行了通过互动在线数据库提高学术词汇量的研究。在线数据库或语料库技术对学术二语教学内容产生了重大影响。Hsieh & Liou（2008）进行了基于 ESL 学习者语料库的在线学术写作研究，将研究性文章应用到写作教学的网络课程内容开发中。Chang（2014）提到了将不同类型的语料库作为 EAP 写作资源，并为学习者更好地使用语料库提出了建议。另外，Campoy-Cubillo, Belles-Fortuno & Gea-Valor（2010）在论文集中收录了 6 篇与"语料库和专用英语"有关的文章，介绍了运用语料库进行 EAP 写作教学、EAP 口语教学、商务英语教学、科技英语写作教学等有关的研究。由此可以看出，语料库技术在学术用途语言教学中正在并将继续发挥重要作用。

　　多媒体技术及各种新兴移动设备等在学术二语教学中的应用日益广泛。在 CALICO 会议上，有如下相关研究：为使用移动设备的商务人士开发英语听力学习材料，研究者认为这些学习材料有助于提高学习者的学习动机和学习效果（2012）；通过多媒体材料促进学习者学术二语能力发展（2017）等。另外，Smidt & Hegelheimer（2004）研究了在线学术讲座对英语听力理解和二语词汇习得的影响。播客（podcast）技术的应用也值得关注，在 2008 年和 2015 年 CALICO 会议上均有研究者做过将播客运用于学术二语教学的报告；Weinberg, knoerr & Vandergrift（2011）也对播客在学术二语教学中的应用问题进行了研究。可以看出，新兴媒体和相关技术在改变学术用途语言教学的方法和手段的同时，也对教学内容和学习者态度等产生了重要的影响。

　　在线写作模板、在线写作系统、在线文档编辑技术等先后被引入学术二语写作教学，相关研究也很多。比如，Greenman（2004）将文本制作模板引入了 EAP 写作教学，研究结果表明，学生对学术写作模板持积极态度，并且模板对学生的学术写作过程和策略使用有不同程度的影响。在 2006 年 CALICO 会议上，有研究者做了关于中国台湾博士生在线学术写作模板的报告。Sun（2007）研究了在线模板这一学习工具在学术写作中的运用。Yeh（2015）提出利用在线写作系统促进学术体裁写作的元认知过程。Yang（2016）提出写作过程中通过在线技术提供的同伴反馈来建构学术知识。可见，各种在线写作工具的使用给二语学术写作教学带来了深刻变化。

除此之外，还有多种技术手段出现在学术二语写作教学过程中。比如 Han & Shin（2017）曾研究 Google 搜索技术在学术英语写作课程中的应用问题，并研究了在中级学术英语写作课程中教授韩国 EFL 大学生 Google 搜索技术的有效性。Ebadi & Rahimi（2019）研究了 Google 在线编辑技术对二语学术写作教学的影响。Sun & Chang（2012）研究了通过博客进行二语学术写作训练的方法。在 2014 年的 CALICO 会议上，也有研究者做了有关通过在线讨论提高学术写作能力的报告。可以发现，很多技术手段在二语学术写作中的积极作用得到了证实。

教育技术与学术二语教学的整合不但改变了传统的教学方法和模式，而且在很大程度上优化了教学内容。随着教育技术的迅猛发展，势必给学术二语教学带来更多新思路，提供更多新方法和新的技术手段。

（二）商务和职业用途语言教学内容

信息通信技术（Information and Communication Technology，简称 ICT）、移动通信技术、多媒体技术、网络教学系统以及语料库技术等语言教育技术的应用，给确定和实施商务和职业用途语言教学内容带来便利的同时，也带来更多要求。

在线教学的内容不能完全照搬线下课程。Zhang（2002）开展了商务汉语在线教学研究。研究中提到美国伊利诺伊大学语言学习实验室正在开发一种综合的商务汉语在线教学方法，线上教学课件由商务汉语练习册和商务汉语模拟两部分组成。练习册中包括示例文本和对话、重点练习、语法解释和词汇，而模拟则通过语言使用展示了解决问题的真实情况。

除计算机、网络技术外，多媒体、移动通信等技术以及线上教学平台和教学系统也融入了商务和职业用途语言教学当中。比如，Trinder（2002）研究了多媒体在商务英语课堂中的应用。CALICO 会议对该问题也颇为关注，相关议题包括：在计算机辅助语言教学环境下使用 Moodle（Modular Object-Oriented Dynamic Learning Environment）课程系统进行商务英语教学（2005）；利用大学合作电子平台进行商务英语学习（2011）；通过学生制作的视频和博客进行商务西班牙语学习（2011）；等等。此外，在 2014 年的 ICT 会议上，还有研究者在报告中提到了在移动通信技术职业中等教育中，学习者通过平台进行希腊语作为二语学习的情况。通过这些研究，可以看到，技术的引入改变的不只是商务和职业用途二语教学的形式和方法，更深层的改变则是教学内容方面发生的变化。

与此同时，将语料库技术应用于二语教学的研究和案例越来越多。胡春雨、陈丽丹、何安平（2019）从语料库语言学的短语理论与技术出发，结合学科专业教育理论，创造性地提出了语料库辅助的商务英语短语教学模式，强调了将短语作为商务英语教学内容的重要性和必要性。

语言教育技术的发展为教学内容的丰富化提供了有利条件。多媒体技术特别是计算机网络的应用和普及，为二语教学内容的扩展提供了广阔的空间。教师可以根据学习者的需求，将各种语言知识等教学材料以多媒体课件类形式提供给学习者，便于学习者根据自己的语言水平和兴趣、爱好等进行自主选择。教学内容不再局限于教材，更加凸显针对性，对学习者来说更具吸引力。

统观本节内容我们可以看到，在教育技术支持下教学目标的实现有了更好的依托和选择，教育技术的发展和应用是否有助于教学目标的实现以及是否对教学目标的调整提出新的要求，有赖于更多的实践经验总结和实验数据证明。教育技术对二语教学内容的影响是多方面、全方位的，而这其中教育技术在专业用途二语教学中的作用尤为突出，当然，有关通用二语教学的教学内容同样有很多重要问题值得研究，教育技术的进一步发展也会带来更多新的研究课题和新的研究成果。

第二节　教育技术支持下的教与学模式

教学方法和教学模式的选用是教学设计中重要的组成部分。随着语言教育技术在二语教学中的应用不断深入和扩展，教学实践积累了丰富的经验与教训，对之进行研究有助于我们发现和解决当前实践中遇到的问题，也有助于我们把握未来的发展方向。

教育技术下教学方法和教学模式的分类有很多。比如，按学生学习的目的和内容可以分为信息加工模式、个性模式、行为模式等；按教学组织形式可以分为以集体学习为主的远程教学模式、以小组学习为主的远程教学模式、以个体学习为主的远程教学模式等，也还可以再分为同步或异步等；按媒体技术的发展可以分为函授、多种媒体、电子远程教学模式等；按教学活动可以分为讲授、协作、探索、个别辅导和讨论等。

随着信息技术的发展，目前教育技术重点关注以计算机为媒介的教学模式。其中：

协作学习模式下基于项目的学习[1]；自学辅导模式下的非正式学习[2]、移动学习[3]和泛在学习[4]；掌握学习模式下的支架式教学[5]、自适应学习[6]、体验式学习[7]（包括虚拟现实技术的应用）、混合式学习[8]（包括反转课堂/翻转课堂）和游戏化学习[9]；基于问题的学习[10]、探究式学习[11]值得重视，它们已经在外语教育技术实践中得到了应用。

教学方法和教学模式还有很多，这里选取当前在二语教学领域广受关注的几种进行了讨论。教育技术的发展给情境教学、支架式教学和任务型教学的实施提供了更多支持的同时也带来了很多新的研究课题。教学是由"教"和"学"两方面组成的，我们在关注教学方法和教学模式的同时，也应重视对学习者的学习方法和学习模式的研究。特别是随着教育技术的发展，学习者的学习必定会随之发生变化，在教育技术支持下探索成功、高效的学习方法和学习模式是目前和未来相当长的时间内都必须予以重视的问题。学习分析已成为教育技术领域的重要分支。

一、协作学习

协作学习特指计算机支持的协作学习（Computer Supported Cooperative Learning，简称CSCL），是一种通过计算机或互联网的社会互动进行学习的方法。学习者以小组或团队的形式参与学习，小组成员在学习过程中合作互助、共同活动（如角色扮演），以求最大化地促进自己和他人的学习。交互的方式有一对一、一对多、多对一和多对多这几种，包括同步和异步交互形式，交互的过程可以记录和保存。其特点是参与者之间共享和共建知识体系，利用技术作为主要交流手段或共享资源。20世纪70年代协作学习在美国兴起，至今仍在教育领域发挥着重要的作用。对于二语教学来说，协作学习具有很多优点，因而一直备受关注。伴随着计算机和网络技术的发展，协作学习无论是在形式上还是内容上都有了更多的选择，相关研究数量也很多。以技术为

---

[1] 基于项目的学习（Project-Based Learning，简称PBL）。
[2] 非正式学习（Informal Learning）。
[3] 移动学习（Mobile Learning）。
[4] 泛在学习（Ubiquitous Learning）。
[5] 支架式教学（Scaffolding）。
[6] 自适应学习（Adaptive Learning）。
[7] 体验式学习（Experiential Learning，简称ExL）。
[8] 混合式学习（及之下的翻转课堂）（Blended Learning）（Flipped Classroom）。
[9] 游戏化学习（Game-Based Learning，简称GBL）。
[10] 基于问题的学习（Problem-Based Learning，简称PBL）。
[11] 探究式学习（Inquiry-Based Learning）。

媒介的学习环境已经成为二语学习和教学过程中比较受关注的一个组成部分。历年CALICO会议上相关议题也很多，具体包括：计算机辅助写作环境下外语写作协作学习的效果（2000）；为协作语言学习整合新媒体（2004）；多媒体和新媒体在协作学习中的应用（2004）；学习者在以计算机为媒介的异步交流（Asynchronous Computer-Mediated Communication，简称 ACMC）中通过线上消息离线进行协作互动的情况（2006）；如何借助 Moodle 通过国际网络协作进行跨文化外语学习（2010）；等等。Li（2018）对二语语境下的计算机协作写作进行了实证研究分析。Van der Zwaad & Bannink（2018）深入研究了 SCMC 中英语母语者和非英语母语者之间的数字交互数据。得出的结论有：强调在任务设计和远程协作实践中应该考虑参与者的角色认同。可以看出，计算机技术支持下的协作学习的良好效果得到了证实，但学习者态度等相关问题还有待深入探讨。

网络技术的发展，使得很多传统的协作学习方式正在向线上协作转变，发挥线上协作学习优势，是今后需要长期关注的问题。相关 CALICO 会议议题包括：通过网络进行协作教学，包括应用的形式、现实、挑战和机遇，还有语言活动的设计等（2002，2009）；通过免费的互联网音频软件进行协作语言学习（2003）。另外，Yim & Warschauer（2017）从文本挖掘的方法学视角研究了基于网络的二语协作写作。Yang（2018）探讨了学习者在网络协作写作中如何通过间接反馈（包括篇章组织、读者的观点等）建构新的语言知识。网络协作写作能够促进不同能力水平的学习者通过意义协商提高写作水平。Wang（2019）研究了网络协同写作活动中规则对互动模式的影响，为二语课堂中基于网络的协作写作活动的设计和改进提供了不少启示。Selcuk, Jones & Vonkova（2019）通过英语学习者的自述，研究了网络协作写作中小组组长的出现及其影响。其他有关网络在写作学习中运用的研究还有很多，比如在 2005 年 CALICO 会议上，有研究者做了有关母语者和非母语者之间通过电子邮件进行协作互动的报告。

多人协作写作系统 wiki 的诞生和应用为协作学习研究带来了很多新课题，相关研究数量众多。比如，在 CALICO 会议上有如下相关研究：什么是 wiki、如何进行课程管理以及如何开展在线外语协作学习（2006）；wiki 在语言学习中的应用（2009）。此外，Zou，Wang & Xing（2016）也对基于 wiki 的英语学习环境中的协作任务进行了研究，探讨了在中英在线语言交流项目中，协作任务在英语作为外语的学习纠错中的作用，学习者对使用 wiki 进行协作学习练习语言技能，特别是将特定设计的任务整合到他们的语言课程中，提供了积极的评价。学习者喜欢在 wiki 上互相纠正语言偏误，而且研究证明学习者的写作能力切实得到了提高。Hsu & Lo（2018）和 Hsu（2019）都研究了 wiki 对写作能力的影响。McDonough, De Vleeschauwer & Crawford

（2018）将英语协作写作、协作预写作和个人文本的质量进行了比较。讨论了协作在二语写作过程中各个阶段的作用，并对今后的研究进行了展望。Su et al.（2019）研究了在线自我调节在基于 wiki 的学习环境中对 EFL 学习者协作学习的作用。Miyazoe & Anderson（2012）研究了论坛、博客和 wiki 在英语混合式学习课程中的使用问题，提出了一种以目标为中心的网络写作教学设计模式。该模式利用论坛进行讨论，通过博客进行反思，使用 wiki 进行协作，联合运作以获得更好的学习效果。其中，wiki 为协作学习带来了更多的可能性，如果利用得当，必定可以使协作学习产生更好的作用。

有关协作学习的教学资源与技术整合方面的研究，内容广泛，方法多样。在 2014 年 CALICO 会议上，有研究者做了有关促进协作教学社区课程与材料开发的报告。在 2014 年的 ICT 会议上，还有研究者做了有关协同学习研究的报告，提出将学习任务和在线资源整合到日语—芬兰语协作网络化学习中。另外，Toetenel（2014）对社交网络这种协作性开放教育资源（Open Educational Resources，简称 OER）进行了研究；Balaman & Sert（2017）提出通过开发二语互动资源实现在线协作任务。Hernández（2017）研究了利用虚拟学习环境（Virtual Learning Environment，简称 VLE）促进外语协作学习的问题；Tsai（2019）研究了如何整合协作学习以增强 CAPT 技术的优势，探讨了在计算机辅助语音学习过程中同学如何互动，分析了协作对电脑辅助发音学习的影响。从以上研究中可以看到，协作学习在教育技术和资源的支持下，能够取得更好的效果。

协作教学是世界各国都在倡导的教育理念，在中国也受到越来越多的重视。协作教学既能发挥集体学习的优势，又兼顾学习者的个性特点，有利于提高教学质量，提升教学效果。语言教育技术的融入，使协作者之间相互协调变得更为便捷、轻松，协作者之间相互学习，互为补充，共同提高，共同完善。这些有赖于设计者在教学前对协作内容与形式进行精心设计。

二、任务型教学

任务型教学法产生于 20 世纪 80 年代，是广为应用语言学专家和外语教学专家认可和接受的一种二语教学方法。这种方法强调"在做中学"（learning by doing）和"用语言做事"（doing things with the language），要求教师围绕特定的交际项目和语言点设计出具体的、可操作的任务，学习者通过表达、沟通、交涉、解释、询问等各种语言活动形式来完成任务，以达到学习和掌握语言的目的。任务设计对任务型教学法来说极为关键。互联网下的数字化资源丰富，可以为任务型教学创设理想的语言学习环境，帮助学生从任务的完成中获得成就感，从而由被动地接受知识转变为主动地学习、掌握、巩固和运用知识。随着语言教育技术的发展，越来越多的教师开始将各种新技术手段和工具运用于任务型教学，在任务设计过程中，探索如何更好地与语言教育技术融合，从而取得理想的教学效果。21世纪以来，相关研究数量多、范围广，值得我们学习、总结和借鉴。

任务型教学以学生为中心，通过问题设置发展学生练习的技能，鼓励学生在环境中进行持续学习，通过探索现实世界的挑战和问题，帮助学生学习和理解知识，因此它与基于项目的学习（Project-Based Learning，简称PBL）和基于问题的学习（Problem-Based Learning，简称PBL）有关。基于项目的学习是一种以学生为中心的动态的课堂教学方法。学生通过长时间研究和回答复杂的问题，挑战了解一个主题，获得更深的知识，是一种主动学习和探究学习的方式。基于问题的学习同样是一种以学生为中心的教学方法，学习者以小组为单位，通过解决触发材料中发现的开放式问题的经验来学习。它不关注使用定义的解决方案解决问题，但它允许开发其他所需的技能和属性，如知识获取，加强团队协作和交流。同时，这个过程也有助于学习者发展他们未来的实践技能，它加强了批判性评估、文献检索的技能，并鼓励在团队环境中进行持续学习。因此，对教师来说，运用技术手段准备资源、精心设计问题并描述可观察的现象或事件、多种认知工具，非常重要。

关于计算机在任务设计或教学中的应用有很多相关的文献。首先是CMC在任务型教学中的运用曾引起众多研究者的关注（Salaberry，2000；Yanguas，2012；Chen & Brown，2012等）。其次是SCMC在任务型教学中的应用问题曾一度成为研究热点（Collentine，2009；Van der Zwaard & Bannink，2016），另有多位研究者曾在CALICO会议上做过有关SCMC在任务型教学中应用的报告（2005，2006，2009，2013，2016）。还有研究者关注计算机在任务设计评估中的作用（Hémard，2006a；Tsai，2017）。与此同时，计算机对写作任务的不同影响成为研究者感兴趣的研究内容（Amiryousefi，2016；Amiryousefi，2017；Barkaoui，2016）。Yanguas & Bergin（2018）研究了基于任务的二语口语CMC中的聚焦形式问题。Tang（2019）通过对比以计算机为媒介的书面会话与面对面的口语会话，研究了任务情态对二语汉语学习者语用发展的影响。研究中提到，CMC在外语学习任务型互动中具有独特的优势，如提供文本的视觉显著性和延长修改输出的处理时间等。然而与面对面学习模式相比，CMC是否更有利于任务型学习尚不清楚。该研究直接比较了两种任务模式对汉语情态动词学习的影响。研究表明，面对面教学更有利于培养学习者的语用能力。从中可以看到计算机技术在任务型教学中的应用贯穿任务设计、任务实施和任务评价的全过程，也促使研究者继续思考计算机环境下的语用能力培养问题。

随着教育技术的发展，文本、音频、视频等多媒体技术更多地融入任务型教学当中。在2013年CALICO会议上，有研究者做了有关基于文本形式的任务设计的报告。Wang（2007）曾研究过用视频技术来完成语言学习任务。此外，在2004年和2013年CALICO会议上均有研究者提到过基于视频的听力任务设计，Pino-Silva（2007）则提到了基于视频的写作任务。Hauck & Youngs（2008）研究了多模态环境下的教学任务设计。Ong & Zhang（2018）研究了代码转换阅读任务对学习者词汇记忆、保留和提取的影响。Kusumaningputri & Widodo（2018）研究了使用数码摄影的跨文化任务对印尼学生跨文化意识的影响。该研究探讨了在大学英语教学中，如何运用数码照片作为中介的跨文化任务提高学生的批判性跨文化意识。研究对象是66名英语文学专业的学生，数据来自学生的作品、课堂观察、课堂讨论笔记和现场笔记。这项研究表明，将跨文化任务和数码照片用作具有文化底蕴的学习资源，有可能在英语课堂上促进学生的跨文化交际能力发展。

运用网络技术实现语言教学和学习任务的研究非常多，其中相当数量的研究都与基于网络的任务设计有关（Ayoun，2000；Appel & Gilabert，2002；Mardomingo，2004；Kenning，2010；Brandl，2012；Baralt & Morcillo，2017）。Müller-Hartmann（2000）研究了任务在网络学习中促进跨文化学习的作用。此外，Knight，Barbera & Appel（2017）研究了口语教学中在线互动任务的实施。网络技术在任务型教学中的应用也是CALICO会议上关注较多的问题，相关研究包括：网络在线教学与任务教学相结合（2004，2005）；在线讨论中任务设计和社交存在的重要性（2013）；任务类型在中级德语课堂在线语法学习中的影响（2015）。另外，还有研究者关注在线任务导向的二语互动问题（Balaman & Sert，2017；Balaman，2018）。这些研究不仅展现了网络教学的应用形式，也可以从中看到网络技术在任务设计和任务完成中的重要作用。

语料库和多媒体网络资源等各种资源也越来越多地在任务型教学中发挥作用。语料库能够为任务型教学提供质量可靠的语言输入和真实的情景，在任务型写作教学方面，语料库所附带的软件还能够帮助学习者检测、修改和评估自己的作文，有助于学习者更好、更顺利地完成写作任务。有研究者在2000年CALICO会议和2014年ICT会议上做了有关通过在线资源整合技术来完成语言学习任务的报告。Tsai（2011）做了基于任务的多媒体课件在语言教学中的应用研究，语料库在任务教学中的应用分析研究也得到关注（Tono, Satake & Miura，2014；Cho，2016）。在2008年CALICO会议上，有研究者做了有关在线外语课堂任务型语言教学任务设计的报告，而网站作为资源在任务型教学中的应用问题也受到研究者的关注（Roy，2014）。可见，语料库等资源的合理利用能够使任务型教学取得更好的效果。

虚拟技术与任务型教学的关系十分密切。在 CALICO 会议上，有如下相关研究是与虚拟技术应用有关的：虚拟课堂和任务编写系统（2002），搭建外语教师的脚手架，用任务型教学加强虚拟课堂（2006）；以意义为中心的任务型虚拟学习实现（2006）；虚拟学习环境中任务的设计与实现（2008）；3D 虚拟学习环境中的学习任务构建（2009）；虚拟学习环境中任务的设计与实现（2011）；输入在三维虚拟学习环境学习任务设计中的作用（2014）等。Chen（2018）研究了虚拟游戏"第二人生"中任务、策略和协商的相互作用。Wilhelm（2018）研究了现实世界数字环境中的任务型语言学习。在 2019 年 CALICO 会议上，也有研究者谈到了 ESL 课上在线游戏环境中基于任务的互动。在语言教学中，虚拟技术影响着任务设计与实施，为语言教育者提供了更大的空间和更多的选择。

社交媒体技术也被应用到任务型教学当中。例如，在 CALICO 会议上有如下相关研究：任务设计对聊天室沟通的影响（2004）；同步音频会议在口语学习任务中的应用（2012）等。另外，Levy & Kennedy（2004）曾提到音频会议工具在任务型教学中的应用。Chen, Shih & Liu（2015）提到了运用博客进行远程合作任务设计。Rosell-Aguilar（2005）研究了网络会议在任务型教学中的运用；Guo & Möllering（2016）也曾对网络会议在任务型教学中的应用问题进行研究。Thomas & Reinders（2010）介绍了世界多所大学进行的任务型语言教学研究成果，展示了 Web 2.0 技术（博客、wiki、社交网站、播客和虚拟世界等）在任务型语言教学中的应用，以及互动白板、移动设备等的实际应用，强调了语言学习任务的创建对外语学习者具有明确的现实意义。由此可以看出，社交媒体等技术的引入，在任务型教学中起到支持学习者开展互动、有利于任务顺利实施的作用。

除了运用计算机技术、网络技术、语料库技术和社交媒体技术，也有研究者研究通过移动技术来实现任务教学，如 Kiernan & Aizawa（2004）研究了手机在基于任务的语言学习中的应用。移动通信技术与听力任务的结合问题也受到了研究者的关注（Chen & Chang, 2011; De la Fuente, 2014）。在 2015 年 CALICO 会议上，有研究者做了有关基于任务的 ESL/EFL 移动辅助语言学习需求分析的报告。由此可见，新兴教育技术在基于任务的学习需求分析、任务设计和任务实施等方面都发挥了积极的支持作用。

任务型教学是 21 世纪以来最有影响力、最受关注的教学理念和教学方法之一。语言教育技术的融入使得任务内容更为丰富、形式更为多样。同时，任务型教学中的任务设计要求也更高，从任务前准备，到任务实施和任务后总结评价，设计者都需合理地看待技术的作用，将教育技术与任务型教学进行有机地融合。

三、非正式学习

学习有正式学习（Formal Learning）与非正式学习（Informal Learning）两种基本形式。正式学习，一般是指由教师组织或主导的、有目的、有计划地开展的学历或非学历教育学习活动。而非正式学习则是由学习者自我发起、自我调控、自我负责的学习，它是正规学校教育或继续教育之外，在工作、生活、社交等非正式学习时间和地点接受新知的学习方式。非正式学习的特点是在学习环境、学习支持、学习时间和学习目标方面的计划和组织程度相对较低，它在生活中随时随处都可能发生，当它融入人们的生活自然地发生时，是很有意义的。（余胜泉、毛芳，2005）

教育技术的发展使得非正式学习较之于过去，学习资源更加丰富，学习场所更为随机，有利于学习者或学习者之间通过网络学习平台或软件工具等实现信息共享及合作交流。尽管非正式学习一般是通过非教学性质的活动实现的，但语言教育专家和教师在进行教学设计时需要重视其存在和意义，并应通过深入研究使之取得更好的效果。作为一种"即兴活动"（Cross，2007），非正式学习既不一定发生在教室中且没有固定的时间，甚至可能没有提前的教学设计。因此，非正式学习具有偶然性、突发性和动态性。随着现代信息技术和新媒体与语言教学的结合日益紧密，非正式学习这一形式也逐渐被学习者所接纳，其影响力迅速扩大。也正是由于非正式学习正逐步成为席卷全世界的国际潮流，因此才有了游戏化学习、非正式学习和泛在学习等概念的提出和流行。

在线资源的可获取性为非正式语言学习提供了大量的语境和训练机会。Sockett（2014）在其出版的专著中全面介绍了在线非正式英语学习（Online Informal Learning of English）。在2012年CALICO会议上，有研究者就移动设备支持下的正式语言学习和非正式语言学习做了对比研究。Jurkovič（2019）调查了斯洛文尼亚大学生使用智能手机进行非正式英语学习的情况。对感知交际能力和网络非正式英语学习两个方面进行研究。研究结果表明，数字化英语学习语境的创建和学习者英语交际能力水平的提高是复杂且相互关联的两个动态系统。此外，Lee（2019）采用个案研究的方法，对韩国某大学的英语学习者进行了半结构化访谈，考察了数字化非正式英语学习（Informal Digital Learning of English）的多样性。数量、年龄和专业是自信和乐趣（Confidence and Enjoyment）这两个情感变量的重要预测因子，而非正式英语数字化学习多样性和专业主要预测了产出性语言成果（口语和产出性词汇知识）、标准化英语考试的成绩（如托业，Test of English for International Communication，简称TOEIC）和一个情感变量（缺乏渴望）。

动态系统理论强调学习者非线性语言发展具有个性化的资源、策略和关系等。Sockett & Toffoli（2012）从动态系统视角研究了学习者如何在业余时间利用在线虚拟社区（如Facebook等）来学习阅读和听力，以及如何用英语进行交流。随后，Sockett（2013）采用主位研究法（Emic Approach），调查了英语学习者使用博客在非正式学习中的交际过程。研究发现，在非正式学习中，学习者关注的是交际意图和意义协商，对语言形式的关注度则不是很高，而交际意图体现了语言的本质作用。在实际的语言交际中，母语者所使用的更加地道的表达和语言结构也会引起学习者的注意。学习者若想了解语言如何映射到意义上、语言如何在日常生活中使用、语言如何根据具体语境进行调整，那么在丰富的语境中接触目的语并完成真实的语言任务至关重要。

与上述Sockett（2013）的研究结果稍有不同，Isbell（2018）基于活动理论（Activity Theory），研究了韩国在线社区非正式语言学习的情况。研究结果显示，当学习者的兴趣是语言本身时，他们可能会使用不同形式的语言和学习活动模式。同时，在线社区非正式语言学习活动与传统课堂语言学习活动具有相似性，如关注语言形式，以及在语言学习活动中使用第一语言等。

纵观已有研究成果不难发现，计算机和网络技术辅助下的非正式英语学习既具有高度的个性化，也是一种发生在隐私性较强的环境/社区（如社交网络）中的活动，从某种程度上看，它比正式的课堂学习更难研究，数据更难获取。因此，我们看到的大多数研究均为基于个案的定性研究，并通过半结构化的访谈来收集数据。我们也不难发现，相较于拥有较长历史的正式语言学习研究，非正式语言学习在最近才进入研究者的视野，所以研究内容相当受限。在信息技术所创造的环境中，非正式语言学习发生的过程、对听说读写等言语技能获得所起的作用、语言形式的习得等，都有待研究数据提供证据。

四、自主学习

自主学习（Autonomous Learning）又称为自我指导学习（Self-Directed Learning）、学习者自主性（Learner Autonomy），是一种以人本主义心理学和认知心理学为基础的现代学习理念，也是目前应用语言学研究的一个重要课题。很多文献中对自主学习与非正式学习常常不加区分。"自主学习"一般指学习者自觉确定学习目标，选择学习方法，监控学习过程，评价学习结果的过程。在教育学领域，研究者把培养学生的自主学习能力作为一项重要的教育目标，重点探讨促进学生自主学习的有效教学方法。在心理学领域，研究者侧重于考察影响学生自主学习的各种因素，以及自主学习发生、发展的内在心理机制。（庞维国，2001）在强调学习者自主学习能力的同时，应该看到现代教育技术促进了教育教学网络化的发展，有利于教育资源的优化组合，为自主学习的学习者适时地提供全方位支持和帮助，激发或保持其学习动机，也为学习策略的使用提供技术支持，从而为实现自主学习创造了良好的环境。与传统教学模式相比，语言教育技术支撑下的教学模式更加强调学习者的自主性，学习者具有更大的自主权，可以根据自身的情况，对学习内容和进度进行选择和调整，他们会将外在的课程或学业要求，内化为自主学习的动力，从而达到提高自身能力和素质的目的。在这里，我们主要考察不同媒体技术辅助下的自主外语学习的相关研究，以期为教学设计提供借鉴和参考。

计算机技术已成为目前自主学习不可或缺的重要因素和条件。Lee，Yeung & Ip（2017）考察了大学英语学习者自我指导学习三个关键因素（Self-Management，Desire for Learning，Self-Control，即自我管理、学习欲望和自我控制）和计算机技术使用，以及个人因素（年龄、性别、语言学习焦虑和语言学习风格）之间的关系。研究结果显示，三种 SDL 因素与计算机使用与个体学习之间呈正相关关系，与语言学习焦虑呈负相关关系。在三种 SDL 因素中，学习欲望与计算机使用的关联性最强。SDL 中的性别和年龄未发现差异，但年龄较大的学生在学习欲望和焦虑方面更显著。

将在线平台与语言教学相整合，学习者能够从中选择相关技术与学习目标和流程相匹配，进而提高其对必要的知识和技能进行自主学习的意愿。（Lai，Shum & Tian，2016）在相关研究中，Lee（2011）采用民族志的方法，深入探讨将同步计算机媒介交流中通过博客整合的多模态互动，以及与母语者面对面交流这两种方式中学习者学习跨文化知识时的自主能力。他发现，博客为学生提供了独立学习（如内容创作）和反思跨文化问题的机会。同时，任务类型以不同的方式促进自主性。设计良好的任务，有效的元认知和认知技能，以及互联网可获取性能够最大限度地发挥博客在学习者自主能力和跨文化交流方面的潜力。其后，Lee（2016）基于网络的任务型教学研究也为其研究结论提供了支持证据。在该研究中，他探讨了完全在线学习环境中实施任务型教学对自主学习的启示。结果表明，任务类型和数字工具以不同方式促进了学习者的自主性，学习者对语言学习和学习材料的认知投入有助于自主性和互动的提高。同时，结构化任务使学习者独立创建内容，而开放性任务则使其通过社会互动来探索对特定主题的理解。值得注意的是，教师所搭建的脚手架通过建模和及时反馈影响了学习者在网络学习中的自我调节策略。最近20年的CALICO和ICT会议上，均有研究者关注在线学习平台中学习者的自主学习能力，研究课题包括：通过自主学习平台（Autonomous Learning Platform，简称ALP）提升元认知和自主性、将社会化书签标注管理平台（Digest of Internet Information, Groups and Other Stuff，简称Diigo）整合到学习管理系统来提高自主学习中的阅读策略、通过同步音频会议在以学生主导的自主口语任务中进行互动、任务型在线自主语言学习课程的设计与实施、无教师指导下的学习者自主学习及互动、促进学习者自主学习的应用程序等。

wiki也被用于自主学习当中，2006年和2010年CALICO会议上，均有研究者报告了wiki在学习者自主学习中的运用。Kessler & Bikowski（2010）探讨了在wiki辅助的协作式自主学习中，学习者对意义的关注。研究发现，学习者在wiki中的交流分为3个不同的阶段，分别是：建立和破坏（Build and Destroy）、全面合作（Full Collaboration）、非正式反思（Informal Reflection），并使用5种语言：新信息（New Information）、删除的信息（Deleted Information）、澄清/阐释信息（Clarification/Elaboration of Information）、整合信息（Synthesis of Information）和添加链接（Adding Links），这5种语言根据使用wiki交流的3个不同阶段而所有不同。此外，他们对如何在计算机支持的协作学习中发展学生的自主学习能力进行了研究，并提出了相应的实践框架。

在在线聊天方面，近几年CALICO会议上，许多研究者就学习者在线自主能力的培养做了相关报告。Eneau & Develotte（2012）关注的是在法语专业硕士学位课程在线学习平台中成年学习者的自主能力，研究者通过回顾远程学习经验和确定同伴在学习中的作用来探讨反思和协作维度对在线学习者自主性构建的影响。研究发现，在线学习的自主因素是相互关联的，包括：远程学习中的困难及学习者为应对困难采用的策略、人际关系在社交和情感方面对克服困难的重要性、为远程学习开发的特定社交模式，以及个体和集体两种新型自主能力的培养。

在虚拟环境方面，2004年CALICO会议上有研究者探讨了多模态虚拟语言学习环境中元认知知识、有效策略使用与学习者自主能力之间的联系。Collentine（2011）通过调查在任务型3D环境中学习者自主性及其语言产出，发现学习者在完成CALL任务时语言复杂性和准确性受到其自主性动作和所输入语言的特征（自主性动作的结果）的影响。Polisca（2006）评估了基于WebST虚拟学习环境中强化自主语言学习项目（Independent Language Learning Program）的使用情况及效果。结果表明，虚拟环境有助于提高学习者独立学习中的学习动机及可迁移语言技能（transferable skills）。

同时，与个体的、非虚拟机强化的学习相比，虚拟环境支持下的团队能产生更好的结果。Hamilton（2013）在其专著中探讨了自主性、外语学习和信息技术等复杂关系的基本问题，强调了情境学习环境中的"相互依存"概念，特别提到了计算机辅助学习环境。在与墨西哥高级英语学习者进行的重点案例研究中，他仔细记录并检查了学习者在一门名为"英语国际"（English International）的课程中的行为和反应。通过对收集到的可衡量的定性数据的深入分析，他能够针对在小规模研究中观察和记录的学习者行为给出新的见解和解释。虚拟现实很容易做到学习、训练、探索的目的性与娱乐性的统一，对人们产生强大的吸引力。虚拟现实技术的这些特点不仅可以满足形成第二语言学习环境所需，也可以弥补目前第二语言教学环境的种种缺憾，大大提高教学的效果。

在数字化视频技术方面，Wagener（2006）讨论了利用数字视频资源发展自主学习能力的可能性。研究者描述了两个基于视频剪辑的试验性课程，通过学生的反馈，反思了视频在发展学生自主学习能力以及发展语言技能方面的价值。Hafner & Miller（2011）报告了中国香港某大学基于项目及"多元文化教学法"的科技英语课程的教学大纲设计与实施，并对数字视频项目和相关的技术环境进行评估。该课程是一项以学生为中心的数字视频项目，通过借鉴非结构化在线空间中自主语言学习的案例研究，以及学生创建和分享多模态科学纪录片，并将新技术和 Web 2.0 平台（如 YouTube 和 Edublogs）集成到项目中等多项活动，共同构成一个结构化的技术学习环境。研究结果显示，学生能够利用技术学习环境提供的功能可供性来提高自主学习能力。该项目中，学生通过互联网分享他们的视频，广泛吸引真实的观众，打破了传统的教室边界，而将语言学习延伸至虚拟空间。

在智能手机问世后的十多年里，平板电脑等已成为无处不在必备设备，这些设备上可以安装应用程序，这提供了巨大的（包括语言学习在内的）教育资源市场。应用程序在语言学习方面发挥了巨大潜力，如学习语言知识和提高语言技能等。近几年，移动设备的使用与学生自主语言学习的关系受到研究者的广泛关注（Lai & Zheng, 2018; Zhang & Pérez-Paredes, 2019）。Underwood, Luckin & Winters（2012）描述了开发手持系统 MiLexicon 的过程，并通过经验丰富的语言学习者的访谈数据，分析了自主学习者在个人学习环境（Personal Learning Environments）中的词汇习得情况，并为手持设备（如手机等）提供软件支持下自我发起的个人及协作方式的语言查询。Rosell-Aguilar（2018）通过大规模的调查问卷，对市场上最受欢迎的语言学习移动应用程序 Busuu 进行了调查。研究发现，大多数用户处于初级水平，基于个人兴趣学习语言。该应用程序帮助学习者提高了语言知识，尤其是词汇方面。在听力方面，

Terantino（2016）调查了学龄前儿童使用 iPad 独立学习西班牙语的特征。研究结果表明，这些儿童能够在没有帮助的情况下使用 iPad 及其应用程序，并体验到 MALL 的灵活性。同时，在词汇记忆和听力理解方面有一定提高。在写作方面，Li & Hegelheimer（2013）通过考察移动应用程序辅助下的语法练习对二语写作中句子级别的偏误识别及自主性纠错的作用时发现，学习者在自我编辑能力方面具有显著提升，其与语法后测成绩呈正相关关系。该程序有助于提高学习者的元语言意识，写作中的语法使用更加精确。García Botero，Questier & Zhu（2019）基于语言学习软件 Duolingo 探讨了课外非正式的移动辅助语言学习情况。尽管学习者对这款手机应用软件的看法以及使用的方式存在差异，但问卷调查显示，Duolingo 可以通过有趣的活动来鼓励课外非正式语言学习。由此可见，移动技术的发展和普及对自主学习有着极大的促进作用。在移动技术等相关技术支持下，无论是成人还是儿童，无论是正式学习还是非正式学习，也无论是哪种二语技能，多元化的自主学习需求都将在很大程度上得到满足。

在我国外语自主学习研究中，刘翔虎（2018）探讨了如何有效地把现代高科技与自主学习的理念相结合，来解决中国英语教学中"费时低效"及"聋哑英语"等困扰师生的难题。研究采用行动研究方法，选取中国东北某高校非英语专业 102 名学生为研究对象，在课堂上采用计算机辅助英语教学模式，并在课外鼓励学生运用计算机、网络等开展多种形式的自主学习。在行动研究每个教学循环的 6 周时间内，学生能有效地运用计算机辅助教学环境及英语学习网站资源等当代高科技手段，大幅度提高其英语听说技能、自主学习能力和学习策略等。更为重要的是在计算机辅助教学的环境下，产生了新的英语听力教学模式，即运用现代高科技手段与自主学习理念相结合，短时间内使学习者的英语听力能力实现从中级到高级水平的提升。张红玲、朱晔、孙桂芳（2010）从学习支持系统、学习中心模式和系统案例等角度系统探讨了网络外语自主学习的实现。李颖（2016）探讨了西方的"自主"理论与我国"自我指导式学习"模式之间的差异，在还原西方"自主"理论并解读我国本土化"自主"理论的基础上，指出了网络环境下外语学习策略的转变，并提出了发展自主学习中心软资源的设想。

纵观已有研究，我们发现，自主学习一直是语言教学研究的一个重要领域，也是教学设计需要特别考虑的一个重要方面。自主学习把语言教学和学习过程的重点从教师指导转向学习者或自我控制。在自主学习中，从需求分析、材料选择、学习策略选用到学习结果的评估，学习者的控制可以表现在一系列的过程之中。技术的发展和应用为自主语言学习提供了强有力的方法和手段。已有研究包括调查个体学习者对计算机、网络等技术的使用效果、师生态度和文化价值观等，为自主学习设计和研发的应用程序和软件等。在研究方法方面，建立在调查方案数据基础上的实证性研究比较丰富，这些成果来源于教学实践，反过来又指导教学实践；在研究对象方面，从成年到儿童、从个体自主学习到群体互动协作均有涉及；在研究内容方面，研究范围正不断拓宽，内容也逐渐深化，理论与实践相结合，研究成果不断涌现。

五、支架式教学

支架式教学也称脚手架教学（Scaffolding Instruction），是指教师将学生原有知识水平作为基础，将培养学生的知识技能和创新能力作为目标，按照最近发展区的要求建立概念框架，使学生的潜能得到激发的一种教学模式。在这种教学模式中，教师创建合作、沟通、讨论、竞争的教学课堂文化非常重要，教师需要让学生在潜移默化中最大程度地发挥自身主动性、积极性和创造性，最终使学生的综合能力得到极大提高。支架式教学由搭脚手架、进入情境、独立探索、协作学习和效果评价五个环节组成。其中，搭脚手架环节就是围绕当前学习主题，按"最近发展区"的要求建立概念框架，"支架"搭建得好，有助于学习者问题的进一步解决，把学习者的理解逐步引向深入。信息技术支持下的支架式教学，以网络为媒介，依靠信息技术的多种功能，特别是资源共享、交互等功能，使教师能够将学生的学习过程由简单的书本记忆，转向对信息资源的搜索、分析和利用，由此帮助学生建构知识。

二语教学中强调"支架"的重要作用，语言教育技术有利于支架的搭建、呈现和利用，并且在教学实践中得到教师和学习者的认可，收到了良好的教学效果。教育技术的发展与应用给支架式教学的开展带来了极大的积极影响。

教育技术发展对支架式教学的影响首先体现在计算机和网络技术的应用方面。比如，Cheng（2010）对以计算机为媒介的双向交流支架对二语学习者学业素养发展的影响做了深入研究，研究者认为计算机辅助的集体支架有助于参与者适应写作任务，为学习者提供协商修改的机会，并使学习者能够对学术引用惯例有所了解。在2006年CALICO会议上，有研究者做了有关基于网络的支架在英语教学中的构建和作用的报告；Lee（2008）在研究中谈到了基于网络的支架式教学在语言学习中的应用，他强调专家型教师能够在适当的时候为学习者提供逐步搭建的框架，以引起学习者对语言形式的注意；Chang & Sun（2009）研究了支架和网络整合对语言学习的支持作用；Kenning（2010）研究了基于任务的在线语音交互中协作支架对高级法语学习者的影响。由此看到，计算机和网络技术在支架式教学中的所起到的支持作用已经得到证实。不过其有效利用离不开教师的精心设计。

除了计算机和网络技术以外，其他教育技术在支架式教学中的应用也很多。在2017年CALICO会议上，有研究者做了有关利用Google文档进行支架式协作写作的报告，介绍了一年级外语写作课上的教学情况，提出了在二语写作课堂上构建新的数字文学和合作写作的建议。Kozar（2016）考察了视频或音频会议中的聊天文本起到支架作用还是阻碍作用，研究发现它可以引入新的词汇，而且是说话和打字双峰式教学，对语言学习有利；但教师打字可能会对学习者的流利性产生负面影响，也不利于教师对学习者输出语言的关注。Hsieh（2017）研究了协作学习中英语二语学习者的学习支架，在学习者和在线资源之间识别出三种不同的支架模式：（1）点对点支架（Peer-to-Peer Scaffolding）；（2）多向支架（Multi-directional Scaffolding）；（3）个体支架（Individual Scaffolding）。研究结果表明，在线资源可以促进学习者互动和知识建构的关键性支架，这也鼓励了协作性学习者的自主性。该研究同时也揭示了在线资源在协作语言学习中的作用。以上应用型研究对二语教学具有借鉴意义和推动作用。

支架式教学是建构主义教学理念的体现。如何利用各种语言教育技术为学习者搭建有效的学习支架是教师所面临的又一重要挑战。在教学设计过程中，如何实现支架式教学是所有二语教师都需要认真思考并精心设计的。

六、情境教学

情境教学是指在教学的过程当中，教师有目的地引入或创设形象的、具有一定情绪色彩的生动具体的场景，以此引起学习者的一定的态度体验，帮助学习者理解学习内容，并使学生的心理机能得到发展的教学方法。情境教学的核心是激发学习者的情感，改进学习体验，提高学习效率。这种教学法是20世纪30年代到60年代由英国应用语言学家创立的，至今仍发挥着重要的作用。计算机网络技术下丰富的信息资源为创设语言教学所需的形象、生动、直观的情境提供了便利；多媒体技术、虚拟现实和人工智能技术，以及移动设备、社交网络等为情境教学的实施提供了技术支持。虚拟技术、移动设备、社交网络、多媒体技术等都在情境教学中得到了应用，并收到了良好的效果。情境学习有时也被看作是探究式学习（Inquiry-Based Learning）。它强调从问题和情境开始的主动学习。探究式学习不同于传统教育，教师通常是引导者，而不是讲授者。学生作为探究者，识别和研究问题，从而发展知识或提出解决方案。探究式教学主要与思维和问题解决能力的发展及实践密切相关。

对于情境教学而言，教育技术具有天然的优势，然而如何在教学中有效发挥这些优势还有待进行深入的探索。这种探索在二语教学领域非常普遍，相关研究成果数量较多。比如，Morton & Jack（2005）研究了基于场景的虚拟代理语音交互技术在口语教学中的应用；Mills（2011）研究了基于社交网络社区的情境学习；Cohen & Ezra（2018）研究了情境化移动辅助语言学习在二语教学中的应用；在2019年CALICO会议上，有研究者报告了关于通过在线发布视频增强角色扮演情境的研究。Hwang et al.（2013，2014）专门研究了移动设备在小学英语情境教学中的使用，他们认为通过数字设备为学习者提供熟悉的情景，为学习者提供更多的听说练习机会，也能增强学习者进行写作练习的意愿，从而激发学习者的学习兴趣，取得更好的学习效果。在2017年CALICO会议上，有研究者做了有关3D虚拟环境在二语教学中应用的报告。可以看到，教育技术支持下的情境教学效果已得到证实和检验。

情境化教学是二语教学的发展潮流之一，虚拟技术、人工智能、多媒体技术等发展为情境化教学创造了条件，也创造了更多的可能性。随着人工智能的进一步发展，我们有理由相信，未来计算机将在二语教学中扮演更多角色，它既能做教师，又能做学伴，使二语教学真正做到虚拟化、自主化和个性化。若想取得理想的教学效果，教师必然要进行更为精心的教学设计，并认真地实施教学计划。

第三节　教育技术支持下的教学资源建设及应用

好的教学设计离不开对教学资源和学习资源的深入研究和有效利用。教学资源是指为有效开展教学活动而提供的素材等各种能够被加以利用的要素，通常包括教材、案例、图片、音频、视频、课件等，也包括教师资源、教具、基础设施等，广义的教学资源甚至还涉及教育政策等内容。学习资源即支持学习的资源，它是指学习者在学习过程中可以利用的一切外显的或内隐的条件。数字化的教学和学习资源是以信息技术为支撑的学习资源在网络空间的延伸，数字化学习资源的出现不仅扩展了传统教学和学习资源的范围，而且更加符合学习者对优质学习资源的需求。过去，人们只把那些表层可以数字化的内容称为资源，比如语料库，人们甚至认为资源研究是从事信息处理或信息化教学研究的人才需要关心的事情。如今，随着人们对信息化教学认识的不断深入，对教学资源的认识也发生了改变。例如，李泉、金香兰（2014）将资源划分为显性资源（包括文字材料、网络多媒体资源）和隐性资源（包括知识与能力资源、方法与策略资源），这种划分体现的是一种大资源观（郑艳群，2018）。

语言教育技术的发展以实现教学和学习资源最优化为目的，这里的资源既包括各种显性资源，也包括所有的隐性资源。由于与隐性资源相关的内容在本书其他章节已多有涉及，本节内容主要从课程资源、教材资源、词典资源、电子工具、教学平台和教学系统等方面来分析教育技术支持下的教学资源建设及应用问题。

一、课程资源

课程是指学校要求学生所需学习的科目及其进程和安排。课程是为实现某种教学目标而对教学内容与教学活动进行的设计与规划，是教学大纲、教学计划实施过程的总和。广义的课程包括所有为实现培养目标而确定的教学内容及其安排的总和，包括学校教师所教授的各门学科和所有有目的、有计划的教育活动。而狭义的课程一般是指某一门学科。这里我们关注二语课程。在20世纪，伴随着语言教育技术的发展，二语课程的形式与载体也在不断衍化，从传统的面授课程，到函授课程、广播电视课程、卡带音频课程、以光盘等数字媒体为载体的音频和视频课程，再到包括慕课、微课在内的各种网络课程，这些变化对课程的影响不仅体现在外在的形式方面，语言教育技术给课程带来的是从形式到内容全方位的改观与变革。21世纪以来，线上二语课程发展极为迅速，这不仅体现为数量的爆炸性增长，更体现在对不同学习需求的满足方面。在这里，我们从语言教育技术的角度简要回顾一下21世纪以来二语课程的发展变化及相关研究。

（一）多媒体技术的应用

有关多媒体在课程中的应用和影响的研究主要集中于21世纪的第一个十年，后来随着多媒体的普及，在课程中采用多媒体教学成了常态，而在理论上又没有更多的突破，因此其研究热度有所下降。Spodark（2001）研究了外语教师在新的多媒体增强的以学习者为中心的课堂中所扮演的角色的变化。Kabata & Yang（2002）研究了中级日语课程多媒体课件的开发。Weinberg（2002）研究了在高级法语听力理解课程中运用多媒体时的技术问题，并调查了学习者的满意度。Vasconcelos（2012）以葡萄牙语国家文化专题网站为例，考察、研究了二语学习者在浏览在线多媒体模块时的偏好和行为，认为多媒体有助于激发学习者对所研究文化主题的兴趣。Hertel（2013）对基于多媒体技术的西班牙语课程进行了介绍。

视频通过多种载体在越来越多的二语课程中发挥作用。Rifkin（2000）介绍了视频在俄语高级会话课程中的应用。Fukushima（2002）描述了阿肯色大学的一组中级日语学习者用目标语言制作该大学宣传视频的课程项目。学习者所制作的视频不仅展示了其二语技能，而且还为使用目标语言机会有限的学习者提供了一种激励工具。Dhonau & McAlpine（2002）介绍了在外语及外语教学法课程中使用数字视频的情况。学习者使用数码摄像机，对听、说、读、写、文化和基本课程原则的教学进行录像，并将录像转换为 QuickTime/RealPlayer 影片，学习者可以在课程网页上随时观看同学和教师所制作的视频，研究者认为这是课程最佳的实践方式。Burston（2005）对外语课程中的视频配音项目进行了研究，他认为无声视频剪辑的配音为外语学习者发展所有方面的语言技能提供了一个极好的机会。Sturm（2012）介绍了电影在二语课堂中的使用，认为电影为二语交流提供了一种语境化的方法和机会。Huang & Chuang（2016）将教学流视频用作二语学习者的支架和促进器，以提升英语专业学生的阅读能力。

播客也在二语课程中得到应用。O'Brien & Hegelheimer（2007）研究了播客在英语二语听力策略课程中的作用，认为播客这种网络传送点播音频和视频文件的新方法，不仅有可能提供丰富的教学资源，扩大课堂教学的范围，而且有可能改变教学。在 2010 年 CALICO 会议上，有研究者做了有关面向伊拉克未来教师的播客英语课程策划的报告。

（二）网络技术的应用

有关在线网络课程与语言学习关系的研究数量多、范围广。Raia（2001）对中级拉丁语在线阅读项目进行了研究。Brandl（2002）介绍了网络阅读材料与外语课程的整合，研究者提到网络课程的设计很大程度上取决于教师的教学方法、技术专长和学生的语言能力。Green & Youngs（2001）通过定性和定量的方法研究了网络在法语和德语基础课程中的应用。Chen，Belkada & Okamoto（2004）研究了网络课程如何促进英语学习。另外，Hager（2005）曾提到，外语教学中的文化教学已成为大多数语言课堂的标准要素，他介绍了利用德语网站进行德语课文化教学的情况。在 2012 年的 ICT 会议上，有研究者介绍了国际学生的在线法语课程。Atai & Dashtestani（2013）提到互联网是伊朗的大学 EAP 阅读课程的主要教育资源。Sato，Chen & Jourdain（2017）记录了在美国的石溪大学开设的全在线日语初级课程的实施情况；在 2019 年的 ICT 会议上，有研究者做了有关使用同步和异步在线课程教授外语和文学的报告。从这些研究中，我们可以看到世界各地各个语种都在根据需求开发各种网络课程。开发二语网络课程的不仅仅是学校等教学机构，很多国家和政府也在不断推动其发展。比如 McCloskey et al.（2008）在研究中提到的中美网络语言教学项目是美国教育部和中国教育部的一个合作项目，其目的是为两国学生提供免费的在线语言学习机会。美国的开发人员正在创建一个教中国人英语的课程，而中国人同时也开发向讲英语的人教授汉语的课程。

作者曾是美国英语语言开发团队的成员，他们描述了该项目的课程开发过程，解决了使用在线平台进行语言口语/听力教学所面临的挑战。

研究者从各个角度对网络课程中的教与学进行深入的研究。比如，Chenoweth & Murday（2003）对网上法语课程中学习者的学习情况进行了评估和分析；Chang & Windeatt（2016）对在网络语言课程中开展协作学习实践进行了研究；Schulze & Scholz（2018）研究了学习轨迹与网络课程在语言教学中的作用，在该研究中，统计数据提供了10年来学习者德语学习的学习轨迹，调查和访谈提供了有关个人学习轨迹和学习者课程决策的深入信息；Darhower（2002）研究了中级二语课程中SCMC的互动特征；Youngs，Prakash & Nugent（2018）对法语学习中的在线课程视频互动进行了研究；Slaughter，Smith & Hajek（2019）就视频会议在学校语言课程中的应用问题进行了探索。另外，在2018年CALICO会议上，有研究者做了有关基于网络的同步和异步语法课程的报告，介绍了相关课程案例。在2019年CALICO会议上，还有研究者做了有关从"学习者视角"看CMC"专业交际技能"课程有效性的报告。

Friðriksdóttir（2018）研究了开放式网络课程中不同模式对学习者参与模式的影响。研究者分析了8年来收集到的4.3万名用户在"冰岛在线（IOL）"上的跟踪数据，这是冰岛语作为二语的7门开放、有指导的在线课程。该研究的主要目的在于确定所有IOL课程的保留率，在比较不同模式课程保留率的基础上，调查IOL的整体参与模式。研究中的三种课程模式分别是混合学习模式、远程学习模式和自我导向模式。研究结果显示，在不同的教学模式下学习者的完成率不同，混合学习模式对留住学习者最有效。研究结果还显示：在所有教学模式中，弃学现象都有规律可循；弃学现象集中在课程的某些环节；最初学习者数量会出现急剧的下降。该研究中揭示的弃学模式要求重新评估早期参数，通过这些参数可以衡量保留率。

Canals & Al-Rawashdeh（2019）在约旦的雅尔穆克大学设计和运行第一批在线英语课程的经验基础上，研究了约旦大学制定和实施在线课程质量保证的认证标准、指南和程序。Huang（2019）对混合英语课程中面对面学习与在线学习的教师角色进行了比较。研究结果表明：在学习者看来，教师对面对面学习的影响大于在线学习；教师的认知角色在面对面学习中最具影响力，而教师的管理角色在网络学习中最为显著。Ozawa（2019）研究了日本大学生的特点对英语在线课程及TOEIC成绩的影响。

服务于语言课程的网络学习空间和网络社区日益增多，相关研究还比较有限。在2002年CALICO会议上，有研究者做了有关数字在线语言课程的虚拟学习社区的报告；Hampel & Hauck（2004）对远程语言课程中音频会议的有效利用进行了研究。Reinhardt & Zander（2011）从语言社会化视角对社交网络在英语强化课程课堂内外的使用进行了研究。Kozar（2016）研究了视频/音频会议在语言课程中的作用。Tecedor & Campos-Dintrans（2019）研究了音频和视频会议在西班牙语初级课程中所发挥的作用。在 2019 年 CALICO 会议上，有研究者做了有关服务于语言课程的智能空间创建和基于网络的语言学习游戏开发的报告。另外，Qian & McCormick（2014）介绍了在线论坛在远程汉语学习中的应用。研究者以英国开放大学（The Open University）开设的初级汉语课程为例，对网上论坛讨论数据进行了实证分析。这个论坛对所有注册学生开放，学生的参与完全是自愿的，由学生（而不是导师）发起交流。研究者研究了在学习汉语的远程语言学习者中建立论坛的性质、使用模式和功能，进一步了解了学习者参与在线论坛的作用和意义，以及论坛给汉语学习所带来的积极作用，为理解汉语学习经验提供一个新的视角。研究者发现大多数学生对论坛有着非常积极的体验。归属感有助于学习者应对学习汉语的挑战。学习者认为在线论坛是一个虚拟的会议场所，在那里语言学习者可以找到支持和帮助，分享自己的学习经验、资源、困难和挫折以及成就感。研究者认为该论坛在辅助课程教学、支持汉语学习、使学习过程愉快有趣等方面都发挥了非常重要的作用。

（三）语料库技术的应用

语料库、数据库不仅可以作为语言研究的基础，而且与二语课程的关系较之以往更加密切，相关研究数量也比较多。以 CALICO 会议为例，相关研究包括：整合数据库与在线课程，研究者借助数据库及相关技术保存、搜索、检索学生的预写作和写作作品（2001）；基于语料库的高级二语语法课程发现式学习，研究者介绍了一门大学二语德语语法复习课程的设计与实施，并讨论了语料库方法在语言教学中的整合以及促进学习者自主学习的意义（2011）；语料库技术在汉语课程中的应用问题，该研究旨在探索如何利用语料库技术提高汉语普通话课程的有效性和教学结果的可预测性（2012）；SPinTX 语料库入课堂项目，该项目的主要内容是开发一个供教育工作者搜索和改编西班牙语教学正版视频的网站，使教师能够从美国得克萨斯州的西班牙语语料库中对 300 多个带标签的视频片段进行检索，并能够轻松地根据视频创建课程和活动（2013）；借助语料库创建德语新课程，将泛读与基于语料库的语法教学结合起来，通过使用内置的语料库搜索和分析工具帮助学习者掌握特定的语法项目（2013）；等等。另外，Leńko-Szymańska（2014）介绍了华沙大学为研究生开设的一门关于语料库在语言教育中应用的教师培训课程，并对学习者进行了调查。事实上，未来只有教师广泛接触语料库，并针对语料库在语言教育中的应用进行适当培训，才能使语料库在语言课堂中的使用范围发生实质性的变化。

（四）虚拟技术的应用

虚拟技术在二语课程中得到了越来越多的应用。Pertusa-Seva & Stewart（2000）介绍了虚拟出国留学项目中的经验，这是试图利用技术来拓展西班牙语课程的一次尝试。该项目的成功表明，可以围绕一个虚拟留学网站设计关于当代西班牙的课程，其中包括文明和文化主题以及发展书面交流技能。通过该项目可以使出国留学成为外语课程内容的一部分，让所有学习者都从中受益，而不是像过去只有少数学生能够享有出国留学体验。Campbell（2004）介绍了一个在线翻译课程的实施，提出应该利用 VR 建立一个持久的学习资源。Orsini-Jones（2004）介绍了英国的考文垂大学的"语言学习的学术和专业技能"课程在虚拟学习环境中开展和反思。Deutschmann, Panichi & Molka-Danielsen（2009）对在虚拟世界"第二人生"中开展的两门外语口语能力课程进行了比较研究，发现以意义为中心的任务设计涉及真实性和协作因素，对学习者的参与有直接影响。Liou（2012）对虚拟世界"第二人生"在台湾大学电脑辅助语言学习课程中的角色进行了研究。在 2018 年 CALICO 会议上，有研究者做了有关学习者对基于 3D 虚拟技术的日语课程所持态度的报告。可以看出，研究者不仅关注某一门课程的设计和实施，也关注课程中学生的态度和参与情况，这为技术与教学的良性互动奠定了基础。

（五）移动技术的应用

随着移动技术的发展，移动通信设备正越来越多地与二语教学发生关联，在设计二语课程时，人们开始将移动通信设备的作用考虑在内。在 2013 年 CALICO 会议上，有研究者做了有关将 iPad 整合到大学汉语课程中的报告；还有研究者在报告中提到使用 iPad 和博客来指导未来的英语教师，加强他们的教学实践和学习经验。Zou, Li & Li（2018）探讨了如何将移动通信中的课程应用程序和社会交际应用程序整合到英语教学中。Han（2019）介绍了一个基于 LiveCode 的移动应用程序，这是作者为高级汉语学习者设计的一个沉浸式语言—文化学习体验应用程序，学习者可以用它来虚拟游览两个中国传统建筑遗址，目的是有效地将文化与语言学习结合起来。这是对多媒体教学、移动学习和情景化教学很好的探索。

（六）学习软件和系统的应用

各种学习软件和课程管理系统在二语教学中的应用越来越普遍，相关研究也日渐丰富。比如 Komori & Zimmerman（2001）对日本五个基于网络的汉字学习程序进行了评估，以确定哪些功能有利于汉字学习，为基于网络的 WWKanji 程序提供了建议，以便为自主学习者提供更多的学习资源。在 2011 年 CALICO 会议上，有研究者做了有关网络学习系统和在线英语课程的有效课程设计的报告，介绍了混合使用 E-Learning 系统和在线课程的新方法。Gao & Hanna（2016）研究了如何将语音教学软件融入我国中学英语课堂。他们认为，这种人机结合的教学方法特别适合青少年学习者。Tsai & Talley（2014）、Tsai（2015）和 Sanprasert（2010）分别研究了 CMS 在语言学习中的运用。还有研究者在 2016 年 CALICO 会议上，做了有关在线语言课程中整合自适应学习系统（Adaptive Learning System，简称 ALS）的报告，讨论了将 ALS 整合到在线课程中的启示和挑战，并为设计有效的 ALS 增强型在线语言课程提供了建议。

（七）其他应用案例

除了以上几类技术外，还有一些技术应用于二语课程，丰富了教学资源。比如，在 2012 年 CALICO 会议上，有多项报告与在线语言课程有关，分别讨论了混合学习在强化英语写作课程中的运用，爱尔兰混合语言课程，混合课程的设计和实施，中级英语学习者在线阅读课程的效果，以及如何将 Web 2.0 工具集成到一年级西班牙语课程中等。Griggio（2012）还研究了如何在 wiki 平台上进行法语语言能力培训。Miyazoe & Anderson（2012）在 EFL 的混合学习课程中，对三种在线写作工具论坛、博客和 wiki 的使用情况进行了定性分析。在 2014 年 CALICO 会议上，有研究者做了有关大学生语音课程 iBooks 的报告，谈到了电子书在英语作为二语写作课程中的应用。在 2015 年 ICT 会议上，有研究者做了有关使用 Web 2.0 工具设计混合公共演讲课程的报告。Yen, Hou & Chang（2015）将 Facebook 和 Skype 作为学习工具，研究如何在英语二语课程中提高学习者的写作和口语能力。而在 2015 年 CALICO 会议上，也有多项报告与课程资源有关，比如英语二语课程中 AWE 的应用；可重复使用的在线异步教学英语语法课程开发；在大学线上线下混合语言课程中通过技术来提高学习者的自主性等。

教育技术对二语课程的影响既表现在融入了新技术的课程的开发、实施、评估与改进方面，也表现在对教师和学生的影响方面，还表现在对教材和教具的选择，对教学过程的控制、评价、管理等方面。黄林林（2017）提出"技术和课程的整合"要完成以下四个目标：第一，要将技术、资源、方法、课程有机整合；第二，要营造有助于构建学科教学的信息化教学环境；第三，要有助于建立自主、合作、探究式的新型教学模式；第四，要有助于激发学习者的学习兴趣和热情，实现自主探究学习，培养学习者的英语综合应用能力和自动、自觉、自主的学习能力。语言教育技术在二语课程中的应用，不能简单地视为教学工具和手段的应用问题，而应从语言教学和学习的角度对之进行深入研究，其所带来的必将是一场教育领域的深刻变革，这种变革正在发生，并将继续发生。课程的变革还会引发教学思想、教育观念的碰撞，带来教学理论和教学体制的变革。

二、教材资源

教材一般是指按照教学大纲编写的供学生上课或复习使用的书籍，也称作课本或教科书。教材是教师教学和学生学习所依据的材料，是教学设计的具体体现。狭义的教材特指课本，而广义的教材还包括各种教学参考书、讲义、教学音像资料以及各种在线课本、电子教材和数字教学资源。基于数字化教学资源供给侧变革需求催生了数字化教材与学习资源从整合向融合发展（吴秉健，2019）。在过去几十年中，二语教材从纸质平面教材逐渐向融合了语言教育技术的多媒体立体化教材的方向发展。

研究者首先关注的是新型教材的设计、开发、利用和评估等问题。在 CALICO 会议上，有如下相关研究：从真实文本衍生的在线教材（2000）；整合了多种多媒体资源支持英语、汉语、日语等 8 种语言的新版本语言学习软件（2003）；具有智能反馈功能的在线语言教材发展前景（2005）；基于 NLP 的新的在线日语教材（2008）；混合学习中传统教材的在线材料（2013）；西班牙语移动技术辅助语言教学程序（2014）；互动数字教材（2017）；利用互动数字教材发展学生移动学习策略和参与感（2017）等。

研究者除了关注在线教材的设计、开发、利用和评价，也关注其与传统教材的差别。Kong（2009）将语言学习网站与传统教材的语言特征与互动特征进行了比较，研究发现，网站的词句和词汇密度均高于传统教材。网站更多地使用人称代词"我"和"你"，而传统教材更多地使用更显权威的"我们"；另外，网站在使用参与策略、命令结构和情态动词方面也更具互动性。这些发现突出了教材和网站的不同背景，特别是这两个渠道的不同性质及其作为信息来源的可信度。这些研究对设计合适的在线教学资源具有实际意义。

研究者还从在线教材本身的特性出发，对相关问题进行深入研究。Nagata（2010）对一种新的在线日语教材《机器人老师：自动反馈日语课程》开发中的几个设计问题进行了研究，讨论的问题包括 NLP 技术、视觉图像、声音、分级、模块化组织和课堂活动的结合，强调了与传统的印刷教材相比，在线教材具有潜在的优势。Chen（2016）使用基于语料库的变异邻域聚类（variability neighbor clustering）方法对英语系列教材的文本难度分级进行了评估。

可见，从传统教材到线上教材不只是教材形式从纸质书升级为电子书这么简单，线上教材和各种线上学习资源的设计、开发、利用、管理及评价有其自身的规律与特征，数字化学习环境要求电子教材具有易改编、能定制、可自适应的特性，数字化教材从单一产品逐渐转向具有可延展性的数字化教学资源。它不但容易分解、组合，并且能够便捷地与其他数字产品和教育技术整合、重构使用。而这些还需要研究者进行更为深入的研究和探索。我们看到，新技术的融入不断推动开放型教材与社会化学习环境的广泛融合。线上教材的目标从来不是达到跟传统教材一样的功能和效果，而是要借助各种技术工具充分发挥其内在优势，更好地为教学服务。

三、词典资源

词典，特别是学习词典，对二语学习者来说起着非常重要的作用。学习词典，顾名思义，是面向学习者所编写的词典。无论是在内容上还是在形式上，学习词典与通用词典都存在着明显的差别。其最突出的特性，也是最根本的特征就体现在"学习"二字上。语言教育技术的融入使学习词典不断更新换代。20世纪，外语学习者几乎人手一本厚厚的词典，学习时有的学生会把词典放在课桌上随时翻查；而如今，随着线上词典的出现以及智能通信技术的发展，背着厚厚的词典去上外语课的情景已不复存在，电子词典在很多情况下已经取代了纸质词典。

语言教学领域对电子词典的研究主要集中于其功能和应用。Liou（2000b）进行了电子双语词典作为英语学习者阅读辅助工具的研究；Winkler（2001）研究了英语电子词典的功能和使用；Peters（2007）研究了二语学习者在线词典使用的操控及其对二语词汇记忆的影响；Higgins（2012）介绍了日本教育科学技术省（MEXT）资助的面向计算机辅助语言教学的多语种视觉词典研发进展情况；Wang（2012，2014）的两篇文章分别对初级汉语学习者和中高级汉语学习者使用电子词典阅读电子文本的情况进行了研究；Levy & Steel（2015）从语言学习者的角度研究了电子语言词典的功能与使用。

研究者为开发适用性更强的在线词典，进行各种深入研究。St-Jacques & Barrière（2005）为促进儿童在线词典在阅读理解和词汇习得中的应用，对儿童在线词典的语义图的构建和信息检索进行了研究。在2005年CALICO会议上，有研究者做了有关辅助阅读的网络软件（即词典助手）的报告。Hamel（2012）对法语在线学习词典雏形进行了可用性测试。

通过对电子词典的使用进行研究，能够帮助人们加深对语言学习的认识和理解。Koyama & Takeuchi（2007）通过两项实证研究，考察了手持电子词典（Electronic

Dictionary）和印刷词典（Printed Dictionary）对日本EFL学习者查找行为的影响。研究者着重研究了学习者的查表频率与语篇阅读理解程度之间的关系。在第一项研究中，34名大学生被分为两组，每组在ED和PD两种情况下被分配一个阅读任务和一个测验。统计分析了每种情况下的查表频率、学生完成任务所需的时间和测验成绩。结果表明ED组在较短的时间内比PD组能更多地查找单词理解课文；而两组测验成绩无显著性差异。为了在不同的条件下进一步研究这些结果，研究者对31名英语水平高于第一项研究的大学生进行了第二项研究。尽管第二项研究中使用的受试者和文本不同，但第二项研究的结果与第一项研究的结果一致。这些研究结果表明，尽管ED可以增强EFL学习者的查找行为，但查找频率的增加并不一定能保证阅读理解能力的提高。

　　对电子词典与纸质词典进行比较，或对不同电子词典进行比较，以及对电子词典进行评价，都有助于电子词典的改进和发展。在2017年的ICT会议上，有研究者报告了在希腊的中小学进行的一项德语教学纸质词典与电子词典使用情况调查；Loucky（2010）曾在日本大学中对各种电子词典的功能和使用进行了调查研究；Lai & Chen（2015）对电子词典和语料库工具在外语写作过程中的实际应用进行了比较；Mueller & Jacobsen（2016）对英语学习者使用词典和在线语料库提高复习技能的效果进行了比较；Dziemianko（2017）探讨了词典形式（纸质和电子）在语言接受、产生和保留中的作用。Lew & Szarowska（2017）则以流行的免费英语—波兰语词典为例，研究了在线双语词典的评价问题。

　　随着认识的不断深入和需求的不断增加，人们对学习词典提出了越来越高的要求。例如，功能集成、方便检索、快速查询，以及采用形象、直观、易理解、易记忆的解释方法等，这也成了现代词典编纂所追求的目标。如今，电子词典手机应用程序因携带方便、查找快捷而在学习者中广受欢迎。然而作为学习词典，这些APP从内容到形式都仍需进一步完善和改进。

四、电子工具、教学平台和教学系统

　　随着教育信息化的发展，资源在教学中的重要性日益凸显。前文曾提到，人们对资源的认识经历了一个不断深化的过程。与此同时，对资源的研发和应用也广泛而深入地展开。Erben, Ban & Castaneda（2008）分别介绍了促进口语交际的电子工具、促进读写教学的电子工具和促进听力教学的电子工具在英语二语教学中的作用，并列出了面向教师教学和面向学生学习的各种重要网络资源。Beatty（2013）详细介绍了文字处理（word processing）、游戏（games）、文献（literature）、语料库语言学（corpus linguistics）、CMC、万维网资源（world wide web resources）、为 CALL 改编的其他材料（adapting other materials for CALL）以及掌上电脑和移动电话（Personal Digital Assistants <PDAs> and Mobile Telephones）等 8 种 CALL 应用，并以网站、免费软件参考资料等形式提供了广泛的教学资源。Navarre（2018）为国际中文教育提供了大量实践性强、教学性强的资源和工具，供汉语教师借鉴参考。

2012 年 CALICO 会议的议题之一是"开放教育：语言学习的资源与设计"。在 2012 到 2017 年 CALICO 会议上，除 2015 年外，每年都有议题涉及与开放语言教育资源相关的问题。而在此之前，相关议题还包括：将网络资源整合到日语作为外语的学习任务设计当中（2000）；数字语言实验室中的资源管理和用户管理（2001）；建设在线教学社区，从而在互联网上共享资源，提升专业水平（2001）；提供个性化语言学习计划和资源的网站（2002）；在虚拟环境中将资源与交流相结合以促进语言学习（2002）；推广在线语言学习资源，研究者介绍了美国加利福尼亚州蒙特利的国防语言学院外语中心在鉴定和改进在线语言学习资源方面所做出的努力（2005）；等等。

事实上，语料库、网站、博客、电子词典和各种移动应用程序等各种技术和工具都逐渐融入二语教学资源当中。2008 年 EuroCALL 会议和 2010 年 CALICO 会议议题均涉及语言学习中的语料库资源应用问题。以 CALICO 会议为例，相关研究包括：将在线自我测试和评价作为准备官方英语考试的补充资源（2011）；把 wiki、博客运用于语言学习（2012）；CALL 增强并行语料库资源（2012）；将 YouTube 作为开放语言学习资源（2012）；大学二语学习者如何在 MALL 中使用电子词典和应用程序（2014）；等等。另外，在 2014 年 ICT 会议上也有很多相关研究，具体包括：如何将学习任务和在线资源整合到外语协作在线学习中；为学习者移动学习量身打造的双语教学平台 INTACT[1]；外语课堂中在线搜索信息时的资源使用情况；教师对利用字幕作为教学资源提高学生外语学习动机的认识；等等。Pérez-Paredes, Ordoñana Guillamón & Aguado Jiménez（2018）在研究中提到，自然语言处理技术作为开放教育资源应该成为语言教学的强大工具，教师应掌握这种技术。

近年来对各种学习资源的应用和实践研究愈加深入。近年的 ICT、EuroCALL 和 GLoCALL 国际会议上有多项会议报告与此有关，内容主要包括：将互联网资料本地化到课堂中（2019 年 GLoCALL 会议分会议题）；基于网络的学习与资源驱动学习（2018

---

[1] INTACT（Interactive Teaching Materials Across Culture and Technology）是一个技术支持的跨文化互动平台。由来自德国、西班牙、匈牙利、爱尔兰、葡萄牙和罗马尼亚的六所大学共同参与完成。

年 GLoCALL 会议）；语言学习中的开放教育资源及其应用问题（2017 年 EuroCALL 会议；2019 年 EuroCALL 会议）；欧盟资助的开放式在线学习示例 ORCIT（Online Resources for Conference Interpreter Training）项目（2015 年 ICT 会议）；会议翻译培训的开放式在线学习资源（2015 年 ICT 会议）。Cohen & Wang（2019）研究了移动应用程序和在线资源在学习者词义学习过程中所起到的作用。Zhang & Pérez-Paredes（2019）对英语学习者对移动英语学习资源的自主使用情况进行了研究。

　　资源可以以多种维度呈现并加以利用，故事是学习者喜闻乐见的重要学习资源之一，对于青少年二语学习者来说故事更是有着特殊的吸引力。讲故事是一种流传久远的教育教学方式。在 2017 年的 CALICO 会议上，有研究者介绍了有关借助智能手机在课堂外用目的语创作故事的研究，提出了整合信息应用程序的教育策略，这样的技术也可以为数字故事（Digital Storytelling，简称 DST）在二语课堂上的使用提供参考和借鉴。Hwang et al.（2016）研究了网络多媒体系统在讲故事促进英语口语表达中的作用。在该研究中，要求学习者通过一个基于网络的多媒体系统制作个人和互动的故事来练习说英语，其目的是研究个人和互动式讲故事对口语技能的影响，以及多媒体辅助讲故事对语言学习的潜在影响。该研究发现使用该系统创建故事的学习者在后测中的表现明显优于未使用该系统的学习者。这一发现表明，由技术系统支持的讲故事活动有助于提高口语技能。该研究还发现口语表现和动画表现的数量与学习成绩显著相关。另外，在学习活动中表现良好的学习者通常学习勤奋，期末考试成绩较高。研究表明，动画不仅可以帮助学习者记住词汇，还可以帮助学习者通过描述动画故事来练习口语。研究者还发现，大多数学习者对系统和学习活动表现出积极的看法和态度。基于这些研究结果，研究者认为将网络多媒体系统支持下的讲故事学习活动应用于英语课堂学习，有利于提高学习者的口语能力。学习者能更好地记住生词，更频繁地练习口语技能，有能力说出目标语，提高学习成绩。不同于传统的故事，数字故事是一种运用数字化技术来讲述故事的新方法。DST 借助电脑以及相关视频编辑软件，选择围绕故事主题的图片、文字、音乐、视频、动画等资源，配上讲述者自己的声音，按照讲述故事的形式制成的 3~5 分钟的数字化小短片。DST 20 世纪 80 年代起源于美国，它的创始人 Dana W. Atchley 曾是一个舞台剧表演者，后来，他利用电脑将图片、视频和音乐组合起来讲述舞台剧中的故事。这种方法得到社会上很多人的青睐，尤其是在教育领域得到应用后引起了很大的反响。2002 年 11 月底，来自 8 个国家、美国 25 个州的代表聚集在一起创办数字故事协会（Digital Storytelling Association）。从此，DST 迅速在世界各国流行起来。DST 在二语教学领域也进行了很多尝试和有益探索。在历年 CALICO 会议上都有与 DST 有关的研究报告，主要内容包括：如何使用 DST 来增强和发展二语技能（2013）；将 DST 整合到计算机辅助教学的教师教育中（2014）；将 DST 作为评估手段（2015）；21 世纪欧洲课堂中多语种故事叙述任务的需求分析（2017）；以俄语网络学校讲述童话故事为例，探讨了教授学前双语学习者的教育工作者的需求（2018）；在语言课堂上创作交互式多语种故事（2019）；等等。

世界各国有关 DST 的研究日渐增多。Herron et al.（2006）对故事型视频教学包与文本型教学包在课堂上的教学效果进行了比较，探讨了每一种方法对提高中级大学法语学习者听力和语法水平的有效性，研究表明使用具有引人入胜的故事情节和嵌入目标结构的电影作为有效输入，能够提高语言水平。Godwin-Jones（2012）提到基于视频的故事讲述越来越受欢迎，使用基本视频技术的项目例子不胜枚举，尤其是学习者制作的视频在语言教学中应用的案例非常普遍。例如，美国希伯来学院使用翻转摄像机来改进希伯来语教学。Lomicka & Lord（2012）讨论了 Twitter 在中级法语课（大学法语第四或第五学期）中的作用，提供了学习者的态度数据和话语分析结果，进而讨论了这一媒介在语言学习中的应用。Oskoz & Elola（2016）对如何在二语教学过程中使用 DST 进行了概述，认为学习者在口语、听力和写作方面可能会有收获。

Nishioka（2016）从社会文化角度分析了协作 DST 项目中的语言发展。研究者提到，DST 是使用视频编辑软件或基于 Web 2.0 的应用程序制作多模式叙事的过程，在语言课堂中采用 DST 作为协作学习任务，为学习者提供了与同龄人讨论语言问题和共同构建目标语言知识的机会。研究结果显示，学习者在合作知识建构的过程中，可以策略性地使用他们的第一语言、语法术语和个人话语。研究还发现，将学习者分成不同水平的小组，有益于语言学习。

Ramírez Verdugo & Alonso Belmonte（2007）利用 DST 提高西班牙少儿英语听力，探讨了 DST 对 6 岁西班牙学习者英语口语理解的影响。Priego & Liaw（2017）对跨文化电视合作多语种 DST 讲述项目进行了系统分析，讨论了跨文化远程协作的教学意义，并对今后的研究提出了建议。Hava（2019）研究了 DST 教学在英语教学中的作用，探讨了在英语教学中，DST 对学习者学习动机和满意度的影响。研究结果显示，在完成 DST 活动后，学习者的自信心及使用效果有显著改善。总的来说，研究结果显示数字故事可能是一个重要而有效的工具，可以在学习环境中使用，以支持学习者的语言能力和数字技能（digital skills）的发展。Stranger-Johannessen & Norton（2017）对"非洲故事书"进行了研究。"非洲故事书"通过提供多种非洲语言以及英语、法语和葡萄牙语的儿童故事，促进非洲儿童多语种读写能力的发展。Sauro & Sundmark（2019）批判性地探讨了如何将基于博客的网络小说融入大学高级英语课堂。Lee（2019）调查了一个在 EFL 课堂上使用数字游戏促进韩国学生创造力的项目，研究利用数字游戏设计了一个创意写作计划，使学生能够以有意义的方式使用目标语言，发展他们的创意，并享受学习的乐趣。研究结果表明，该项目提高了学生的学习动机和参与度。

　　DST 在大中小学二语课堂及语言教师培训课程中都能够发挥积极作用。DST 的魅力不仅来源于作品本身，更重要的是其制作过程为学习者提供了一种高质量的学习体验。在这种高质量的学习体验中，学习者能够形成积极主动的学习态度，主动参与。（周静、赵志靖，2011）在倡导互动教学、做中学和游戏教学的今天，应进一步探索和挖掘 DST 在二语教学中的价值与优势。

　　不同的学习材料要求不同的参与程度和参与类型，它能够给学习者带来不同的学习体验，同时也能够增强其学习兴趣和动机。数字化的教学和学习资源的特点是内容更加丰富，形式更加多样，共享性更好。因此，不仅适用于网络远程教育，也适用于传统二语课堂教学。对资源的合理有效利用能够改善教学效果，提升学习者的学习体验。根据学习者的学习需求设计、开发、利用更多高质量的教学和学习资源，并通过评估、反馈对教学和学习资源进行调整与改进，这既是二语教学实践的客观需要，也是二语教学未来发展的趋势。建设丰富的教学信息资源库是建设信息化教学环境的核心。教学信息资源库的建设应充分考虑不同学习者群体的实际需求，体现全面为二语学习者和教育工作者服务的思想，资源库应具备资源丰富、针对性强、操作简便的特性。我们希望看到教师和学习者可以根据学习者的需求随时随地选择适宜的二语教学和学习资源。除了实践的发展，对教学和学习资源的理论研究也有待进一步加强。统观以上各项研究，我们看到教学和学习资源的研发及应用，无论是对二语课堂教学，还是对网络教学，其意义和影响都是重要而深远的。数字化教学和学习资源的进一步发展、完善，有赖于学习资源在信息平台、移动设备等方面的加速发展。在面向未来的教学中，教学和学习资源既是表层的应用对象，又是实际推动教学和保障教学的基础和后盾。围绕资源研究，既需要开展实践方面的探索，也需要进一步进行理论分析。

　　在教育技术理论的指导下，将先进的技术融入教学中以满足教学需求是现代教育的特点，语言教育也不例外。语言教育技术是对教学过程的研究和经验总结的产物，语言教育技术能够有效地解决二语教学中所出现的问题，为提高教学效率、提升教学质量创造条件。目前以及将来，二语教学势必继续面临着信息化、智能化、多元化的机遇与挑战。需要注意的是，教学技术本身并不能等于学习，只有合理运用教学技术的教学方法才能引发学习，任何语言教育技术优势的发挥都离不开科学、系统、合理、有效的教学设计。面对日新月异的新技术，我们应秉持以学习者为中心的原则，致力于通过使用技术支持人们的学习，而不是让人们被迫去适应各种最新的前沿技术。

第四节　教育技术支持下的教学环境构建及应用

任何一项教学设计都是有其适用条件的，是在一定环境下展开的。所谓环境，指的是周围的一切情况和条件，这些情况和条件能够给主体以一定的影响。教学环境是指对教学活动产生影响的所有情况和全部条件，而学习环境则是和学习系统有关的整个世界，它们是教学和学习活动不可缺少的部分。学界对学习环境的概念存在着不同的理解，概括起来主要有以下几种：

（1）学习场所和时空；
（2）学习氛围和软环境；
（3）影响学习的各种外部条件；
（4）各种学习资源的组合；
（5）能够支持学习者发展的各种条件的总和等。

20世纪90年代，教育学和心理学领域中建构主义及其相关理论的兴起使得教育者和研究者从对教学的关注，特别是对传统的传授式教学的关注，转向了对学习的关注。也差不多是从这个时候开始，学习理论在历史上发生了本质的、革命性的变化，构成学习理论基础的本体论、认识论和现象学都发生了巨大的转变。进入21世纪后，学界越来越认可以学生为中心的教学理念，以学生为中心的学习环境概念也日趋成熟。语言教育技术的发展在改变着传统教学环境的同时，也在构建以学生为中心的学习环境过程中发挥着重要的作用。在此过程中数字化学习环境、泛在学习环境、智能学习环境、智慧学习环境等新的概念和现象不断涌现。在二语教学和学习方面，环境的作用是毋庸置疑的，相关研究也非常丰富。本节将从语言环境、课堂环境、各类教学机构营造的环境三个方面介绍教育技术给教学和学习环境带来的影响，以及一些需要关注的研究问题。

一、语言环境

语言环境即使用语言的环境，它是指人们在语言交际中理解和运用语言所依赖的各种条件和状态。语境可以分为内部语境和外部语境。前者是指一定的言语片段和一定的上下文之间的关系，也可称之为语言性语境；后者则是指存在于言语片段之外的语言的社会环境，也就是非语言性语境。波兰人类学家马林诺夫斯基（B. Malinowski）认为存在两类语境：一是"情景语境"，即"语言性语境"；二是"文化语境"，即"非语言性语境"。以阅读教学为例，狭隘的语境教学就是引导学习者进入文本语言所设定情境的一种教学，即限于语言性语境下的教学；而广义的语境教学则指研究文本表达与特定时代主题、作者内心情感、认知方式、人生经历等相关因素之间的关系，以及在文化传播中特定对象在阅读中产生的审美反应所构筑起来的教与学彼此呼应（对话）的一种教学模式。这里所说的语境涵盖语言性语境和非语言性语境。

在二语教学领域，外部环境一方面可以指以目标语言为母语的语言使用环境，另一方面也指目标语言的教学和学习环境。语言教育技术有利于语言环境的创建，基于技术的语言环境是否能够对语言学习起到促进作用，是需要深入研究的问题。而随着技术的发展，基于技术的环境对语言学习的影响已成为研究者关注的焦点，相关研究日益增多（Yang & Sun, 2013; Van Deusen-Scholl, 2018; Rienties et al., 2018; Loh, 2019; Sydorenko et al., 2019）。Alhamami（2018）对学习者在面对面和在线环境中对外语学习的看法与意愿进行了研究。研究结果表明，语言学习者的学习意愿是由他们对语言学习环境的态度、周围人的看法以及他们对自己在语言学习环境中的表现能力的看法所决定的。研究者通过将两组学习者进行比较发现，相较于在线学习环境，语言学习者更喜欢面对面的语言学习环境。

计算机和网络技术的应用有利于语言学习环境的营造。在 2000 年 CALL 会议上，有研究者做了有关计算机辅助语言学习教学环境中学习的过程和效果的报告。Barr & Gillespie（2003）讨论了创建基于计算机的语言学习环境问题。Hémard & Cushion（2000）研究了利用网络设计一个新的计算机辅助语言学习环境。Brandl（2002）对在线语言学习环境中的学习任务效果进行了分析。CALICO 会议上的相关议题也有很多，具体包括：利用公共网络论坛学习语言（2004）；基于社交网络的语言学习环境（2012）；在视频会议环境中进行语言学习（2014）；等等。另外，Thouësny & Bradley（2011）曾对语言课程中的个人学习环境问题进行研究，讨论了基于 Web 2.0 的个人学习环境在高等教育语言课程中的应用潜力；Barrette（2015）研究了在线练习册的效用；Ke & Cahyani（2014）研究了英语作为在线交流的通用语对中国台湾学习者英语信念有何影响，这里的英语信念包括学习者对英语母语者的观念和态度、英语背后的文化以及学习者与英语的关系等；Kılıçkaya（2015）探讨了三种不同类型的教学（计算机化教学、教师驱动的教学、计算机化的教师驱动语法教学）在学习者的学习成绩上是否有统计学上的显著差异，研究结果表明，接受计算机教学及辅以计算机教材的计算机辅助教学的学习者得分高于接受传统教学者。

多媒体、数据库等技术同样有助于语言学习环境的创建。Hada, Ogata & Yano（2002）研究了基于视频、采用在线视频编辑系统的语言学习环境；在 2010 和 2011 年 CALICO 会议上均有研究者做了有关播客在沉浸式听力训练中应用的报告；在 2019 年 CALICO 会议上，有研究者做了有关语境与动画视频对二语学习者听力理解技能影响的报告；Kozan，Erçetin & Richardson（2015）研究了多媒体学习环境对二语文本理解的影响。另外，有的研究者关注多媒体语境下的语言学习，并且指出这种环境对少儿来说尤为合适（Edwards et al.，2002；Sun & Dong，2004）；也有研究者关注多模态环境下的外语学习问题（Tan，O'Halloran & Wignell，2016；Abrams，2016）。Varley（2009）提到将语料库技术集成到语言学习环境当中；Liu & Jiang（2009）研究了基于语料库的词汇语法教学法在英语教学中的应用，在研究过程中发现学习环境是影响教学法使用的变量之一；Tracy-Ventura（2017）将语料库与实验数据相结合，研究海外留学生的语言学习。而 McDonough，De Vleeschauwer & Crawford（2018）对在泰国的英语二语环境中进行协作写作进行了研究。Li（2018）进行了二语语境中的以计算机为媒介的协作写作研究，研究中提到由于人们对 Web 2.0 技术有了更广泛的认识，基于计算机的协作写作越来越多地在技术支持下的二语环境中得以实现。

有关通过虚拟技术营造语言学习环境的研究主要集中于以下几个方面：

一是虚拟环境的构建和作用。比如 2002 年、2010 年和 2017 年 CALICO 会议报告中均涉及虚拟环境在二语学习中的构建或作用问题；Yang（2011）指出应鼓励学习者参与在线语言学习环境的构建；Spina & Bassetti（2012）介绍了一个专门用于语言学习的虚拟学习环境 APRIL，其中 APRIL 代表意大利语 Ambiente Personalizzato di Rete per l'Insegnamento，意思是个性化网络意大利语教学环境。

二是通过虚拟技术促进二语学习和习得（Von der Emde，Schneider & Kötter，2001；Orsini-Jones，2004）。Van Deusen-Scholl，Frei & Dixon（2005）研究了在 CMC 环境下外语教学的动态性。CALICO 会议上也有相关研究，例如：通过 SCMC 进行虚拟沉浸式语言学习（2010）；Web 2.0 和虚拟现实技术在完全沉浸式英语和跨文化学习中的应用（2018）。

三是游戏环境中的二语学习问题，比如在 2010 年和 2011 年 CALICO 会议上，均有研究者做过有关沉浸式游戏环境中外语学习问题的报告，Cornillie，Clarebout & Desmet（2012）的研究也涉及这一问题。游戏环境中的语言学习问题已经成为最近几年来研究者最为关注的问题之一（Chang，Liao & Chan，2019；Grimshaw & Cardoso，2018），Neville（2010）关注通过构建基于 3D 数字游戏的学习环境来支持二语习得。

从相关研究结果来看，既有正面的评价，也有对负面的提示，比如在 2019 年 CALICO 会议上，有研究者做了有关沉浸式立体 3D 可视化环境对词汇学习起阻碍作用的报告。

有关其他技术在语言教学环境创建及应用方面的研究还有很多。比如 Sykes & Oskoz（2008）研究了基于 Web 2.0 的沉浸式环境及语言教学的移动资源，其目的是激发未来在这些新兴的数字媒体领域的研究和教学创新，从而对 21 世纪交际语境下复杂的语言学习方式有更多的理解；Wang（2015）研究了在英语二语环境中通过 wiki 来促进协作写作；Zou，Wang & Xing（2016）的研究表明学习者在基于 wiki 的英语学习环境中，写作能力得到了提高；Yim & Warschauer（2017）利用文本挖掘技术来研究二语语境下的网络协作写作。Shadiev，Hwang & Huang（2017）探讨了如何利用移动技术在真实语境中进行语言学习；Wrigglesworth & Harvor（2018）则研究了学习者使用智能手机创建语言学习环境的问题；Wilhelm（2018）对在现实世界数字环境下的任务型语言学习进行了研究；García Botero，Questier & Zhu（2019）提到在技术增强的学习环境中，学习者需要更加勤奋，他研究了在移动设备辅助的课外环境中自主进行语言学习的情况；Lee & Drajati（2019）考察了学习者在校外数字环境下的沟通意愿；在 2019 年 CALICO 会议上，有报告谈到了以增强现实应用程序为基础开发的语言学习环境；Andujar & Salaberri-Ramiro（2019）研究了以计算机为媒介与以手机为媒介的聊天式沟通在英语教学中的应用，并探讨了两种沟通方式之间的差异，希望更好地了解它们对语言发展的促进作用。研究结果强调了在计算机和移动环境中认知参与和情感参与之间的显著差异。此外，两种环境在时间，以及对互动价值的感知、使用和参与方面也存在差异。另外，在 2017 年的 ICT 会议上，有研究者做了有关在网络时代的高等教育语言学习环境中如何看待信息、通信和技术及学习者信息素养的报告。可以看出，研究者在关注教育技术支持下的教学环节构建及应用问题的同时，也特别关注学习者的表现、态度及看法。

将语言教育技术融入二语教学，为学习者创建有利于其语言水平提高的语言学习环境，是语言教育者和研究者的期待。尽管之前已经有了很好的研究基础，但仍有许多理论问题和实践问题需要研究和应对。

语言教育技术为实现个体化、多样化教育，培养学习者的自主意识和创造意识提供了技术方面的支持。以学生为中心的二语教学和学习环境构建，离不开语言教育技术的支持。随着社会建构主义理论、社会临场感理论、情境学习理论、自主学习理论和自我调节理论的发展和应用，营造良好的语言学习环境，形成语言学习共同体逐渐成为语言教学专家和一线语言教师的目标与共识。而语言教育技术的进一步发展和普及势必在这其间发挥更大的作用和价值。

二、课堂环境

《现代汉语词典》（第 7 版）对"课堂"一词的解释是：教室在用来进行教学活动

时叫课堂，泛指进行各种教学活动的场所。随着网络信息时代的到来，各种语言教育技术在改变传统课堂教学的同时，也进一步丰富了课堂本身的内涵。二语课堂亦是如此。伴随着各种在线课堂的产生和发展，相关的研究和论著也日益增多。Huang & Ru（2008）探讨了博客、在线期刊在外语教学（包括课堂教学）中的应用等热点问题，取得了很多研究成果。Erben & Sarieva（2010）全面介绍了外语教师如何在课堂上使用技术，针对以学生为中心的学习，探讨了将技术融入教学的最佳方式。Mehring & Leis（2018）在论文集中介绍了多项翻转课堂应用实例。接下来，我们从技术的角度回顾过去还有哪些研究值得关注。

第一，有大量关于计算机在课堂中应用的研究。CALICO 会议上相关议题有很多，具体包括将计算机运用于语言课堂，CMC 在外语课堂中的作用，SCMC 在英语二语课堂中的应用，同步远程语言学习课堂，等等。另外，还有许多研究者对相关问题进行了研究（Egbert，Paulus & Nakamichi，2002；Taylor & Gitsaki，2003；Jeon-Ellis，Debski & Wigglesworth，2005；Maíz-Arévalo，2017）。可以看出，计算机越来越多地成为现代课堂不可分割的一个重要组成部分。因而在进行教学设计时，必须将其充分考虑在内。

第二，多媒体技术在普及过程中也引起了众多研究者的关注。很多语言教师和研究者关注多媒体技术在语言课堂中的应用问题（Fernández Carballo-Calero，2001；Trinder，2002；Soboleva & Tronenko，2002）。Lin，Chen & Dwyer（2006）曾谈到静态视觉和计算机生成的动画在促进英语二语课堂即时成就和延迟成就中的作用，结果显示动画组仅在四项测试中的一个测试中优于静态视觉组，在即时和延迟的后测中都是一致的，这表明在英语二语语境中使用动画的积极作用相对较小。在 2007 年和 2009 年 CALICO 会议以及 2008 年 EuroCALL 会议上，有研究者做了关于将播客集成到语言课堂中的报告。视频在语言课堂中的作用问题也是曾引起语言教学界普遍关注和探讨的问题（Tschirner，2001；Herron et al.，2002；Ambard & Ambard，2012；Sturm，2012；Moranski & Henery，2017），多媒体技术在课堂环境中应用问题也是历年 CALICO 会议关注的问题，相关研究包括：视频在外语课堂中的应用（2003，2008，2009，2016，2018）；基于音频、视频的课堂话语计算机辅助转录和分析（2010）；在课堂中使用 iPod 来提升语言能力（2010）；iPod Touch 在课堂上的应用（2012）；等等。Oskoz & Elola（2016）还对多模态文本在二语课堂教学中的应用问题进行了研究。另外，在 2017 年 CALICO 会议上，有研究者做了媒体类型对二语复杂性和准确性影响的报告，对二语远程教学和面对面课堂教学进行了比较，说明了媒体类型在二语复杂性和准确性方面的影响。

第三，将网络技术运用于课堂教学一直都是研究的重点。CALICO 会议上的相关议题包括：基于网络的跨文化交际课堂策略教学设计（2000）；对在线语言学习的重新思考（2006）；在线外语课堂任务设计与实施任务型语言教学（2008）；等等。Feng，Ogata & Yano（2000）研究了基于标记的写作偏误自动分析模型在在线课堂中的应用。Ducate & Lomicka（2005）研究了网络日志在外语课堂中的应用。d'Eça & Gonzalez（2006）提到缩小传统课堂教学与混合教学或在线教学之间的差距，希望通过免费的在线教师研讨会，使教师成为连接传统课堂教学与混合教学或在线教学的桥梁。Reinhardt & Zander（2011）从语言社会化视角对社交网络在英语精读课上的使用情况进行了研究。Guo & Möllering（2016）研究了基于网络会议的在线汉语课堂中任务型教学的实施。Michelson（2017）研究数字世界中的二语话语，其中包括对网络课堂话语的研究。2012—2017 年的 GLoCALL 会议的主题之一是"将网络材料本地化到课堂"（localizing Internet materials to the classroom），有多项会议报告与此有关。其中，在 2017 年的 GLoCALL 会议上，有研究者做了有关数字世界中的二语话语述评的报告，强调应通过在线交流将世界带入课堂。在 2019 年的 GLoCALL 会议上也有不少研究者做了有关网络在课堂中的应用情况的报告（Moneypenny & Aldrich，2018；Ebadi & Rahimi，2018；Peeters，2018）。

第四，虚拟技术在课堂中的应用和虚拟课堂的诞生催生了许多相关研究。CALICO 会议上的相关议题包括：将虚拟技术运用于外语课堂，利用 3D 虚拟商业环境中的虚拟学习来完成在线课堂中指定的互动任务等。Loewen & Reissner（2009）将虚拟课堂与传统的二语课堂进行了比较。Russell（2012）研究了在虚拟课堂中学习复杂语法，并将计算机化的视觉强化输入与传统教学进行比较。Hartwick（2018）做了在实体和虚拟环境中进行课堂互动的研究。

第五，语料库等其他技术的应用和研究也很多。在 2000 年 CALICO 会议上有研究者做了有关语料库在语言课堂教学中应用的报告，还有很多研究者曾进行了这方面的研究（Belz & Vyatkina，2008；Gordani，2013）。Comelles et al.（2013）研究了在语言学课堂中使用在线数据库来处理从句句式问题。在 2007 的 CALICO 会议上，有研究者做了有关如何在语言课堂中使用电子档案袋的报告。

20 世纪末、21 世纪初，电子邮件在二语课堂环境创建中的作用引起了学界关注，如 Biesenbach-Lucas & Weasenforth（2001）曾研究电子邮件在二语课堂中的使用。伴随着技术的发展，更多新的技术工具的诞生及其普及应用转移了研究者的注意力。比如博客、Facebook、互动白板、wiki、Google 工具等其他资源或技术，其中有不少研究者希望将之与二语课堂相结合。在历年的 CALICO 会议上，相关报告包括：将博客运用于外语课堂的报告（2004，2006，2008）；通过在课堂内外整合社区服务学习和博客来增强写作技巧的报告（2015）；Facebook 在语言课堂中运用的报告（2009，2014）；wiki 在外语课堂中使用的报告（2005，2008，2018）；将 YouTube 融入外语课堂的报告（2008）；互动白板技术在语言课堂中的应用（2009）；课堂写作自动评价软件案例研究（2013）；将自动写作文本技术和 AWE 工具运用于二语课堂的报告（2014，2016）；Google 技术和 Google 工具在外语课堂中应用的报告（2017，2019）；利用 Instagram 调查中级语言课堂中社会临场感的报告（2018）。在 2012 年 ICT 会议上，有研究者做了有关移动设备和移动技术在语言课堂中应用的报告，且相关研究成果日益增多（De la Fuente，2014；Van Praag & Sanchez，2015）。此外，Schmid（2006）也研究了互动白板技术在语言课堂中的应用问题；Melo-Pfeifer（2015）也将博客作为服务于外语交流的工具，研究了如何利用博客来发展多语言和跨文化能力。Pellet（2012）提出了一种社会建构主义模式，即在外语课堂教学中，将计算机为媒介的沟通（CMC）与协作学习相结合，利用 wiki 协作工具构建内容知识。Taghizadeh & Hasani Yourdshahi（2019）研究了如何将技术融入少儿课堂；Xu & Xiang（2019）对二语课堂的混合技术做了综述。从这些研究中可以发现，融合了语言教育技术的二语课堂教学，信息类型和通信手段均呈现出丰富性、多样性、集成性、便捷性等特征。

各种教育技术在客观上改变课堂教学环境的同时，越来越多的研究者也开始主动探索与数字化学习环境相关的各种问题，并从多种角度进行深入研究。Lee & Drajati（2019）研究了在课堂内外数字和非数字环境中英语二语学习者的交际意愿。Peng（2019）和 Mackay（2019）都研究了数字课堂环境在英语学习中的作用。在 2019 年 CALICO 会议上有研究者做了有关数字化学习环境在英语学习中应用的报告。

统观以上研究我们看到，在课堂教学和学习环境方面，语言教育技术应用日益广泛，研究不断深入，但距离语言教学和学习现实需求以及教育者、学习者和研究者的期待还有距离。尤其是在高度信息化的当今教育系统中，各种校外培训机构数量日益递增，学校课堂不再是唯一的信息来源，其权威地位也正在受到挑战。如何挖掘课堂环境的优势，向学习者提供科学、规范、高效的外语教育方案，是摆在教育工作者面前的紧迫课题。这方面除了更多深入教学实际的应用性研究外，也同样需要理论性的研究，甚至从某种意义上说，后者比前者更为关键。

三、各类教学机构营造的环境

一说起教学机构，人们会立刻想到学校。的确，狭义的教学机构指的就是各级各类的学校，包括普通学校、职业学校、特殊学校等；而广义的教学机构还包括校外的各种补习班、培训班、托儿所、幼儿园、少年宫、辅导站、广播大学、电视大学以及自学考试网站等。语言教育技术的发展给各类教学机构都带来了或多或少的改变，特别是近年来慕课、网课、直播课、一对一在线辅导等受众越来越多，其背后的技术支持和基础研究值得我们关注。

网络和计算机相关技术在各教学机构中应用及相关研究很多。比如 Hager et al.（2001）和 Celik（2013）分别研究了在大学中使用网络技术来进行德语和英语教学。Burnage（2001）曾考察在英国剑桥大学现代和中世纪语言学院运用网络技术进行语言教学的情况。在 2005 年 CALICO 会议上，有研究者做了有关大学网络语言学习的途径的报告，介绍了美国威斯康星大学麦迪逊分校基于网络的语言教学项目。Shamsudin & Nesi（2006）研究了 CMC 技术在大学英语学习中的应用。在 2007 年 CALICO 会议上，有研究者做了有关大学社区的语言博客的报告。Mahfouz（2010）研究了大学生使用电子邮件与英语母语者交流以提高写作水平。Park & Kim（2016）研究了在家和学校的英语学习者对计算机文本阅读所采取的阅读策略。Wang et al.（2019）在中国大学英语教学环境下，通过一个小型的私人在线课程进行混合学习的课程设计，重点介绍了由此产生的混合学习环境以及学习者对混合学习的感知。Slaughter，Smith & Hajek（2019）研究了在澳大利亚区域性、农村语言课程中网络视频会议发挥的作用、存在的局限以及具备的潜力。

多媒体、语料库等其他技术也在各教学机构中得到应用。CALICO 会议上的相关议题有很多，具体包括：闪卡（flashcard，也称抽认卡）的演变，研究者介绍了闪卡这种在学校学习中使用的古老技术所发生的数字化演变（2009）；新西兰基督城坎特伯雷大学德语课堂播客项目（2010）；电子档案袋在大学中作为评价工具（2009）；将 iPad 整合入大学汉语普通话课程（2013）；在俄亥俄州立大学建立英语学习者语言语料库（2015）；等等。Ha（2016）研究了语料库技术在韩国大学英语写作学习中的应用；Shen，Yuan & Ewing（2015）从中国大学英语教学从业者的角度来研究英语学习网站和数字资源；Blume（2019）研究了资金对学校基于数字化游戏的语言学习的影响；在 2019 年的 GLoCALL 会议上，有研究者做了有关在计算机辅助语言教学中人工智能在学校中的应用前景的报告。

虚拟技术在各种教学机构中的应用都比较多，因而较多的研究都与此相关。在 2000 年 CALICO 会议上，有研究者做了有关虚拟团队教学在大学语言教学中应用的报告；Orsini-Jones（2004）研究了为 VLE 提供新的语言和技能课程；Oliver, Kellogg & Patel（2012）对虚拟学校在线外语教学与其他学科的区别进行了研究；Hwang & Chen（2013）研究发现用户熟悉的情景语境对在小学中使用移动设备进行英语教学是有帮助的；Monje（2014）研究了在 VLE 中通过整合 Web 2.0 工具提高西班牙大学生的英语入学成绩，研究指出 Moodle 课程是应用最广泛的 VLE 之一；在 2019 年 CALICO 和 GLoCALL 会议上都相继有研究者做了有关虚拟技术在教学机构中应用的报告。

关于虚拟技术在二语教学中的应用，特别值得一提的是有关"第二人生"的研究。"第二人生"是一个基于因特网的虚拟世界，它由网络游戏和社交网络等部分组成，2007 年前后由于主流媒体的报道它曾备受关注。在 2008 年 CALICO 会议上，有研究者做了有关外语课程中利用"第二人生"的沉浸式学习环境进行汉语教学的报告。

从这些研究中，可以看到从大学到小学，从线下到线上，各种教学机构都在接受着语言教育技术的洗礼，在这个过程中我们既需要开放、包容的心态，又需要严谨、客观的态度。各种教学机构对新的技术手段可以大胆尝试，但对教学效果和技术的实际作用与影响必须小心求证。从中可以发现，也许是由于研究者自身的局限，与大学相关的研究数量要远多于与中小学相关的研究。但中小学相较于大学对相关研究的需求其实更为迫切。因为中小学生正处于语言发展的关键期，而且其身心尚处于发展阶段，还很不成熟，如何发挥语言教育技术的优势促进他们的学习，而不是影响他们的健康成长，这不仅是学术问题，更是社会问题。

语言教育技术从语言教学目标的实现，到教学内容的确定，教学方法与教学模式的选择，教学策略和学习策略使用，教学资源的建设及应用，再到教学环境的构建及应用，在各方面都对二语教学的教学设计产生着深刻的影响。各种语言教育技术的运用能够帮助我们更好地理解学习者"为什么学""学什么""如何学"，以及"在什么样的环境下学"，帮助教师确定应该"教什么"，以及"如何教"。语言教育技术所改变的不仅仅是具体的教学手段和形式，它同时也在改变着二语的学习者、教育者和研究者，进而推动学习理论和教学理论不断发展。伴随着语言教育技术日益广泛和深入地与二语教学融合，势必有更多新的课题进入人们的视野，有待研究和解决。

思考与练习

1. 教育技术给语言教学设计的哪些方面带来了影响？
2. 什么是混合教学？请举例说明教育技术在混合教学中的作用。
3. 以学术、商务或其他某种特殊用途语言教学为例，谈谈语言教育技术对教学内容的设计编排带来了哪些影响？
4. 以情境教学为例，说说语言教育技术如何在语言教学过程中发挥作用。
5. 如何理解"语言教育技术支撑下的教学模式更加强调学习者的自主性"？

6. 你认为教育技术支持下的教学资源包括哪些内容？请举例说明。
7. 你如何看待传统教材与线上教材之间的关系？
8. 语言教育技术使学习词典发生了哪些变化？请举例说明。
9. 语言教育技术给二语课堂带来了哪些变化？
10. 你怎样理解教学环境？请举例说明教育技术对语言教学环境有什么影响。

第三章 教育技术与语言要素教学

学习任何一种语言都离不开学习语音、词汇和语法等语言要素，不论是初级，还是中级和高级学习者，语音、词汇和语法等语言要素都是语言学习的基础，也是获得言语技能的前提。本章主要从语音、词汇、语法，以及文字、语用和文化等方面进行论述，探讨技术在语言要素教学中的应用。

第一节 教育技术环境下的语音教学

在外语学习中，语音学习是基础。学好语音，不仅有助于学习者提高日后的口语表达能力，而且有助于提高学习者的口语交际能力。

语音教学始于19世纪末期，受不同语言学派及语言教学思想的影响，语音教学处在不断发展变化中。与此同时，随着录音机、语音实验室等现代化视听设备及技术的发展，学习者有机会接触到更加标准的语音，通过不断的实践和训练，学习者得以强化他们所获得的语音信息，并将其存入长时记忆中，极大地提高了语音训练的效果。

现代信息技术环境下的语音教学法大致经历了如下几个阶段：19世纪末至20世纪初期，直接教学法出现，语音教学也随之受到关注，该教学法认为学习者应将所学语言与表达的事物联系起来，因此通过直觉、模仿和重复等方式习得语音。同时，语言教师在语音学研究中确定了语音教学顺序。20世纪40年代至50年代，结构主义语言学带来了听说教学法，该教学法注重语言结构习得及句型的操练。语音教学借助音标符号、发音图解、图表等教学用具，开展更加准确有效的语音教学。主要的语音对比操练模式包括：单词语音对比操练、结构内语音对比操练和结构外语音对比操练。20

世纪70年代,交际教学法出现,认为语言教学的首要目标是提高交际能力,只有交际双方都具备能够彼此接受的语音标准,口语交流才能得以顺畅进行。这一时期的语音教学法更加多样,主要有:听音和模仿训练、语音听力训练、最小对语音操练、情景化的最小对语音操练、视觉辅助语音训练、绕口令语音训练、近似语音发展操练、元音变位练习、朗读和背诵、学习者录音等。它们的共同特点是在技术营造的环境下学习语音知识,获得相应的技能。如今,技术条件的改观又为新的语音教学思路的产生创造了机会。

一、语音知识教学中的技术应用

语音可分为元音和辅音。其中,元音是核心和主干,它不仅是音节的中心核,而且也是主要超音段语流特征(如重音和语调)的直接承载。因此,元音学习的效果将直接影响到语音习得准确与否和语言交际成功与否。在语音教学中,元音受到重视。学者们认为,元音可以通过技术手段辅助习得。2011—2016年CALICO会议上均有相关议题。比如,探究音频与视频对元音听觉区分的影响;考察计算机辅助的知觉训练可以提高英语作为第二语言的元音发音效果;元音可视化相关研究;通过波形显示器训练分析日语作为第二语言元音持续时间习得中的影响因素;分析英语作为第二语言元音知觉与发声中的声学;等等。另外,Carey(2004)研究了基于计算机的视觉反馈系统在英语作为二语话语中元音调整中的有效性。Thomson(2011)则针对二语元音知觉,通过计算机辅助训练来改善发音。

"元音盲"(Vowel Blindness)是指EFL学习者在词级阅读中主要关注辅音而较少注意到单词中的元音,该研究问题通常结合眼动追踪技术开展。在2015年CALICO会议上,有研究者就"元音盲"做了相关的报告,旨在探讨文本增强输入对阿拉伯ESL学习者注意和理解英语元音的影响。研究发现,在文本增强输入的条件下,学习者注释目标词的时间更长,学习者的"元音盲"显著降低。然而,Alhazmi, Milton & Johnston(2019)的研究则得到与其相悖的研究结果。研究者重点考察了30名中高级和高级阿拉伯语母语者的英语单词识别过程,要求其阅读"无上下文"单词,并与20名英语母语者进行对比。根据研究结果,实验组(即以阿拉伯语为母语的英语学习者)并未明显将关注点放在辅音上。但是数据显示:与对照组(英语母语者)相比,实验组在元音、辅音及整个单词上的注视时间较长,注视次数较多,说明词级阅读的处理具有一定难度,学习者在二语阅读中可能依赖于语音解码的路径。

二、发音教学中的技术应用

发音学习是二语学习中语音学习的基础，没有良好的发音，语音学习便无从谈起。通常情况下，发音准确与否体现了学习者对语音感知的准确与否，当然也与学习者自下而上听力技能的训练模式有关。计算机与发音训练的结合，一方面可以提高学习者感知语音的清晰度，另一方面也可以为学习者的发音练习提供恰当的反馈。

在已有的研究中，计算机辅助发音训练的研究成果十分丰富，并在很长一段时间内都受到重视。早在2002年CALICO会议上就有研究者指出，计算机辅助发音训练符合教育需求。而在随后几年的CALICO会议上也有相关会议议题涉及计算机辅助发音的方法、可行性与重要性。比如，使用LanguageTwo.com进行语音知觉训练；二语语音流畅性自动实时反馈；二语语音自动化教学和评估；等等。

2000年至今，数量可观的CAPT文章陆续发表。Neri et al.（2002）论述了CAPT系统中教育与技术的关系。他们从已有的二语发音教学文献中梳理了有效训练的通用指导准则，评估了该系统中的各个系统是否满足教学需求，并进一步说明如何以技术的方式实现这些要求。为证实CAPT系统的有效性，Neri et al.（2008）又通过实验研究来考察该系统对提高英语作为二语的青少年学习中词级发音技能的效果。研究发现：（1）两组被试在孤立词的发音方面均得到显著改善；（2）两组被试均认为发音难且在训练前可能未知的单词在发音方面均得到显著改善。研究认为，使用具有自动语音识别组件的计算机辅助发音培训系统可以提高短期的发音能力，其效果同传统教师指导的发音训练相似。同样是考察CAPT的教学效果，Hirata（2004）研究了CAPT对英语为母语的日语学习者音调和时长的有效性。结果表明，该项训练能够有效提高学习者日语音调和时长中发声（Production）和知觉（Perception）对比的能力。

在学习者对待CAPT的态度方面，Hsu（2016）对EFL学习者的知觉学习风格和基于ASR的CAPT的接受度进行实证研究，旨在探讨英语作为外语的学习者在感知学习风格和技术接受模型（Technology Acceptance Model，简称TAM）变量之间的结构化关系。共有341名学习者受邀通过ASR计算机系统加入自我调节的英语发音训练计划，实验要求其每天积极与基于ASR的CAPT进行持续三个月的交互，最后完成一个关于他们的感知学习风格和技术接受的问卷。研究结果表明，大多数参与者是视觉学习者。此外，尚未发现感知学习风格的类型同感知有用性之间存在显著关系。另外，研究发现视觉风格及动感觉风格会影响感知易用性，进而对感知有用性产生影响；同时，EFL学习者的感知有用性与使用系统的态度显著相关，这对学习者持续使用基于ASR的CAPT起到了决定性的作用。

此外，还有学者就 CAPT 系统的设计与开发进行了针对性研究。Machovikov et al.（2002）曾专门研究过俄语单词发音的计算机训练系统。该文提出了一种基于 ASR 技术的自动检测单词发音偏误的方法。

国外外语发音教学的相关研究大多采用思辨性和实证的方法。除此之外，还有专家就专门训练发音的软件进行了测评。在 2004 年 CALICO 会议上，有研究者介绍了专门针对儿童英语发音训练的软件（名为 Native Accent Kids）。相似的研究还有，Ibarrondo（2015）介绍了一款德语母语者在学习法语时训练发音的软件（名为 Son Pour Aon）。研究者认为，相较于自学工具，该软件更适合在对学习者的指导与监督下，作为课堂教学的辅助工具来训练发音。与该观点相似，Gao & Hanna（2016）通过实证研究的方法证实了这一观点。该项研究调查了年龄在 13~16 岁的初中级中国英语学习者使用的一款教学软件在训练发音中的有效性。通过对比"仅使用教学软件"与"教师和软件配合进行发音训练"的两组被试在前测和后测中的成绩，发现教师和教学软件联合指导下的学习者成绩提升幅度较大，且在发音方面也有明显改善。

文本、音频、动画和视频中的声音对发音训练所产生的影响也受到研究者的关注。在 2006 年 ICT 会议上，有研究者指出可通过手机等移动设备中的音频和语音来提高英语学习者的发音和语调。此外，在 2009 年和 2014 年 CALICO 会议上，分别有研究者做了通过播客来改善发音，以及通过在线讨论的音频评估发音动机的报告。在相关研究中，Ducate & Lomicka（2009）也肯定了播客在改善中级水平德语和法语学习者发音方面的重要作用。同时，他们还记录了学习者在整个学期中对发音的态度变化。数据分析表明，尽管学习者的发音在口音或可理解性方面没有显著改善（这可能是因为 16 周的训练时间较短，并且课堂上没有进行发音练习），但是播客项目得到学习者的积极评价。Hew & Ohki（2004）对比研究了动画图形注释和立即视觉反馈在帮助日语发音学习中的作用。

在语音训练中，虚拟教师可以提供更加准确的指导及反馈。Engwall（2012）指出，计算机虚拟发音教师可以显示舌头的正确位置和形状，并提供如何纠正偏误的视听反馈，使学习者能够模仿视听反馈中建议的发音。

三、韵律及其他教学中的技术应用

作为语音训练的重要组成要素，韵律、语调和慢音等训练对学习者的外语语音学习也起着至关重要的作用。

在韵律方面，Hardison（2004）采用定量和定性的方法，研究了计算机辅助下韵律训练的有效性。实验一通过前测和后测设计，对以英语为母语的法语学习者使用实时计算的音高显示，进行了为期三周的韵律训练，同时由法语母语者为其展示多样化示例，并将其储存在硬盘中为学习者提供训练反馈。通过七点尺度量表对未过滤（即不可理解的片段信息）样本韵律及句段准确性的评估，研究发现学习者在片段和句子方面的韵律显著改善。实验二通过对降低清晰度的刺激进行回忆，学习者能够准确辨别 80% 与基于范例学习模型相一致的韵律线索的训练句子中的词汇内容。研究结果表明，学习者增强了对语音各个方面的认识，也增强了学习另一种语言的信心。随后，Hardison（2005）针对 29 名母语为汉语的高级英语学习者，研究韵律训练中两种类型的情景输入。英语母语者提供了全球韵律评判标准，两组被试均使用Anvil[1]接受输入式培训，并通过计算语音实验室中的 Real-Time Pitch 进行训练，二语学习者可以从中得到英语母语者的反馈。两组被试分别接受对话层面和句子层面的输入。研究发现，两组被试的水平在韵律训练后都有所提高，不过进行对话层面训练的学习者能够更好地过渡到自然对话中，且视频呈现对对话层面的学习者更有帮助。此外，也有研究者探究了韵律训练的资源及工具研发。在 2015 年 CALICO 会议上，有研究者报告了用于英语作为第二语言韵律学习的 CALL 视觉材料的开发。相关研究中，Warren，Elgort & Crabbe（2009）主要研究在为母语为普通话的英语学习者提供训练及反馈的语音练习软件的研发中，提供反馈时应重点关注语音的哪些特征。通过无经验与有经验的英语母语者对可理解性和本土性的评级，来构建影响学习者话语可理解性的关键性特征。他们发现，韵律信息对话语可理解性具有重要作用；同时，无经验与经验丰富的英语母语者在话语可理解性与本土性评级方面没有明显区别。由此说明，在设置自动反馈的参数识别中，无经验的评级也可作为一项有用且可获取的数据资源。

语调是话语人说话时音高的高低抑扬变化，可以表达不同的语气和情感含义。在历年的 CALICO 会议上均有研究者就此议题做报告。比如，利用变异系数来比较母语为汉语、母语为非汉语的学习者的语调差异（2004）；将学习者创建的可视化工具用于汉语作为第二语言声调和语调的习得（2013）；考察了具有视觉反馈功能的在线训练模型对英语学习者掌握英语语调方面的影响和作用（2017）。

除此之外，慢速音频方面，在 2003 和 2004 年 CALICO 会议上均有研究者做了关于数字化及互联网上慢音教学的报告。

综观已有研究成果不难发现，现代信息技术环境下的外语语音学习研究大多集中在语音系统和语音特征方面，且多为实证性研究。由此可见，现代信息技术的发展为

---

[1] Anvil 为一种基于网络的注释工具，该工具融合了语音视频和音高曲拱的可视化展示。

语音学习及语音研究的可视化提供了可能，研究者更易观察到学习者的口语输出。同时，也丰富了外语语音学习相关的研究内容和研究方法。

第二节　教育技术环境下的词汇教学

词汇教学是近些年技术辅助下语言教学十分普遍及研究较为广泛的方向，在词汇教学中使用的技术也丰富多样，从多媒体课件、注释、在线平台，到电子词典、语料库及索引等。本节主要从多媒体注释、语料库、网络、移动设备和自动化技术这几个角度入手，探讨技术辅助下不同方面的词汇习得。

一、多媒体技术的应用

外语学习中的"注释"指"一个简短的定义或注释以便于二语学习者的阅读和理解过程"（Lomicka，1998）。多媒体注释可以为学习者提供不同的感官刺激，从而为学习者提供服务。多媒体注释可分为不同类型（如视觉和听觉等）和不同模式（如视频、图片和文本等）。多媒体阅读文本中的文字注释通常由超链接表示，通过点击具有超链接的单词，学习者可在文本末尾、页边空白处、屏幕底部或弹出窗口中访问不同形式的注释。多媒体注释对语言学习有促进作用，它能够帮助学习者更准确地理解单词，防止误导猜测，也避免在读者试图查字典找出未知单词时，阅读理解的中断。Jacobs, Dufon & Fong（1994）指出多媒体注释的四个优势分别是：提高理解能力、增加词汇学习、迎合学生喜好和提供更多真实文本。此外，多媒体注释还可以增加"可理解性输入"，这对二语习得非常重要。

不同形式的注释技术为外语学习创建了多媒体环境，提供了多种易于理解的输入方式，学习者可从中选择适合或偏好的方式来促进语言学习。已有实证研究证明，多媒体注释在辅助二语词汇习得方面与传统注释存在显著差异。在二语环境中，多重注释比单一注释或无注释更有效。Nikolova（2002）研究了学生参与创作多媒体材料对词汇习得的影响。研究结果表明，在不考虑时间的情况下，学生参与创建学习模块时，词汇学习效果更好。考虑时间变量后，实验组和对照组之间没有统计学上的差异。研究还发现，相比仅仅有声音和文本的注释，同时包含声音和图片的注释对词汇学习更有帮助。在2008年CALICO会议上也有研究者肯定了通过注释来习得词汇的效果。

已有研究较为关注多媒体注释在听力教学中的应用并对附带词汇习得的影响。

Jones（2006）考察了协作学习及多媒体注释在学习者词汇习得和听力训练中的作用。选修法语课程的学生被分成四组，听力条件分别是：单独听且无注释，配对听且无注释，单独听并附文字与图片注释，配对听并附文字与图片注释。研究结果显示，学生在单独或成对使用两种注释类型时，词汇的识别记忆及听力理解效果最好。除此之外，Mohsen & Balakumar（2011）梳理了十几年来 CALL 文献中关于多媒体注释及其对二语词汇习得影响的相关研究，对多媒体注释在阅读和听力理解活动中的实证研究做了综述，并调查了在 CALL 中处理多媒体注释的不同模式。研究者认为，在二语听力语境中，双重注释优于单一注释，多媒体注释应使用抽象的单词、上下文相关的单词和习语并将其可视化。

除听力外，研究者们还将研究视野放在多媒体注释在阅读教学中的应用，以及对附带词汇习得的影响。在多媒体注释交互显示的条件下，学习者可以选择多媒体信息的类型；而在同时显示的条件下，学习者主要在一种注释中获取语言（定义）和视觉（相关图片）信息。Türk & Erçetin（2014）研究了交互式多媒体注释同时显示对二维阅读理解和附带词汇学习的影响。研究结果显示，多媒体信息同时显示能够促进阅读，同时显示语言和视觉信息能够减少认知负荷，进而促进学习。

在多媒体注释中，字幕或其他文本信息是重要的视觉注释方式。在字幕类型上，Montero Perez et al.（2014）探讨了三种字幕类型（屏幕上的文本与视频使用的是同一种语言）在帮助二语学习者附带习得目标词汇和理解二语视频方面的作用。研究者将观看视频的学习者分为四组，分别是：对照组观看没有字幕的片段；第二组观看带有完整字幕的片段；第三组观看只含有关键词字幕的片段；第四组观看带有高亮关键词提示的完整字幕片段。结果显示，只有关键词字幕组和加了高亮关键词的完整字幕组的表现优于对照组，说明字幕有助于学习者理解视频含义，但其完整与否不会影响词汇的理解和记忆。在随后的研究中，Montero Perez, Peters & Desmet（2018）证实了这一研究结果。他们考察了增强视频中不同类型的二语字幕类型（无字幕、完整字幕、关键词字幕、带高亮的关键词字幕），以及告知与不告知学生观看视频之后将立即进行视频词汇测试，对词汇习得的影响。他们发现，在形式识别和意义回忆测试中，关键词字幕组的学生得分最高。提前的考试通知并不会影响词汇习得，学习者的词汇量与他们的学习收获及他们在关键词字幕注释下的查找行为直接相关。在字幕语言上，Wang（2019）对比了一语字幕和二语字幕对词汇习得的影响。一般来说，一语字幕、二语字幕和双重字幕组的学生在词汇和理解上的表现要优于无字幕组，而 L1、L2 和双重字幕对词汇学习和理解的影响无显著差异。可见，字幕在二语词汇习得中起到至关重要的作用，但字幕的呈现方式和类型等则对语言学习的影响差异不大。

多媒体教材集声、图、文、像资源于一体，增强了听觉和视觉输入，为语言学习提供即时和智能反馈，以及互动交流的机会。Corbeil（2007）通过比较多媒体教材与传统纸版教材，证实了多媒体教材在教授法语动词过去式的效果。实验研究证实多媒体教材的教学效果优于传统教材。学习者表示，当答案不确定时他们能够立即通过多媒体教材中的导航功能定位到更加丰富的解释。

二、网络技术的应用

阅读二语文本，特别是包含电子词汇表和超链接的文本，有助于二语词汇的习得。然而，通过文本习得二语词汇是一个缓慢且耗时的过程。也有研究发现，在线交流和面对面的口语互动，同样有助于学习者习得词汇。在近几年的 CALICO 会议上，有研究者就在线阅读和词汇查找、词汇研究或学习者的词汇发展、在线环境中的词汇习得、在聊天室和面对面讨论中的动词输出等做了报告；也有研究者报告了 ESL 学习者参与线上论坛的词汇策略，运用 wiki 来协作学习西班牙语和英语词汇，使用 Instagram 学习西班牙语词汇的情况；还有研究者报告了用于词汇开发的 Web 2.0 工具等。相关研究中，Zapata & Sagarra（2007）通过对比考察在线学习和纸质学习对二语词汇习得的影响后发现，参加线上学习的学习者在词汇测试中的表现优于纸质学习组，可见在线学习有助于学习者发展其词汇知识。

网络技术为词汇教学带来了新的教学方法和教学模式，同样需要训练学习者新的词汇学习策略。Ranalli（2013a）将教授英语单词模式知识作为一种复杂的认知技能，并为其设计在线策略指导。研究者使用了一种自动化的、在线的策略指导形式，通过充分的实践和反馈来促进自主学习，旨在管理对二语学习者工作记忆的认知需求，区分陈述性知识和程序性知识，并充分发挥多媒体网络的功能。

在线学习系统和在线开放式讲座等工具和资源，不仅为学习者提供了获取知识和信息的便利途径，而且还可以作为潜在的语言学习资源，为特定主题或学科提供大量语言输入和反复学习词汇的机会。Sun & Yang（2012）探讨了英语语言能力、课堂理解与在线开放式课程的词汇习得之间的关系。研究结果显示，英语水平较高且内容理解能力较好的学习者能够从在线开放式课程中获得更多的词汇。整体而言，学习者对在线开放式课程持积极态度，并认为其对学习英语有帮助。在学习系统设计和开发方面，Basanta（2004）研究了用于评估和发展词汇能力的在线课程教学设计。研究者制定了一份包含词典编纂学、词汇学、语义学和语篇分析等最新发展的教学大纲、制作真实有趣的学习材料、为通过 WebCT 开发的虚拟课程设计制定了方法学指导原则，并创建了基于计算机的测试来评估词汇习得效果。此外，Fehr et al.（2012）对个性化在线词汇教学中图片词汇评分的影响进行了研究。结果显示，该词汇程序提供的计算机自适应和个性化的教学满足了弥补词汇缺陷的需要。

MALL 是一种在移动设备帮助下能够发生于任何时间、任何地点的学习，能够有效地呈现学习内容，并且提供师生双向交流。Ko（2019）调查了学生使用智能手机和社交媒体进行词汇反馈的反应，来弥补二语词汇学习中移动辅助反馈的不足。208 名韩国大学生在课堂上使用智能手机，根据教师教的目标词汇起草句子并上传至社交媒体论坛。然后，他们会得到教师的即时反馈，并被告知语境中的恰当用法和语法中的准确用法。学期快结束时，学生们完成封闭式和开放式的调查。调查结果显示了这种反馈的四个好处，即：激发舒适和主动学习，提升兴趣和满意度，加强合作和分享，以及提高单词的使用效率。开放式调查结果显示，技术的使用在获得高质量反馈和保持学生参与方面发挥了关键作用。

三、语料库技术的应用

语料库语言学的研究方法能够提供以语言事实为代表的硬数据，它不仅将事实整合到需求分析中，还依赖于定量研究方法。该研究方法不仅可用于语法及话语分析、学习者语料库及教材语料库研究，并对学习者语言和目标语言之间的差异进行测量，还广泛应用于词汇教学和研究中。对于一线教师和课程开发人员来说，语料库解决了两个问题：教什么和如何教。即在实现教学目标的过程中，他们能够精确地定位语言教学的细节问题。相关研究起步较早，Mollering（2001）展开了基于语料库的德语语气词教学的研究，以德语口语语料库为基础进行分析。在近几年的 CALICO 会议上，研究者均从不同角度针对词汇教学和习得中的语料库应用做了报告，比如，通过对比语料库的方法考察 EFL 学术词汇的习得情况，介绍以加强独立和持续词汇学习为目标的英语电子学习档案，通过语料库技术来提高学习者的词汇理解和记忆能力，以及设计基于语料库的复合名词英语词典，等等。相关研究中，Chan & Liou（2005）以中英双语索引检索程序为研究对象，探讨了 5 个网络练习单元对英语动名词搭配的影响。结果表明，学习效果得到显著改善，不同的动名词搭配类型和具有不同搭配先验知识的学习者对实践效果的接受程度不同。

语料库有助于分析词汇复杂度。Tracy-Ventura（2017）基于西班牙语语料库中西班牙语频率数据，创建了一个词汇复杂度分析器，计算学习者的低频词汇与总词汇的比例。结果显示，随着时间的推移，低频词汇的知识和使用都有显著的增长。

语料库有助于判定词汇选择标准。Okamoto（2015）探讨了在对外汉语通识课程中，将词频作为词汇选择标准的适宜性，主要关注两个问题：语料库中的词频与母语使用者自述词频之间的关系，以及语料库中的词频与词频分散之间的关系。根据目标词在英国国家语料库和美国当代英语语料库中观察到的子频率，计算目标词的频散率。结果表明，语料库词频与母语者自述使用频率密切相关，最高可达7000词；词频与词频分散相关，最高可达6000词，词频分散率较高。这些结果对外语教材的词汇选择和词汇教学目标设定具有重要的启示意义，建议教学中以英语为母语的学习者可在7000个单词的频率范围内对单词的有用性做出合理的判断，应将词汇教学的频率和离散度的上限设定在6000词。

语料库技术使得语言的规律性得以突出，自从20世纪90年代"数据驱动学习"这个词出现以来，研究者调查了数据驱动学习对词汇学习的影响。Lee，Warschauer & Lee（2019）采用数据挖掘方法来识别基于语料库的二语词汇实验中的隐藏学习者类型。在词汇预测试后，学习者均执行三个随机排列的在线阅读任务，这些任务分别配备以下词汇类型：目标词汇项的索引行和定义、目标词汇项的索引行，以及没有词汇信息。研究发现，学习者表现出成功使用一致性语句的能力，从而优化了数据驱动学习。同时，外语水平与不同类型学习者的词汇量之间有着复杂的交叉关系。因此，在CALL研究中使用数据挖掘技术有助于识别隐藏的学习者类型，并提供个性化的CALL指导和教学。同期，Tsai（2019）通过探索性研究发现，学习者采用归纳法或演绎法构建新词知识，他通过一个单词知识框架来整体测量对单词知识的记忆。在学习者利用语料库数据构建词汇知识的方法方面，归纳法更有助于知识发展，演绎法则提供了巩固新获得单词定义知识的机会。

在语料库工具和检索系统等方面，Horst，Cobb & Nicolae（2005）调查了在线词汇学习工具（如索引、字典、拼字器、超文本和具有交互式自测试功能的数据库）在词汇习得中的应用。这些交互式在线数据库旨在让学习者参与深度加工来提高记忆。此外，Dodigovic（2005）对电子语料库中的词汇表进行了案例分析，并将学习者语料库与教学资源语料库的词汇做了比较。

四、移动技术的应用

MALL是近年来二语习得领域的一个热门研究领域，它通过提供真实的、上下文敏感的和个性化的移动社交环境来促进语言学习。Lin & Lin（2019）指出，当前移动辅助二语词汇学习研究中，语境学习理论、二语词汇记忆认知机制、行为主义和社会建构主义支持下的短消息服务、多媒体信息服务和移动应用程序是主要的研究课题。他基于大量文献对移动辅助英语词汇学习进行了综述和元分析，以检验移动技术的使用与二语单词记忆之间的关联关系。结果表明，短消息服务、多媒体信息服务模式比移动应用程序更有利于二语单词记忆，而这三种模式中的标词数量和干预时间并不相等。此外，研究设置、学习时长及任务赋予的自主性是影响二语单词记忆效果的三个重要变量。在近十年的CALICO会议上，研究者从不同角度就移动设备在外语学习中的应用做了报告，比如：从学习者视角审视手机词汇学习的有效性，使用智能手机应用程序来提高西班牙语学习者的动词联想能力，专为智能手机设计单词学习游戏类的应用程序。

移动设备以其轻便的特点被语言教学广泛使用。随着互联网系统和资源的发展，使用数据库和交互式Web内容的更复杂的应用程序已经成为可能。Stockwell（2007）为确定学习者的需求，调查了一个基于手机的智能词汇辅导系统在高级英语教学中的使用情况。学习者通过手机或计算机完成一项词汇任务，学习过程产生的数据和访问记录被系统地储存下来。研究发现，手机智能系统能够为学习者提供复杂的词汇学习活动和任务，也能够记录学习者的个人信息和学习轨迹，然而，与计算机相比，手机的使用率较低，这可能是因为手机屏幕小且键盘使用不便，也可能是因为学习者对移动设备用于外语学习的接受度不高。在随后的研究中，Stockwell（2010）以日本初中级英语学习者为研究对象，进一步确认手机这类移动性较强的设备在外语学习中的作用，并探讨了学习平台在语言学习过程中所产生的影响。他认为，教师应在合适的时间恰当地引导学习者使用移动设备进行语言学习。接着，Stockwell & Liu（2015）考察了中国台湾和日本学习者在外语学习中使用移动设备的情况及学习效果。结果显示，新技术确实有助于减少学习时间，且使用率相较于Stockwell（2010）的结果呈上升趋势。Amer（2014）探讨了四组语言学习者如何使用移动软件来学习习语及其搭配。结果表明，学习者使用该应用程序的次数越多，他们在功能测试中的成绩就越好。应用程序的使用情况可以通过多种因素来预测，如语言能力、移动设备每日使用情况、动机和学习目标等。同时，学习者对移动技术的使用均持积极态度，认为移动技术提供资源来帮助他们学习习语的表达和搭配十分重要。此外，Cohen & Wang（2019）采用案例研究的方法，探讨了精通多种语言的学习者在使用移动应用程序和在线资源时对词汇学习策略的影响。研究中学习者使用了这两种策略：（1）管理词汇资源，包括计划、组织、监控/评估词汇资源的使用；（2）处理资源中的信息，包括找到与英语单词对应的汉语单词，微调并验证单词的意思。这些策略或顺序、或成对、或分开、或组合使用。研究还发现，学习者通过在线资源成功地对57%的词汇项进行了微调，但仍有43%的微调不成功，究其原因，微调的有效性取决于学习者能否找到他需要的信息、能否对各方面词汇知识进行整合，以及能否监控和评估他的表现。

移动设备因其便捷性成为移动游戏的主要载体，相关的游戏化教学也成为研究热点。作为一种尚未被准确定义的语境，大型多人在线角色扮演游戏（Massively Multiplayer Online Role Playing Games，简称MMORPG）依然会影响学习者在语言学习中的词汇习得甚至词汇策略。Bytheway（2015）基于扎根理论，采用个案研究的方法，研究了MMORPG中词汇学习策略的分类。结果显示了15种词汇学习策略，包括注意单词频率、识别知识缺口、选择单词以引起注意、将图像和动作等同于单词、给予并接受解释和反馈、观察玩家、使用单词来学习单词、阅读游戏信息和使用Google等。在MMORPG中，玩家创造、选择并使用以上一系列词汇学习策略，这些策略出于各种目的并以各种组合形式出现。

已有研究表明，基于移动游戏的学习能够有效获取并保留所输入的信息和知识。Castañeda & Cho（2016）研究了在移动设备中使用类似游戏的应用程序来提高西班牙语动词变位的准确性。研究结果表明，应用程序能够促进有意义的学习活动，不仅有助于提高动词学习的准确性，而且增强了学习者的信心。

大量实证研究证实，游戏化教学有助于语言学习，而作为游戏学习主体的学习者对其看法和态度如何，Neville，Shelton & McInnis（2009）做了相关研究。他们研究了在德语词汇、阅读和文化教学中使用互动小说游戏时对知识的保留和转移，并评估了学生对游戏的态度。结果初步表明，情境化沉浸式的角色扮演有助于学生的词汇学习。尽管如此，大多数学生还是因游戏模式偏离传统教学而为其担忧。

以教育为目的的游戏模式在语言学习方面发挥作用的不是游戏本身，而是与游戏相关并从游戏中延伸出来的内容和活动，如互动性。DeHaan，Reed & Kuwanda（2010）考察了电子游戏互动在何种程度上作用于二语词汇的注意和记忆。80名随机抽选的日本本科生根据相似的英语语言和游戏水平配对。其中一名受试者玩20分钟英语音乐视频游戏，而另一名配对的受试者在另一台显示器上同时观看游戏。游戏结束后进行认知负荷测量、体验问卷和延迟词汇回忆测试。视频游戏的参与者和观看者都回忆了游戏中的词汇，但参与者回忆的词汇量明显少于观看者。这大概是因为游戏互动性产生了额外的认知负荷，且参与者认为的游戏及语言难度比观看者认知中的难度高得多。

关于游戏化教学在词汇长期保持方面的作用，Franciosi et al.（2016）做了相关研究。他们在日本一所大学进行一项准实验，整个班级都是英语学习者。实验组学习者使用在线词汇学习应用程序（Quizlet）和简单的模拟游戏"第三世界农民"（3rd World Farmer）；对照组单独使用词汇学习应用程序。结果显示，实验组学习者在实验

11周后的延迟测试中表现优于对照组。可见,模拟游戏用于外语学习有助于长期保持记忆的目标语言词汇。Chen, Chen & Yang（2019）开发了一款具有自主学习机制的英语词汇学习应用程序,并采用实验来评估该应用程序的性能,通过提高自主学习能力来提高移动学习环境下的学习动机和学习效果。实验结果表明,该应用程序能够提高学习者的动机和成绩,且对场依赖型学习者的益处大于对场独立型学习者的益处。基于特定的语言习得背景,Chen, Liu & Huang（2019）以中国台湾的英语学习者为例,采用定性和定量的混合方法,对比了有游戏功能和无游戏功能的英语词汇学习应用程序对学习者的感知和学习成绩的影响。分析结果表明,游戏功能组在词汇习得和记忆方面的效果明显优于无游戏功能组。问卷结果也证实游戏功能比无游戏功能更有效,更令人满意。

五、自动化技术的应用

成人二语学习者在很大程度上依赖于从阅读中获得新单词以提高语言能力。然而,选择合适的阅读文本对教师来说往往是一种挑战,因为所选择的文本必须包含有特定学习者群体所熟悉的大部分单词,这样才有助于其从上下文推断单词的含义。基于上述认识,Huang & Liou（2007）研究了自动分级阅读课程中的词汇学习。该研究中,他们借助词目表研究和词频计算机程序定量语料库分析,从当地由汉英杂志构建的计算机语料库中选取了16篇文章,利用它们开发了一个在线英语泛读程序并对其进行评估。结果表明,学习者在借助该程序学习词汇后成绩有所提高。在近十年的CALICO会议上,研究者报告了自适应词汇教学、二语词汇复杂性自动化评估设备、用于自动测量词汇复杂度的网络系统、通过自适应技术开发在线词汇广度测试,等等。

阅读二语文本因单词解码需要更多的工作记忆而变得困难,因此对工作记忆的自动解码必不可少。Sato, Matsunuma & Suzuki（2013）设计并开发了一个具有时间控制功能的词汇学习多媒体应用程序,假设通过该功能的词汇学习可以实现单词解码的自动化或更快地回忆单词含义,从而释放更多的工作记忆,进而更好地理解文本。研究结果显示,多媒体应用用户不仅能更快地记住更多的单词,更快地回忆它们的意思,而且在包含了通过应用所学到的单词的阅读理解测试中也能获得更高的分数。从这个结果,我们可以得出结论,具有时间控制功能的多媒体词汇学习具有自动化的单词解码技能,因此可以释放更多的工作记忆,从而可以更好地理解文本。

NLP技术在机器翻译和自动化信息理解中得到了广泛的应用。Holland, Kaplan & Sams（1995）在其专著中详细探讨了自然语言处理技术辅助下词汇概念结构等理论对语义解释的支持。

综观已有研究成果可以发现，现代信息技术环境下的词汇习得领域中，研究者最为关注的问题可以归纳为，哪些因素能够促成词汇习得，不同的技术手段在词汇习得中起到了哪些作用。从某种意义上说，现代信息技术可以跨越不同的语言和文化并将其联结起来，也因此充当着知识传播者的角色。加强对技术支持语言学习的进一步研究，才有望了解技术在语言教学中的潜力。在计算机辅助语言学习中，教师可以根据学习者的个性化需求及教学目的，与不同的技术相匹配，并创造一个有意义的环境，让学生通过真实的读写任务将词义与已经存在的语义网络联系起来，在语言与技术的交互下促进对新词汇的深度加工，巩固并调整学生对单词的理解。

第三节　教育技术环境下的语法教学

"语法是学习的中心，是保证表意的必需手段。"（Wilkins，1972）语法教学经历了从翻译法、直接法/听说法到功能法、交际法的发展，这也体现着语法教学从注重形式到注重功能，再向形式与功能相结合过渡。VanPatten（2002）认为，以交际为目的的语法教学可以达到形式与功能的有机统一。在外语教学中，现代信息技术的发展与应用为基于交际的语法教学创造了虚拟现实的环境，提供了丰富的资源和技术手段。

一、多媒体技术的应用

语法具有较高的抽象性，若直接用元语言讲解语法规则，对水平不高的学习者来说较难理解，也存在一定局限性。在一般的语法教学中，学习者往往只聚焦其形式而忽略了意义和用法。多媒体集声、图、文、像于一体，将其引入语法教学，可以创造真实的语言情境，促进师生互动，进而达到意义协商。

作为多媒体较为基础的技术，视频和动画在语法教学中的作用受到了研究者的关注。早在2002年CALICO会议上，就有研究者报告了创建动画语法的三种方法。在随后的10年间，分别有研究者就Flash和语法的关系、基于项目的视觉和触觉的运动语法学习方式等做了报告，还有研究者将多种感官通道联合使用进行语法特征教学的方法称为"准联觉方法"（Quasi-Synesthetic Approach）。相关研究中，Russell（2012）研究了在虚拟课堂学习复杂语法：对教学处理、结构化输入、计算机化的视觉强化输入和传统教学进行比较。该文研究了92名第二学期西班牙语远程学习者学习过程中，教学处理和结构化输入对形容词从句中虚拟语气习得的影响。计算机化的视觉强化输入与教学处理和结构化输入相结合,试图在网络传递的教学中使目的语语法形式更加显著。即时后测中的口译任务结果表明,计算机化的视觉强化输入与教学处理结合组优于计算机化的视觉强化输入与结构化输入结合组。此外,实验后的问卷调查反馈表明,接受了教学处理的学习者,不管有没有结构化输入,与常规教学材料相比,都表现出更喜欢处理后的教学材料的倾向,这也是传统范式的一类。

在中国汉语语法研究中,卢福波(2016)基于汉语主要的语法点,对教学案例及多媒体教学课件进行了设计。文章指出,第一,在汉语国际教育迅速发展的今天,我们还缺少有理念、有创见、有知识、有经验、有具体方法又可操作的教学案例作为共享资源;第二,随着现代信息技术的发展进步,多种媒体资源、数字化技术手段广泛运用于汉语教与学,运用多媒体课件进行语言教学研究必将成为汉语国际教育研究的重要方面之一,其研究成果也必将成为汉语国际教学的重要途径与工具;第三,具体案例研究只有积累到一定数量,再加以分析整合、归纳概括,才会真正提升理论、深化理论,甚至建构理论,具体案例研究奠定的是应用性的、物质性的学科基础。

二、语料库技术的应用

语料库技术可以促进语法教学。Liu & Jiang(2009)将基于语料库的教学和语境化词汇语法的教学整合到 EFL 和 ESL 课程中,并考察其教学效果。该研究所收集的数据包括学习者语料库检索项目、反思论文、教师的课程计划、教师日志及研究后评估调查。数据分析发现该教学方法可以改进词汇语法的指令,可以增强对语法的批判性理解,还可以提高发现学习技能。

语料库技术还从学生视角为语法教学提供了参考。Yang et al.(2013)认为,在教学中若不为 EFL 学习者提供有关元语言意识的指导,那么很少有学习者可以从双语语料库中获益。因此,研究者介绍了具有偏误检测及分级机制的双语语料库系统,以此激发学习者在从汉语(第一语言)文本中构建英语(第二语言)句子时的元语言意识。35 名较高水平的大学生和 28 名初级水平的大学生,这样两组被试均执行以下步骤:(1)从汉语文本中阅读每句话形成英语句子;(2)将评级结果作为反馈并在必要时重构零散的英语句子;(3)回顾历史记录中所有翻译过的英语句子;(4)适当地对(3)中的句子进行修改。他们发现,在偏误检测和分级机制的支持下,高水平组和初级水平组的学习者均取得了进步;通过使用两种机制来监测句法相似性和汉语与英语之间的差异,修复句法偏误,从而对英语句子的正确性概念化,初级水平组比高水平组学习者进步更大。此外,Bhatia(2002)提出语篇分析多视角模型,该模型包括文本视角(Textual

Perspective）、体裁视角和社会视角。从文本视角来看，语料库指导的教学可以帮助学习者从统计频次、搭配模式、上下文相关的意义和词汇的语篇使用来识别语法点。从体裁视角来看，语料库观察能够帮助学习者从不同学术文本类型（体裁）中了解反复出现的词汇语法模式。从社会学视角来看，语料库模型可帮助学习者了解在语法选择中说话者不同的话语角色、话语特权和权利地位是怎样的。Pérez-Llantada（2009）参照该模型探讨了基于语料库的学术英语口语语法的教学情况，提供了学习者语言输出的样本，并就学习者对该教学方法的回应做了评论。他们认为，为了从语法输入和使用的真实样本中获得学生的积极回应，帮助学习者辨识并理解真实情境下语法的文本、体裁和社会视角，并进一步促使学习者提高恰当且准确运用语法的能力。Bhatia（2002）语篇分析多视角模型中语料库指导的教学可构成一种教学方法。

语料库技术的语法教学也出现了新的教学模式。在 CALICO 会议上，研究者报告了如下相关研究：二语高级语法课程中基于语料库的发现学习（2011）；将基于文本和基于语料库的教学方法整合到高级语法分析课程中（2013）。

语料库技术还有助于促进语法教学研究。Xu（2016）将中介语语料库对比分析和基于用法的研究方法与英语双宾语构造的动词习得相结合，研究对象是不同水平等级的中国 EFL 学习者，并在中国英语学习者语料库与英语母语者散文语料库这两个语料库之间进行了对比分析。研究结果表明，初级英语学习者较为频繁地使用代词（作为直接宾语）、较短成分和某些具体的语义类，且在给定的双宾语结构的使用中出现了偏误。水平较高的学习者则倾向于包含名词短语、较长成分及语义类范围更广的相对复杂的结构。

三、网络技术的应用

在当今社会，知识管理能力比知识存储能力更重要，人们与知识的互动方式也由此发生了改变。知识社会因具有存储、检索和交流信息的能力而极大地为教育领域的技术实施提供支持，其中首要问题就是研究教学工具可以发挥的优势。（Rüschoff，1999）在 2019 年 ICT 会议上，有研究者报告了语言学习能力较低的学习者在线习得复杂西班牙语语法的情况。另一位学者报告了使用 Google 搜索引擎（Trello 学习管理系统）和形式聚焦式课堂教学对提高学习者语法知识的影响。

网络学习系统可以为学习者提供真实案例与示例。Heller（2005）介绍了一个包含大量真实英语实例的英语语法网络学习工具（Chemnitz 网络语法，CING），并对该学习工具的可用性和内容难度进行了评估。

网络学习系统可以为学习者提供交互式学习的机会。Nielsen & Carlsen（2003）介绍了南丹麦大学开发的用于阿拉伯语法自步学习（Self-Paced Learning）的网络交互式学习软件（阿拉伯语视觉交互式句法学习，ArabVISL）。在 2008 年 CALICO 会议上，有研究者报告了互动写作和语法教学的情况，认为互动写作可以弥合在线教学资源的差距。

网络学习系统可以改进学习者的语法学习策略。Cohen（2011）结合二语学习者的学习策略和语法策略，构建并介绍了面向西班牙语语法学习及运用策略的网站，重点关注对非母语学习者和教师都存在问题的语法。文章的最后通过一项质性研究报告了西班牙语语法策略网站对学习者的影响。六种不同的可视化工具对学习者线上活动的评估结果显示，在某种程度上学习者从该网站受益，且西班牙语学习者能够从中记忆并正确使用语法形式。基于语法的在线教学活动证实可将该类技术应用于以提高学习者语言技能的合作学习中。在同类研究中，Chang et al.（2017）研究了基于网络的汉语句子学习系统对学习者自我解释的影响。汉语中某些特定的语法点在学习者的母语中并不存在，学习者不能很好地理解和掌握这些语法点，因此需要有效的学习策略。融合了自我解释策略的学习系统主要包括三个部分，分别是：自我解释提示、教学反馈及补充材料。文章的最后，他们同样通过实验研究来证实该网络系统对学习者句子学习的影响。他们发现，实验组（包含自我解释策略）学习者在语法和句子结构方面的学习效果更好。同时，实验组（包含自我解释策略）和对照组（不含自我解释策略）的学习者在认知负荷方面并未发现明显差异。针对语法的自动反馈技术近些年受到研究者的关注。

网络学习系统有助于语法教学及研究。Lucas & Takeuchi（2019）利用基于网络的对比教学来解决英语关系从句的准确性和主宾语的不对称问题。该研究的主要目标是：（1）通过在网络上开展语言对比的方式，学习英语主语和宾语限定性关系从句，研究这种学习对后续该从句写作准确性的影响；（2）根据标记理论，对这两种子句类型按等比例执行此类指令具有特定的效果（当较难的结构在教学中得到更多关注时，较容易的结构自然会得到改善）。研究者将 156 名日本 EFL 大学学习者分为两组，实验组连续四周接受了四次基于网络的对比性语言输入，而对照组则没有任何对比输入。通过对测试前、测试后和延时后测成绩的数据进行分析，结果表明，该干预利于总体子句准确性的提高。但通常认为的标记理论能够改进主语关系从句在本研究中得到相反的结论。

四、自动偏误检测技术的应用

语言学习者的语法偏误应通过纠错反馈来提高他们的语法准确性（Ferris & Roberts，2001），而 CALL 则有助于提高纠错反馈的准确性，进而促进学习者的语法发展。近几年，基于 NLP 和机器学习技术的写作自动评价技术在语法教学中的应用主要体现为自动偏误检测和反馈、自动纠错等。在 2015 年 CALICO 会议上，有研究者提出可通过自动偏误检测和反馈来提高 ESL 学习者的语法水平。

在自动检测方面，Feng, Saricaoglu & Chukharev-Hudilainen（2016）以 CyWrite 程序为主要分析对象，研究了该程序在 ESL 本科生写作中自动检测语法偏误的效能，关注在语法准确性方面的计算和教学方法，以及语法分析器的情况，重点考察量词、主谓一致、冠词和连写句这四种类型的语法偏误。他们发现，CyWrite 程序有更好的性能度量标准，但仍有需要改进的地方。此外，在 2017 年 CALICO 会议上，有研究者通过比较语法教学中自动纠错反馈的质量与数量，肯定了语法自动纠错反馈技术的有效性。

在自动纠错方面，Garnier（2012）介绍了专为法国英语学习者写作中出现的复杂语法偏误设计的自动纠错策略，在该研究中，研究者主要关注副词的位置错放。副词错置在很大程度上与副动词中作为修饰语的方式副词有关，可能是由于负迁移造成的。为纠正偏误，研究者通过模仿现有的语法分析，试图找出副词放置的主要参数，接着设计了 12 个为一组的偏误模式用于纠正与 VP 修饰方式副词相关的偏误。

综观以上研究成果可以发现，语法教学同现代信息技术的结合十分紧密，从多媒体网络技术为语法学习创建真实语境、提供交互机会、达到可理解输入，到语料库技术为语法学习提供真实例子，再到自动偏误检测技术检测语法偏误并提供反馈及纠正，可以说，现代信息技术为语法教学及研究提供了方方面面的便利。

第四节　教育技术环境下的文字书写及拼写教学

在第二语言学习中，书写或拼写能够使学习者了解单词结构、认识单词含义，并学习其准确的发音。同时，它对学习者第二语言语音和词汇的习得、阅读和写作技能的发展也至关重要。信息化时代，以互联网和数字技术为主的新媒体技术发展迅速，文字的载体和拼写方式也随之不断地变化，传统的纸质载体逐渐被屏幕所取代，二语教学也面临新的任务和目标。

一、多媒体技术的应用

认知心理学认为，字词的识别速度与人们对字词的熟悉程度有关。增加字词出现的次数可以增强对字词的熟悉度，进而较快地识记字词。另外，字词的识别离不开语境。单独出现的字不容易识别，即使能识别，其反应时间也比语境中的字长得多。就汉语来说，为所学的汉字提供语境和增加出现的频率，可以显著提高学生对字的记忆，也增强对该字的识别。多媒体化的学习材料不仅改变了信息输入方式，而且改变了加工机制，可以为汉字学习者创造一个有意义的、与多媒体交互的学习环境。郑艳群等（1999）编纂的《多媒体汉字字典》（光盘）将汉字的形、音和义等信息，通过超文本与超媒体的形式展现出来。不仅用颜色区分汉字部件，从而帮助学生认识汉字的结构，而且还利用系统化的颜色标识策略，帮助学生了解汉字部件表音、表义或表记号的特点；这得益于计算机交互式人机界面，不仅包含了常规字典中的拼音和部首检索方式，还增加了面向外国人学习的部件和笔画数检索方式。可以说，这部电子字典通过声、图、文、像并茂的方式，把包含众多汉字信息的结点组织成纵横交错的知识网络，本质上是将教学内容从平面线性结构扩展到立体的网状结构，因而更加接近复杂的语言体系；教育技术的运用，也将多媒体技术的特点与汉字的特性和学习者的认知心理过程有机融合在一起。

词符文字具有表意性，是形、音、义的统一体。多媒体技术与文字书写教学相结合，可以进一步探究词符文字书写的技巧，使学习者通过形象生动的文字书写加深对文字的识记。Tsai et al.（2012）通过认知测试、近似产生测试、精确产生测试和常规笔画意识测试，研究了多媒体书写教学中不同的方法对词符文字（如汉字、日文、韩文等）产生的影响。研究结果显示，初学者在多媒体辅助下的所有四项测试中都表现得更好，有六个月学汉字经验的初学者在精确产生测试和常规笔画意识测试方面表现更好。

在多媒体辅助汉字教学中，多媒体教学程序提供连续动态的笔画、笔顺，其视觉演示能够帮助学习者整合汉字信息，强化记忆；即使学习者没有实际书写，其观看动态演示形成的心理演示效果也会对真实的书写有帮助。

二、网络技术的应用

网络技术具有交互性特点，在与文字拼写相结合时，这种交互性主要表现在人机交互（Human Computer Interaction，简称 HCI）。Xu，Chiou & You（2019）探讨了汉字学习系统中书写练习、反馈和评分的交互界面设计。他们认为，交互设计对学习者的学习成绩有积极的影响，学习者对该系统均持积极的态度。

在外语学习中，准确的拼写有助于提高学习者的书面文本写作和词汇习得的质量。随着网络技术的发展，在线拼写检查研究成为一项重要的课题。Heift & Rimrott（2008）调查了德语学习者对在线拼写检查器中拼写错误中的三种不同类型纠错反馈的反应，该系统记录了长达15周的在线拼写检查器对28名初级和中级学习者进行纠错反馈的交互。研究结果表明，当系统提供纠错建议列表时，学习者正确回答的数量显著增加；对于没有提供任何纠错建议的反馈类型，学习者的接受度显著降低。研究还发现，单词在纠错建议列表中出现的顺序似乎是学生偏爱某个单词的一个影响因素。与该观点不同，Lawley（2016）认为，尽管在线拼写检查器能够为学习者提供纠错建议列表，但学习者可能从列表中选择错误的单词。由于拼写错误往往是基于对目标语言的误解导致的能力错误，学生可能会从解决潜在问题的反馈中受益，而不是简单地建议正确的单词。除此之外，研究者还介绍了一款通过学习者语料库来识别西班牙英语学习者常见拼写错误的拼写检查器。对于每一处拼写错误，该检查器都通过手写反馈向学习者解释，正确的拼写如何与英语的正字法或形态学保持一致。同时，由于可以检测特殊的双字母组合（单词对），该检查器比一般的拼写检查器能发现更多的拼写错误，并且还可以检测一些非拼写错误。测试结果显示，这种易于建构的拼写检查器能够成为二语学习者的工具。研究者认为，伴随其他技术的发展，学习者自我纠正作文（包括语法和词汇错误，以及拼写错误）的可行性正变得越来越大。

综观已有研究可以发现，现代信息技术背景下的拼写教学及研究集中于考察技术形式对文字书写效果的实证研究，以及书写系统和拼写检查系统的设计、研发、调查与评估。随着现代信息技术与第二语言文字教学的融合，文字不再局限于纸面，古老的文字应适应互联网时代对于第二语言学习中信息传递、视觉表达和用户体验等方面所提出的要求。伴随而来的，还有打字及其教学问题。

第五节　教育技术环境下的语用教学

外语教学的目标是使学习者有效使用外语进行交流。然而，仅仅掌握一门语言的语音、词汇和语法等要素并不一定能够有效地进行交际。能否有效地使用外语不仅取决于学生的语言知识，更取决于语用能力。语用能力即为语言使用和语言理解的能力。课堂教学在二语语用能力发展中起着重要的作用。在信息化时代，教育技术环境下的语用能力作为学生交际能力的重要组成部分受到越来越多的关注。

一、计算机技术的应用

　　CMC 可分为 SCMC 和 ACMC 两种形式。SCMC 多通过在线聊天的途径实现，ACMC 则多通过电子邮件。在 2019 年 CALICO 会议上，有研究者评估了通过 CMC 交互任务发送电子邮件来提高学习者语用能力的情况。Sykes（2005）将西班牙语学习者分成书面互动组、口语互动组和传统的面对面互动组，通过小组讨论和角色扮演来记录学习者语言能力的发展。研究结果显示，ACMC 有助于学习者的语用发展，书面互动组在使用策略的复杂性和多样性方面都优于其他组。此外，Eslami，Mirzaei & Dini（2015）的研究对象为伊朗英语学习者，研究者将其分为一个对照组和两个实验组（包括显性教学组和隐性教学组）。干预组学习者同美国 ESL 教育学专业研究生（作为远程实验室导师）进行配对，通过 ACMC 进行一个学期的显性或隐性教学。显性教学组参与了增强意识活动，接受外显元语用解释及形式和意义的偏误纠正。隐性教学组接受增强输入和隐性反馈。通过补全对话法来比较对照组和实验组，并记录实验组学习者同研究生的电子邮件来观察学习者语言能力的发展。研究结果发现，干预组学习者的语用能力显著提高，显性教学组在填充问卷（Discourse Completion Task）和电子邮件沟通方面明显优于隐性教学组。由此可见，不论是同步还是异步，基于 CMC 的语言教学有助于学习者语用能力的提高，这已得到实证研究的支持。

　　CMC 为学习者提供了丰富且平等的互动机会，学习者由此发展其社会语用能力，并通过提高他们对二语交际社会语用特征的认识来培养交际的灵活性和适应性。正如 Abrams（2008）认为，CMC 为学习者提供了话题选择与管理的控制机会，以及丰富的互动机会。通过学习者之间的协作学习来适应不同的互动模式。因此，参与不同的有意义的 CMC 言语社团可以帮助学习者获取所需的程序性知识，从微观层面体会言语社团相互作用的模式（如在线讨论组），并能有效适应在言语社团中的话语功能。

二、多媒体、网络及虚拟现实技术的应用

　　建构主义认为，学习环境包括四大要素：情景、协作、会话和意义建构。多媒体及网络技术优化组合构成系统环境，是实现建构主义学习环境的理想条件，可以创造融真实性、交际性、知识性、趣味性于一体的学习环境。在 CALICO 会议上涉及如下相关研究：在线语用测试中学习者对音频刺激的感知和偏好（2008）；通过网络教程来学习西班牙语语用学（2009）。

　　在虚拟现实技术方面，Blattner & Fiori（2011）针对虚拟社交网络社区进行了语言学习者社交语用意识和多模态识读技巧的发展调查。SNC 为学习者创造了动态的学习

环境，促使学习者获得在真实环境中评估各种行为功能及文化适宜性的机会。

综观国外现代信息技术环境下的语用教学研究，大多通过实证的方式来考察不同的技术手段对学习者语用能力的影响和作用。将计算机和多媒体网络等现代信息技术融入外语教学中，可以使学习者接触到丰富的语用知识，通过创设具体的语境使学生充分实践语言知识。在这样的环境下，教师在利用多媒体网络等现代信息技术来提高学生语用能力的同时，应提高自身信息化水平。

第六节　教育技术环境下的文化及跨文化交际教学

学习一门外语与了解该语言所反映的文化是密不可分的。外语教学的任务就是要培养高素质、有着深厚文化修养、能够实现跨文化交际的复合型人才。其中，文化教学是外语教学中培养学生跨文化交际能力的重要途径。信息时代的文化教学，要充分利用现代信息技术实现技术与教学的双向深度融合。

一、文化教学

文化学习是外语学习的重要组成部分，这种探索有助于更加深刻地理解自己本国的文化及目标语言文化。

互联网为文化学习提供了多样化的真实素材，也可以创建真实的交流场景。在历年CALICO会议上均有研究者做相关报告，比如，将网络技术同语言文化教学相结合，语言文化交流电子网络的应用，基于网络视频环境的教学文化。在相关的研究中，Shawback & Terhune（2002）分析了在线互动课件，并通过电影在CALL环境中促进文化理解。此外，Kayser（2002）探讨了基于网络的语言教学的情况，并基于文化敏感性探讨了中东伊斯兰文化背景下网络化语言教学的文化适切性。

使用网络技术教授外语的人越来越多，外语教学中的文化教学已成为大多数语言课堂的标准要素，两者结合形成了一种动态的方法，使学生在文化上更有竞争力，为他们在全球就业市场中的竞争做好准备。此外，这种教学方法为学生提供了培养他们发展文化假设的技能的机会。（Hager，2005）2019年以来，GLoCALL会议分议题包含"利用互联网进行文化交流"。可见，基于互联网的文化教学研究已引起学界的关注和探讨。

角色扮演游戏模式有助于学习者的语言和文化习得。在2008年CALICO会议上，有研究者报告了在大型多人在线角色扮演游戏背景下的汉语和文化学习，认为该教学模式有助于促进学习者的文化学习。相关研究中，Peterson（2012a）则从社会文化话语分析视角对大型多人在线角色扮演游戏背景下学习者互动进行了质性分析。他以四名中级 EFL 学习者为研究对象，从其文本聊天中提取了 12 个说明性片段，并收集了四个课程数据，每节课为 70 分钟，历时一个月。分析结果显示，学习者的互动性特征与社会文化能力发展存在一定的联系。该研究成功地促进了学习者的包括对话在内的协作性社交互动，学习者能够恰当地使用礼貌用语（如问候语、非正式语言、闲谈、幽默语和告别语等）来支持基于互惠、友谊和团队协作的人际关系。他们发现，学习者能够通过使用激励词及与游戏内任务相关的协助请求，来共建并维持主体间性的状态。尽管学习者认为游戏具有挑战性，但他们都给予了积极反馈，且随着研究的推进，他们在这个过程中逐渐适应。此外，游戏为人们提供了一种有助于协作使用目标语言的环境，社会互动也有助于语言发展。

二、跨文化交际教学

人类进入 21 世纪以后，国际化、全球化和多元文化的时代特征凸显了跨文化教育的重要意义，外语教学的学科属性使其成为实施跨文化教育最有效的阵地之一。跨文化交际能力指与不同文化背景的人们有效、恰当地交往的能力。Byram（1995）认为跨文化交际能力包含四方面要素：（1）知识，包括书本知识和亲身经历获得的知识；（2）做事的能力；（3）个人的态度与价值观；（4）学习的能力。现代信息技术拉近了人与人之间的距离，使得更多的语言学习者可以进行跨文化交际。

网络环境下的跨文化交际教学很早就引起学者们的关注。在 2000 年 CALICO 会议上，就有研究者将网络技术应用于跨文化交际课堂中，并对其进行教学设计。在 2008 年 CALICO 会议上，有研究者报告了国际学习者跨文化交流的敏感性，并建议应用在线交流的方式。相关研究中，Abrams（2002）通过以互联网为媒介的项目来探索文化定型，研究外语学习者在网络环境中的跨文化意识。此外，Chun（2001）以 Kramsch & Thorne（2002）及 Ware & Kramsch（2005）提出的语篇分析特定类型为基础，探讨了网络交流如何在二语学习者语用能力和跨文化交际能力中发挥作用。研究者从一所美国大学中的德语学习者与一所德国大学中的英语学习者之间的跨文化交流中获取数据，并试图证明文化如何根植于语言中，即"学习者如何协商新的话语内容解释和引导互动语用学的方式"，以及德语作为外语的高级学习者和英语作为外语的高级学习者在试图理解说话对方的话语类型时，如何在他们的在线帖子中使用不同的话语风格。

Avgousti（2018）系统梳理了关于跨文化交际能力与在线交流的相关研究，研究发现，在 Web 2.0 工具和应用程序中，多模态交互以多种方式影响着学习者跨文化交际能力的发展，同时需要学者们对此进行更加深入和广泛的研究。

电子邮件可以为学习者提供异步环境中的交际机会。在 2005 年 CALICO 会议上，有研究者探讨了德美外语学习者在电子邮件交互中的文化认同，认为电子邮件有助于学习者伙伴关系的建立及文化交流。同类研究中，O'Dowd（2003）研究了西班牙语—英语电子邮件中的跨文化学习，旨在识别虚拟交流中促成学习者成功学习跨文化的因素。研究发现，在跨文化交际中，学习者通过合作伙伴的问题和评论，能够从新的角度认识本国文化；同时，学习者借助电子邮件与合作伙伴建立和谐的跨文化交际关系，有助于其进行深入和全面的交流。此外，Müller-Hartmann（2000）对基于德国、美国和加拿大的英语与社会研究课程中的三个电子邮件项目开展质性研究。将实际阅读过程中的跨文化学习与网络学习过程中的意义协商进行比较，可以发现任务的结构与使用非常相似。研究还证明，异步电子邮件中的任务属性，如活动、设置、教师和学习者的角色，以及个人水平（如非主体信息交换），在任务结构的设计和管理中对跨文化学习有较大影响。此外，还有学者研究了德美伙伴关系电子邮件中的文化认同。

同步交际作为网络环境中的一种交际模式，相关研究引起了学界的关注，在 2007 年 CALICO 会议上，有研究者报告了多用户在线游戏中的跨文化和多语言环境。相关研究中，Stickler & Emke（2011）基于"配对原则"（Tandem Principles，即不同语言的学习者在学习彼此的语言和文化时相互支持，反过来又扮演学习者和信息提供者的角色），通过跨文化能力、跨文化交际能力和跨文化成熟度这三种维度，对项目参与者的跨文化学习进行了分析，并展示了他们的在线跨文化成熟度。此外，Yang（2018）基于建构主义，从参与者使用问题的质量维度来考察一个小规模跨文化在线交流项目的情况，旨在更好地理解在线同步文本交流在语言和文化学习中的动态和教育价值。

网络环境下的互动性是不可忽视的问题之一，Kitade（2012）采用交际结构分析来探讨网络跨文化群体中特定互动模式、身份和活动构建过程中的对话过程。研究结果表明，交换结构（Exchange Structure）类型和跨文化学习在不同群体之间存在差异，并且是隐性发展的。在 2018 年 CALICO 会议上，有研究者报告了英语作为第二语言的完全沉浸式跨文化学习，并主张将虚拟现实技术应用其中。

网络环境下学习者的态度也对跨文化学习成败起着关键作用，Lee & Markey（2014）通过 Web 2.0 技术调查了学习者对在线跨文化交流的看法。学习者认为在线交流是与母语者进行跨文化交流的绝佳场所,通过社会交际,学习者不仅获得了文化知识,而且更了解自己的信仰及对自己文化的态度。此外,同伴反馈有助于学习者增加词汇知识,防止语言僵化,使二语习得更加地道。

在网络技术提高学习者技能方面,Angelova & Zhao(2016)通过实证研究发现,在线交流有助于培养跨文化意识并提高非母语人士的语言技能。另外,Flowers,Kelsen & Cvitkovic(2019)从学习者自主性与引导性反思方面,探讨了在线跨文化交际中不同的方法如何影响跨文化交际能力的发展。研究发现,使用引导性反思后,在线跨文化交际的学习者在目标文化理解方面显著提高,遵循自主学习模式下在线跨文化交际的学习者在跨文化接触的自我效能方面取得显著提高。

网络社交工具也是十分重要的跨文化学习及交流的手段,博客为全球交流和跨文化意识的发展开辟了新的途径。Lee(2009)通过研究西班牙—美国合作远程项目,探讨了如何通过博客与播客促进跨文化交流。研究表明,任务型教学的有效使用为互动合作创造了一个动态的氛围,并为美国和西班牙学生探索目标语言和文化提供了独特的机会。同时,在线交际对成功的跨文化交流至关重要。在 2009 年 CALICO 会议上,有研究者提出了使用 wiki 来提升跨文化竞争力的观点。相关研究中,Özdemir(2017)采用混合方法研究,以 Facebook 为基础,对促进 EFL 学习者跨文化交际的有效性进行了研究。研究结果显示,跨文化教学对学习者跨文化交际的有效性有显著的正向影响;Facebook 组的 ICE 分数明显高于课堂讨论组;大多数学生对跨文化教学和使用 Facebook 来培养跨文化交际的有效性持积极的态度。

跨文化交际能力是学习者在二语学习中的一项十分重要的能力。基于计算机技术、网络技术和移动通信技术等现代信息技术,探索其与文化教学的融合,是文化教学自身发展的需求。已有研究对外语中的文化教学及跨文化交际能力与现代信息技术相结合的研究十分丰富,涌现出大量理论与实践的相关研究。文化教学与现代教育技术的融合逐步走向深入,这也是文化教学自身发展的趋势。

语音、词汇和语法等要素是外语教学的重要内容,现代信息技术环境下的相关研究大多集中在通过实证的方法考察不同技术手段对不同要素教学的作用和影响,以及相关学习系统的设计和开发。现代信息技术的飞速发展,为外语教学的现代化提供了强大的技术支持。多媒体网络技术的交互性、互联网信息资源的丰富性、信息发布与传播的便捷性,都为外语教学创设了真实的情境,丰富了外语教学手段,优化了外语教学内容。

思考与练习

1. 计算机辅助下语音学习的相关研究为什么多用实证的方法?
2. 请通过相关研究来说明"多媒体注释在辅助二语词汇习得方面与传统注释存在显著性差异"。
3. 语料库技术对词汇学习有什么影响?
4. 移动技术对外语学习者的词汇学习有什么作用?
5. 不同的技术手段为语法学习创造了哪些条件?
6. 多媒体技术和网络技术对学习者的汉字学习具有什么影响?
7. 请从不同的角度论述网络技术对提高学习者跨文化交际能力的作用。

第四章 教育技术与语言技能教学

语言教学的实质是通过适当的方法和技巧,把语言知识、语用知识和有关的文化知识转化为学习者的言语技能和言语交际技能。语言教学研究最核心的问题就是如何有效帮助学习者完成从知识向技能的转化。可见,语言教学不仅要传授知识,还要训练技能。(吕必松,1997)

在现代信息技术快速发展并与语言教学结合日益紧密的时代,计算机技术的进步将继续在二语学习的各个方面发挥越来越大的作用,二语教学主要产生两个转变,一是注重培养沟通技巧,二是计算机辅助的二语教学的发展。(Luke & Britten,2007)

现代信息技术背景下的言语技能教学得到研究者的广泛关注和探讨,本章主要从听、说、读、写、译这几个语言技能的角度,阐述不同技术手段和形式对不同技能教学的作用和影响。

第一节 教育技术环境下的听力教学

在听、说、读、写四大技能中,听是信息输入最先发生的环节,是获取语言知识及语言感受的主要途径,只有输入可理解信息,学习者才有可能输出,因而也是提高其他技能的重要途径之一。听觉信息具有转瞬即逝的特点,且听力活动大都在大脑内部发生,很难观测,因而成为语言学习中学习者较难习得、教师较难训练、研究者较难探索的方面。听力材料、听力策略、教学方法及教学环境等都成为影响听力理解顺利进行的因素。

现代信息技术的发展及其与听力教学的结合,在带来新兴教学手段的同时也促进了教学模式和教学方法的转变,使听力训练成为一项更加灵活多样的活动。

一、多媒体技术的应用

双通道假设认为，人的视觉和听觉通道是两个相对独立的信息加工通道。图片和文字等作为视觉信息被视觉系统加工，声音等作为听觉信息被听觉系统加工。主动加工假设认为，当学习者积极主动参与信息通道的加工活动时，有意义的学习得以发生。这种参与包括：文字和图像信息的选择、把信息组织成关联的语言和视觉模型，将语言、视觉模型与先前相关知识相整合。当语言和图像信息同时进入工作记忆时，积极学习加工活动最有可能发生。

多媒体材料呈现的两种通道信息分别被不同的通道进行加工，因而并不会相互干扰而造成信息超载。相反，两种通道呈现信息总体上增加了学习者信息的接受和处理数量，增加了对特定信息的处理深度，从而有利于对学习材料的深度理解。同时，作为信息化学习过程中较为重要的技术，多媒体技术通过创设数字化教学环境进而促进语言学习。在没有文本等其他视觉信息的支持下呈现听觉材料，学习者缺乏对相关主题的充分认知，很难达到可理解输入。而听力教学的目标是提高学习者听力技能，很重要的前提就是帮助学习者理解听力材料。因此，可以利用多媒体的多种属性来提高语言学习各个方面的技能。

在音频、视频方面，将视频、图片结合起来或直接播放视频，可使学生处于声音和影像相互作用的语言环境中，从而达到强化学生听觉输入的效果。在近十年的CALICO会议上，均有研究者做关于视频促进学习者听力的报告。此外，还有不少研究者探讨了通过视频进行听力练习时，学习者的一些行为和反应（Gruba，2006；Wagner，2007）。

多媒体注释在听力理解和词汇习得相关研究中发挥了重要的作用。Jones & Plass（2002）证实了Mayer（1997）的多媒体学习生成理论，并将其应用到听力理解与词汇习得研究中。在该研究中，英语为母语的学习者在一门法语课程中，聆听了一段由计算机程序播放的2分2秒的历史事件。听力文本有四种处理方式，分别是：没有注释、只有书面语注释、只有图片注释，以及书面语和图片注释都有。研究发现，同时选择文字和图片注释的学习者，在做听力训练时，能更好地记忆单词，翻译并回忆听力材料。延时测试结果显示，图片注释的效果远远好于书面注释。此外，Xu（2010）基于多媒体学习和多媒体语言学习理论，对多媒体词汇注释在二语阅读和听力活动中的研究进行了综述。从理论角度看，多媒体词汇注释为学习者提供了多种模式的输入，从而为二语习得创造了良好环境。从研究的角度来看，许多研究已经肯定了多媒体词汇注释在促进词汇习得和提高二语阅读与听力技能中的积极作用。他认为，研究者应进一步探索图形多媒体词汇注释在听力教学中词汇习得的作用，以便将多媒体词汇注释的多元模式相互结合，进而促进二语习得。同时，Xu 认为多媒体词汇注释研究中悬而未决的三个问题分别是：（1）多媒体词汇注释是否比单模词汇注释更有助于外语听力中的词汇习得；（2）多媒体词汇注释中最有效的类型是什么（如：静态还是动态图片注释，一语还是二语注释等）；（3）词汇具体性对多媒体词汇注释的有效性有无影响。

作为多媒体注释的重要组成部分，字幕在听力教学中的运用也得到了研究者的关注。在 2006 年 CALICO 会议上，有研究者报告了 ESL 学习者在多媒体听力训练中使用脚本和字幕的情况。可见，听力教学中字幕的应用逐渐进入研究者的视野。事实上，字幕对教学的作用既有积极的方面也有消极的方面，不同类别的字幕的教学作用也会有所不同，字幕对听力理解作用的研究有待深入下去，相关的实验研究也将成为开展听力教学活动的依据。Winke，Gass & Syodorenko（2010）研究了用于外语听力训练的字幕影片。此外，还有研究者考察了学习者对字幕的依赖及其对听力理解的影响（Grgurović & Hegelheimer，2007；Leveridge & Yang，2013；Yang，2014；Leveridge & Yang，2014；Lin，Yang & Chang，2014）。Perez，Van Den Noortgate & Desmet（2013）以二语习得为背景，对字幕视频（即带有二语字幕的视频）在二语听力和词汇学习中的有效性进行了元分析，并考察了字幕有效性与两个潜在调节因素（测试类型和熟练程度）之间的关系。结果表明，字幕对听力理解和词汇习得有很大的影响，测试类型对听力理解的影响大小具有调节作用。同时，熟练程度并不影响听力理解和词汇学习的效果。

通常来说，字幕在听力教学中的作用是辅助学习者观看视频，从而提高学习者的听力能力。然而，也有学者认为，学习者在很大程度上只读标题，却忽略了听说话者的内容。因此，视频中的字幕仅仅提高了学习者的阅读技能。基于这样的认识，Yeldham（2018）调查了视频字幕对二语听力教学中学习者的作用。他发现，初级水平的学习者更倾向于阅读文本而不是听文本，而较高水平的学习者则使用更广泛的线索（如标题、说话者和视觉等）。

二、网络技术的应用

网络技术因其具有即时和互联互通的特性，可以为学习者提供更加真实、更接近学习者水平及个性的听力材料，更易于激活学习者已有的认知图式，更易于实时记录学习者的学习过程，也为听力的练习提供了方便。在近二十年的 CALICO 会议上，均有研究者报告了在线听力练习，以及在线听力测试的有效性。同时，在线听力中材料的真实性和学生的使用情况也得到了研究者的关注（Romeo, 2008; Noreillie, Grisez & Desmet, 2012）。

在在线听力效果方面，Smidt & Hegelheimer（2004）以 24 名 EFL 初中高级学习者为研究对象，探讨真实网络教学视频是如何为英语在线教学提供信息的，学习者如何使用听力学习策略来提高词汇附带习得和听力理解能力。研究者发现，在线教学有助于学习者词汇附带习得。在参与在线听力活动时，高级学习者使用元认知和认知学习策略，初中级学习者多采用认知策略。同时，女性学习者使用策略的可能性高于男性学习者；女性学习者偏好认知策略，而男性学习者使用元认知策略多于认知策略。

在网络学习系统方面，Weinberg（2005）介绍了高级听力理解教学中 Les Chansons de la francophonie 这一法语歌曲网站及其网页使用追踪系统（WebCT 和 eChanson），并通过给学习者使用，了解其效果及学习者评价，旨在调查该学习系统能否创建有助于学习者听力训练的学习环境，能否提供准确有效的追踪数据。研究发现，学习者对该学习系统大多持肯定态度，认为其有助于听力训练，同时，网络追踪系统也为研究者提供了动态且可视化的学习者的听力训练过程。

在教师与学习者对网络技术的态度方面，Aldukhayel（2019）借助 vlog 技术，将其作为二语听力训练的声音输入来源，调查了 EFL 学习者和教师对听力训练中使用 vlog 的看法。调查发现，教师和学习者都对 vlog 抱有积极的态度，学习者认为 vlog 具有吸引力、有趣且新颖，也可以确保听力训练的顺利进行。

在中国英语听力教学研究中，张红玲、朱晔、孙桂芳（2010）基于网络技术，针对网络听力教学进行了教学设计，并从网站主要模块和整体结构、网站制作、听力教学材料选择、听力教学活动设计，以及听力教学网站的试用及评价这几个方面展示了网络外语听力教学设计实例。

新技术与语言教学相结合，有助于信息的输入和内化，有助于所学知识的巩固和回忆，也有助于激发学习者的兴趣。综观国内外现代信息技术环境下听力教学相关的研究成果可以发现，研究者大多将关注点聚焦于听力材料的呈现方式，以此来考察不同感觉通道的输入方式对听力效果的影响；同时，还有关于师生对网络技术运用于听力教学的态度的调查。前文提到，网络追踪系统可以获取学习者的外部学习行为及学习过程。但听力理解活动是一项从感知理解到内化输出的内部处理过程，借助技术手段使学习者对所输入信息的内部加工过程得以外显，而这一部分的实证考察鲜有涉及，这或许有待研究者进行更加深入的探索。

第二节　教育技术环境下的口语教学

二语教学的技能培养一般分为听、说、读、写、译等几个方面，从语言交际的角度看，大量的交际活动是通过口头表达来实现的。在外语教学中，口语教学的目标是提高学生的口语交际能力，它是一种综合能力，具体表现为声音表达的准确性、言语表达的正确性和语用表达的得体性，这种能力需要建立在语言知识和相关文化知识的基础上。

信息通信技术恰恰为学生提供了这样一个超越时空的语言交流的理想平台，不仅为学生的语言交流创造了一种理想的学习环境，同时也为他们带来了更多的交流机会（Barson, Frommer & Schwartz, 1993; Von der Emde, Schneider & Kötter, 2001; Leh, 1999）。

一、计算机技术的应用

随着全球一体化趋势的日渐明显，当今社会越来越多的人希望学习和掌握一门或几门纯正流利的外语，以利于更方便地进行交流。运用 CALL 技术为外语口语学习服务成为大势所趋。计算机辅助下的口语能力发展是 CALICO 会议一直关注的问题，相关研究包括：SCMC 与 EFL 学习者口语能力的发展问题，研究者认为 SCMC 有助于提高外语学习者的口语能力（2004）；学习者二语口语表达认知能力及其准确性和复杂性（2016）。此外，研究者探讨了不同国家背景下 SCMC 和 ACMC 中学习者德语、英语和日语口语能力的发展（Abrams, 2003; Buckingham & Alpaslan, 2017; Hirotani, 2009）。

二、网络技术的应用

建构主义认为，网络化多媒体学习是生成意义上的学习，学习者根据材料试图构建相关的心理表征，知识是学习者与社会互动中建构的（陈坚林，2004）。从在线英语教学的优势来看，实时在线讨论作为一种崭新的教学形式，能够让学习者自主结合学习群体，形成在线学习社区，根据自己的学习兴趣和原有知识结构，以书面或口头形式自由发表意见或观点。这种学习方式有助于减少学生在传统课堂上的焦虑感，能够营造一个和谐轻松的学习环境，能够充分体现建构主义的以学生为中心的教学理念（许竹君，2004）。Teng（2018）指出，线上与线下教学相结合的翻转课堂模式能够提高学习者的口语能力。相关研究中，Yeh & Lai（2019）借鉴 Varonis & Gass（1985）的交互修正模型，研究了 SCMC 中口语能力和意义协商过程，研究对象是 25 名来自中国台湾中部一所科技大学二年级的非英语母语者。他们发现，高级水平组和初级水平组在意义协商过程中，口语流利性、词汇量、准确性和结构方面都有显著提高，且只有初级水平组在发音和理解方面有显著提高。同时，高级水平组和初级水平组在意义协商方面存在显著差异。学习者的协商话轮可以产生丰富的语言输出，可以看出，学习者在意义协商中通过不断的话语重铸和阐释来提高口语技能。

三、语音识别技术的应用

口语教学的内容一般分为两个方面，一是语法、结构和习惯用语等方面的内容学习；另一个就是发音的训练，准确的发音是正确表达观点的前提。语音识别技术的不断成熟则为辅助学习者发音的学习提供了可能。语音识别技术在 20 世纪 90 年代初开始逐渐成熟，随后一些科研机构开始研究其在外语口语学习领域的应用。其中，美国的卡内基梅隆大学、英国的剑桥大学、日本一些大学及中国的香港理工大学和清华大学等都在这方面做了较多的研究工作。目前，ASR 技术在外语口语学习中已经得到了比较广泛的应用，并且出现了不少成熟的研究成果和产品。在 2006 年 CALICO 会议上，有研究者报告了通过 ASR 技术来促进基于 Web 的口语活动。研究认为，通过 ASR 技术支持模拟真实生活中的对话，可以帮助学习者进行有意义的口语交互，提高口语交际能力。

CALL 系统与 ASR 技术相结合，可以为口语练习提供较好的机会。Martinsen, Montgomery & Willardson（2017）对学习者通过视频技术进行语音跟踪练习的有效性进行了研究。这项探索性的课堂研究调查了两种视频辅助语音干预对四年级高中法语班学生（12 名男性和 7 名女性）法语发音的影响。干预措施在一个学期内每周进行三次，要求参与者在课堂上和自我指导的计算机实验室中练习，在观看有字幕的文化视频时，用法语重复他们听到的内容。研究人员使用由朗读和口头自由反应任务组成的前后测试来评价发音表现的改善。两项任务都表现出统计学上的显著改善，其中最显著的是朗读任务。研究者还调查了参与者对干预措施的看法，发现学生喜欢自我指导练习的真实性和学习自主性。研究结果表明，通过文化语境化的、基于视频的干预，分散性练习可以提供一种有吸引力的方式，将显性语音教学纳入高中课堂。

在 ASR 系统的设计与开发方面，Chiu, Liou & Yeh（2007）设计了一款名为 Candle Talk 的在线对话系统，并为其配备了 ASR 来判断系统是否为学习者提供了合适的输入。通过实证研究，他们发现 ASR 的使用对学习者（尤其是非英语专业的学习者）的言语行为教学有一定帮助，并且大多数学习者对 ASR 技术支持下的教学有积极的感知。此外，Chen（2011）开发并评估了 ASR 技术支持下名为 SASDK 的口语技能训练软件（Microsoft Speech Application Software Development Kit），并调查了大学生和职前教师对其的态度。结果显示，大多数学生和教师认为该软件系统可以提高英语口语技能。同时，基于 ASR 技术的学习系统能够提供多种练习形式，鼓励学习者在低焦虑环境中输出更多话语。

四、虚拟现实技术的应用

VR 技术支持下的口语教学可以被认为是连接课内学习与课外自然习得的接口。一方面，它能在短时间内为课外习得构筑起必备的语言基础；另一方面，在虚拟世界中，学生作为言语交际的主体，接触到的不仅仅是话语，还有话语赖以产生的具体交际场景和特定交际事件。因而，话语信息是协同语言的、非语言的语境信息综合加工处理的。学生在把握话语的语言特征的同时，会自然而然地建立起各种相应的语境图式，获得宝贵的言语实践经验。这对于克服理解障碍、优化表达策略具有积极意义，使学生能较好地应对初学者面临的困难。Xie，Chen & Ryder（2019）报告了运用 VR 工具（Google Cardboard 和 Expeditions）来提高学习者汉语作为第二语言口语能力的混合方法研究。研究结果表明，学习者认为 VR 工具有助于促进自主学习。

对二语产出的过程与能力研究一直是心理语言学、认知语言学和二语习得等学科关注的一个核心课题，而现代信息技术为口语教学及研究都提供了便利条件，因此研究成果十分丰富。在研究方法方面，大多研究采用质性研究与实证研究相结合的方法，既有定性分析，又有定量考察。可以看出，口语教学与研究同现代信息技术的发展始终保持着同步发展的水平。

第三节　教育技术环境下的阅读教学

阅读是人类社会中不可缺少的一种认知活动，是人类汲取知识的重要手段和认识周围世界的途径之一，是学习所有学科的基础，也是掌握外语的重要途径。文字的产生使得将语言的声音信息转化为视觉信息并长期地保存起来成为可能，也因此突破了语言在时间和空间上的限制。

随着现代信息技术的发展及其与语言教学的整合，以计算机和网络技术为核心的现代信息技术在教育领域产生着日益深刻的影响。现代信息技术与阅读教学相结合，可以为教学提供丰富的资源、便捷的交流平台、个性化的学习支持和过程性的记录与监控等，也促使阅读教学在教学内容、方法、组织形式等方面产生了一系列的变革，提升了课堂阅读教学中学生的参与度。

一、多媒体技术的应用

多媒体网络环境越来越广泛地介入并逐步深入到课堂中，为阅读教学提供了有益的支持。认知心理学认为，学习是认知结构的重组，然而当下数字化阅读时代中电子文本存在着文本整合的问题（或称衔接缺陷），结构松散、缺乏明确的组织手段或结构线索的电子文本不利于阅读者对文章主要思想的获取，进而无法完成知识重组。基于这样的认识，Al-Seghayer（2005）以40名ESL学习者为研究对象，研究其如何感知超文本潜在结构的效能，以及超文本的单元或节点组织和相互关联的方式，旨在帮助学习者形成对超文本内容的统一和连贯的心理表征。研究者将被试分为两组，分别阅读两种超文本——结构化良好和结构化较差的超文本，随后要求他们完成半结构化访谈。研究结果显示，学习者更倾向于阅读结构化良好的超文本。因其可以维持在显示超文本基本结构及组织方式方面的作用，从而使他们能够对超文本内容建构连贯的心理表征。

在阅读中给生词做注释是学习者在做阅读理解时一种惯用方式。研究者认为，生词注释能够引起学习者的有意注意，而只有经过有意注意的语言输入，才可能为学习者吸收。生词注释还可为学习者提供适合其水平的有效学习支架，进而促进词汇学习（Robinson，1995）。注释可以在阅读前或阅读期间呈现；注释内容可以在正文内提供，也可以在正文外提供；可以突出或澄清重要的知识点或只提供词汇、语法信息；注释形式可以是文本、图像、录音或录像。（Roby，1999）

超媒体、超文本或多媒体等新的数字技术，通过节点和链接以非线性和多样化的信息呈现方式，发挥出巨大的教学潜力。早在2001年CALICO会议上就有研究者肯定了超媒体注释在二语阅读中的作用。此外，在2008年CALICO会议上有研究者建议为语言学习创建超媒体阅读器。可见，提高学习者的超文本阅读能力在新技术时代得到了研究者的关注。相关研究中，De Ridder（2002）考察了超链接的突出显示是否影响学习者附带词汇习得、文本理解和阅读过程。结果表明，当阅读具有突出显示的超链接文本时，学习者更愿意查看注释，这种额外的点击行为并不会减慢阅读过程，也不会影响文本理解，但也不会增加词汇量。

在学习者对注释的态度方面，Ercetin（2003）研究了中高级 ESL 学习者在阅读超媒体文本时所倾向的注释类型。他发现，中级学习者比高级学习者更频繁地使用注释。同时，相较于单词的发音注释，中高级学习者都更喜欢单词的定义注释，由此可以在词级上获取文本信息。然而，他们更喜欢通过视频和图形注释来获取主题的其他信息。在对待超媒体的态度方面，学习者认为超媒体环境能够增加阅读乐趣，使阅读内容更易理解。Ariew & Ercetin（2004）的调查结果显示，中高级学习者对超媒体注释均持有积极态度。与此同时，他们通过实证研究考察了不同类型的超媒体注释在中级和高级 ESL 学习者阅读理解中的作用和效果。他们发现，超媒体注释对学习者的阅读理解都没有促进作用，中级学习者在视频和图形注释上花费的时间与阅读理解效果呈负相关。此外他们还发现，先验知识是影响阅读理解的重要变量。

在注释位置方面，AbuSeileek（2008）探讨了超媒体在不同语境下的注释呈现是否有助于英语词汇习得和阅读理解，并考察了学习者对超媒体注释文本位置的偏好（文本的末尾、页边空白处、屏幕底部或弹出窗口等）。结果表明，使用超媒体注释的学习者比使用文本末尾列出传统注释的学习者表现更好；学习者倾向于在页边空白处显示超媒体注释。

在注释方式方面，Garrett-Rucks，Howles & Lake（2014）基于学生视角，调查了视听媒体的不同组合（如语境化图片、滚动翻译、文化信息、音频释义和理解检查练习）对阅读理解的影响，研究了如何通过超媒体文本来提高其二语超媒体阅读理解能力。数据统计结果显示：学习者普遍认为超媒体文本格式比印刷文本格式在阅读中更易理解。此外，视听媒体多重组合的标注方式并不会造成学习者的认知负荷。与该研究结论相似，Taylor（2009）比较了 CALL 的注释和基于纸质材料的注释对阅读理解影响的差异，研究结果显示，在提供词汇项意义方面，CALL 注释比传统注释更灵活、更便捷。

在注释频率方面，Taylor（2014）认为，尽管注释有助于二语阅读理解，但并不一定通过大量的注释来完成。若注释量占 50% 以上，意味着学习者每次都需要查阅所有可用的注释，这无疑会增加学习者阅读二语文本的难度。此外，即使整个文本都包含超链接，学习者在阅读文本时点击每项条目会分散其注意力。

二、语料库技术的应用

基于语料库技术的阅读教学模式实现了新技术、工具与资源支持下的课堂教学改革，有利于培养学生多种阅读微技能，提升学生的深度阅读能力并由此达到训练学生分析性思维的目的。Sha（2010）认为，当下流行的 Google 搜索引擎可作为超级语料库，将其应用于书面语言学习中，可以为学习者提供丰富的写作资源。为了提高学习者的词汇量，提高阅读理解能力，Gordani（2013）将通识英语语料库整合到阅读教学中。通过对前测和后测的成绩对比及协方差分析，研究结果表明，语料库整合对学习者阅读理解中词汇的学习发挥了显著作用。此外，Barrière & Duquette（2002）从认知的角度对阅读理解进行了研究，探索学习者认知模型，并探讨了如何在 NLP 技术中使用相同的模型来描述文本理解能力。基于这些研究成果，设计并开发基于认知的软件工具，以帮助法语作为第二语言的学习者培养阅读策略。

随着移动学习的兴起，电子词典成为外语学习中尤为常用和重要的学习工具，还有学习者把电子词典带入课堂。那么，电子词典在语言学习中的作用是怎样的？电子词典如何与课堂教学相结合？师生对待电子词典的态度是怎样的？Liou（2000b）研究了双语电子词典作为 EFL 学习者阅读辅助工具的成果和启示，并通过在线记录数据来调查英语学习者为促进阅读理解而使用的词汇询问策略。调查数据显示，语言水平越高的学习者理解能力越强、阅读速度越快、查词量越少，对多义词的消歧能力越强。然而，高水平学习者在使用更多更全面的策略时，会忽略不认识的单词。可见，电子词典在阅读教学中的应用有效地提高了学习效率和学习动机，并促进了词汇学习和阅读学习。还有学者研究了汉语学习者使用弹出式电子词典的阅读策略（Wang，2012；2014）。但值得注意的是，Chou（2016）的研究从用户视角为我们提供了 EFL 学习者对电子书的看法。研究发现，电子书对学生的阅读感知并没有产生很大影响，且大多数学习者持负面态度。但整个学期下来，学习者养成了阅读电子书的习惯。

三、网络技术的应用

网络技术在外语阅读教学和学习中的应用受到研究者的广泛关注。Chun（2001）研究了学习者在网络学习环境下进行二语阅读时从超媒体获取信息的策略，并通过定量数据和定性数据提供了外语学习者使用在线辅助理解的阅读文本和音频的信息。相关研究中，Murphy（2007）在研究中创建了一项在线版本的阅读理解练习，并通过定量研究和定性分析对反馈方式和互动形式进行了研究，从而通过有效反馈和积极互动促进学习者对阅读文本的理解。在随后的研究中，Murphy（2010）为远程学习者设计了基于网络的协作阅读练习，研究反馈和互动对 CMC 的影响。除此之外，Brown（2018）则从线上与线下相结合的混合学习视角，探讨了翻转课堂学术外语教学中的

"小组领导讨论活动"。研究者认为,在翻转课堂中,教师不同于传统的说教角色,他们更多地扮演组织者和导师的角色;同样,学习者若在上课前预习并巩固内容,就能更有效地利用课堂时间,并通过互相帮助来加深对目标材料的理解,这有助于提高学习者的阅读理解能力。

博客是重要的互联网交流工具,在 2005 年 CALICO 会议上有研究者提出将阅读和缩微刊印作为了解文化的窗口。相关的研究还有,Ducate & Lomicka(2008)研究了学习者从博客读者到博客作者的身份转变。他们发现,博客为学习者创造了轻松的学习环境,在帮助其了解目标文化的同时也激发了其创造力。我们认为,社交软件集成了工具和模式,使得在线社交环境更加丰富。同时,利用论坛和博客等社交软件还可以实现阅读感悟的群体共享,促进集体智慧的生成,进而实现群体阅读能力的发展。

"在线注释"(Online Annotations)也成为研究者较为关注的研究方向。早在 2005 年 CALICO 会议上,就有研究者报告了问题注释对在线阅读和查找行为的影响。Tseng, Yeh & Yang(2015)采用 Kintsch 的"建构—整合模式"对不同层次的阅读理解进行了研究,并探讨了作为 EFL 学习者如何从在线注释中获益,从而促进阅读理解。在线注释有四种,分别是:标注词汇,给未知词汇增加中文注释,标注文本信息,以及给每个段落增加摘要注释。由此形成三种不同的理解水平,分别是:基于表面、基于文本和基于情境的理解水平。研究发现,标记词汇和增加中文注释有助于学生达到表面理解水平进而促进对未知词汇的识别和理解。标注文本信息,特别是在每个段落中增加摘要注释,可以帮助学生达到基于文本和基于情境的理解水平。在阅读教学中,学习者可通过标注词汇和添加中文注释从课文中提取词汇。为了提高阅读理解能力,学习者也可以使用标记文本信息和添加摘要说明来呈现每个段落的文本信息。另外,要求学习者对文本进行注释,可以了解其构建文本意义的过程及未能达到更深层次阅读理解水平的原因。

在线注释有助于提高学习者的阅读理解能力。但学生如何在阅读过程中使用在线注释,这种使用如何促进阅读,尚未出现相关研究。基于这样的认识,Yeh, Hung & Chiang(2017)采用交互式教学作为教学框架,通过在线注释来支持学习者的阅读理解。统计结果显示,通过协作学习,在线注释突破了教学的时间和空间,可以帮助学习者了解彼此的想法,并给予对方反馈。此外,网上聊天室作为一个广泛使用的协作学习论坛,学习者可以在其中交流学习经验,发现并解决阅读问题。

在中国英语阅读教学研究中,何高大(2002)着重梳理了国内外多媒体辅助外语阅读教学模式、教学策略及应用技巧。就教学模式来看,中国英语阅读教学模式大致可分为这几种:文本阅读、超文本阅读、自主阅读、合作阅读、任务阅读、限时阅读、声像文本同步阅读和软件包阅读等。

综观阅读教学研究，研究者从不同角度多层次、多方位地分析了现代信息技术对学习者阅读理解的作用和应用。这其中，实证研究占大多数，研究者或通过实验、或通过调查的方式切实考察了现代信息技术背景下阅读理解的过程，并为阅读教学提出了相应的教学建议。

第四节　教育技术环境下的写作教学

输入和输出是学习者在语言学习中两个很重要的过程。继 Krashen（1981；1985；1989）和 Long（1983）分别提出"可输入假说"和"互动假说"之后，Swain（1985）提出"可理解输出假说"，认为包括写在内的语言产生性运用有助于学习者检验目的语句法结构和词语的使用，促进语言运用的自动化，有效达到语言习得的目的。写作作为一种重要的语言技能，在语言教育中占有重要的地位，在交流和语言学习中都起着关键的作用。Raimes（1983）指出，写作是"学生所学语法结构、习语和词汇的强化工具；为学生提供了超越口语这种输出形式的机会，也为学习者提高思维技能，用目标语言表达自己想法创造了可能"。

White & Arndt（1991）认为，写作是一个复杂的认知过程，需要在相当长一段时间内进行不同的智力消耗。Nunan（1999）提出写作的六个递归程序，即聚焦、评价、思路、结构、成文和检查。写作过程中，学习者的语言及文化知识不断内化巩固。一方面，教师通过作品可以了解学习者的学习效果；另一方面，学习者写作技能的提高也有助于其他技能发展。

一、计算机技术的应用

CMC 为协同写作提供了很好的支持，在历年 CALICO 会议上均有相关研究，包括：计算机支持的写作环境中协作式学习对英语写作的影响（2000）；CMC 在写作会议中的益处，即该方式可得到说话人和写作者最真实的反应（2013）。

CMC 根据时间可分为 ACMC 和 SCMC 两种类型。在 2018 年 CALICO 会议上有研究者分析了同步和异步外语协作写作之间的区别和差异。相关研究中，Shintani（2016）探讨了基于 CMC 写作教学中同步纠错反馈（学生写作时即提供反馈）和异步纠错反馈（学生写作后提供反馈）的差异。研究结果显示，（1）同步纠错反馈创造了一个在某些方面类似于口头纠错反馈的互动写作过程；（2）同步和异步纠错反馈均有助于减小差异效应，但同步纠错反馈条件下的自我纠错更成功；（3）意义和形式聚焦在同步纠错反馈条件下是连续发生的，而在异步纠错反馈条件下是单独发生的；（4）这两种反馈都有助于元语言对目标特征的理解，反映了写作的独特特征（如节奏慢、持久性和需要准确性）。

  SCMC 中，同步性对教学的影响是非常重要的研究课题，成为历年 CALICO 会议广泛关注的问题，比如：调查了计算机在写作教学同步交流中的应用（2010）；考察了小组同步协作写作中通过 Google 文档来编写摘要的效果（2015）；考察了小组同步协作写作中通过 Google 文档来编写摘要的影响因素（2017）；研究了视频会议在研究生写作中点对点的同步反馈情况（2019）。相关研究中，Yeh（2014）探讨了同步协同写作对写作作品的影响，以及合作会话比例的高低对同步协同写作的作用。研究结果显示，低比例合作会话组、中比例合作会话组和高比例合作会话组在短文流利性和准确性方面存在显著差异。通过合作会话，学习者从基于文本的同步交流中受益，他们可获得即时反馈以便解决写作问题。在从产生灵感、撰写反应类论文到编辑修改的写作过程中，学习者也能够获得更多合作会话的机会。

  在 ACMC 方面，Saeed & Ghazali（2017）报告了一项对 9 名阿拉伯大学 EFL 学习者的实证研究，探讨 EFL 写作中的异步小组互评情况。在调查在线互动、评论模式及文本修改的过程中，从语言功能、性质、重点领域及与后续文本修改等方面对学习者的评论进行了三个层次的分析。数据结果显示，在产生的 1792 条探索性评论中，出现了脚手架和非脚手架类评论、程序性评论和社会性评论。关于性质和焦点领域，53%的探索性评论为修正导向的评论，主要关注涉及全球及地区性问题的文章；与此同时，非修正导向的评论重点关注社会关系空间、任务管理和技术挑战。

  作为 CMC 的基础技术，屏幕捕捉技术在写作研究中十分普遍，常被用来记录学习者动态的写作过程并将其可视化。在近十年的 CALICO 会议上，均有研究者报告了屏幕捕获视频技术在二语写作中的应用，包括：ESL 学习者的写作过程和反馈、将写作过程显示为思维模式、教师和学生对 ESL 写作中的屏幕录像和文本反馈的看法。

二、多媒体和网络技术的应用

  在多媒体注释方面，Hwang, Shadiev & Huang（2011）以多媒体网络注释系统 Virtual Pen 为辅助工具，设计适当的学习活动以提高学生的英语写作及口语能力，对学习者使用 Virtual Pen 进行写作练习的感知、使用态度、实际使用情况及其相互关系进行了调查。调查结果表明，学习者对 Virtual Pen 普遍持积极态度，并认为其有助于写作训练。最重要的是，学习者的 Virtual Pen 使用情况与口语和写作成绩呈现显著的相关性，即 Virtual Pen 系统有助于学习者学习成绩和技能的提升。

在网络技术方面，Pytash（2013）透过网上教育及培训的成功案例系统探讨了写作教学中的技术应用。除此之外，Roy（2014）根据 Garrett（2011）开发的 Web 用户体验模型的设计指导原则，采用开放式问题对网站进行分析。他认为，网站设计流程具有潜在价值，有助于学习者参与建设性的写作实践，并促进批判性思维。Li & Hegelheimer（2013）研究了运用移动设备辅助的语法练习对二语写作中自主纠错的作用。在这项研究中介绍了一种基于网络的移动应用程序 Grammar Clinic 的开发与应用，研究者将该程序应用于 ESL 的写作课程中。该程序借鉴了二语习得的互动主义方法、注意假设和 MALL 理论，设计了一系列的课外语法练习，练习形式是句子层面的偏误识别和纠正。研究者在美国中西部一所大学的英语学术写作课上使用了这个移动应用程序，教学对象为 19 名中级英语学习者，学习时间为 16 周。研究者采用混合方法，调查他们所采用的移动应用程序对 ESL 学习者自我纠错能力的影响，同时调查学习者对将这种移动应用程序作为提高英语写作能力工具的看法。研究结果表明，学习者在使用该移动应用程序的作业中的表现，反映了他们在自我纠错能力方面的进步。这种进步体现在学习者使用该移动应用程序时的表现与语法后测成绩呈正相关，也体现在学习者自我纠错能力的提高，还体现在学习者两篇学期论文作业终稿中的偏误减少。

在网络注释方面，Yeh, Lo & Chu（2014）开发了基于网络的纠错练习系统，并将其附加到在线注释中，应用于英语写作教学。在该系统中，学生使用论文编辑器输入论文，教师使用注释编辑器标记学生的偏误，学习者通过阅读器阅读修改后的文章和偏误分析的结果，系统自动为其推荐相应的论文进行纠错及同伴反馈练习。同时，他们通过实验验证该系统的效果。研究结果表明，该系统有效提高了学习者在同伴反馈过程中表达的准确性和纠错能力。

三、语料库技术的应用

信息通信技术为语言教学提供了新的方式和途径，为外语学习创造了新的环境。与此同时，新的教学模式也随之产生。教师与学生需要不断提高自身技术素养，努力适应技术环境带来的挑战。相较于传统的资源和工具，语料库整合了大量的语言数据，其覆盖面更广。学习者借助语料库进行写作训练，通过与语料库的交互，可以减少母语干扰，也可以找到同体裁的参考文本。在 2009 年 CALICO 会议上，有 2 个写作研究基于语料库技术展开。不同的是，一个是基于本体语料库分析二语写作中的语言特征；另一个则是基于学习者语料库分析初级德语教学中的书面语纠错反馈。此外，不少学者也研究了语料库辅助二语写作（Hsieh & Liou，2008；Kennedy & Miceli，2010；Park & Kinginger，2010；Chang，2014；Leedham，2011）。

学习者语料库成为语言教学的重要组成部分，DDL 也成为较为普遍的学习模式，其有两种类型，分别是：依赖母语者语料库的学习和结合母语者与学习者语料库的学习。基于这样的认识，Cotos（2014）调查了这两种语料库学习方法下学习者对连接状语的习得情况。调查结果显示，学习者在使用状语的频率、多样性和准确性方面都有所提高。同时，作者认为，学习者和母语者语料库相结合是一种可行且有效的实践，教师可将其整合到数据驱动学习中。

语料库技术为学习者的写作提供了参考，也对其写作过程和态度产生了影响。例如，在学习者的语言方面，Chambers & O'Sullivan（2004）以 8 名法国研究生为研究对象，要求每人写一篇简短的文章，然后通过索引软件来查阅包含类似主题文章的小型语料库，并对这些文章进行改进。研究发现，学习者基于语料库做了很大改动，按其出现的频率可分为以下几类：语法错误（介词、动词形式/语气、否定和语法）；拼写错误、重音和连字符；词汇语法模式（母语干扰、动词选择和词汇不当）及大写等。在学习者的态度方面，Yoon（2008）采用个案研究方法，探讨了语料库技术对二语学术写作过程的影响。他指出，语料库的使用不仅能帮助学生解决即时的写作或语言问题，还能提升学习者对词汇语法的认知和语言意识。在写作过程中引入语料库，作为更加独立的作者，学习者对自己的写作承担了更多的责任，对写作的信心也增强了。

在语料库工具开发方面，写作中使用转述方式是成功写作的关键，然而目前为止尚未出现相关工具来辅助学习者根据自己的写作需要进行意译。于是，Chen et al.（2015）开发了一个旨在提高学习者写作能力的基于语料库的意译辅助系统 PREFER。该系统允许多词输入，包含用法模式和例句，可迅速返回中英文释义列表，为 EFL 学习者在写作过程中改变表达方式提供了大量示例支持。同时，他们对该系统进行了有效性及学习者偏好评估。研究结果表明，与在线词典和在线同义词词典相比，PREFER 对学习者的写作成绩帮助最大，且在释义任务上有较为显著的进步。同时，近 90% 的学习者对 PREFER 的释义及其功能表示满意，另有 75% 的学生认为 PREFER 对他们的写作任务有帮助。

在语料库工具使用方面，Google 等语料库工具也是十分重要的协同写作工具。

Yoon（2016）研究了基于网络的语料库、Google 搜索引擎和字典这三个工具在 ESL 学术写作中的使用情况。他认为，作为有效且各具独特功能的认知工具，它们可以扩展学习者的认知能力，帮助解决词汇和语法问题，同时，若将这些工具结合使用，则更有助于写作。然而，受到写作任务和写作阶段的影响及由此产生的不同目标和需求，有部分学习者在使用这些工具时遇到了困难。

此外，Wikipedia 及基于 wiki 的协作写作在最近十年受到了学者们持续的关注，不少学者对此进行了研究（Kessler，2009；Lee，2010；Kost，2011）。在 2007—2018 年的 CALICO 会议上，均有研究者报告了使用 wiki 进行协同写作的项目。wiki 创造了协作学习的环境，学习者得以与合作伙伴协作写作，其在写作的内容质量和语言准确性上都有很大提高。Hsu（2019）探索了基于 wiki 的协作写作与学习者写作能力之间的潜在联系。数据结果表明，学习者所产生的与语言有关的片段，明显多于与内容有关、与组织有关的片段，与组织有关的片段最少，学习者能够解决大多数与内容、组织和语言相关的问题并均获得成功，学习者在基于 wiki 的协作写作过程中，相较于词汇更偏爱语法。

写作是外语学习中重要的输出活动，因写作成品易于保存、写作过程易于观察而得到研究者的广泛关注与热烈探讨。国外外语写作教学相关研究中，研究者大多采用实证研究的方法来验证不同技术手段对外语写作教学的有效性。值得注意的是，学界对学习者写作过程、写作评价与反馈的关注度日益上升，特别是协作式写作模式得到重视，这也说明"写"对学习者的互动要求更高。同时，研究视角大多从学习者入手，涉及写作过程、反馈、评价，以及学习者对辅助工具和系统的态度等，研究内容大多包含现代信息技术在写作中的运用及信息化写作系统的设计与开发，研究方法则多为实证研究，通过实验及个案研究的方法来考察现代信息技术应用于写作中的有效性。当然，我们也可以看出，现代信息技术为写作教学创造了合作的环境，由此产生的协同写作也成为信息化写作教学模式的产物。

第五节　教育技术环境下的翻译教学

在多语言社会和全球化的世界中，翻译作为一种真实的交流行为无处不在。作为语言学习的基础，翻译是一项十分重要的语言技能，包括笔译和口译。

互联网的普及和全球化使得人们对翻译服务的需求增加，机器翻译系统的使用也随之发展起来。机器翻译是指利用计算机将一种语言符号转换成另一种语言符号，是一种自动化的跨语言转换活动，其主要特征表现为自动化、机械性、以语句为翻译单位、二度模仿和语境制约有限五大特征。早在 2000 年 CALICO 会议上就有研究者提出，可以利用机器翻译来学习语言。张红玲、朱晔、孙桂芳（2010）认为传统翻译教学与网络翻译教学的区别主要体现在这几个方面：理论基础方面，传统翻译教学基于行为主义，网络翻译教学以建构主义为理论框架；交流模式方面，传统翻译教学是以教师为中心的面对面交流模式，网络翻译教学则是以学生为中心、以网络为媒介的交互式教学；教学评价方面，传统翻译教学以成就评价为主导，网络翻译教学更加注重过程评价。同时，该文从网络基础、模块设计、教学原则和评价方法等方面重点介绍了基于项目的网络翻译教学设计。

  Google 公司研发的 Google 软件是当下十分流行的机器翻译系统，近十年的 CALICO 会议议题均涉及将机器翻译应用于外语翻译教学的问题。比如，在 2019 年 CALICO 会议上，有研究者报告了在线双语交流中使用同步自动翻译工具的情况，并考察了在社交网络应用程序 LINE 中使用日韩双语交互中的同步自动翻译工具。然而，其在课堂教学中的使用不高。Ducar & Schocket（2018）就此探讨了课堂教学中机器翻译的使用情况，他们发现，尽管教师并不提倡学习者使用 Google 翻译，但该软件在学习者的学习中依然广泛使用。同时，Tsai（2019）以英语专业的大学二至四年级中国学生为研究对象，考察了在三种不同翻译任务中使用 Google 翻译对学习者临场发挥的影响。研究者要求学习者首先用汉语写作（步骤 1），然后用英语起草相应的文本（步骤 2），再使用 2016 版 Google 翻译将中文翻译成英文（步骤 3），最后将他们自己在步骤 2 中起草的英文文本同步骤 3 中通过 Google 翻译的英文文本进行对比。两份英文文本均分别使用两种在线计算评估系统进行分析，用以比较和评估写作的语法成分和词汇特征。研究结果表明，Google 翻译文本比自己起草文本明显呈现出更高的写作质量，如单词更多、拼写和语法错误更少、每个单词的错误更少。此外，学习者 Google 翻译语篇中的高阶词汇比自己起草的语篇中要多。后续问卷调查结果显示，EFL 学习者对在英语写作中使用 Google 翻译软件的满意度较高，尤其是在发现词汇项目和提高英语写作完成度方面。相关的研究还有，Garcia & Pena（2011）研究了机器辅助翻译在初级学习者外语写作中应用的情况。研究发现，机器翻译可以帮助初学者更好地用外语交流，特别是在他们对语言的掌握程度较低的时候。同时，学习者的第二语言水平程度越低，通过机器翻译组合的单词数量与直接写入第二语言的单词数量之间的差异就越大，表明学习者借助机器翻译可以在写作中使用数量更加丰富的单词。

  在线词典对翻译技能的提高有着重要的影响。Mueller & Jacobsen（2016）考察 EFL 学习者使用词典和在线语料库辅助下的翻译学习后发现，词典和在线语料库均能有效提高学习者的翻译技能。在在线词典对传统课堂的影响方面，Campbell（2004）研究了通过虚拟学习环境 WebCT 将翻译课课堂教学迁移到在线教学的情况，旨在探讨在线教学所带来的挑战，并尽量保留传统课堂教学所带来的优势。在学习者态度方面，Mekheimer（2012）调查了 Blackboard 和在线词典对 EFL 学习者翻译技能及态度的影响。研究发现，在数字化教学环境下，学习者的翻译技能提高更加显著，对翻译的态度也更加积极。然而，需要引起注意的是，在 2008 年 CALICO 会议上，有研究者提出在线翻译网站在促进交流的同时阻碍了学习者的学习。

传统意义上的译后编辑是指对机器翻译输出的初始译文进行修改与加工的过程。为了实现译文质量和翻译效率之间的平衡，译后编辑成为语言服务中积极采用的翻译实施方式。机器翻译的译后编辑或将机器翻译的输出结果调整到一个可接受的标准是应对多语言交流的基本条件，译后编辑的使用增加了对语言学专业人员的需求。Niño（2008）借助计算机辅助偏误分析软件，通过提取翻译中发现的错误模式和译后编辑中的错误模式，评估了外语类机器翻译后编辑的情况。

口译是翻译学十分重要的组成部分，它是以一种语言对另一种语言口头陈述内容的即时传达，主要有两种训练方式，同声传译和连续传译。与笔译相比，口译要求译者更侧重记忆和复述等方面的训练。

目前，口译理论和教学研究呈现出学科融合与多元化的发展趋势，涉及心理学、符号学、传播学、社会学、神经科学和计算机网络信息技术等领域（张威，2012）。其中，在现代信息技术环境下，将计算机辅助口译教学作为口译教学环境和教学模式的研究日趋增多。计算机技术在进行口译考试方面有一定帮助。在 2004 年 CALICO 会议上，有研究者报告了计算机辅助口译考试的情况，并肯定其积极的影响。相关研究中，Lim（2014）研究了口译学习者在使用电脑工作台进行网页检索时的词汇构建。统计数据显示：在电脑工作台的辅助下，学习者通过搜索所需词汇能够更有效地构建词汇，且能够构建规模更大、更丰富的词汇集合。此外，Chan（2014）基于 Blackboard 系统，通过构建口译培训资源库发掘了有效的混合学习模式。

随着现代信息技术与翻译教学的结合日渐紧密，相关的研究成果也十分丰硕。就研究方法来看，实证研究比重较大，也有少量研究对现代信息技术下的翻译教学进行了历史性综述。通过分析也可以看出，计算机/机器辅助下的翻译教学在学习者的学习中使用十分广泛，关注度很高，可见在翻译软件的设计与开发中考虑到学习者的因素也是十分必要的。

思考与练习

1. 请结合多媒体学习理论论述多媒体技术辅助下的听力学习的特点。
2. 请结合具体研究说明不同的技术手段对学习者口语能力发展的影响。
3. 请结合具体研究论述 VR 及虚拟学习环境对学习者外语口语学习的影响。
4. 现代信息技术环境下的阅读学习研究多通过实验或调查问卷的方式,考察阅读学习的哪一方面?为什么?
5. 请结合相关研究论述语料库技术在写作教学中的应用。
6. 请从研究方法和研究内容简述现代信息技术环境下的写作教学研究的特点。
7. 简述机器翻译的相关研究。
8. 简述现代信息技术对口译教学的影响和作用,并尝试设计一款计算机辅助口译教学工具。

第五章 数字化环境下的语言习得与认知

第二语言习得（Second Language Acquisition，简称 SLA），也称二语习得。一般来说，是指在自然或接受指导的环境中有意识或无意识地学习母语之外的另一种语言的过程（Ellis，1985）。如果以对比分析假说和偏误分析假说的提出作为二语习得研究的开端，至今已有 60 多年的发展历史。在教育技术的影响下，二语习得领域涌现出了丰富的研究成果，具体可归纳为中介语分析、输入与输出、互动与反馈等三大方面。

二语习得研究与心理学存在密切的关系，这主要是因为两者有共同关注的问题，例如语言的获得（王建勤，2009）。据此，我们将与技术相关的认知研究纳入本章。主要从认知过程、社会认知、认知类型和认知策略等方面展开分析。

本章主要对与教育技术相关的习得与认知研究进行阐述，介绍相关重点，分析技术对习得与认知的研究问题、研究过程和研究结果所产生的影响，探究其中的原因，以期为今后该领域的研究提供参考。

第一节 不同技术类型下的二语习得理论与实践

20 世纪 80 年代以后，二语习得研究进入多学科、多视角的新阶段（赵杨，2015），这其中技术的应用起到了不容忽视的作用，包括计算机技术、网络技术和多媒体技术等。从研究内容来看，包括习得过程、语言要素习得、习得环境、习得资源等。在理论基础方面，多媒体学习认知理论、活动理论和互动相关理论多有涉及。本节主要讨论各类技术对二语习得研究的总体影响，以及相关理论问题。

一、计算机技术与二语习得

计算机技术在二语习得领域的研究中获得了广泛的应用。Hulstijn（2000）介绍了二语习得研究人员使用计算机来获取二语产出数据或记录二语学习者如何处理二语输入的方式。涉及的任务包括：语法判断、句子匹配、口头产出、单词识别、句子段落阅读、形式功能匹配等。可以看出，在二语习得领域，计算机技术改进了研究方法，提高了研究效率，为二语习得研究注入了新的活力。Lafford，Lafford & Sykes（2007）针对计算机辅助二语词汇习得进行了研究。研究者提出 CALL 软件的 10 个设计特征，指出目前 CALL 词汇任务存在仅涵盖基本词汇含义而忽视文化语境下其他含义的问题，尝试针对该问题创建各种类型的计算机词汇习得活动。在 2012 年 CALICO 会议上，有研究者重新审视了学习者能动性在计算机化二语习得中的作用。Smith（2017）则指出虽然计算机技术已广泛应用于二语习得，但也给研究者提出了方法上的挑战。在研究技术的有效性时，如何克服收集和分析数据的常用方法有限的问题？研究者集中介绍了计算机相关技术研究方法创新的成果，希望通过特定的创新方法帮助研究者捕获和分析学习者与计算机或学习者之间的互动，进而阐明 CALL 与学习者二语发展之间的关系。随着相关研究成果的不断涌现，学者们也开始对突出的成果进行总结和分析。Schwienhorst（2002b）对二语习得中的高、低端虚拟现实应用进行了概述。研究者回顾了 VR 在当前 CALL 研究中的地位，并指出需要进一步研究且有前途的路径。Sauro（2011）通过综述相关领域的研究趋势、方法和研究成果，探讨了 SCMC 在二语习得中的作用。Lin，Huang & Liou（2013）检索了 1990 年至 2012 年发表的研究，采用元分析的方法，报告了基于文本的 SCMC 对二语习得的总体影响，以及影响研究之间差异的背景因素。研究结果显示，相比其他交流方式，基于文本的 SCMC 可以对二语习得产生更大的影响。研究者进一步建议在未来的研究中，应提供更多关于 SCMC 任务的描述，以便确定在以技术为媒介的语言学习环境中与二语学习有效性相关的因素。

随着技术的发展，一些特定的软件开始应用于二语习得研究中，相关成果如研究者在 2004 年和 2011 年 CALICO 会议上所做的报告中介绍的 NVivo 定性分析工具和用于加强二语写作的 AWE 工具等。人工智能在二语习得相关研究中也得以重视和突出。在 2012 年 CALICO 会议上，有研究者对用于智能辅导和二语习得研究的亟待开发的技术（如智能手写识别）进行了介绍。

二、网络技术与二语习得

网络技术与二语习得研究也产生了广泛的联系。Ayoun（2000）在一项二语习得实验研究中，为了获得更大的内外效度，设计了基于网络的启动任务。研究测试了以英语为母语的学习者对法语动词运动参数和空主语参数的习得情况。Wang & Vásquez（2012）回顾了在二语学习中使用 Web 2.0 的研究，指出使用该技术的一些益处和局限。研究指出，博客和 wiki 是常被研究的 Web 2.0 工具，而其他如社交网络应用程序和虚拟世界，则少有涉及。另外，Web 2.0 提供的语言学习环境极大地拓宽了 CALL 探讨的主题范围，新的研究主题包括学习者的身份、在线协作和学习社区等，但同时也面临缺乏理论基础的问题，以及方法上的挑战。从上述研究可以看出，除了研究任务和研究工具上的改进，网络对二语习得本身，例如在学习环境的创建、改善习得效果等方面也发挥了很大的作用。Hudson & Bruckman（2002）指出，在线讨论与课堂讨论有显著不同。研究者以一个学期师生在线与课堂上的互动为研究对象，采用定性与定量相结合的方法，对在线环境中的二语习得进行了研究。结果表明，媒体的重要特性使学生在在线环境中感到更加舒适。研究者进一步针对在线环境下二语习得的挑战提出了一些新的研究方向和建议。Altstaedter & Jones（2009）开展了一项通过网络查询激励学生外语文化习得的研究。研究者在本科外语课程中实施了一个以帮助学生习得西班牙文化为目标的项目。研究数据包括调查问卷和反思日志等。研究结果表明，学生在西班牙语和西班牙文化方面的认知和价值观都获得了提升。另外，在 2011 年 CALICO 会议上，有研究者介绍了专为在线语言教学和二语习得而设计的 CMS。

三、多媒体技术与二语习得

二语习得应用多媒体技术主要表现在两个方面，一是利用多媒体开展二语习得研究，二是利用多媒体创造二语习得资源。在二语习得研究方面，Dufon（2002）指出，近年来越来越多的研究者开始使用诸如人种志等定性方法，在社会文化背景下研究二语习得，这通常需要音频或视频记录参与者的自然语境。研究者进一步针对应该如何对互动进行视频记录，谁应该被录制视频及谁应该录制视频等问题提出了自己的研究示例。类似的反思性研究对使用同类方法和数据的二语习得研究均有启发。在二语习得资源创造方面，Boulon（2002）探讨了教师如何在面向大众销售的现有 CD-ROM 上进行加工，使之有助于学生二语习得。另外，在 2019 年 CALICO 会议上，有研究者讨论了文本短信对西班牙二语词汇习得的潜在益处。

四、技术环境下的二语习得理论问题

二语习得领域涉及的相关理论有很多，有代表性的包括中介语理论、互动理论和社会文化理论，等等。技术的融入一方面验证了相关理论，促进了研究的深化；另一方面也可以补充或者修正已有理论，更新大家的认识。

多媒体学习认知理论假定"人类信息加工系统包括视觉（图像加工）和听觉（言语加工）双通道；每个通道的加工能力都是有限的；主动的学习要求对学习过程中各种认知加工过程进行协调"。（迈耶，2006）该理论一直是多媒体相关研究的基础，二语习得领域也不例外。Jiang，Renandya & Zhang（2017）以该理论为基础，评价中国EFL教学的多媒体课件设计，并比较教师和学生在态度上对课件评价的差异。研究采用问卷调查的方式收集数据。结果表明，多媒体学习认知理论基于人类认知体系结构的特征，将用户置于课件设计和评价的中心，因此可以作为评价用于EFL教学和学习的多媒体课件的有用工具。

在线互动呈现出与传统互动不同的特点，相关研究主要以活动理论（Activity Theory）和各种互动相关假说作为依据。活动理论是社会文化理论中的重要部分，它把人的行动视为社会和个体相互影响的一个整体动态系统（文秋芳，2010）。Hadjistassou（2012）以文化历史活动理论为基础，对10名高级ESL学习者在线发布论文主题，交换反馈策略并根据其中一些策略来撰写论文时遇到的文化上的矛盾进行了研究。Gamage（2013）撰写书评，对在线外语互动交流研究的理论、方法与挑战进行了论述。

通过对与技术相关的二语习得理论与实践问题的分析可以发现，从技术的角度来看，计算机、网络和多媒体技术均有涉及；从二语习得的角度来看，技术的影响既体现在研究方法的改进和更新上，也体现在提供支持环境、提升习得效率上。相关成果丰富，已出现利用元分析对现有成果进行总结进而得出规律性结论的研究（Lin，Huang & Liou，2013）。其中值得一提的是，技术构造了立体的语言学习环境，郑艳群（2013a）将第二语言学习的"生态环境"定义为，影响第二语言学习者语言学习和语言实践的一切人的及与人相关的因素的总和。这一认识拓宽了研究视野，促使学者们不仅关注传统意义上的习得环境，更关注涉及技术的真实和虚拟现实习得环境。例如，Neville（2010）对使用3D数字化游戏学习（Digital Game-Based Learning，简称DGBL）环境来辅助二语习得的可行性进行了探讨。Atkinson et al.（2018）以社会认知理论为基础，通过录像分析发现，强大的环境支持结构为实时交互的二语习得提供了丰富的学习机会。上述研究中涉及的数字环境、生态环境等问题，值得深入探究。

第二节 数字化环境下的中介语及其相关研究

中介语（interlanguage）指的是既独立于学习者的第一语言也独立于目的语的第二语言系统知识（Selinker, 1972）。中介语理论和偏误分析有密切的联系，后者试图通过分析学习者自身但却片面的语言系统来解释其学习过程，总之研究者们都在寻找新的理论来全面地反映和解释学习者的语言系统（王建勤，2009）。早期中介语研究主要集中在探讨中介语的语言特点及其成因上，随着研究的深入，中介语在不同语境下发生的变异，以及中介语语用开始逐渐受到重视。在这一过程中，技术不仅提高了偏误分析和偏误纠正的效率，更帮助研究者观察到中介语丰富的变异现象，有力地推进了相关研究的深化。本节主要围绕上述主题，讨论技术相关的偏误分析，以及中介语语用研究。

一、偏误分析研究

偏误分析是一种聚焦学习者出现的偏误的语言分析，包括收集语料、确认偏误、为偏误分类、偏误量化、分析来源及修正等步骤（Gass & Selinker, 2008）。对偏误的研究主要从偏误类型、偏误来源、如何纠偏等几个方面展开。技术介入后，在确认偏误、纠正偏误方面发挥了极其重要的作用。有研究者在 2001 年 CALICO 会议上做了关于利用 CALL 的 CD-ROM 处理偏误的报告。Gamon et al.（2009）介绍了利用统计技术和网络搜索来纠正 ESL 偏误的系统。

语料库一般具有一定的数据规模，便于采用统计、概率等量化数学方法开展语言研究，在偏误分析中具有独特的应用价值。正如 Heift & Schulze（2007）所指出的，电子学习语料库的出现和对复杂偏误数据的需求，激起了人们对偏误分析方法的兴趣。在 2007 年 CALICO 会议上，有研究者做了关于利用法语二语学习者语料库进行词汇偏误分析并发现搭配相关问题的报告。Lee, Jang & Seo（2009）针对小品词偏误，讨论了韩国学习者语料库的注释方案。研究者提出与学习者偏误注释有关的问题，包括如何对偏误进行分类，如何提供正确的标记，标记重叠的偏误类型等等。准确的偏误注释将有助于提取相关的偏误规则，并为计算机辅助系统的开发提供帮助。MacDonald, García-Carbonell & Carot-Sierra（2013）利用多语种学习者语料库来研究同步和异步两种交流模式下发现的偏误数量和类型的差异，以及不同母语背景学习者的某些偏误是否比相比较的其他母语背景学习者多。数据分析结果表明，在同步交流模式下发现的偏误比在异步模式下更多，但两种模式下的偏误确切类型存在差异。另外，偏误类型的发生频率随母语组的不同而变化，因此可以建立不同母语和特定偏误类型之间的关联关系。Lin（2015）通过 CMC 来分析青少年学习者的中介语。研究数据来自一组英国和中国台湾青少年之间异步在线对话样本的语料库分析，目的是探讨两组参与者在语法范畴使用上的显著差异。研究结果揭示了与同一个样本中英语母语者相比，英语学习者话语中不经常出现或经常出现的语法范畴。

此外，针对偏误分析研究还有一些其他技术，例如 NLP 技术（Heift & Schulze，2007；Nagata，2009），以及研究者在 2013 年 CALICO 会议上所做报告中提出的 Microsoft Word 通用拼写检查器也用于帮助偏误检测并给予反馈。

技术的不同特性在偏误分析研究中得到凸显。例如，虚拟环境中的学习者偏误研究。在 2007 年 CALICO 会议上，有研究者从社会文化的角度出发，对学习者使用 VLE 提供的不同技术产生的偏误类型进行了比较。再如，利用自动化技术纠正学习者偏误。De Felice & Pulman（2009）介绍了一种计算机自动纠正英语二语介词偏误的方法。在 2015 年 CALICO 会议上，有研究者做了关于利用自动化技术来检测 ESL 学习者的语法偏误并提供反馈的报告。

二、中介语语用研究

语境下的中介语研究借鉴了社会语言学、心理语言学等学科的成果，研究领域有了很大的拓宽，技术在其中的作用值得关注。

中介语语用（interlanguage pragmatics）指的是"非母语者对言语行为的理解与产出，以及与二语相关的语用知识的习得"（Kasper & Dahl, 1991）。技术对中介语语用的教学起到了很大的促进作用。在 2006 年 CALICO 会议上，有研究者做了关于如何利用 SCMC 加强中介语语用发展的报告。2010 年，Yang & Zapata-Rivera（2010）以中介语语用学和 Long 的互动假说为基础设计请求游戏，让学生可以在模拟的学习环境中练习。Guarda（2012）使用语料库分析工具，分析了一组意大利高级 EFL 学习者与一组美国大学生在一个私人在线论坛上所使用的语言，以探索其使用的语言模式和语用策略，然后进一步分析意大利学习者的中介语误用模式，探讨母语习惯是否影响他们的语言产出。Sykes（2018）对 CALL 和中介语语用学之间协同互促的关系进行了论述，指出新兴的数字工具使中介语语用学开发领域的重大创新成为可能。研究者通过综述以技术为媒介的中介语语用教学五个核心领域的关键研究，包括课程材料、课堂干预、远程协作、研究方法和拓展语用实践，探索了相关研究的进展。

中介语变异这一研究问题在近年来得到重视。Kim（2017）研究了当 ESL 学习者完成不同二语任务时，基于文本的 SCMC 和面对面口语互动如何影响语言学习者准确生成语法形式的表现。研究结果表明，学习者中介语的系统差异取决于交流方式和任务类型。也就是说，技术成了学习者中介语产生变异的影响因素，这值得引起学者们的关注。

其他相关研究如 Gabel（2001）从数据驱动学习的角度出发，分析了检索工具在培养学习者的分析能力、促进其二语显性知识发展方面的作用。另外，在 2005 年 CALICO 会议上，有研究者做了关于旨在增进高级学习者中介语语法的计算机相关技术的报告。可以看出，学者们不仅重视开发相应的技术，也重视研究技术对促进学习者中介语系统发展的作用，从设计、开发、利用到评价，这是技术在相关领域逐渐深入和广泛应用的表现。

纵观国外与技术相关的偏误分析及中介语研究可以发现，该研究领域的发展与变化始终伴随着技术的影响。早期偏误分析成果较多，技术在扩大偏误分析规模、细化偏误标记方面做出了突出的贡献，提高了研究效率。随着数字化环境的日益复杂，中介语语用和中介语变异成为可以深入探索的研究课题，以计算机为媒介的交流环境、虚拟环境都是新的研究方向。

第三节　数字化环境下的语言输入与输出

输入与输出一直是二语习得的重点研究领域。输入是指学习者所接触到的语言。输出主要指学习者的语言产出（Ellis，1985）。本节主要讨论这两方面的技术相关研究，考察不同的技术在输入与输出研究中发挥的作用，尤其是对研究内容和研究方法所产生的影响。

一、输入

Krashen（1981）的输入假说是二语习得输入研究领域影响较大的理论之一。该假说回答了人们怎样习得语言这个问题。Krashen 认为人类获得语言的唯一方式是对信息的理解，也就是通过吸收可理解输入（comprehensible input）习得语言知识。这种可吸收的语言（intake）具有可理解性、与学习者水平相适应、自然性等特点。

（一）计算机技术的应用

计算机技术在改善输入效果上发挥了重要的作用。主要体现在两个方面：一是为学习者提供输入。Hwu（2003）指出，与教师在课堂内进行的输入活动相比，通过计算机在课堂内外进行的输入活动具有学习者可控制和可访问性的优点。研究者通过 WebCT 的跟踪系统调查了学生的程序访问行为。研究显示，通过数据分析，可以推导和解释学生在活动中的学习模式，并反过来发现其与学生知识获取之间的相关性。研究者进一步建议，为了使基于计算机的输入活动更有效，除了培训学生外，也需要教师利用获取的数据来监控学生的行为，与表现不佳的学生进行交流，改进教学策略。可以看出，基于计算机的输入不仅使学生和教师获得了更大的自主权，也给教师和研究者提供了丰富的数据，如何利用这些数据改进教学，提高技术的有效性，值得进一步研究。

二是强化对学习者的输入。2001 年和 2004 年 CALICO 会议均涉及该议题，分别探讨了如何通过 CALL 强化对西班牙语学习者的输入，以及 CALL 环境中重铸（recast）的输入强化。Gascoigne（2006）进一步指出，计算机、计算机程序，以及其他语言学习中新颖生动的技术应用，可能会无意中分散注意力资源。研究者在此基础上探讨了键盘作为附带强化输入的媒介对二语习得的补充作用。此外，计算机相关技术常常与其他技术相结合用于强化输入。Hwu（2004）参考输入强化假说和以思维为中心的基于输入的理论，尝试为语法教学创建一个可能有效的微型强化输入应用程序。Hardison（2005）针对 28 名高级英语二语学习者，研究了韵律训练中两种类型情境输入的效果。在输入过程中借助能够将语音事件的视频与音调轮廓的可视化显示结合在一起的基于网络的注释工具。研究结果显示，有意义的情境化输入在韵律训练中是有价值的。Russell（2012）研究了计算机化的视觉强化输入与教学处理、结构化输入结合使用对西班牙语远程学习者语法习得的影响。可以看出，相关研究的深入表现在两个方面：一方面是可强化的输入类型的细化，例如重铸；另一方面是计算机强化输入技术的细化，例如以键盘作为媒介、视觉强化等。

值得注意的是，上述输入研究也能够推进相应技术的发展。在 2013 年 CALICO 会议上，有研究者提到人工语言学习中的输入优化对 CALL 的启示，习得输入研究与技术的互促关系在此得以体现。

（二）多媒体技术的应用

多媒体技术使用户能够通过多种感官与计算机进行实时交互，因此在创建多渠道输入方面具有独特的优势。例如，在 CALICO 会议上有如下相关研究：利用基于真实视频材料的强化输入手段来创新听力理解活动（2010）；CALL 环境中书面强化输入和视听强化输入的使用及有效性问题（2016）。另外，Peters，Heynen & Puimege（2016）调查了在视听输入中母语字幕和外语字幕对词汇习得的不同效果。可以看出，通过不同感官的输入对习得效果的影响是目前研究的关注点。

（三）网络技术的应用

网络技术能够构建立体化平台，这为多样化输入创设了绝佳的环境，也成为学者们研究的焦点。在 2010 年和 2013 年 CALICO 会议上，有研究者提及在线语言学习环境中的输入质量和输入理解问题。同时，技术的介入使输入的环境更加多元，智能环境、虚拟环境的出现为相关研究打开了新的天地。例如，2009 年、2014 年和 2017 年 CALICO 会议议题先后涉及自动输入处理问题，输入在为 3D 虚拟学习环境设计的学习任务中的作用问题，虚拟环境中面向输入的语用教学问题，等等。

总而言之，无论是提供输入，还是强化输入，技术在改善输入质量、丰富输入类型方面都发挥了不容忽视的作用，这对学习者的语言习得无疑是有益的。正如 Erben & Sarieva（2008）所指出的，"技术使教师能够通过重复、提供非语言线索、允许学生根据个人喜好改变输入模式等方式，更容易、更快地调整输入。这些方式可以降低学生的情感过滤，使输入更易理解，从而有助于激发学生的学习动力"。

二、输出

Swain（1985）提出可理解输出（comprehensible output）的概念，进而发展为输出假说。输出假说认为，输出可以提高语言使用的流利性，还具有注意和触发功能、假设检验功能及元语言反思功能，是语言习得过程中的关键环节（文秋芳，2010）。该假说也成为技术相关的输出研究主要的理论基础。

计算机相关技术能够为细致观察和记录学习者的输出提供支持。Leahy（2004）借鉴 Swain 的输出假说，尝试将 CALL 环境中观察到的二语输出和学习者的行为概念化。研究数据包括小组之间交换的电子邮件，在进行解决问题活动时每个小组成员之间讨论的记录，小组讨论结果的口头陈述，以及单独撰写的摘要。对口头和书面输出的分析结果表明，二语占比非常高，且可以证明存在内容和语言的习得。可以看出，对学习者的输出可以从多角度展开研究，既可以从语言要素的角度（例如语音、词汇、语法）切入，也可以从输出渠道的角度（例如口头和书面）入手。前者如在 2003 年 CALICO 会议上，研究者所做的关于德语学习者在聊天室和面对面讨论时动词输出的比较研究报告；后者如在 2013 年 CALICO 会议上，研究者所做的关于通过协作输出任务进行的文本与口头 SCMC 的比较研究报告。

同步通信技术能够即时地记录输出，在相关研究中得以应用。Vetter & Chanier（2006）以专门用途英语（English for Specific Purposes，简称 ESP）课程中的"伪初学者"作为研究对象，他们的英语能力呈现出高度的异质性。研究采用定量与定性相结合的方法，考察在线同步交互环境中学习者的口头输出。研究结果显示出了环境对学习者口头表达的支持作用，且初学者可以应对复杂程度不同的专业对话。另外，自适应技术也可用于对学习者的输出进行检测并提供反馈。Liao et al.（2014）报告了一种帮助学习者在课外练习汉语发音的计算机辅助自适应训练系统的开发和验证。该系统能够检测学习者的发音偏误并助其克服发音弱点。可以看出，技术的融合成为一种趋势，共同为促进学习者的输出并有针对性地提供反馈做出了努力。

三、输入与输出

输入与输出作为语言习得过程中的两个阶段，存在结合研究的可能性与必要性。输入对输出的影响、输入与输出的比较都是可以探索的研究方向。在 2002 年 CALICO 会议上，有研究者做了关于计算机输入在口头输出中作用的报告，研究结果表明，有针对性的理解活动有助于学习者口语能力的长期发展。Collentine（2011）从学习者自主性的角度切入，研究学习者在 CALL 的 3D 环境中完成任务时，所做的选择，以及随后所接受的输入，是否能预测其在 SCMC 中所输出的语言复杂度与准确性。该研究以 58 名大学三年级的西班牙语学习者作为研究对象。研究结果显示：在完成基于 CALL 的任务时，参与者的自主动作和他们所接收输入的语言特征对语言输出产生影响。从上述研究结果来看，输入对输出产生影响已得到研究支持，技术在其中所起的作用还有待进一步挖掘。Collentine & Collentine（2015）采用复制研究方法对基于输入与基于输出的教学的相对益处进行了深入研究。研究者不仅尝试在新的学习环境中证实原来的研究结果，而且还对基于 3D 模拟和新兴 Web 应用技术的 CALL 环境的结果进行了通用性测试。研究结果表明，无论是在课堂还是在 CALL 环境下，如果练习有意义、经过推敲且提供反馈，则面向输入和面向输出的方法都可以促进复杂语法结构的习得。Matthews，Cheng & O'Toole（2015）探讨了以计算机为媒介的输入、输出和反馈对二语单词识别发展的影响问题。研究采用准实验的前测、处理、后测设计方案。研究结果表明，使用基于网络的计算机应用程序的被试无论处理水平如何，其单词识别得分均显著高于对照组。研究者进一步描述了以计算机为媒介的方法对发展二语单词识别能力的意义，并提出了未来实证研究的方向。另外值得注意的是，无论是输入还是输出，都离不开适宜的环境。Kozan, Erçetin & Richardson（2015）以29名英语高级学习者为研究对象，调查计算机化二语多媒体学习环境中，与语言工作记忆能力和测试时间有关的因素。研究发现，时间、输入方式和工作记忆容量对被试的记忆保持能力有显著的综合影响。

综上所述，技术在改善输入效果、记录输出数据方面均起到了突出的作用。同时，由于技术创造了多元的数字化环境，这为在动态过程中将输入和输出相结合展开研究提供了便利条件。而互动既是学习者获得可理解输入的重要方式，也是激发其语言输出的主要机会，在二语习得研究中的重要地位不言而喻。数字化环境下的互动研究将在下一节详细讨论。

第四节　数字化环境下的互动相关研究

与传统教学类似，互动性也是与技术相关的语言教学中非常重要的特性之一。在数字化环境下，学生与学习资源、教师之间会进行相互交流，产生相互作用。在二语习得研究领域，Long（1981）区分了针对非母语者的输入与互动这两个概念。他指出，母语者与非母语者会话时，会调整其言语。输入是指使用的语言形式；而互动是指由这些形式提供的功能，例如扩展、重复和澄清。随后 Long（1985，1996）提出互动假说（Interaction Hypothesis）。该假说认为，意义协商能有效地把输入、学习者的内在能力，尤其是选择性注意和输出，联系起来，因此促进了习得。

本节讨论的互动研究既包括建立在互动理论假说基础上的意义协商、语言互动研究，也包括数字化环境下不同互动主体的行为和方式、互动模式等问题。

一、互动主体的行为和方式

二语习得中的互动指的是针对非母语者的会话。与非母语者会话的对象可以是教师、普通母语者、二语学习者等。技术的介入使学习者之间、母语者与非母语者的互动更多地纳入了研究视野。

（一）计算机和网络技术的应用

计算机和网络技术在学习者互动的相关研究中扮演了重要的角色。首先，学者们关心的是技术构建的不同环境中学习者的互动情况。在 2010 年 CALICO 会议上，有研究者讨论了在线聊天时教师不在场的情况下学习者的自主性和互动问题。对聊天记录的分析显示，在非母语者之间确实存在"脚手架"，这种混合学习环境为自主学习创造了丰富的机会。Peterson（2012a）从社会文化角度调查了大型多人在线角色扮演游戏过程中 4 名中级 EFL 学习者的语言和社交互动情况。Hampel & Stickler（2012）采用定性方法研究了网络环境对学习者互动的影响。研究数据来自视频会议记录中的书面和口头互动，研究展示了学习者如何通过与专家和同伴的互动并使用技术来调节语言学习的过程，以及如何使用并组合多种模态来产生意义。在 2017 年 CALICO 会议上，有研究者做了关于中级国际 ESL 学生如何通过基于 wiki 的写作进行互动的报告。Peeters（2018）讨论了 Web 2.0 作为外语学习课程支持工具的作用。不同于大部分描述性研究，研究者以 200 多名外语专业大一新生为研究对象，对其在用 Facebook 进行协作写作过程中，与在线同伴发生并展开互动的方式和原因进行了深入的分类建模研究。Wang（2019）采用案例研究的方法，对几个小型 ESL 学习者小组在有无调节的情况下完成两个基于网络的协作性写作任务时的动态互动情况进行了考察。可以看出，与传统课堂相比，在技术构建的环境下，学习者的互动方式和互动内容均呈现出复杂多样的特点，网络协作写作是比较受关注的研究领域。对应的研究方法以描述性研究为主，社会文化理论是重要的支撑理论。另外，相关技术为观察学习者互动提供了强有力的支持。Back（2013）利用 Facebook 数据分析了出国留学期间自然发生的学习者互动。研究者采用人种志的方法，对 3 名学习者为期 10 个月的网络日志进行了分析。研究结果显示，学习者在国外学习期间，目的语的总体使用量有所增加。

其次，技术在促进学习者互动方面所产生的作用也引发了学者们浓厚的研究兴趣。Kitade（2000）指出，CMC 作为一种新的互动方式，具有与书面和口头互动方式不同的独特的语言和交互功能。例如，基于文本的互动语篇、没有话轮转换竞争等。研究者采用定性方法，对二语学习者在 CMC 中的互动进行了分析。研究重点是 CMC 在多大程度上是真正有用的二语学习工具。研究结果证实了 CMC 为语言学习提供的潜在益处，包括促进可理解的、情境化的互动，促进学习者的自我纠错并提供协作学习环境等。关于如何促进学习者的互动这一问题，在 2005 年 CALICO 会议上有研究者提及利用基于互联网的任务。Nor, Hamat & Embi（2012）指出，通过论坛进行的异步交流，在支持协作学习中起着至关重要的作用。在线论坛使学生可以在课堂之外提问、表达他们的想法、共享资源并证明自己的观点。研究者通过分析在线论坛的数据，发现了学生之间的协作学习行为，包括贡献、探索、提供信息和反馈等。Balaman（2018）

采用会话分析的方法，描述了二语学习者协作参与在线任务的过程。研究证明了任务诱导的二语互动能力的发展。

（二）多媒体技术的应用

多媒体技术常用于学习者的互动研究，与之相关的多模态环境在互动中的作用值得关注。学者们对多模态这一概念的认识主要来源于人类日常生活中信息传递的过程，包括言语、声韵、手势等一切意义载体。有学者将其定义为人机交互中的信息呈现方式（张德禄、黄立鹤，2018）。在2012年CALICO会议上，有研究者探讨了通过同步视听会议进行的自主口语任务中的学习者互动问题，研究结果对同步视听环境下的任务设计有一定的启发。Satar（2013）以学习者互动中的眼神交流作为研究对象，采用案例分析的方法，对桌面视频会议中观察到的学习者之间的凝视进行了研究。研究数据包括访谈、问卷调查和DVC记录分析。该研究强调了网络多模态环境中，眼神交流在促进建立社会临场感方面的重要性。随后研究者进一步扩大了研究范围。Satar（2016）采用相同的研究方法，探讨了通过DVC进行的在线语言学习者互动中的意义建构问题。研究借鉴了符号学、互动社会语言学、非语言交际学、多模态互动分析和会话分析等理论。研究结果显示了语境线索、身体的五种代码、情感表达的副语言元素、手势和混叠语音在意义建构中的作用。可以看出，相关研究呈现出学科交叉、理论多元的特点。

其他多媒体技术对学习者互动的影响也有相关成果。例如，在2017年CALICO会议上，有研究者做了关于汉语二语课堂中学习者之间通过数字注释工具，进行社交阅读时产生的互动的研究报告。Golonka, Tare & Bonilla（2017）对学生在文本聊天活动中的互动性质进行了深入探讨。通过开发需要参与者互动并结对完成的18项任务，并结合对169个文本聊天记录的定量和定性分析，研究者发现，学生自发地采取了各种可能支持语言学习的行为，例如提供与语言相关的帮助，包括自我和同伴纠错、意义协商等；将同伴作为资源，包括澄清信息、帮助使用未知词汇等；给予同伴鼓励，包括积极响应任务、从合作伙伴处获取信息等。该研究对于人们了解学习者文本互动的特征及其在习得中产生的作用均很有启发。

（三）其他应用案例

通信技术的优势在学习者互动研究中充分地展现了出来。在2002年CALICO会议上，有研究者做了关于ICT技术中日本EFL学习者互动的报告。Peterson（2009）采用定性的方法，对CMC中学习者的互动展开了研究，交流在用户创建的虚拟世界中进行。

研究从语言发展的社会文化角度提出了 7 种互动管理策略，包括请求和提供帮助等。在 2014 年 CALICO 会议上，有研究者做了关于通过对比学习者的文本和视频聊天，探讨 SCMC 对语言产出、社会临场感和学习伙伴亲和力影响的报告。可以看出，以 ICT 为基础构建的虚拟世界大大拓宽了学习者互动的空间，也给学者们提供了很多新的课题。例如，在 2006 年 CALICO 会议上，有研究者提出 3D 虚拟环境中学习者互动管理的问题。Peterson（2012b）研究了在 3D 多用户虚拟环境"第二人生"中 EFL 学习者基于任务的互动。另外，在 2015 年 CALICO 会议上，有研究者探讨了 3D 虚拟环境中任务设计、空间位置和学习者互动之间的关系问题。研究聚焦于与环境特殊性相关的任务分配产生的互动质量、互动重点的差异，这体现出研究者对数字化环境下学习者互动特质的认识正在逐渐深入。

（四）技术与母语者、非母语者之间的互动

受到技术的影响，针对母语者与非母语者之间的互动也涌现出了一些研究成果。Lee（2004）对西班牙二语者与母语者的网络协作互动进行了研究。研究数据包括在线讨论、学期末调查和最终口头访谈。研究结果表明，母语者与非母语者在线协作促进了母语者协助非母语者构建意义（概念）与形式（语法）的脚手架。电子邮件是研究者关注的互动渠道。Stockwell & Harrington（2003）对日语二语学习者与日本本土大学生之间的电子邮件互动进行了定性和定量分析。考察了在这一过程中学习者二语语法和词汇的附带发展。Kitade（2006）通过分析 24 名母语者与非母语者之间基于任务的电子邮件互动，研究了他们在以计算机为媒介的异步交流中所遵循的协商结构和策略。

在相关研究达到一定数量后，学者们开始关注数字化环境下不同主体形成的互动的异同，以及互动模式问题。Liu（2017）研究了非英语母语者之间、母语者与非母语者之间在基于文本的协商互动方面的差异。研究以 10 名英语母语者和 30 名 EFL 学习者作为对象，参与者需要在 Facebook 聊天室中使用文本聊天同步完成给定的阅读任务。研究结果表明，高水平非母语组协商实例、成功解决的实例，以及互动策略的使用频率更高。Van der Zwaard & Bannink（2019）基于在两个远程协作项目中荷兰和澳大利亚学生群体的互动任务表现得出的数据，提出一种新的母语者与非母语者之间的同步数字话语轨迹模式。该二语学习互动模式表明，二语学习环境中的数字互动具有复杂性，且母语者与非母语者交流比传统意义协商模式所显示的更为复杂。研究者期望该模式能有助于更好地理解数字环境中与互动相关的二语学习过程。

对上述研究进行整体分析可以看出，语言教育技术对与互动主体相关研究的影响主要表现在如下两个方面。首先，丰富了研究内容。有了技术的支持，学者们可以对

互动主体在互动过程中的各种行为进行细致深入地观察,包括眼神、手势等(Satar,2013;2016)。不限于两人互动,多人互动也能够得以记录并研究(Peterson,2012a)。其次,提供了多样化的环境。学习者之间的互动不再局限于传统课堂,而是延伸到了在线同步环境、多媒体环境等(Hauck & Youngs,2008)。

二、互动协商

在二语习得互动过程中,双方通过不同形式的协商达到信息交流的目的,其显著特点是存在不同程度的意义协商,即"当交流中断时,说话人想要传达的信息会被澄清。也就是说,当说话者想要传达的信息与听者的预期信息不匹配时,就会触发意义协商"(VanPatten & Benati,2015)。该问题在技术相关的研究中有突出的表现。

计算机和网络给学者们提供了全方位立体化观察互动过程的工具和环境,在线协商特点及相关影响因素是学者们感兴趣的研究问题,相关研究据此展开。Smith(2003)考察了英语中级学习者基于任务的 SCMC。研究问题包括:(1)学习者在遇到新词汇项目时是否进行协商互动;(2)任务类型是否对所发生的协商数量产生影响;(3)这种以计算机为媒介的协商与文献中所述的面对面协商相比如何。研究者使用基于浏览器的聊天程序 ChatNet,对 14 名非母语者二人组共同完成两个拼图和两个决策任务的情况进行分析。研究结果显示,尽管在 CMC 环境中进行的协商以与面对面协商大致相似的方式进行,但是观察到的差异需要采用以计算机为媒介的协商新模式。在 2008 年 CALICO 会议上,有研究者做了关于比较 CMC 和面对面交流中对话协商互动与可理解输出之间关系的研究报告。聊天数据显示,在 CMC 中积极参与协商互动的 ESL 学习者比在面对面交流中更能产生可理解的输出。可以看出,技术的优势在促进协商互动方面得到了发挥。

在技术应用对协商模式和协商内容的影响方面,Kenning(2010)首先讨论了语音工具 Wimba 作为持续互动对话环境的适用性,进而研究了高级学习者之间互动的性质。研究数据来自 3 名非母语者在完成任务时所使用的解决语言问题的策略分析,研究结果扩展了意义协商的经典模式。Peterson(2010)回顾了涉及 CMC 中实时文本互动的 9 项研究,这些研究涵盖了目前用于 CALL 的基于网络环境的主要类型。分析结果表明,尽管大多数研究认为基于任务的互动可能对二语学习的某些方面(如意义协商)有益,但与此同时,这方面的研究也产生了相互矛盾的结果。研究者进一步指出,当前在 CALL 中主要使用的基于任务学习的方法无法充分关注形式,没有充分发挥基于计算机的互动所能提供的潜力。Yang & Hsieh(2015)探讨了如何使用在线同伴提问来强化二语不太熟练的大学生在理解课文中的意义协商。Sert & Balaman（2018）采用会话分析的方法，对在线面向任务的互动中的意义协商进行了观察和分析。研究结果表明，除了协商现有规则外，学习者还会共同构建新的规则。此外，即使在协商完成之后，他们也会通过监督自己的话语（即自我监督）来适应协商规则。研究证明了意义协商在二语互动能力发展中的作用。

近年来，互动中的协商手段在数字化环境下得以拓宽，原来研究相对较少的副语言手段现在得到了关注。Lee，Hampel & Kukulska-Hulme（2019）以10名中级英语学习者作为研究对象，借助通过移动设备使用的Skype视频会议工具，探讨学习者在二语会话任务中通过双手或技术形成的手势的作用。研究数据包括学习者基于任务的互动记录和刺激回忆访谈。研究发现，手势通过为参与者提供一系列视觉和具体的线索来支持谈判的形式，这些线索与他们的语言使用密切相关。

在相关研究中，技术的不同特性一方面对互动中的意义协商产生了不同的影响。例如，Yuksel & Inan（2014）报告了将面对面交流与CMC模式进行对比，探讨其对意义协商及其学习者注意水平的影响的研究。另一方面也为协商研究的细化提供了可能。在2018年CALICO会议上，有研究者从显性语用教学的角度，讨论了虚拟环境里学习者在口头任务和自然视频聊天中的协商道歉问题。

三、语言互动

在互动过程中，信息交流会借用不同的载体，例如语言、表情符号、肢体动作等，这其中语言是主要的沟通工具。以下主要讨论数字化环境下的语言互动研究。讨论的内容主要包括计算机技术、多媒体技术和网络技术与语言互动研究的关系。

（一）计算机技术的应用

计算机技术为模拟及分析语言互动提供了有力的技术支撑。相关技术的研发和应用是历年CALICO会议关注的问题，包括用于听力和口语练习的计算机化电话会话模拟器（2007）；具有视频支持的自适应计算机模拟对话技术的开发研究（2016）；ESL学习者与聊天机器人在线会话交流的实证研究（2019）；等等。另外，语言教学法在计算机环境下实施后，学习者的语言互动情况也有研究者探究。Jeon-Ellis，Debski & Wigglesworth（2005）调查了面向项目的CALL在引导学生完成任务这一过程中发生的口头互动并描述了其特征。研究结果表明，CALL环境可以为学生提供通过合作对话学习语言的机会。然而，这些互动的社会背景是由人际关系、个人偏好和动机所调节的。可以看出，计算机技术既能够模拟语言互动，也能够为语言互动提供新的环境，这就促使学者们进一步探究语言互动的特点和调节因素，以便提高技术研发和应用的精准度。

（二）多媒体技术的应用

在语言互动研究中，多媒体技术常常与相关技术结合应用，为研究打开新的视野。Rosell-Aguilar（2005）探讨了如何在远程语言学习中促进初学者的口语互动，研究提到了用于远程教学的在线音频会议这一虚拟学习环境。Lee（2007）介绍了一个使用一对一 DVC 来增强学习者二语口头表达能力的课堂项目。研究数据来自 18 名大学生与专家级发言者合作完成基于任务活动的录像样本、反思及口头访谈。根据分析结果研究者提出，为了最大程度地发挥 DVC 对语言学习的潜在益处，需要精心设计任务，适当选择语言环境，以及提供足够的网络培训。

（三）网络技术的应用

网络技术为语言互动的进行和研究提供了立体的环境。CALICO 会议对此颇有关注，相关议题包括：学习者在聊天室的二语互动和口语能力发展问题（2000）；对语言教师在线精心组织的教学对话进行分析（2006）；将在线和混合西班牙语专业课程会话作为激励和吸引学生的模式（2016）；等等。McCabe（2017）收集同一名教师为母语为英语的学习者在线讲授西班牙语中级主题课程的数据，采用评价语言和知识的功能导向模型，对高级西班牙语学习者关于课程知识的在线互动讨论进行了研究。关于网络环境中的同步语言互动，有研究者在 2011 年 CALICO 会议上提到利用会话分析作为同步虚拟课堂互动的研究方法。

（四）其他应用案例

通信技术使在线互动的时间和空间都得到了延伸，这在相关研究中得以体现。在 2014 年 CALICO 会议上，有研究者做了关于将包含对话和教学语法解释的视频片段作为语言输入，以口头 ACMC 的方式促进西班牙语过去时态习得的研究报告。

为了促进语言互动更加顺利地开展，一些平台、软件甚至游戏纷纷得以开发并得到应用。在 CALICO 会议上有如下相关研究：利用大学间合作的电子平台参与跨文化互动讨论（2011）；将通过口语对话系统进行角色扮演作为提高二语语用能力的创新方法（2019）；社交网络应用程序 LINE 上的日韩双语互动中同步自动翻译工具的使用（2019）；等等。可以看出，跨文化交流、语用习得等问题在数字化环境下得以突出，引起了学者们的重视。在游戏方面，有研究者在 2016 年 CALICO 会议上，介绍了一款交互式汉语声调训练游戏"挑食的鸟儿"（Picky Birds）。

四、不同技术应用下的互动特点

互动研究既是二语习得领域的重点问题，也是语言教育技术研究领域关注的焦点，两者交叉延伸，产生了丰硕的研究成果。

（一）计算机为媒介的互动特点

计算机技术介入以后，互动形式、互动内容，以及互动过程都随之发生了改变，这些改变体现在哪些方面，对习得效果产生了怎样的影响？这些都是相关研究关注的焦点。自 2000 年起，CALICO 会议持续关注以计算机为媒介的互动问题，包括聊天界面在以计算机为媒介的基于任务的非母语者互动过程中对西班牙语和 ESL 学习者语言产出和词汇习得的影响（2000）；通过计算机实施"全身反应法"（Total Physical Response，简称 TPR），即实现实时真人视频交互功能（2002）等。另外，计算机在促进互动方面也发挥了不容忽视的作用。González-Lloret（2003）介绍了如何设计基于任务的 CALL 来促进互动。O'Rourke（2005）介绍了一种以计算机为媒介的二语教学方法，即配对语言学习法，这是一种由成对的目标语和母语学习者互为补充、互相学习的方法。研究者以此为理论背景对一学期每周同步交换中配对伙伴之间的自发互动数据进行了分析。

随着以计算机为媒介的互动研究的发展，学者们开始反思。一方面意识到技术本身存在需要改进之处，另一方面也开始重视学习者在互动中的能动性问题。Barrs（2012）介绍了如何使用技术来解决在大学课堂之外发现的缺乏语言互动机会的问题。采用行动研究的方法，研究者发现 CMC 程序可以为学生提供一个方便有用的平台，使学生可以在课外继续使用目的语交流，但是平台的构建需要教师和学生共同的参与。另外，从 CALICO 会议议题也可以看出这种反思的倾向，有研究者在 2002 年做了关于借鉴心理语言学相关理论对改进 CALL 交互提出建议的报告。

（二）多媒体环境下的互动特点

声、图、文、像在互动交流中得到了充分的利用，相关研究包括交互式视频的创建、交互式视频数据的分析等。所谓交互式视频，指的是"通过手势、声音、触摸和点击来支持用户互动的数字视频类型"（Hilterbran，2015）。Bush（2000）介绍了利用数字多功能光盘（DVD）为语言学习者创造交互式视频的案例研究。在 2005 年 CALICO 会议上，有研究者讨论了如何将数字媒体档案库中的真实数字资源整合到交互式模拟中，根据学习者决策提供不同学习结果。Youngs，Prakash & Nugent（2018）尝试使用与课程视频及其附带问题进行交互的学生数据，创建可视化样本，以帮助教师全面了解学生与课程资料的交互情况，进而改善在线教学效果。

在多媒体环境下，网络技术与互动研究有了更多的结合，产生了一系列的研究成果。在 2002 年和 2003 年 CALICO 会议上，均有研究者提到网络 DVD 与交互式视频的结合问题。Wang（2004）介绍了用于远程模式下交互式语言学习的工具 NetMeeting。研究者希望该工具有助于解决远程语言教育所面临的缺少口头和视觉交互的问题。Bañados（2006）介绍了一个由在线软件构建的交互式多媒体环境，它将学习者需要的所有材料和 ICT 工具放在一个中央网络平台上。软件的设计理念是展示多模态二语输入、强化输入、自适应内容传递、通过计算机支持的协作和个人学习任务产生交互，以及提供积极的纠错反馈，等等。DeHaan et al.（2012）介绍了如何将 wiki 作为 LMS 帮助日本大学 EFL 学习者提高口头交流能力的研究。学习者使用 wiki 来评价他们在策略性互动场景中的角色表现，转录话语并进行自我纠错，反思在随后表现中的变化。学习成绩的比较结果显示，学习者在词法、句法、语用和流利度方面均有所进步。Hilterbran（2015）介绍了基于网络的视频注释工具 HapYak。研究者指出，HapYak 使学习者能够增强视频观看体验，并有机会通过弹出窗口、多项选择题、自由文本问题、分割视频章节和视频外部链接等方式与语言学习内容进行交互。

另外，游戏、虚拟技术等也与多媒体技术结合，共同应用于互动研究中。在 2012 年 CALICO 会议上，有研究者做了关于交互式冒险视频游戏对外语学习的影响的报告。数据分析结果表明，学习者认为高度交互的冒险游戏有助于提高其语言技能和学习动机。2000 年和 2005 年 CALICO 会议议题均涉及实验室环境，包括实验室里的视频交互研究和交互式多媒体实验室环境下的外语教学研究。在虚拟技术方面，Canto, Jauregi & Van den Bergh（2013）以远程协作项目中的跨文化互动作为研究重点，通过视频网络交流或"第二人生"来整合同步协作项目，进而测量语言学习者的口语交际能力。另外，值得注意的是，通过观察和分析学习者的交互数据，不仅可以帮助教师了解学生并改善教学，也可以用于评价相关软件的有效性，帮助技术人员改进设计。后者在技术背景下尤为值得关注。Caws（2013）开展了一项基于设计的研究。研究者尝试在法语二语课程的背景下，分析和理解用户与特定的基于网络的 CALL 工具之间的动态交互。研究针对 CALL 工具的设计和改进提出了建议。可以看出，在语言教学领域，以促进互动为目标的新工具、新平台相继涌现，相关设计、开发、利用、管理和评价成果层出不穷。进一步从语言习得的角度制定相对统一的标准，或许能给开发者更多的启示，也能给教师更多有针对性的培训和帮助。

（三）网络条件下的互动特点

网络技术在促进互动方面也发挥了重要的作用。包括提供丰富的网络交互资源、在线交流平台和工具等。例如，在 CALICO 会议上有如下相关研究：通过编程语言 JavaScript 加强在线交互性，促进课堂外语言交际（2000）；介绍一种用于初学者的在线分布式语言学习模式，该模式可用于在线远程教育课程，并为学习者提供各种交互式学习对象（2002）；使用 CMS 创建基于网络的交互式教学大纲（2004）；等等。此外，Henry & Zerwekh（2002）介绍了一个基于网络的交互式学习资源网站 SEAsite。在 2008 年 EuroCALL 会议上，有研究者提及博客使二语学习者通过参与和互动获得兴趣，对其态度和表现产生了积极影响。Hampel & Pleines（2013）调查了如何通过不同的在线工具（例如论坛、wiki 和博客）设计任务并促进互动。该研究历时两年，研究数据来自 Moodle 用户日志、学习者调查和访谈。研究发现，与其他工具相比，学习者更喜欢使用论坛。研究者据此对活动进行了重新设计，包括增加教师的参与、减少任务、简化结构并减少工具数量等，这些变化对学习者参与度产生了积极影响。类似问题导向的比较研究对教学实践很有启发，值得重视。在 2015 年 ICT 会议上，有研究者做了关于利用一个整合了 TED 演讲的交互式平台 LearnWeb 教授和考查学生更高层次理解能力的报告。Balaman & Sert（2017）采用会话分析描述了面向任务完成的英语二语交互资源的出现、发展和多样化。在上述研究中，网络技术广泛而充分地应用于在线互动，在提供资源、促进交际、激发学习者兴趣等方面发挥了积极的作用。值得一提的是，虽然新的网络资源、平台和工具层出不穷，但其与传统课堂环境的对比一直未被学者忽视。在 2014 年 CALICO 会议上，有研究者通过比较面对面、在线和混合环境中的互动与学习成果，探讨了在线学习环境是否可以替代传统初级语言课堂教学的问题。

网络条件下互动的理论和实践情况是历年 CALICO 会议关注的问题，相关议题包括：在线课程中教师与学生成功互动所需的技能（2003）；实施交互式英语在线项目发展中的理论问题（2004）；在线同步文本聊天在语言和文化学习中的动态性和教育价值（2017）；在线与混合语言课堂中的互动问题（2017）；等等。可以看出，教师在网络条件下的互动中扮演的角色和所需的技能是学者们很关注的问题，相关研究成果也能为教学提供参考。例如，Pawan et al.（2003）通过分析三个在线课程中所进行的协作互动的模式和类型，为设计教学干预策略提供指南。

（四）其他应用案例

虚拟及 3D 技术影响下的互动研究与教学实践的联系相对紧密。在 2009 年 CALICO 会议上，有研究者讨论了 3D 虚拟环境中的虚拟学习问题，研究者尝试构建交互式框架以完成在线课堂中分配的任务。关于虚拟环境中互动活动的设计与实施问题，在 2010 年 CALICO 会议上，有研究者做了关于在"第二人生"中设计和实施互动口语活动的报告。Jauregi & Canto（2012）介绍了在"第二人生"中如何提供刺激情境化口头语言使用和行动学习的机会。研究者遵循基于任务的语言教学法，开发并试行了一些任务，目的是在特定环境中强化有意义的互动。

通信技术、移动技术对互动产生的影响也是常见议题。例如，在2005年CALICO会议上，有研究者分析了异步网络语言课程中的互动，研究涉及在线讨论中的互动类型、互动调节策略及学习者角色等问题，可以看出相关认识在不断深化。在2009年CALICO会议上，有研究者做了关于通过同步实时视频和音频电话会议来实现高质量互动语言教学的报告。另外，Jin & Erben（2007）采用定性研究的方法，分析了利用即时通信程序开展互动在促进外语课堂中的跨文化学习方面的可行性。研究以8名汉语二语学习者为对象，研究数据包括人种志调查、跨文化敏感性量表、后续访谈、研究人员的反思日志，以及参与者的即时聊天记录。研究结果表明，在基于即时通信的跨文化学习过程中，参与者的跨文化互动参与度和专注度稳步提高，参与者对即时通信程序的使用也持积极态度。Kato，Spring & Mori（2016）研究的是如何通过视频同步的CMC工具（例如Skype软件）为外语学习者提供有意义的互动机会。研究数据来自在美国学习日语的美国学生与在日本学习英语的日本学生之间有意义的交流。前测和后测的分析表明，日本参与者的听说能力和美国参与者的口语能力均有显著提高。在移动技术方面，在2012年ICT会议上，有研究者讨论了在基于任务的语言教学不同阶段，iPad的使用如何影响学生、教师和内容之间交互的问题。可以看出，相关技术对互动产生的积极影响在大部分研究中得到了证实。

对上述几个方面的互动研究进行梳理分析，可以发现如下几个特点。第一，社会文化理论是重要的支撑理论。社会文化理论强调环境的调节作用，关注协作式学习，能够很好地解释各种环境下的互动形式和互动过程，因此得到学者们的重视，成为很多实证研究的理论依据。第二，研究领域被大大拓宽。二语习得领域的互动研究主要关注的是会话双方如何通过意义协商达到理解，促进习得。这种会话一般是实时同步的口头语言互动。但技术的介入使人机交互、多媒体交互、异步互动都被纳入了研究视野，这些互动在形式和功能上具有与传统互动类似的特点，应该互相借鉴，互相启发。第三，互动模式的研究成为热点问题。不同主体、不同数字化环境下的互动模式均有涉及（Van der Zwaard & Bannink，2019）。第四，该领域与教学的联系相对紧密，涌现了很多以教学为导向的研究。学者们发现，为了最大程度地发挥技术促进互动的优势，需要进行合理的教学干预，也需要教师和学生的积极参与（Lee，2007）。总之，学者们已经认识到了数字化环境与传统环境的区别会使互动呈现出不同的特点，但是正如Barrs（2012）所指出的，在语言学习环境中，主要关注的问题是如何在课堂内外将目标语言的互动最大化。因此,无论是何种环境,促进学习者用目的语交流才是最终目的,也是教学和相关研究的任务所在。

第五节 数字化环境下的语言教学反馈

反馈指的是信息的返回。二语习得中的反馈指的是对学习者尝试进行交流的努力所做出的回应,其功能包括纠错、确认、请求澄清,以及非正式暗示(Ellis, 1985)。反馈也是互动中的一个环节,能够为学习者提供有关话语是否正确等丰富的信息。数字化环境下的反馈研究主要集中在反馈主体、纠错反馈、反馈形式和内容等方面。本节将主要就以上问题对相关研究进行梳理分析。

一、反馈主体

在二语习得中,向语言学习者提供反馈的既有语言教师,也有母语者,还有学习同伴。技术介入后,虚拟反馈主体也开始出现。以下将围绕不同的反馈主体来探讨语言教育技术相关研究。

(一)教师反馈

教师反馈是反馈研究中的热点问题。在多媒体技术方面,Elola & Oskoz(2016)采用案例研究的方法,探讨了如何运用多模态反馈来支持二语写作。教师通过 Microsoft Word 提供书面反馈,并使用截屏软件提供口头反馈。结果表明,所使用的工具影响了教师评论的数量和质量。不过学习者一致认为,无论采用何种模式和工具,这两种反馈方式都有助于提高他们的写作技能。网络技术拓宽了教师反馈的渠道。Lee et al.(2013)尝试将对即时网络作文评价系统反馈的研究扩展到中学语言学习者的写作中。比较接受系统反馈和教师反馈的实验组与仅接受教师反馈的对照组的表现,结果显示,两组有显著的统计学差异。从组内构成来看,实验组的获益似乎比对照组更有意义。

虚拟技术使虚拟教师反馈成为可能。Engwall & Bälter(2007)总结了在计算机辅助发音训练中,应如何在音素水平上提供发音反馈并使其有效。研究采用焦点小组会议、半结构式个人访谈和课堂观察等方式收集数据,进一步将观察到的真人教师的语音反馈策略应用于计算机拟人语言辅导。研究者随后对虚拟教师进行用户实验测试和问卷评价。该研究反映了新技术从设计、开发、利用到管理、评价的完整过程，值得相关研究借鉴。Engwall（2012）进一步细化了研究，利用虚拟教师分析发音训练中的语音特征并提供反馈。

另外，其他技术对教师反馈的影响也是近年来 CALICO 会议关注的问题，相关议题包括：AWE 反馈与教师反馈的比较及互补研究（2013）；职前外语教师如何利用移动技术提供反馈并设计自己的任务（2015）；ESL 写作中教师提供的同步和异步电子反馈的有效性（2018）；等等。可以看出，技术在辅助教师反馈方面发挥了一定的作用，这在写作教学方面表现尤为突出。

（二）同伴反馈

与网络技术相关的同伴反馈研究相对集中。Oskoz（2009）考察了在线聊天中学习者为彼此提供的反馈与面对面互动的差异。Murphy（2010）尝试解决参加校外协作阅读理解练习时，学习者少有机会与合作伙伴互动的问题。研究者对比了学生们成对合作完成基于网络的多项选择阅读理解练习时，仅收到正确答案反馈与在得到正确答案反馈之前插入以计算机为媒介的详尽反馈之间的差异。研究结果显示，得到详尽反馈的学生在后续练习中得分明显更高。Belén Díez-Bedmar & Pérez-Paredes（2012）对利用论坛和 wiki 这两种方式完成在线协作写作任务的差异进行了研究。研究者调查了反馈的类型，以及英语母语者的反馈对西班牙语同伴语篇重组的影响。在 2012 年 CALICO 会议上，有研究者做了如下报告：6 名 ESL 学习者如何使用异步多媒体平台 VoiceThread 进行在线同伴反馈，基于博客的同伴反馈对二语写作课程中学习者动机、协作和课程满意度的影响。Yang & Meng（2013）研究了在线反馈培训对 EFL 大学生文本修改的影响程度，目的是提高同伴反馈的有效性。可以看出，阅读和写作方面的反馈是数字化环境下学者们更关注的问题。

二、纠错反馈

纠错是针对二语学习者的反馈的重要特点。Lyster & Ranta（1997）将常见的纠错反馈分为显性纠错（explicit correction）、元语言反馈（metalinguistic feedback）、重铸（recast）、请求澄清（clarification request）、诱导（elicitation）和重复（repetition）等。与应用技术相关的研究对此均有关注，其中显性纠错、元语言反馈和重铸方面研究成果更为集中。

(一）计算机技术的应用

计算机技术在纠错反馈相关研究中影响很大。首先，计算机技术在提高纠错反馈效率甚至提供模拟纠错反馈方面发挥了不容忽视的作用。Burston（2001a）在描述与高级外语学习者的书面反馈有关的理论和实践的基础上，探讨了如何使用基于计算机的作文注释程序 Markin32 来减少教师的纠错量，提高学生作文反馈的质量和实用性。对模拟纠错反馈问题，历年的 CALICO 会议议题多有涉及，包括：对一种通过语音识别器和语音合成器针对非母语不合语法的口语语句生成正确语句的方法进行描述（2004）；二语语法习得中计算机生成纠错反馈的元分析研究（2011）；对支持提供书面纠错反馈的 CALL 应用程序 MyAnnotator 的介绍（2019）；等等。

其次，在计算机介入后，纠错反馈行为也发生了相应的改变，呈现出一定的特点。Morris（2005）探讨了在沉浸式西班牙语小学课堂中，儿童之间以计算机为媒介的对话互动环境下，纠错反馈和学习者修复后的反馈，包括偏误类型、反馈类型和学习者即时修复之间的关系等。教师使用 Blackboard 随机给学生配对并为其创建"虚拟小组"，要求每组学生互动并在"虚拟课堂"中完成拼图任务。Blackboard 记录两人之间的互动，随后针对偏误类型（句法、词汇），负面反馈类型（显性、重铸、协商）和学习者即时修复进行编码。研究结果显示，学习者没有提供显性负面反馈，而选择了隐性负面反馈（重铸和协商）。

最后，以计算机为媒介的纠错反馈对学习者习得的影响也是学者们关注的问题。Sauro（2009）研究了以计算机为媒介的重铸式和元语言两种纠错反馈类型对成人学习者二语知识发展的影响。有研究者在 2010 年 CALICO 会议上讨论了计算机生成的重铸与面对面重铸的有效性问题。研究结果表明，两种方式的重铸在促进二语学习方面同样有效。Vinagre & Muñoz（2011）探讨了同伴反馈对学习者语言准确性发展的影响。研究数据来自 17 名西班牙语和德语学习者之间的电子邮件交流。数据分析结果表明，尽管频繁使用纠错，但这种补救导致偏误循环的比例更高，并且更容易导致之后的语言产出中出现重复偏误。Sagarra & Abbuhl（2013）探讨的是在缺乏聚焦意义的互动的情况下，使用计算机提供的反馈进行练习是否有助于二语学习者注意到重铸的纠正意图并提高语言准确性。研究以 218 名以英语为母语的西班牙语初学者为对象，他们以书面或口头方式接受 4 种类型的自动反馈中的 1 种，包括没有反馈、话语拒绝、重铸和强化重铸。研究发现，与没有反馈或话语拒绝相比，重铸后产生了更多的目标产出和学习者修复，而话语拒绝又比没有反馈更有效。AbuSeileek & Abualsha'r（2014）调查了以计算机为媒介的纠错反馈对 EFL 学习者写作成绩的影响。Cerezo（2016）采用三角验证的方法，对计算机生成的不同类型的纠错反馈如何促进二语发展进行了研究。52 名中级西班牙语学习者参与了该项研究，结合对分数的定量分析和对参与者鼠标单击历史的定性分析发现，练习量的差异可能会导致研究结果的不同，而参与者的自言自语暴露了由于额外的练习而诱发的无聊感和疲劳。Bodnar et al.（2017）采用具有 ASR 技术的 CALL 系统来分析学习者的语音并提供纠错反馈。研究结果表明，支持 ASR 的 CALL 系统可能是适合口语语法练习的环境。根据相关研究结果可以看出，计算机技术的介入在一定程度上使反馈变得更加高效，以计算机为媒介的反馈对习得的积极影响被大部分研究结果所证实，现有研究多采用实验研究的方法，不同反馈类型的差异，以及反馈的有效性是研究的重点。

（二）其他应用案例

技术的智能化和自动化等特性为纠错反馈研究提供了便利条件。在 2001 年 CALICO 会议上，有研究者讨论了在基于网络的智能语言辅导系统中学习者控制对纠错过程的影响问题。Heift（2003）介绍了一种智能计算机辅助语言学习系统，该系统能够提供适合学习者专业特定偏误的反馈。智能系统的精准开发离不开对教学规律的深刻认识，也需要进行后续评价，这些问题均是 CALICO 会议所关注的，相关议题如下：一些创作工具有效性的评价标准，尤其是在提供适用于中高级学习者的 CALL 练习时，研究者提出的标准包括纠错反馈、半开放式练习，以及多媒体功能整合等（2004）；二语教学中有效纠错反馈策略对智能导师系统（Intelligent Tutoring System，简称 ITS）反馈策略设计的启示（2005）；以语音和语言技术为核心，能够用于间接纠错反馈的新 ICALL 平台"讲故事的人"（An Scéalaí）的开发（2019）；等等。此外，Choi（2016）开发了一个基于网络的 ICALL 辅导系统，该系统具备面向过程的纠错反馈功能。研究者报告了该系统在教授韩国中小学生语法时的可行性。Ai（2017）讨论了纠错反馈的设计、有效性和学习者对分级纠错反馈方法的感知问题，即在 ICALL 环境中，反馈从非常普遍的、隐性的到非常具体的、显性的发展。研究结果表明，这种分级方法可以有效地帮助学习者自我识别和自我纠正许多语法问题。可以看出，智能技术为实现个性化纠错奠定了坚实的基础。

自动化技术也是历年 CALICO 会议关注的问题，包括实时自动纠错反馈对学习者写作过程中注意力的影响问题，研究者提及了自动纠错反馈程序 CyWrite（2016）；对 Word 内置拼写和语法检查程序与 AWE 工具 Grammarly 插件提供的自动纠错反馈质量和数量的比较（2017）；使用 CyWrite 对语言准确性的影响（2017）；等等。另外，Ranalli（2018）讨论了二语课堂中自动书面纠错反馈的应用，以及相应工具的设计。从现有研究可以看出，写作自动评价是目前研究的热点。但学者们对自动纠错反馈的有效性尚持保留态度，这意味着相关工具还有改进的空间。

虚拟技术、移动设备等在纠错反馈研究中也得到了一定的关注。例如，在 2008 年 CALICO 会议上，有研究者做了关于"第二人生"中二语学习者对纠错态度的研究报告。Harbusch et al.（2009）建立了一个 NLP 系统，针对以德语为目标语的小学生实施"虚拟写作会议"。研究者论述了如何提供适当的反馈来为学习者的写作过程提供支持。Xu & Peng（2017）探讨了移动辅助口头反馈在汉语二语教学中的应用。研究者尝试通过智能手机社交通信应用程序 WeChat 探索移动辅助口头反馈的特点，并研究学习者对其的看法。对平台录音的分析结果显示，移动辅助的纠错反馈以显性纠错为主，主要针对语法和词汇等方面。调查结果也显示了学习者对此的积极态度。

同步及异步纠错反馈问题在技术背景下得以突出。在 2012 年 CALICO 会议上，有研究者做了关于在基于文本的 SCMC 二语学习环境中纠错反馈有效性的报告。该研究以中级德语和西班牙语学习者为对象，分析他们在 SCMC 环境中与教师进行论文修改任务的互动。在看似自然的情况下，教师会提供隐性纠错反馈。结果表明，约 72% 的重铸引起了学习者的关注。此外，不同于大多数实验研究，Fredriksson（2015）对不同母语背景且不同语言水平学生在网络学术语言课程中的同步书面聊天互动进行了一项探索性研究。主要基于定量分析，研究者阐述了二语学习者的参与、其话语的复杂性和自我纠错，以及纠错反馈的机会是如何受到小组影响的。Shintani（2016）采用案例研究的方法，调查了 EFL 写作任务中以计算机为媒介的同步纠错反馈（在学生写作时提供）和异步纠错反馈（在学生完成写作后提供）的特征和差异。

近年来，一些针对用于纠错反馈的系统或应用程序的研究逐渐兴起。Heift & Schulze（2007）介绍了人机交互方面的研究，这些研究均适用于通过基于解析器的软件为外语学习者生成的纠错反馈。Li & Akahori（2008）介绍了一种支持手写纠错系统的开发和评价，该系统用于日语书写教学，带有音频和播放画笔的功能。Nagata（2009）介绍了一种包括偏误检测器和反馈生成器的 NLP 系统，该系统可用于机器人教师开发。De Vries et al.（2015）进行了一项基于 CALL 系统的研究。该系统使用 ASR 处理学习者的回答并发现偏误，以便对学习者提供及时的纠错反馈。研究数据包括前后测成绩、练习日志和学习者对系统的评价。实验研究结果显示，学习者对目标特征的熟练程度均提高了。接受自动纠错反馈的那组学习者对系统的评价更积极。McCrocklin（2019）指出，早期基于 ASR 的听写程序缺乏准确性和对二语发音练习的显性反馈，因此研究者采用定性的方法从学习者的角度进行了进一步探讨。根据参与者的报告，就一个理想的程序而言，发音练习的便利和更多支持是非常重要的。类似的研究为相关程序的开发提供了积极的启示。

三、不同技术应用下的反馈特点

语言教育技术与反馈研究相结合催生的研究问题很多，既包括前面分析的反馈主体和纠错反馈，还包括技术的反馈功能和反馈的不同形式等。

（一）计算机技术的应用

不同的设备为生成反馈做出了贡献。以计算机为例，早在 2002 年，EuroCALL 会议就将 CALL/ 网络增强语言学习中的评价、反馈与指导作为分议题之一。这些议题也是历年 CALICO 会议所关注的，具体包括：通过对关键词搜索答案的分析使计算机提供有针对性的反馈（2003）；利用 CALL 程序详细地记录学习者的使用信息和反馈情况，进而分析间或关注语言形式的反馈和负面反馈在高级学习者语言习得中的作用（2005）；开发 CALL 程序中的适应性反馈，用以帮助理工科 EFL 学生获得类似课堂上教师提供的反馈，并提高他们理解本学科课文的能力（2005）；以计算机为媒介的反馈对二语写作修改的影响（2008）；计算机向语言学习者提供反馈的最佳时机（2014）；等等。可以看出，目前计算机生成的反馈呈现多样化特征，既有有关语音产出的实时反馈（Brett，2004），适用于阅读练习的以提示形式提供的改进性反馈（Murphy，2010），也有针对书面作业的 AWE（El Ebyary & Windeatt，2019）。

还有一些设备在辅助提供反馈和及时记录反馈方面做出了尝试。例如，在 2006 年 CALICO 会议上，有研究者演示了如何使用音频增强的屏幕捕获视频来提供反馈。在 2011 年 CALICO 会议上，有研究者分析了反馈系统在为语言学习设计的基于位置的手机游戏中的使用。Ko（2019）对学习者使用智能手机和社交媒体来获得二语词汇学习中移动辅助反馈的情况进行了调查。研究者根据调查结果指出，技术在帮助学习者及时获得高质量的反馈并保持其参与度方面起着至关重要的作用。从上述研究可以看出，利用计算机及相关技术详细记录反馈过程，不仅为深入研究反馈对习得效果的影响奠定了基础，也为以计算机为媒介的反馈程序的开发提供了数据支持，未来研究出现向加强反馈的针对性、即时性、准确性发展的趋势。

（二）多媒体技术的应用

多媒体技术应用在反馈研究领域主要体现在丰富反馈形式上。CALICO 会议对技术增强后的反馈在实际教学中的应用给予了持续关注，相关研究包括：分析多媒体技术在为学生口语表达行为提供反馈方面的优势，这些表达行为包括演讲、学习者之间的对话等（2004）；将可视化反馈应用于英语疑问句语调教学（2013）；文本反馈与音频或视频反馈在质量上的区别，以及这种数字反馈对学生修改的影响问题（2016）；通过在线视觉反馈改善汉语母语者英语语调（2017）；等等。可以看出，各种媒体形式的反馈都得到了研究，其中视听模态的反馈是研究重点。

在反馈的有效性方面，Hew & Ohki（2004）探讨了图像和电子视觉反馈在促进学习者日语发音技能习得方面的有效性。Carey（2004）采用行动研究的方法，报告了基于计算机的视觉反馈系统对提高 ESL 发音者的元音质量的有效性。Tochon（2013）回顾了视频反馈的历史及其在外语教育中的作用。

为了更大限度地发挥技术所长，不仅需要重视师生的看法，也需要深入探讨影响技术效果的各种因素。历年的 CALICO 会议均有相关研究，例如调查教师对使用学习软件的看法，该软件能够针对汉语声调生成视觉反馈（2002）；学习者对反馈关注的影响因素研究，研究结果表明，二语形式在环境中的复杂性和反馈传递方式（例如多媒体）是可能的调节因素（2009）；教师和学生在 ESL 写作中对屏幕录制和文本反馈的看法问题（2016）；等等。

（三）网络技术的应用

网络技术为在线反馈提供了强有力的技术支持。在 CALICO 会议上有如下相关研究：为帮助学习者自我评价口语能力创建在线诊断性测试并提供反馈信息（2006）；使用在线诊断评价系统为外语学习者提供个性化自动反馈（2012）。基于网络的可提供在线反馈的教学资源也得到开发。在 2005 年 CALICO 会议上，有研究者提到具有智能反馈功能的在线语言教材。

在教学实践方面，Chiu & Savignon（2006）采用案例研究的方法，探讨了网络写作教学中反馈与修改的关系。在后续教学效果方面，有研究者在 2015 年 CALICO 会议上，讨论了英语学习者对两种类型的自动化成绩测试反馈的反应，以及反馈类型对后续测试表现的影响问题。Strobl（2015）研究了学习者对复杂写作任务中不同的在线反馈类型的感知，以及这些反馈类型与他们实际的写作学习之间的关系。Yang（2018）报告了学习者如何通过基于网络的协作写作中的间接反馈来构建新的语言知识。

（四）其他应用案例

技术的可移动性增加了反馈的便捷性。在 2017 年 CALICO 会议上有研究者提及使用移动设备在 EFL 教学实践中提供远程反馈。在自动化反馈方面，除了前文提到的自动纠错工具的开发外，在 2009 年 CALICO 会议上，有研究者做了关于基于 NLP 的程序，即智能学术语篇评估器有效性的研究报告，报告重点是该程序中与语篇相关的智能形成性反馈。Chukharev-Hudilainen & Saricaoglu（2016）介绍了具备自动反馈功能的 AWE 工具的开发，该工具能为学习者提供适用于因果关系语篇的自动形成性反馈。Wilken（2018）采用案例分析的方法，研究了强化英语课程班级中的学习者在 AWE 项目中对母语注释反馈的理解和使用情况。在 2019 年 CALICO 会议上，有研究者做了关于通过应用程序针对二语流利度提供自动实时反馈的报告。另外，将 NLP 技术用于自动反馈研究是可以尝试的方向。2003 年 CALICO 会议上就探讨了该问题。研究者指出，NLP 的应用可以加快 CALL 的开发速度，减少专业人员的参与，并且可以提供几乎无限量的语言示例。2012 年 NLP4CALL 会议的主议题是：将 NLP 领域的技术应用于 CALL 系统中，为 CALL 应用增加某种智能并改善其提供反馈的能力，但目前来看应用的水平仍然有限。

综上所述，技术在反馈研究中的作用不仅表现在提高反馈效率，更表现在自主生成反馈。这里的"反馈"已经不仅仅局限于互动中的纠错反馈，还拓展到异步的、书面的多层次、多角度的反馈。其成果更具针对性，既能为教师在教学实践中根据学生的情况利用技术给予适当的反馈提供帮助，也能为相关技术的精准开发、完善提供参考。

第六节　数字化环境下的语言认知过程及相关因素

认知心理学（Cognitive Psychology）是以信息加工观点为核心的心理学，其研究范围包括感知觉、注意、表象、学习记忆、思维和言语等心理过程或认知过程（王甦、汪安圣，1992），其中涉及的言语知觉、语言理解与产生等问题和语言教学与研究领域出现了交叉的趋势。本节主要就数字化环境下的知觉、记忆和认知负荷等问题展开讨论，并探讨其对语言教学和学习的启示。

一、知觉

知觉（perception）将感觉信息组成有意义的对象，是现实刺激和已贮存的知识经验的相互作用的结果（王甦、汪安圣，1992）。知觉的一个有代表性的定义是"指把来自感觉器官的信息转化成对目标、事件、声音和味道等的体验的过程"（Roth，1986）。在语言教学或学习中，如何发挥技术的优势来提供刺激、强化知觉是学者们关注的焦点，这方面的研究主要涉及计算机技术、多媒体技术和网络技术应用等。

（一）计算机技术的应用

计算机等设备作为一种新的视听知觉的渠道，很早就引起了学者们的注意。2000年和2007年CALICO会议议题分别涉及计算机听写程序和iPod对听力理解的影响问题。在2001年CALICO会议上，有研究者做了关于初中级ESL学习者阅读理解是优先选择屏幕上显示的文本还是纸上显示的文本的比较研究报告。在2002年该会议上，有研究者探讨了在计算机上以数字方式捕获的DVD材料如何帮助学生依赖先验知识来完成理解，提高语用意识的问题。可以看出，计算机技术相关研究在充分结合人类知觉特性的基础上，一直在为帮助学生积极主动、全面深入地理解语言新知做出努力。相关研究包括使用CALL学习词汇对词汇知识、阅读理解和单词识别速度的影响（Tozcu & Coady，2004），以计算机为媒介的注释在二语阅读理解和词汇学习中的应用（Abraham，2008），计算机辅助发音朗读对学习者感知和产出关键超音段特征（停顿、重音、语调）的影响（Tanner & Landon，2009）等。

另外，辅助理解的软件、工具及系统相继得到开发，相应的可行性及有效性研究也随之展开。在2007年CALICO会议上，有研究者介绍了具有划分单词边界、提供单词含义功能的软件，并评价了该软件在帮助阅读理解方面的有效性。Warren，Elgort & Crabbe（2009）经研究发现韵律信息对语音练习软件的可理解性很重要。Kerins & Ramsay（2012）报告了可以帮助学习者反思其写作准确性的学习工具的开发情况。研究者指出该工具能够提高学习者对语法范畴时、体的语言意识。

（二）多媒体技术的应用

多媒体技术为学生形成综合知觉创造了条件。第一，在文本技术方面，字幕对学生感知理解的影响是研究热点之一。相关研究包括不同类型字幕对外语学习者词汇或语段理解的影响（Markham，Peter & McCarthy，2001；Wang，2019），不同程度的字幕支持对学习者听力理解的作用（Leveridge & Yang，2013；Yang & Chang，2014），以及带字幕视频对ESL学习者理解视频内容的影响（Teng，2019）。大部分研究结果显示，字幕有助于增强学生对文本的理解。但也有个别研究发现字幕不影响理解和意义回忆（Montero Perez et al.，2014）。另外，也有研究聚焦于其他感觉媒体对学生文本理解的影响和作用。Gruba（2004）探讨了学习者在理解过程中如何关注动态的视觉元素。研究者提出了一个关于二语视频文本理解的7类框架。Cross（2011）以双重编码理论为基础，探讨了视觉内容在二语学习者理解新闻视频文本中的作用。Sato，Matsunuma & Suzuki（2013）尝试开发具有时间控制功能的词汇学习多媒体应用程序，实现单词解码自动化，释放更多的工作记忆，从而帮助学生更好地理解文本。

第二，利用视频技术增强学生理解是历年 CALICO 会议关注的问题，相关研究包括：使用基于视频剪辑和静态图片的交互式练习辅助阅读理解（2000）；对学生如何根据真实视频材料一起完成听力理解活动进行调查（2011）；通过视频学习模式将文化和语言教学结合起来，提高学生听力理解能力（2016）。另外，还有如下报告聚焦于学习者的视频理解能力：调查俄语二语学习者完成的听力任务对其视频即时理解和记忆的影响（2004）；调查文本加声音或图片加声音对学习者理解网站视频材料的影响（2006）；总结支持视频理解研究的认知和社会文化理论范式（2008）；等等。可以看出，视频技术对学生理解的增强作用在研究中得到了证实，而学生视频理解能力的影响因素还有待深入探讨。

第三，超文本、超媒体技术常常被用于辅助学习者的感知和理解。在 CALICO 会议上有如下相关研究：使用超媒体课件提高 EFL 学习者对一组英语音素的感知能力（2001）；EFL 读者在阅读过程中对待超文本的方式及其阅读理解相关问题（2002）。值得注意的是，注释技术在辅助学习者二语理解方面起到了重要的作用。Yanguas（2009）以注意理论为基础，探讨不同类型的多媒体注释，即文本注释、图示注释和文本加图示注释，在以理解计算机化文本为目的的情况下，对文本理解和词汇学习的影响。Chang & Hsu（2011）研究的是将一个具有即时翻译注释功能的系统用于增强和提高 EFL 读者阅读理解能力的可行性。Varol & Erçetin（2019）探讨了二语电子阅读理解的影响因素。研究发现，注释内容对阅读理解的影响取决于测量理解程度的任务类型，而注释位置对阅读理解的影响则不那么明确。可以看出，对注释技术辅助理解所起作用的认识是不断深入的。一方面，注释类型不断细化；另一方面，注释发挥作用的条件得以挖掘和揭示。

（三）网络技术的应用

在网络环境中，学生会形成自己的整体认识和理解，其中各种在线资源及工具对学生知觉的作用研究相对突出。在 2000 年 CALICO 会议上，有研究者探讨了从网络材料中进行二语理解学习的效果。Rott & Gavin（2015）探讨了在互联网上阅读和研究时，二语阅读的多种文本来源与意义的建构、监控和评价过程的相互作用。Levak & Son（2017）调查了使用"第二人生"和 Skype 这些在线工具对听力理解的帮助。研究者采用混合研究方法，将前测、后测的定量数据和深度访谈的定性数据相结合进行分析。研究结果表明，这两种工具都对听力理解能力的发展产生了积极的影响。

二、记忆

人通过知觉从外界获得信息，然后贮存在记忆系统中，这是常见的记忆现象。记忆在学习过程中处于突出的地位。学习和记忆涉及呈现学习材料时的编码（encoding）阶段、贮存（storage）阶段和提取（retrieval）阶段（Eysenck & Keane, 2000）。语言教育技术的飞速发展推动了记忆相关研究。学者们关心的问题聚焦在如何通过技术改善编码效果，促进记忆的保持和提取。

计算机技术与记忆研究呈现出相互影响的良好态势。在 2000 年 CALICO 会议上，有研究者做了关于当前人类记忆和知觉（主要是视觉和听觉）研究对 CALL 设计的影响的报告。Grace（2000）探讨了母语翻译对刚开始参加 CALL 课程的法国男女学生词汇保持的影响。Gettys, Imhof & Kautz（2001）讨论了在线注释的最佳方式问题。对提供二语单词的句子级对等翻译和基本词典形式两种注释方式进行比较研究的结果显示，后者对词汇保持的效果更好。Oberg（2011）比较了基于 CALL 和基于卡片的方法在词汇习得及记忆保持效果上的异同。研究发现两组之间无显著差异。后续调查显示，学习者对 CALL 方法略有偏爱。Chukharev-Hudilainen & Klepikova（2016）进行了一项实证研究，评价了能够间隔重复目标词汇项的 CALL 工具对外语词汇保持的有效性。值得一提的是，研究者采用了药理学和医疗保健等高风险领域常用的双盲实验设计并证明了其可行性。可以看出，如何充分发挥不同技术对词汇保持的辅助效应是研究关注点。

在电子资源方面，Laufer & Hill（2000）调查了学习者对新单词的查询与其对这些单词的记忆程度之间的关系。学习者在 CALL 词典中查找未知单词并完成阅读理解任务。研究发现，不同的学习者查找偏好有差异；学习者借助多种词典信息，例如英文解释、母语翻译、声音、词根和额外信息等，可以加强单词记忆。Peters（2007）比较了词汇测试通知和任务引起的单词相关性这两个增加条件，在完成阅读任务期间，对二语学习者在线词典的查找行为及随后的词汇保持的影响。研究发现，词汇记忆只受单词相关性的影响，且这种影响具有持久性。Dziemianko（2017）研究了词典形式（纸张或是电子形式）在语言接收、产出和保持中的作用。研究结果表明，词典介质对语言的接收和产出没有统计学上的显著影响，但对语言保持影响显著。游戏形象生动，具有趣味性，有助于形成感觉记忆，常被用于改善记忆效果。Hitosugi, Schmidt & Hayashi（2014）采用混合研究的方法，探讨了联合国赞助的电子游戏"粮食部队"（Food Force）对日语二语学习者情感、词汇学习和记忆保持的影响。Franciosi et al.（2016）对模拟游戏"第三世界农民"（3rd World Farmer）用于提高学习者目标语词汇长期记忆效果的可行性进行了准实验研究。

对信息进行搜索或提取的过程就是回忆。技术如何作为诱因促成信息的提取是比较集中的研究问题，其中多媒体技术因具有丰富的视觉元素，更多地受到了研究者的重视。Sildus（2006）研究了视频交互式练习和输出为主的词汇练习与学生词汇回忆测试成绩之间的关系。在 2017 年 CALICO 会议上，有研究者探讨了多媒体呈现方式下的声效与发音对外语词汇保持和回忆的影响。180 名被试接触新的二语单词，单词呈现方式分为：声音效果、发音、声音效果加发音，以及完全没有音频的控制条件。研究结果显示，有声音效果的词汇得分明显较高，而与没有音频的对照条件相比，单独发音没有显示出显著差异。在计算机技术应用方面，Eftekhari & Sotoudehnama（2018）探讨了电脑阅读与纸笔阅读对 EFL 学习者对议论文的理解、保持及回忆的影响。

三、认知负荷

认知负荷理论（Cognitive Load Theory，简称 CLT）认为，人的工作记忆容量是有限的，有一定的信息存储空间，如果认知资源分配不足，就会影响活动效率。因此，需要准备有效的教学材料，通过将认知资源导向与学习相关的活动来促进学习。（Chandler & Sweller，1991）

关于数字化环境下的认知负荷问题，在理论和实践方面均有探讨。例如，在 CALICO 会议上，有研究者考察了学习者在阅读带有多媒体注释的材料时，其外部认知负荷及个体在空间能力与先验知识方面的差异对故事理解的影响（2003）；还有研究者专门介绍了 CLT 并探讨其对 CALL 的正面和负面影响（2014）。此外，Chen & Hsieh（2008）探讨了移动语言学习环境中的内容适应问题。研究者指出，根据 CLT，提供过多的信息可能会产生较高的认知负荷，并导致烦躁和注意力不集中。Wagner-Loera（2018）以美国强化英语项目中的一门大学 ESL 综合技能课程为例，介绍了具有翻转因素的降低认知负荷课堂教学方法。研究者指出，该方法能够让学习者在可控的认知负荷环境下使用英语，提高其能力和信心。可以看出，CLT 为适量使用技术资源提高学习效率提供了理论依据，在实践研究中也得到了检验。

值得注意的是，了解二语学习者认知过程中对语言产生知觉和记忆的规律，有助于教学工作者更精准地进行教学设计、开发教学资源。相关交叉研究成果丰富。

在教学设计方面，De la Fuente（2014）比较了两种类型的听觉输入传递媒介（学习者控制的 MALL 和教师控制的语言学习）对学习者注意和理解水平的影响。研究结果表明，MALL 组的学习者报告的注意和总体理解水平显著提高。研究结果对移动技术的使用和基于任务的听力活动设计具有启发意义。Roy（2014）指出，由于已有研究证实，在语言课堂上讲授分析思考问题的技巧，对培养学生的批判性思维能力是有效的。因此，研究者提出在基于任务的语言学习中，开展网络分析练习和相关的网站设计方面的教育，让学生撰写报告，将有助于加强学生的写作训练并促进其批判性思维能力的发展。

在教学资源方面，相当多的研究利用认知效果作为各类学习词典运用和评价的标准。Koyama & Takeuchi（2007）通过两项实证研究调查了日本EFL学习者在手持电子词典和印刷词典时查找行为的差异。研究重点是学习者的查找频率与文本阅读理解程度之间的关系。研究发现，尽管手持电子词典可能会增强学习者的查找行为，但查找频率增加并不一定能确保学习者的阅读理解能力得到提高。该研究结果能够促使教学资源开发者进行反思，进而做出改进和完善。

对上述研究进行整体分析可以发现，从研究内容上来看，词汇的认知过程是研究重点，语法、语段研究相对较少。从研究方法上来看，心理学领域常用的实验研究方法得以广泛应用的同时，也出现了一些创新的思路，例如双盲实验设计（Chukharev-Hudilainen & Klepikova，2016）、混合研究方法（Hitosugi，Schmidt & Hayashi，2014；Levak & Son，2017）等。

四、相关其他问题

与技术相关的语言认知研究涉及的问题很多，下面主要从社会认知、认知类型和认知策略三方面展开，在探究技术影响的同时，尝试为今后该领域的研究提出建设性意见和看法。

（一）社会认知

社会认知是社会心理学中的一个研究方向。社会认知理论（Social Cognitive Theory）用三元交互因果关系来解释社会心理功能。在这个因果模型中，行为、认知和其他个人因素，以及环境事件都是相互影响的双向决定因素（Bandura，1988）。技术构建的环境创造了一个虚拟空间，作为知觉主体的学习者在数字化环境下显示出的兴趣、需求、动机、价值观等都值得研究。

从社会认知的角度来看，关于学习者自我效能感的研究值得注意。自我效能感与人们对有能力改变那些影响他们生活的事件的信念有关（Bandura，2010）。学生对调节学习和掌握学术活动的自我效能感，决定了他们的志向、动机水平和学术成就。教师的自我效能感可以激励和促进学生学习，从而影响他们所创造的学习环境类型和学生的学业进步水平（Bandura，1993）。在2002年CALICO会议上，有研究者探讨了ESL学习者在计算机网络交互模式与面对面互动模式下的自我效能感及语言学习焦虑问题。Zheng et al.（2009）探讨了在类似3D游戏的虚拟世界中EFL学习者的情感因素。对比研究发现，虚拟世界中的学习者在使用英语的自我效能感、对英语的态度，以及对电子交流的自我效能感方面评价更高。研究者据此指出，虚拟世界可以为学习者提供空间，增强其自信和舒适感，并克服学习英语的文化障碍。也有研究将自我效能感作为游戏和应用程序开发和运用的评价指标之一。Rachels & Rockinson-Szapkiw（2018）采用准实验、前测和后测、非等效对照组的设计，研究了移动游戏化应用程序 Duolingo® 对西班牙语学习者成绩和学习自我效能感的影响。采用自适应学习量表中的学习效能感分量表对学习者进行评价，与传统面对面教学的对比研究显示，未发现显著差异。可以看出，虚拟环境在提高学习者自我效能感方面的作用得到了一定的证实，但还有改进的空间。

网络所具有的社交功能打破了人与人之间的时空界限，在研究社会认知方面有独特的优势。Arnold & Ducate（2006）以两所不同大学的为期一个学期的外语方法论课程之间异步讨论笔录作为研究对象，调查了准外语教师在在线环境中的社会临场感和认知临场感。研究结果表明，参与者不仅对教学主题的认知有了进步，而且还利用社会临场感来帮助他们进行讨论。Uzum（2010）从社会认知的角度对 CMC 中的协同效应进行了研究。研究数据包括聊天记录和学生的刺激回忆报告。研究结果表明，在 CMC 环境中，参与者在流利度、准确性、词汇和语法选择、内容一致性和意义协商等方面表现出彼此协同，以及与交互环境的一致。可以看出，网络环境中的社交互动所反映出来的社会认知问题正在日益受到学者们的重视。正如 Felix（2005）所提出的，"需要将社会建构主义活动与认知建构主义活动相结合，并纳入个性化的ICALL系统"。

（二）认知类型和认知策略

根据《朗文语言教学及应用语言学辞典》的界定，认知类型（cognitive style）指的是学习者进行学习的具体方式，场依存性和场独立性是两种常见的认知类型，其中场依存性指如果一个学习任务有许多项目，学习者总是把它们作为一个整体看待；而相对的，场独立性指学习者能够辨认或集中于特定项目，不受背景或上下文中其他语言项的干扰。现有研究多集中在不同的认知类型在数字化环境中的不同表现上。在2005年CALICO会议上，有研究者探讨了学习者场独立性、场依存性认知类型与他们在基于CALL的听力练习中的表现之间的关系。Chapelle & Heift（2009）研究了场独立性、场依存性与CALL程序中学习者行为的关系。研究旨在了解场独立性、场依存性与通过CALL学习的满意度和成功之间的相关性。

认知策略指学习者用以提高学习及记忆能力，特别是在执行具体课堂任务和活动使用的过程和行为（Richards, Platt & Platt, 1992）。计算机及网络技术能为学习者提供多样化的练习和资源，在使用过程中学习者的认知策略值得研究。在 2001 年 CALICO 会议上，有研究者调查了学习者完成 CALL 应用程序中的交互性活动，例如多项选择、填空、拖放活动等时，采用的认知策略。Smidt & Hegelheimer（2004）研究了学习者在参与在线学术讲座和调查问卷等 CALL 活动时，使用的认知策略在水平和性别上的差异。可以看出，学习者的认知策略不仅存在个体差异，也会因技术条件而异，其中的多维研究视角值得关注。

元认知策略（metacognitive strategy）是学习策略的一种，包括对学习过程中所运用的心理过程的选择、学习时对学习的监控、学习后对学习过程的评估（Richards, Platt & Platt, 1992）。数字化环境下学习者的元认知特点及发展是可以探索的研究方向。例如，在 CALICO 会议上，有研究者做了关于智能课堂中二语习得发展研究的报告。研究者从语言、认知和元认知三个角度收集信息，试图采用纵向实验研究的方法解释元认知对英语二语学习者的重要性（2002）；另有研究者探讨了数字录音软件的使用如何促进学习者之间的元认知练习，改善其二语发音的问题（2012）。De Andrés Martínez（2012）以在线语言学习交互的特定功能和设计为研究重点，从教学法和用户界面的角度讨论设计的实用性。研究者尝试提出策略，使学习者具有自主性，通过博客促进协作并发展元认知。Yeh（2015）开发了一种基于元认知的在线写作系统，该系统包括计划、监控、评价和修订阶段，并研究了这种系统如何帮助学习者在学术写作中理解和应用体裁知识。研究数据包括行动日志、论坛讨论记录和开放式问卷。采用描述性统计、典型案例抽样和持续比较法对数据进行分析。研究结果表明，在线写作系统可作为有用的认知刺激，以提高学习者的元认知意识。Tan, Chen & Lee（2019）开发了一种基于数字笔且具有奖励机制的学习系统，并进一步考察了该系统在指导学习者通过元认知过程有效地使用帮助选项来发展听力技能方面的可行性。可以看出，技术对元认知的促进作用得到了大多数研究成果的支持，相关工具和系统得以开发。另外，学者们开始探讨数字化环境下学习者元认知意识的影响因素。在 2008 年 CALICO 会议上，有研究者做了关于通过自主学习平台探索 EFL 学习者的元认知信念与其自主性之间联系的报告。

多媒体技术和虚拟环境在元认知教学实践中发挥了重要的作用。在 2004 年 CALICO 会议上，有研究者探讨了多模态虚拟语言学习环境中元认知知识、有效策略使用与学习者自主性之间的联系问题。Bozorgian & Alamdari（2018）通过对话互动来研究元认知教学对伊朗 EFL 高级学习者多媒体听力及其在听力理解中的元认知意识的影响。实验组和对照组的比较研究显示了元认知教学的积极影响。Park（2018）则从专门用途英语评价的角度，对考生在虚拟测试环境中进行互动所产生的口头报告数据进行分析，研究发现在进行虚拟互动任务时，考生使用了各种认知策略、元认知策略和沟通策略。

综上所述，数字化环境下的人际关系、社会群体和社会角色等都与传统语言学习环境存在差别，学习者在其中表现出的认知类型和认知策略上的差异，值得学者们深入探讨。相关研究成果不仅对语言教学有所启发，也能助力学习系统的开发，为打通学科理论与技术应用的壁垒打下良好基础。

第七节　数字化环境下的习得与认知研究新动向[1]

教育技术与语言学习的深度融合使语言学习得以更加广泛地开展。语言教育技术领域的相关研究内容已经从关注技术类别和应用形式，延伸到探究在技术支撑或技术构建的环境下语言学习的重要问题和根本性问题，因此有必要对新的数字化环境下二语习得研究出现的若干新动向进行分析和总结。本节主要从以下两个视角展开论述，首先从国际会议分析习得研究新动向，然后从国际外语教育技术期刊中分析习得相关的研究热点。

一、从国际外语教育技术会议看习得研究新动向

EuroCALL、CALICO、ICT4LL、GLoCALL 和 NLP4CALL 是国际上外语教育技术领域重要且专门的学术会议。近七年来，除 GLoCALL 于 2016、2020 年各停办一次，以及 CALICO 于 2020 年停办一次外，其余均按年度举办。通过对以上共 32 届次会议的主题、子议题的分析，可以从中了解外语教育技术的发展脉络、趋势，以及当前状况和新的增长点。以二语习得为例，在考察外语教育技术发展过程中可以欣喜地看到，二语习得研究很重视教育技术的影响，已经开展相关研究并由此引发新的研究课题。

会议主题是会议的中心思想，也是当前研究者关注的重要问题；子议题是会议主题的具体展开。通过对 32 届次会议主题和子议题中与习得相关的主题与子议题汇总，可以得到如下结果（见表 6）。

---

[1] 本节摘自郑艳群. 数字环境下语言习得研究的国际动向 [R]. 第二届汉语视听说教学理论与应用研讨会暨新媒体数字环境下的汉语教学创新研究学术研讨会，2018 年 10 月 27 日，北京。略有改动。

第五章 数字化环境下的语言习得与认知

表6　2015—2021年度与习得相关的会议主题和子议题

主题或子议题名称	会议名称	议题或子议题	年份
E-Learning, Collaborative Learning and Blended Learning（数字化学习、协作学习和混合学习）	GLoCALL	子议题	2015
Evolving Interactions in Digital Language Learning（数字化语言学习中的演进性互动）	CALICO	议题	2016
Theoretical, Empirical, and Experimental Investigations of First, Second and Bilingual Language Acquisition Bring Together Researchers from Different Fields with a Shared Interest in Language Acquisition（第一、第二和双语语言习得的理论、实证和实验研究，使来自不同领域、对语言习得有着共同兴趣的研究人员汇集在一起）	NLP4CALL	议题	2017
E-Learning, Collaborative Learning and Blended Learning（数字化学习、协作学习和混合学习）	GLoCALL	子议题	2017
Environments for Interaction and Learning（互动和学习的环境）	EuroCALL	子议题	2018
E-Learning, Collaborative Learning and Blended Learning（数字化学习、协作学习和混合学习）	GLoCALL	子议题	2018
Telecollaboration and CMC（远程协作和CMC）	EuroCALL	子议题	2019
Applying SLA Principles in CALL（在CALL中应用SLA原则）	EuroCALL	子议题	2019
Studies on Language Acquisition（语言习得研究）	ICT4LL	子议题	2019
Using the Internet for Cultural Exchange（利用互联网进行文化交流）	GLoCALL	子议题	2019
E-Learning, Collaborative Learning and Blended Learning（数字化学习、协作学习和混合学习）	GLoCALL	子议题	2019
Corpora and Language Learning（语料库和语言学习）	EuroCALL	子议题	2020
Formal and Informal Learning（正式和非正式学习）	EuroCALL	子议题	2020
Intercultural Learning（跨文化学习）	EuroCALL	子议题	2020
Learning Analytics（学习分析）	EuroCALL	子议题	2020

续表

主题或子议题名称	会议名称	议题或子议题	年份
Telecollaboration and CMC （远程协作和 CMC）	EuroCALL	子议题	2020
E-learning, Collaborative Learning, and Blended Learning （数字化学习、协作学习和混合学习）	GoICALL	子议题	2021
Fostering Autonomous Learning through Technology （信息技术辅助自主学习模式的培养）	GoICALL	子议题	2021

从表 6 可以看出如下四个特点：

1. 关注语言习得领域中的"互动"，包括互动活动和互动环境。

例如，CALICO 会议于 2016 年以"数字化语言学习中的演进性互动"作为主题；GLoCALL 会议连续几年（2015—2021 年，除 2016 年和 2020 年未召开）的子议题中均包含"数字化学习、协作学习和混合学习"子议题；EuroCALL 会议于 2018 年以"互动和学习的环境"、2019 和 2020 年以"远程协作和 CMC"作为子议题。可以看出，这里既强调了"协作学习"中的互动活动，也强调了"远程学习"的互动环境。可见，"互动"在语言习得领域中的重要性同样在语言教育技术研究中体现出来。王初明（2011）指出，有效的语言习得植根于互动。强调互动，在一定程度上体现了语言教学以学习者为中心和重视语言输出的教学理念。

2. 关注习得理论研究，包括第一语言习得理论、第二语言习得理论和双语习得理论。

例如，NLP4CALL 会议于 2017 年以"第一、第二和双语语言习得的理论、实证和实验研究，使来自不同领域、对语言习得有着共同兴趣的研究人员汇集在一起"作为会议主题，足见该会议对习得理论研究的重视。另外，EuroCALL 会议于 2019 年以"在 CALL 中应用 SLA 原则"为子议题，体现了在 CALL 中重视第二语言习得理论研究的思潮。在此背景下，二语习得理论研究应面向当下学习环境的变化，积极关注计算机辅助语言教学环境中二语习得的新课题。

3. 紧紧围绕教育技术的定义，探讨数字化环境下的语言习得问题，体现了时代发展的需要。

例如，CALICO 会议 2016 年的主题中包含"数字化语言学习"，体现对学习的重视。从 EuroCALL、GLoCALL 会议的子议题中可以看出，其中包含的技术内容从网络技术、CMC、语料库技术等不同角度出发，探讨正式与非正式、远程学习、数字化学习、混合学习、跨文化交流和学习环境下的学习过程等问题。这些都是以往二语习得研究少有涉及的，是技术介入后出现的新课题。

4. 应用实证和实验的方法开展习得研究。

例如，NLP4CALL 会议在 2017 年会议主题中涉及了"实证和实验研究"，这正是二语习得常使用的研究方法。

二、从国际外语教育技术期刊看习得研究热点

System，*CALICO Journal*，*ReCALL*，*Computer Assisted Language Learning*，*Language Learning & Technology* 是国际外语教育技术领域重要且专门的学术期刊。这些期刊在业界非常有影响，是外语教育技术研究的重要参考。

对这些外语教育技术重要期刊 2015—2019 年间（全部期刊论文共计 1205 篇）与习得相关的论文题目及摘要的高频主题词进行密度可视化分析（Density Visualization），即可观测到与习得相关的主题词群分布特点（如图 8 所示）。

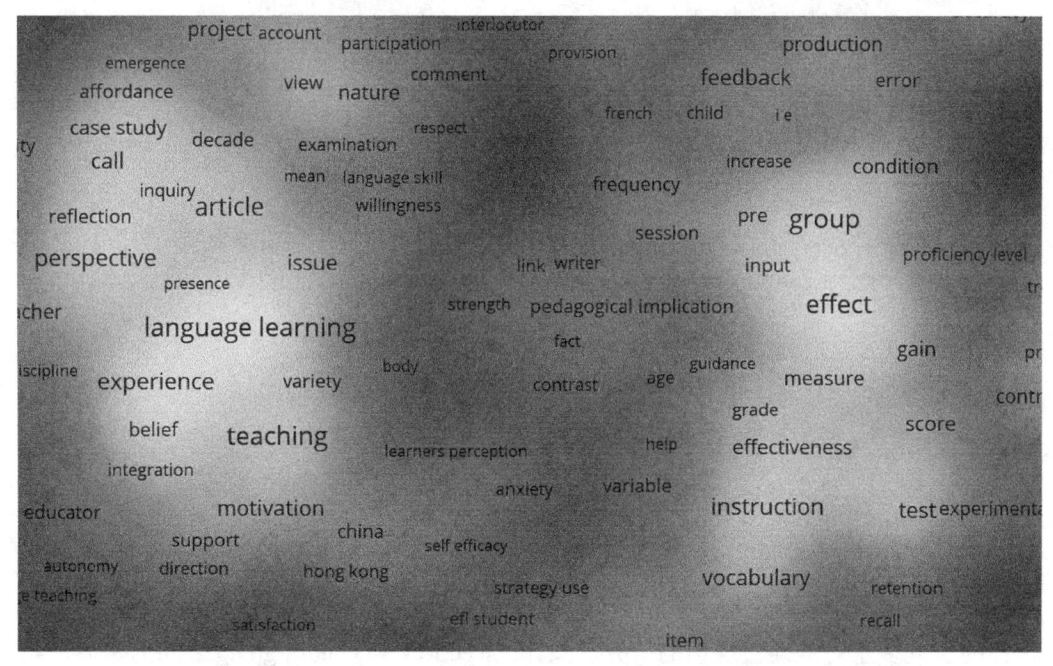

图 8　外语教育技术重要期刊与习得相关的高频主题词密度可视化图

该密度可视化图中区块颜色的明暗度和区块面积的大小代表了学界对习得领域相关研究问题的重视程度；这些高频主题词间距离的远近代表了它们之间相关性的

弱与强。由此可以快速地对数字化环境下习得研究领域中突出的类别进行观测，如 "language learning（语言学习）""effect（效果、影响）""group（组）""teaching（教学）""experience（经验）"等，以及"input（输入）""inquiry（调查）""effectiveness（有效性）"等。若在彩色的密度可视化图中出现红色区块，则表明这是绝对集中或突出的研究问题。本图中并没有出现该情况，说明现阶段在习得研究领域并没有显现出某个问题是特别集中或突出的。

利用软件 VOSviewer 对外语教育技术重要期刊 2015—2019 年间（全部期刊论文共计 1205 篇）与习得相关的论文题目及摘要的高频主题词进行网络可视化分析，可以观测习得领域中主题词间的关联关系，以及关联关系的远近（如图 9 所示）。

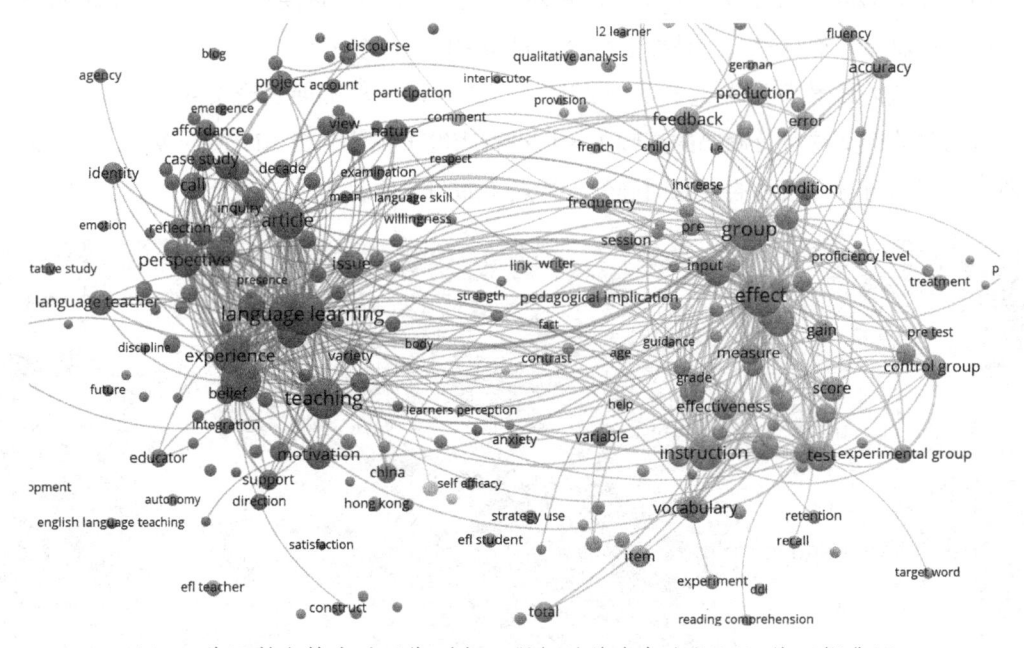

图 9　外语教育技术重要期刊与习得相关的高频主题词网络可视化图

主题词的共现关系可进一步揭示研究类别或研究手段与研究主题之间的关联关系。

例如，从图 10 中可以看到，feedback 和 error 之间的距离，与 feedback 和 accuracy 之间的距离相比，前者距离更短，表示关系更近，即在习得领域的反馈研究中，对偏误反馈的研究多于对准确性反馈的研究。又如，feedback 和 control group 之间的距离，与 feedback 和 case study 之间的距离相比，前者距离更短，表示关系更近，说明相比于案例研究，习得领域的反馈研究更多地应用控制组这样的自变量处理方法。

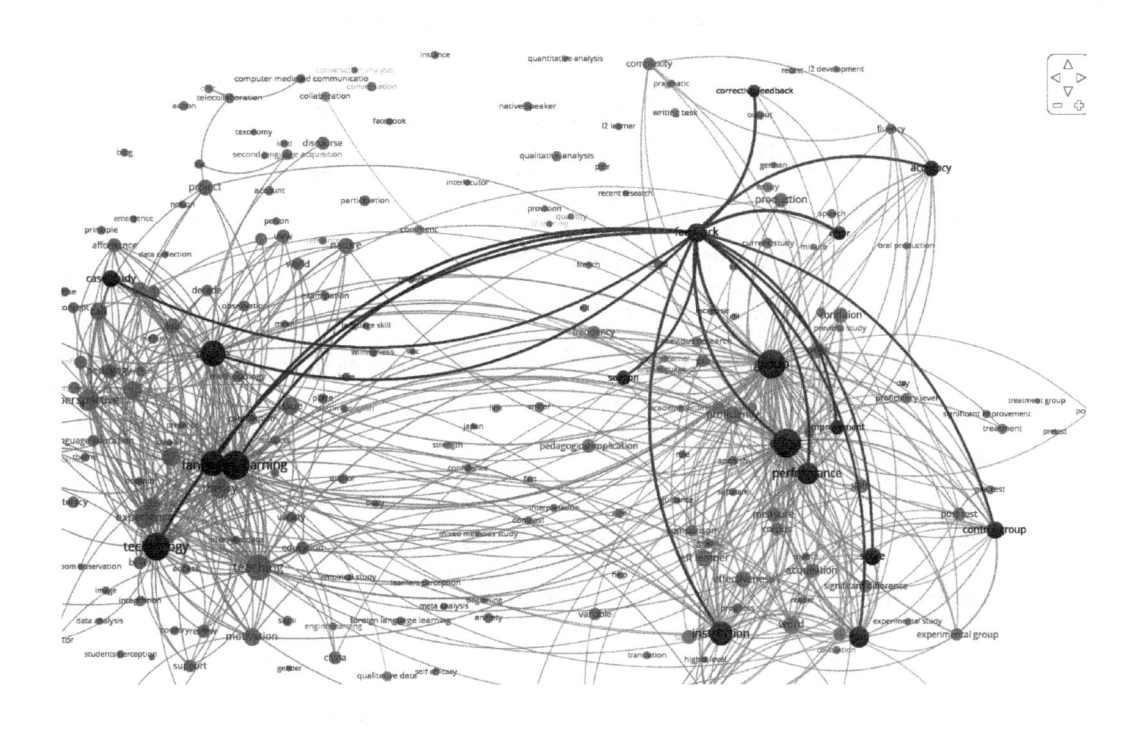

图 10　与 feedback 关联的主题词分布特征

综上可以看出，国际外语教育技术研究领域汇集了越来越多不同领域的，对语言习得感兴趣的研究人员。这些变化体现出习得研究的跨学科性质与学科交叉的发展趋势。正确地认识这些变化，有助于进一步认识语言教育技术的学科定位，及其在当下和未来语言教学和研究中的作用。数字化环境下语言习得研究的形成和发展过程是一个由技术不断向习得研究渗透、融合和延伸的过程，其跨学科范围的不断扩展在相关学科知识和研究方法层面都会给研究者带来挑战。研究者应积极拓展自己的跨学科知识，掌握跨学科的研究方法，开展跨学科的合作研究。另外，数字化环境下语言习得研究出现的热点和趋势也值得汉语国际教育领域关注。

思考与练习

1. 多媒体学习认知理论的基本假设是什么？如何将其与二语习得研究相结合？
2. 如何理解第二语言学习的"生态环境"？
3. 为什么说语料库在偏误分析中具有独特的应用价值？
4. 计算机技术是如何改善输入效果的？试举例说明。

5. 如何理解"输入与输出存在结合研究的可能性与必要性"这句话？
6. 在二语习得的互动中，与非母语者会话的对象有哪些？试举例说明。
7. 随着以计算机为媒介的互动研究的发展，学者们开始反思哪些问题？
8. "交互式视频"指的是什么？相关研究有哪些？
9. 观察和分析学习者的交互数据有什么作用？
10. 数字化环境下的互动研究有哪些特点？
11. 计算机技术在纠错反馈相关研究中的影响表现在哪些方面？
12. 从现有语言教育技术相关的反馈研究来看，涉及哪些媒体形式的反馈？其中研究重点是什么？
13. 认知负荷理论的基本假设是什么？如何将其与语言教育技术研究相结合？
14. 数字化环境下的认知过程研究在研究内容和研究方法上有什么特点？
15. 从国际外语教育技术会议与习得相关的主题和子议题中可以看出什么特点？
16. 举例说明习得研究的跨学科性质与学科交叉的发展趋势。

第六章 计算机化语言教学测试与评估

测试也称测验或考试,其基本任务是根据测试目的,借助专门的测量工具,设计合理的测量程序,获取有关被测对象的有用信息,计算、分析并呈现测量结果,从而对被测对象进行评价。这里对"测试""测验""考试"不做严格区分,统称为"测试"。评估是指估量、品评、测算,也称评价,是根据一定的教育理念或教育目标,按照科学的标准,运用一切有效的技术手段,对教学过程和教学结果进行测量,对教育现象做出价值判断,从而为优化教育和教育决策提供依据的过程。评估的对象可以是个人能力,也可以是课程质量等,评估可以通过面谈、观察,也可以通过考试进行。"评估"和"评价"在本章内容中所指相同,不做细分。简单地说,语言测试与评估就是对人的语言能力进行测试与评估的手段。语言评估在对学习者的语言能力进行评价时所采用的信息和方式比语言测试的范围更广,除了测试结果(分数等),也可以是学习者平时使用或学习语言的表现,还可以是教师、同学、其他相关人员的评价,甚至是学习者的自我评价,这些资料都可以作为语言评估的依据。而作为第二语言教育者和研究者,除了语言测试与评估外,我们也非常关注对教学过程和教学资源等进行评价。随着科技的发展,在语言教学和研究过程中,研究者已深刻认识到计算机化测试与评估的快速发展在二语教学和研究过程中所发挥的重要作用;而与此同时,计算机化语言教学测试与评估的发展反过来又促进相关技术取得更多的突破,得到更大的发展。

语言能力属于抽象的心理能力,语言测试是心理测量领域的一个分支。在心理测量领域中主要存在三大理论派别(或称三种理论模型),分别为经典测量理论(Classical Test Theory,简称 CTT)、项目反应理论(Item Response Theory,简称 IRT)

和概化理论（Generalizability Theory，简称 GT）。CTT 又称"真分数理论"，相关研究最早可追溯到 19 世纪末 20 世纪初，到 20 世纪 30 年代逐渐形成了比较完整的体系，20 世纪中叶该理论日臻完善，不但具有完备的数学理论形式，而且逐步发展至巅峰状态，实现了向现代测量理论的转化。CTT 的特点之一是，各种测验的参数均须从考生样本中求得，而计算机的诞生和发展给难度、区分度、内部一致性信度等各种题目参数的计算和分析带来了极大的便利。IRT 也称潜在特质理论或潜在特质模型，它是一种现代心理测量理论，其意义在于可以指导项目筛选和测验编制。IRT 出现于 20 世纪 50 年代，Lord 在 1952 年提出了一个双参数正态模型，这被视为 IRT 诞生的标志。随后又有研究者陆续提出 Logistic 模型、Rasch 模型等，IRT 在实践中得到发展。到了 20 世纪 80 年代，计算机的普及更使得 IRT 的应用和推广速度大大加快。（张凯，2013）然而由于计算方法复杂、应用条件严苛等原因，该理论在日常语言教学活动中并未广泛使用。GT 从 20 世纪 60 年代诞生（Cronbach, Rajaratnam & Gleser, 1963）到 70 年代提出多元 GT，在理论和方法上不断发展，为测验决策提供了系统的理论和方法。GT 是 CTT 中信度理论的扩展，弥补了 CTT 中误差不能分解的缺陷，通过实验设计和方差分析提高测验的信度（张凯，2013），GT 的应用和发展也得益于计算机的发展与普及。20 世纪 80 年代后期，GT 迅速发展，与 IRT 和 CTT 形成三足鼎立的局面，这三种测量理论共同构成了现代语言能力测评的理论基石。

  信息技术应用于教学测试的历史伴随着计算机的诞生而开始。早在 20 世纪 50 年代初，计算机就已经被用于统计测试的分数；20 世纪 60 年代，光电扫描仪（光电阅读机）研制成功，其应用与普及大大提高了客观题阅卷的准确率和工作效率，这为大规模标准化语言测试的阅卷提供了快速、实用、有效的解决方案，在客观上推动了标准化语言测试的发展；20 世纪 70 年代，计算机不但被用于进行常规的测试成绩统计和计算，它还被用于深入分析测试数据，辅助试题编制和测试质量监控；20 世纪 80 年代，人们开始研究计算机化测试，探索自适应测试技术，使人们借助计算机更加客观、准确、高效地测试学习者的知识水平和技能；20 世纪 90 年代，托福（Test of English as a Foreign Language，简称 TOEFL）等颇具影响力的大型语言测试开始实施"机考"，计算机辅助语言测试从研究到实践都引起越来越多的关注；进入 21 世纪以后，计算机化语言测试前沿研究显示，一些国家和地区的考试机构已经将计算机广泛应用于语言测试的全过程，并且与网络技术相结合，通过客观的测试，使测试的内容和测试方式更加有利于实现测试的目的，使测试的结果更为可靠、有效。如今，无论是试题库的建立和维护、试卷的生成和管理，还是试卷评阅、分数报告，都离不开计算机技术。计算题目参数、进行测试和题目等值、分数导出和报告也都需要计算机来完成。自动阅卷技术、试卷生成技术，以及自适应测试技术等在过去的几十年中都得到了长足的发展，这些没有计算机技术的支撑也是无以实现的。可以说无论是传统的评价方式，还是真实性评价、表现性评价、形成性评价、档案袋式评价等后来兴起的评估理念和评估手段，都越来越离不开计算机等教育技术的支持。特别是于动态评价而言，计算机技术的应用为及时诊断、反馈和即时、有效互动提供了保障。可以说，教育技术的发展与应用对测试与评估的发展和完善起到了积极的促进作用，而测试与评估的发展和完善反过来又推动相关工具的研发。

随着计算机技术和网络技术的发展与普及，计算机和网络在语言教学测试与评估中的应用成为研究热点。在 2002 年和 2008 年 EuroCALL 会议，以及 2011 年 CALICO 会议上，均有研究者做了有关计算机在语言测试中应用的报告；而 CALICO 会议相关议题还包括基于网络的在线语言测试及评估。在评估方面，技术也给教师带来了更多的便利性和可能性，在 2008 年 EuroCALL 会议，2005、2007 和 2009 年 CALICO 会议上，均有研究者做了关于电子档案袋作为评估工具的报告。Tony & Iona（2007）的专著有一个章节专门谈电子评估（E-Assessment），分别对电子档案袋（Electronic Portfolios）和电子测量（Electronic Surveys）的步骤方法、常见问题和解决技巧，以及电子评估的优势等进行了介绍，并提供出了多个应用实例。Thouësny & Bradley（2011）介绍了第一英语证书考试（First Certificate in English，简称 FCE）的在线测试课程和测试仪 InGenio FCE，对在线语言学习环境下的自我评估和教师评估进行了研究。Graney（2018）研究了英语翻转课堂中的形成性评价问题，将形成性评价融入课堂活动，在课前、课内和课后活动中对学习者的英语阅读能力进行形成性评价。值得关注的还有，21 世纪以来随着移动通信技术的发展和智能手机的普及，教育专家也开始将眼光投向这一重要领域，在 2017 年 ICT 会议上有研究者做了有关基于 Web 2.0 的移动式形成性评估工具的报告。此外，在 2019 年 CALICO 会议上，有研究者在报告中对基于计算机的语言评估与基于移动设备（手机）的语言评估进行了比较。

本章关注计算机化语言教学测试与评估领域的研究，围绕不同用途的计算机化语言测试、计算机化语言要素和技能的测试与评估、计算机化语言教学动态评价和数字化语言教学资源评价等问题展开。

第一节 不同用途的计算机化语言测试

测试及评估可以从多个角度进行分类。根据测试的目的与用途可以将语言测试大体上分为水平测试、成绩测试、诊断性测试、安置性测试和能力倾向测试五种类型。在过去的几十年中，随着计算机技术的不断发展和网络技术的普及，各种新兴教育技术不断被教育者和研究者运用于各种用途的语言测试，使得不同用途的计算机化语言测试得到进一步发展。

一、水平测试

水平测试，也叫能力测试或熟练程度测试（Proficiency Test）。它所测量的是人的语言能力。这种测试多用于人才选拔，具有较高的区分度。它通常不以任何教材、课程或教学大纲的内容为基础，没有特别明确的内容范围，也不考虑被试的国籍、母语背景或教育背景。它所关注的只是被试的语言水平高低，这是水平测试区别于其他类型测试的最突出的特点。

半个多世纪以来，人们对借助计算机技术和网络技术开展水平测试不断进行探索和实践，如今"机考""网考"对人们来说都早已不再陌生。从1998年7月起，托福考试在许多国家从传统的纸笔方式转变为电脑方式，称之为托福机考（Computer-Based Test，简称CBT），而当时在中国大陆、台湾、香港、澳门地区等仍采用原来传统的纸笔方式。2005年开始实行基于因特网环境的计算机化考试（Internet-Based Test，简称IBT），即通常所说的托福网考。托福网考首先应用于美国，随后于2005年10月在加拿大、法国、德国和意大利实施，并于2006年在全世界普及。中国大陆地区第一次托福网考的时间是2006年9月15日。托福网考逐步地取代了托福机考和托福纸笔测试。21世纪以来，雅思（International English Language Testing System，简称IELTS）和汉语水平考试（Chinese Proficiency Test，简称HSK）除了纸笔考试形式外，也都在部分地区推出了机考。

机考、网考的实施推动着相关研究的丰富、深入与发展。研究者早已不满足于将纸笔测试原封不动地照搬到网络或计算机上，研究者希望借助教育技术，发挥网络和计算机的优势，更好地实现计算机化测试的效果与功能。在2001和2008年CALICO会议上，分别有研究者做了关于德语作为外语的社会文化能力的计算机测试和大规模朗读流利性评价研究进展的报告。Gimeno-Sanz & Siqueira（2012）对在西班牙国立大学入学考试中，实施在线语言考试的保罗大学（PAULEX Universitas）项目进行了深入研究，研究者就该测试的系统管理工具、数据安全和用户交互等问题进行了讨论，报告了试测的结果，并介绍了在试测过程中所遇到的困难及应对方法。

由于水平测试常常规模较大、对安全性的要求较高，无论是对社会而言，还是对考生个体来说，都具有较大的影响。对于考生和测试结果的使用者来说，水平测试的结果会与其利益密切相关，因而推动其变革一般需要考虑到方方面面的影响，要慎之又慎。水平测试对新技术的吸收和采纳通常会慢于成绩测试、诊断性测试等其他类型的测试，它会在一段时间内呈现出稳定性。

二、成绩测试

成绩测试，也叫成就测试（Achievement Test）。它是教学过程中或教学后所进行的测试，平时所说的期中、期末考试都属于成绩测试。它的最突出特点是教什么测什么，其内容可视为教材或教学大纲的一个样本。成绩测试是语言教师使用最为广泛的测试类型，也是研究者持续关注的测试类型。随着教育技术发展，成绩测试开始向计算机化发展。

在语言教学领域，很多研究者一方面致力于研究计算机化成绩测试的开发，另一方面致力于研究计算机化成绩测试的应用。在 CALICO 会议上也有如下相关研究：在一年级语言课程中实施在线评估的情况，包括使用在线测试与评估后学习者的进步和表现（2005）；以获得大学学分为目的的在线外语成绩测试实施情况，其中的测试包括听力理解、语法准确性和阅读理解等部分，从报名到考试，再到学生及院系接收成绩反馈，全部都在网上完成（2008）；视频在二语成绩测试中的应用问题，研究者通过对 44 名 ESL 高级测试者的听力测试数据进行 Rasch 分析，研究了格式（即视频增强型与音频型）、视频类型（即上下文与内容）与个体理解表现之间的相互作用，揭示了视频对二语听力理解的影响。研究结果表明：测试和题目的难度取决于视频中内容线索的数量（2017）。

计算机化成绩测试有赖于教育技术与成绩测试的融合。它使教师能够更加客观、准确地测试出学习者的真实成绩，能够更加公平地对待每一位学习者，并且能够通过自动评分、网络阅卷在一定程度上提高工作效率，减少教师的工作量，减轻教师的工作压力。2020 年受新冠疫情影响，世界范围内很多教学机构的成绩测试都由线下转到了线上，这势必在客观上推动相关领域的研究进一步发展。

三、诊断性测试

诊断性测试（Diagnostic Test）是在教学过程中进行的测试，其目的是了解被试对所教授内容的掌握情况，及时发现被试在学习过程中存在的问题和漏洞。"查漏"是为了及时"补缺"，从而达到最理想的学习效果。诊断性测试与成绩测试一样，测试的内容都是被试已经学过的内容，但诊断性测试的目的不在于对被试进行评价，而在于及时发现学生、教师、教材、大纲等有待改进的方面。计算机技术和网络技术为诊断性测试的实施与发展创造了前所未有的条件，越来越多的研究者不断在计算机化诊断性语言测试方面进行研究和探索。

目前已有多种语言开发了其作为第二语言的在线诊断性测试，在 2006 年 CALICO 会议上，有研究者介绍了阿拉伯语方言、汉语、波斯语和现代标准阿拉伯语创建在线诊断性测试与反馈情况；Larson & Hendricks（2009）致力于创建一个情境化的在线西班牙语诊断性测试，通过检查具体的语言点来判断学习者的语言能力，用来帮助学习者提高用语言沟通的正确性。

语音、汉字、词汇、语法等语素教学过程中，也越来越多地采用在线诊断性的测试，相关研究也越来越多。例如，Tsubota, Dantsuji & Kawahara（2004）通过对关键发音错误的诊断来研究日本学生英语语音学习系统。Hsiao et al.（2015）提到了汉字手写诊断和补救指导系统对汉语作为外语学习者的影响。CALICO 会议上的相关议题包括：基于网络的语法诊断性测试（2001）；创建在线语境化语法诊断性测试（2006）等。Feng, Saricaoglu & Chukharev-Hudilainen（2016）则专门研究了以提高英语二语学习者语法能力为目的的偏误自动检测技术。

有关听、说、读、写四项语言技能的诊断性测试都得到了显著的发展。比如，在 CALICO 会议上有如下相关研究：基于网络的听力诊断评估，研究者指出通过在线听力诊断性测试，能够根据学习者需求为其提供个性化的反馈（2008）；运用 CyWrite 进行写作诊断评估的情况，研究者着重介绍了针对学生语法准确性评价开发工具的方法，分析了其研发的语法分析器的性能，并将不同检查工具的性能进行了比较（2016）。对这类研究，研究者还特别指出，对误报和漏报的深入分析将有助于进一步提高工具性能。

诊断性测试的目的不仅仅在于发现问题，更在于可以为教学提供有效的反馈。借助计算机技术，可以自动生成反馈，且这样的反馈既高效又准确。在 CALICO 会议上相关研究很多，具体包括：面向三年级韩国语学习者的诊断性测试的应用，其中学习者借助测试软件可以随时进行诊断，测试不仅能够向学习者提供有关韩国语语法概念理解的个性化描述，还可以向教师提供综合报告，帮助教师调整教学决策（2010）；有关使用在线诊断评估系统自动生成反馈的报告，指出在线诊断评估系统可为学员提供个性化的反馈（或诊断资料），有助于了解学习者的优势和弱点，该系统能够提供多语种的阅读和听力诊断评估（2012）。

在诊断、反馈的基础上进行有针对性的辅导和训练，将更加有益于学习者提高水平，有研究者致力于在诊断性测试的基础上进行 ITS 开发。在 2016 年的 CALICO 会议上，有研究者做了有关 AWE 和 ITS 的报告，研究者采用不同方法自动分析有关二语写作的反馈和提示，通过多种软件进行对比加深了对二语写作诊断性测试及反馈的认识。这些研究表明计算机化诊断性测试较之于普通的诊断性测试可以更加准确、快捷地帮助教师和学习者发现问题，可以更好地为教学和学习服务。

我们有理由相信，计算机化诊断性测试的发展有利于提高第二语言教学的效率和针对性，有益于实现个性化语言教学。

四、安置性测试

安置性测试是指通常所说的分班测试（Placement Test）。它是在教学前进行的测试，其根本目的是为了了解被试的语言水平，从而根据其水平做分班安置。安置性测试是与学校的行政联系非常紧密的一项测试，这类测试所涉及的范围一般比较窄，难度也比较低。

21 世纪以来，越来越多的学校和教育机构开始采用在线测试等计算机化安置性语言测试，对学习者进行分班安置。早在 2002 年和 2003 年 CALICO 会议上，就有研究者做了有关基于网络的安置性测试设计与实施的报告。其中有一项以法语为原型的安置性测试研究强调，其设计同样适用于其他语种，其测试系统的特点有：允许文字输入而不是只能满足简单的多项选择题型，支持问题和回答的音频播放，引入了交流交互的元素，能够将成绩和作答数据集中存储。Turner（2017）谈到了在西班牙语高级语法课程中采用 WebCAPE 分班测试的问题和挑战，这种安置性测试是通过计算机自适应语言测试来完成。在实践过程中，人们不断发现问题，解决问题，并且不断总结经验，进行反思，研究者还在基于网络的安置性语言测试中融入计算机自适应测试技术，促进测试的进一步发展。如 Papadima-Sophocleous（2008）对计算机测试和计算机自适应测试混合式的新英语在线分班测试进行了研究。另外，研究者还对安置性测试中多媒体的作用进行研究，如 Zabaleta（2007）概述了为大学西班牙语课程设计和试行语言安置性测试的经验，并且指出多媒体试题的使用旨在提高和促进考生的可理解输入。

计算机化安置性语言测试不但能够提高测试的效率，而且能够通过丰富测试的形式降低被试的焦虑感，从而使得测试的结果能够更加真实地反映被试的真实语言水平，提高测试的信度。

五、能力倾向测试

能力倾向测试，也叫学能测试（Aptitude Test）。它是教学前的预测性测试，为的是了解被试是否具有学好某个学科的潜在能力。这种语言测试的内容都是被试从来没有学过的内容，关注的也不是被试是否学过某门语言、掌握得如何。Carroll（1963）提出将能力倾向视为学习者学习速率的指标，他认为所有学习者几乎都有潜能掌握某种学科，只是所需的时间不同。能力倾向测试的计算机化是其发展的必然趋势。

除了专门探索计算机化能力倾向测试设计、开发、利用、管理、评价的研究外，在第二语言教学领域更为常见的是有关技术环境下学习者学习潜力和语言能力发展方面的探索。比如，在 2009 年 CALICO 会议上，有研究者做了通过自动写作评价与反馈研究语言学习潜力的报告。研究者以智能形成性反馈为研究对象，寻找语言学习潜力的证据，并对智能学术语篇评价器的有效性进行了研究。Yang et al.（2019）则使用基于神经网络的计算模型来模拟和评估学习者的认知能力，其研究结果有益于推动能力倾向测试的进一步发展。

能力倾向测试的意义并不只是选拔学能强的"优秀学生"，更重要的是发挥其鉴别和诊断功能，找出学习者的弱点，从而进行更有针对性的教学活动。计算机化语言教学测试与评估对能力倾向测试的发展有着极大的推动作用。本章第四节有关动态评价的主要内容均与能力倾向测试有关。

无论是大型水平测试还是面向班级或学习者个人的成绩测试、诊断性测试，以及分班测试和学能测试，都在语言教育技术的影响下发生着各种变化，计算机化语言测试的优势正逐步在第二语言教学实践中凸显。大型水平测试因其影响范围广、关涉因素复杂，且高利害性测试多，其发展显得更为审慎、稳定；相较而言，成绩测试和诊断性测试在各种用途的测试计算机化进程更快、成果更多，这与教育者和研究者开放的态度是分不开的。

第二节　计算机化语言要素测试与评估

第二语言教与学离不开语言要素的教与学，对不同语言要素的掌握情况进行测试与评估，有益于了解学习者的语言学习和习得水平，有益于发现教与学过程中存在的问题与不足，并予以调整和改进，有益于研究和探索语言要素教与学中所隐含的规律。

我们知道，早期第二语言教学主要采用语法翻译法，与此相应，当时的测试项目也集中在语言结构和翻译能力方面，试题类型主要有语法形式的填空、语法分析、改写句子、翻译和缩写等（毛世桢，2002）。20世纪40年代，在行为主义心理学和结构主义语言学的影响下，听说法逐渐占据了语言教学的主导地位，分立式（也称"分离式"）测试逐渐流行起来。分立式测试一方面重视对听、说、读、写等语言技能分别进行测试，另一方面也很重视对由结构主义语言学发现的各层面的语言要素进行分项测试。

很多语言测试中都包含分立式测试语言要素的部分，比如大学英语专业四级考试中就有专门的"语法与词汇"部分，高等学校英语应用能力考试[1]中也有"词汇用法和语法结构"部分。多媒体、数据库、计算机、网络等教育技术的发展与应用，给计算机化语言要素测试与评估提供了更多的可能性与便捷性，各种语言教育技术与语音、词汇、语法、汉字等语言要素测试与评估的融合，势必推动第二语言教学与研究的进一步发展。

一、语音测试与评估

尽管语音具有物质属性，在第二语言教学领域，语音是语言系统中封闭性最强的一个子系统，但由于语音能力是一个相当复杂的系统，对语音进行测试及评估存在着很大的难度。多媒体技术、计算机技术，以及语音识别技术等，为计算机化语音测试与评估的实施创造了更好的条件与技术基础。

在历年CALICO会议上，语言测试与评估都是研究者关注的问题。相关研究包括：语音识别技术在口语测试中的应用（2000）；使用口语测试软件测试德语发音的实践（2002）；在线语用测试中学习者对音频刺激的感知和偏好的报告（2008）；通过在线人际音频讨论评估二语初学者的语音发展，并增强学习者对自身发音的关注（2014）；借助评估英语学习者发音能力的新技术，对人类发音之间的差异进行量化评估（2014）；等等。

计算机化语音测试与评估正越来越多地应用于二语教学，并发挥着重要作用。人们甚至会问，是否有一天计算机化自动语言测试与评估会取代传统的发音练习和教学？在2019年CALICO会议上，有研究者做了相关报告，介绍了二语语音自动化教学与评价相关的研究。报告指出，教育技术平台越来越多地利用实时自动语音识别技术，为语言学习者提供即时纠正反馈，研究者进行了为期15周的课堂研究，将传统发音教

---

[1] 高等学校英语应用能力考试是为反映和评价高等学校专科层次（高等专科教育、高等职业技术教育、成人高等教育）修完英语课程的在校生英语应用能力，而设立的标准化英语水平考试。

学和 ASR 技术对西班牙语初学者的影响进行了对比，肯定了 ASR 技术在二语语音教学中的作用。

计算机化语音测试的评测结果是否客观、准确、公正、合理，在很大程度上取决于测试软件质量的优劣和技术水平的高低。随着技术的发展，计算机化语音测试在变得更加普及的同时，也将变得更加专业。

二、词汇测试与评估

词汇测试同其他语言测试一样具有评价、诊断、选拔等功能，从词汇教学的角度来看，词汇测试能够帮助教师和学习者更有针对性地进行教学。一般而言，词汇测试可以分为两个层面，第一个层面是指学习者词汇量的大小，第二个层面是指学习者对词汇语音（包括口语和书面语）、含义、词性、搭配、联想、近义词的掌握（刘书慧，2018）。简而言之，词汇测试包含对词汇广度和深度两方面的评价。词汇测试与评估与二语学习者的阅读、写作、听力、口语水平的发展都密切相关。借助计算机等新技术手段，为词汇测试开发优质测试评估工具十分必要。

技术的发展拓宽了词汇测试与评估的方法和手段。González-Bueno & Pérez（2000）通过电子邮件观察对话日志对西班牙语第二语言学习者的语言输出所产生的影响，并将之与纸笔版本进行了比较，其中除了比较语法准确性外，还专门比较了词汇的使用情况。研究发现，在词汇和语法准确性方面，电子版的对话日志似乎并没有比纸笔版本有任何显著的优势。尽管该研究不是专门针对词汇测试的，但考察词汇量及词汇使用的准确性和恰当性是该研究的重要组成部分，对词汇测试具有一定的启发意义。

词汇使用复杂度是二语学习者语言能力发展的突出表现和重要组成部分，也是词汇测试与评估关注的关键问题之一。在 2009 年 CALICO 会议上，有研究者做了有关第二语言词汇复杂度自动评估方法的报告；还有研究者做了有关基于任务的以计算机为媒介的同步交流（Task-Based Synchronous Computer Mediated Communication）中词汇、语法复杂性的报告。Tracy-Ventura（2017）将语料库与实验数据相结合，通过考察词汇复杂性，研究海外留学生的语言学习的结果。该研究收集了大学中以英语为教学语言的 27 名西班牙语学习者的数据，这 27 名西班牙语学习者都曾在西班牙或墨西哥学习和居住了一学年（9 个月）。在学习者留学前、留学后，研究者分别对低频词汇的知识水平和使用情况进行了分析。研究者先后对词汇知识进行了两次评估，测试了学习者对不同频段的词汇的识别能力。而词汇的使用情况是根据同时收集的学习者语料库中的口头和书面数据来评估的。在该研究中，研究者基于来自西班牙语语料库 DEL 的西班牙语频率数据,创建了词汇复杂度的剖析器,用以计算低频词汇与产出的词汇的比率。研究结果表明,随着时间的推移,学习者在低频词汇的知识水平和使用方面都有了显著的提高。

可以看出,计算机化词汇测试与评估较之于传统纸笔测试与评估有着独特的优势。随着移动技术的发展和智能手机的普及,过去只能在计算机上进行的词汇测试与评估,越来越多地被移植到手机等移动设备上,使得测试更为方便,评估更为及时。

三、语法测试与评估

语法测试经常出现于各种成绩测试和水平测试中。在第二语言教学过程中,学习者输出语言的语法准确程度和复杂程度是其语言水平的重要标志之一,同时也对进一步调整语言的教学策略和学习策略有着重要的影响。计算机化语法测试与评估有助于提高语法测试的准确性和有效性。

在过去的 20 年中,研究者曾尝试运用多种技术手段进行语法测试与评估。比如,Sotillo(2000)分析了 ACMC 和 SCMC 中的语篇功能与句法复杂性,在该研究中语法测试与评估是其重要的组成部分;Larson & Hendricks(2009)提出了创建在线语境化语法诊断性考试,介绍了该项目的基本原理和具体操作步骤;在 2010 年 CALICO 会议上,有研究者做了基于任务的 SCMC 和第二语言语法准确性发展的报告;在 2013 年 CALICO 会议上,有研究者报告了 AWE 诊断和反馈对英语第二语言学习者语法准确度提升的影响;Beuls(2014)依托西班牙语学习者口语语料库对学习者的语法进行了测试,以探究语法偏误诊断问题;在 2015 年 GloCALL 会议上,还有研究者报告了以形式为中心的 ICALL 助教系统在交际英语语法教学与测试中的应用。另外,Feng,Saricaoglu & Chukharev-Hudilainen(2016)研究了用于自动检测英语二语学习者语法偏误的程序 CyWrite。研究者指出 NLP 技术和计算机程序不仅被积极地用于整体评分,而且还被用于形成性的写作评价。CyWrite 以二语习得理论为基础,旨在通过提供有效的形成性反馈,帮助大学英语学习者自主学习。研究者特别报告了从学习者语法准确性的角度开发工具的方法,以及语法分析工具的性能。研究者根据四种语法偏误类型(量词、主谓一致性、冠词和连动句)对英语专业本科生的作文进行了评价,并且将 CyWrite 在检测这些偏误方面的性能与著名的商用 AWE 工具 criteria 的性能进行了比较。

统观以上研究,可以看出教育技术的发展丰富了语法测试与评估的方法和手段,相关测试和程序的开发与应用有助于语法偏误的诊断和反馈,能够帮助学习者更好地掌握目的语语法,提高语言输出时语法的准确性。目前有关计算机化语法测试与评估的研究，还远远不能满足二语教与学的实际需求。随着教育技术的进一步发展，计算机化语法测试与评估势必迎来更大的发展，并且会更为广泛地应用于二语教学（包括正式和非正式学习）领域。

四、识字、写字测试与评估

教育技术除了在改变着语音、词汇、语法这三种语言基本要素的测试及评估外，也在影响着汉字测试及评估，以及识字、写字能力测试及评估。计算机化识字、写字测试与评估也是很多研究者关注的问题。比如，为了提高对外汉语学习者的汉字书写能力，Hsiao et al.（2015）设计并开发了一套汉字书写诊断与补救教学系统 CHDRI。根据 CHDRI 系统对 CFL（汉语作为外语）学习者进行了两项测试。一项测试侧重于汉字笔迹，以诊断 CFL 学习者在笔画顺序和汉字知识方面的错误；另一项测试侧重于汉字的空间结构。结果表明：CHDRI 系统提高了 CFL 学习者的汉字书写能力和对汉字空间结构的理解能力。

对于儿童学习者识字、写字测试与评估而言，计算机化测试与评估具有独特优势。在 2016 年 ICT 会议上，有研究者做了有关通过角色扮演游戏软件评价儿童识字能力的报告。报告指出，孩子们喜欢角色扮演游戏，当他们在英语活动课上通过游戏软件进行角色扮演时，他们并不知道自己参加了英语诊断测试。研究者介绍了主动学习软件在评价儿童识字能力中的作用。在这项研究中，研究者对日本神户市某小学一年级、二年级、五年级和日本姬路市的二年级学生进行了诊断测试。角色扮演游戏软件的故事主人公是牛顿，他偶然来到了地球，为了在地球上生活，他需要几样东西，所以他和孩子们一起去购物。孩子们需要根据要求从八个项目中选择一个正确的。统计数据显示了有多少孩子点击了答案，也可以对每个年级孩子的作答情况进行比较。在这项研究中，研究者向孩子们询问了 5 个问题，还让孩子们自由描述对游戏的看法。每个问题有 4 个选择题，孩子们通过一些提示（比如日语中的外语词汇、图片和角色扮演游戏软件的声音等）能够猜出答案，结果令人感到惊奇。研究者相信，如果孩子们能用这个适合他们发展阶段的软件来玩耍和学习，他们的英语习得能力将会大大提高。通过这项报告，可以清楚地看到计算机化测试与评估，能够借助多媒体等技术，使测试与评估更符合儿童学习者的心理特点和认知水平。而这方面的优势在某种意义上说，对成年学习者同样有效，研究者同样可以借助各种技术创设适合成年学习者的测试评估方法和环境。

相较于很多采用拼音文字的语言，汉字具有特殊性，汉字学习对于中文学习者来说非常重要。计算机化汉字测试与评估为评价汉语学习者的汉字水平，了解汉字学习过程，发现汉字学习中存在的问题，提高汉字教学的针对性和有效性，帮助学习者改进汉字学习策略等，都有着十分重要的价值。其他语言的识字、写字能力测试也一样，随着信息技术的不断发展，计算机化测试与评估方面会有更多的研究成果。

从教育技术与不同语言要素测试及评估的融合来看，计算机化语言要素测试与评估的发展是以计算机技术、网络技术、移动通信技术等新兴教育技术的发展和普及为基础的，也是伴随着各种相关软件和平台的开发和应用不断向前推进并逐步走向深入的。可以预见，随着科技的进一步发展，计算机化语言要素测试与评估势必融合更多科学、有效和实用的新技术、新产品，其必将在第二语言教学和测试领域中发挥更大的作用。

第三节　计算机化语言技能测试与评估

Carroll（1961）提出将语言测试分为分立式测试（Discrete-Point Test）和综合式测试（Integrative Test）两类。分立式测试是建立在行为主义心理学和结构主义语言学理论基础上的一种测试，用以测试考生对所测语言的某一特定方面的掌握情况。分立式测试是对语言要素（语音、词汇、语法等）和言语技能（听、说、读、写）分别进行单项测试。我们知道目前很多大型考试中都有分立式测验的题型，比如HSK中的听力、阅读、书写等分测验。分立式测验往往采用多项选择题、是非判断题等题型，因此评分客观、准确、可靠。

从测验编制的角度看，分立式测验命题针对性强，测试点易明确。因而尽管随着20世纪80年代"基于任务语言教学"（Task-Based Language Teaching，简称TBLT）在欧美第二语言教学界渐趋盛行，"基于任务语言测试"（Task-Based Language Assessment，简称TBLA）也逐渐成为语言测试中的热点（吴慧红，2007），但分立式测试因其简便、易操作、评分客观而可靠等特性一直被广泛使用，并且一直为测试专家所关注，从听、说、读、写各个方面进行测试研究也一直没有停止过。而伴随着技术的发展与进步，计算机化语言技能测试与评估应用日渐广泛，研究更为深入。

一、听力测试与评估

在听力测试方面，计算机化测试与评估简便、易行，应用广泛，相关研究数量众多。比如，Gorsuch（2004）谈到了测验员在计算机听力理解测试方面的经验。Wagner（2007）研究了二语视频听力测试中的考生观看行为。East & King（2012）通过考察第二语言学习者对高风险听力测试的参与，研究了技术是否可以发挥有益的作用。CALICO 会议对计算机化听力测试也多有关注，相关会议议题包括：英语作为第二语言的听力计算机测试（2001）；构建基于网络的听力理解测试的有效性（2008）；利用 DVD 视频节目评估学习者听力理解水平（2008）；在 Moodle 系统中视频对改善学习者在二语听力评估任务中表现的作用，研究者指出眼动证据能够证明视频的优化作用（2013）。这些研究有利于加深人们对计算机化听力测试与评估的认识，也有利于促进二语听力教学的发展。

在技术支持下，人们能够对听力测试进行更为深入的研究。Wei & Zheng（2017）对计算机化大学英语听力测试中综合性的和独立性的听力测试题目进行了研究。这项研究所采用的是新引进的计算机化学术英语测试（PTE-Academic），它包含 11 种与听力理解相关的题型，其中既有基于计算机的单独测试听力理解能力的题型，也有综合其他分技能测试理解能力的题型。研究者认为题目分析有助于确定在学术环境下听力理解需要哪些重要技能，其分析包括评估任务的目的、评估的技能/结构和测试中所使用的任务刺激。研究结果表明：现代技术使计算机辅助的 PTE-Academic 测试能够利用多模态信息源的整合，实时评估学习者的学术听力能力。研究者还对题型的难度进行了估计，并通过题型信息函数的计算来评价这些题型的有效性。这项研究对测试开发人员和测试用户在听力评估中对学习者表现的理解有一定的启示。

可以看到，计算机化听力测试与评估绝不是简单地将过去的听力测试直接搬到计算机或网络上进行。教育技术发展改变的不仅仅是听力测试的形式和载体，在测试内容和方法等方面实际上也有了更多新的选择。随着技术的发现，一方面多模态的听力测试进入研究视域，另一方面研究者非常关注学习者在计算机化听力测试中的具体表现。随着计算机化听力测试与评估的应用更加普遍，其在二语教学中的作用也会得到更大程度的发挥。

二、口语测试与评估

口语测试根据其不同组织方式，通常可分为直接型口试、半直接型口试和间接型口试三种。直接型口试就是面试型口试（如 OPI, Oral Proficiency Interview），指考官与考生面对面交谈，由考官为考生的口语表现进行评分；半直接型口试（如 SOPI, Simulated Oral Proficiency Interview），是指利用磁带录音的方法进行口试，在内容上尽可能接近口语交际活动；间接型口试（Semi-Direct Oral Test，如 COPI，Computerized Oral Proficiency Instrument）通常借助计算机录下考生的口语表现，测试结束后由考试中心统一评分或是由计算机统一评分。总的来看，计算机化口语测试（Computerized Oral Test）及评估方面的研究内容主要集中于以下几类。

1. 测试的设计、开发和应用。例如，Larson（2000）谈到了通过计算机测试口语能力；Norris（2001）则从适应性角度探讨了 COPI 语言测试的贡献、COPI 未来研究中应该解决的一些关键问题，以及与计算机化 L2 口语测试相关的基本问题；分别有研究者在 2005、2006 和 2011 年 CALICO 会议上做了有关日语、西班牙语、德语等语种在线口语能力测试系统开发、研制及应用的报告；Newhouse & Cooper（2013）研究了基于计算机的意大利语考试，其中包含口语测试；在 2007 年 CALICO 会议上，有研究者做了从基于计算机的口语能力评估向基于互联网的口语能力评估发展的报告。

2. 测试软件在口语测试中具体应用。相关研究很多，例如，利用全球语言创作系统（GLobal Language Authoring System，简称 GLAS）评估口语水平（2000）；新口语测试软件的研发和应用（2000）；计算机口语测试工具的管理和评分程序，以及被试的表现和态度（2000）；利用题库自动抽题、随机生成的计算机化口试（2001）；在 ESL 环境下使用计算机口语测试（2002）；数字录音在口语水平评估中的应用（2010）。Cox & Davies（2012）研究了 ASR 技术在诱发口语反应（Elicited Oral Response）测试中的应用，并考察了 ASR 技术在不考虑性别和母语的情况下对说话者进行评分的情况。研究发现，基于 ASR 技术评分的学习者诱发口语反应，可单独用于预测特定情况下的口语能力。同时，虽然在基于性别和母语的口语测试分数中存在一定差异，但 ASR 评分技术并不会产生负面影响。另外，在 2003 年 CALICO 会议上，有研究者曾以"语音实验室：加强口语教学与评价"为题做了报告，由于硬件条件限制等种种原因，语音实验室在教学和评价中作用始终没有得到充分的发挥。

3. 有关计算机化口语测试有效性和可靠性的研究。例如，在 2010 年 CALICO 会议上，有研究者做了关于计算机辅助口语测试的有效性和可靠性的报告；Kim & Craig（2012）对利用视频会议评价口语能力的效度进行了验证。定性和定量数据的分析表明，在信度、结构效度、真实性、互动性、影响和实用性方面，视频会议访谈与面对面访谈相当。

计算机化口语测试有诸多优势。主要体现在：第一，优质性。由计算机录制的音频质量优于磁带录音。第二，平等性。所有学习者都面对同样的方式与同样的问题，都有相同的测试时间。第三，交互性。计算机化测试可及时获得学生的回应并进行评估。将学习者的答案存储在硬盘或网络中，教师及时给予评价反馈。第四，多样化。

计算机化口语测试包括各种形式的应答提示（如文本、音频、图形、动画视频或这些方式的组合）。

三、阅读测试与评估

阅读测试是许多大型语言测试的重要组成部分，阅读测试与评估在日常教学活动中十分常见。研究者关注计算机化测试与传统测试的区别，比如 Sawaki（2001）对传统的第二语言阅读测试和计算机化的第二语言阅读测试进行了对比。在这项研究中，研究者提到在过去的 15 年里，第二语言阅读测试的计算机化一直是语言评估研究者的兴趣所在，但是很少有研究者通过实证研究的方法，研究计算机化的第二语言阅读测试与传统的第二语言阅读测试在结构效度上是否存在差别，二者是否具有等效性。该研究提出了语言评价中呈现方式研究的重要问题。

CALICO 会议对计算机化测试本身特性与优势的发挥非常关注，相关会议议题主要包括以下几个方面：首先是有关自动评分的研究，比如阅读理解自动评估（2007）；其次是有关自适应测试的研究，如中文阅读自适应测试（2013）；最后是有关借助计算机化评估提高阅读能力的研究，如汉语、法语、俄语在线阅读、听力动态评价创新（2016）。

随着信息网络技术的发展，无论是大型语言水平测试还是日常教学活动中的诊断性测试很多都已经或者正在向计算机化测试与评估转型。阅读测试与评估亦是如此。在这一过程中，计算机化阅读测试与评估和传统阅读测试与评估的等效性问题，势必成为研究者首要解决的问题，而发挥计算机化阅读测试与评估的自身优势，也是教育者和研究者的共同目的。计算机化阅读测试与评估除了其客观、准确、迅捷、便利等计算机化测试与评估所具有的共同优点外，其最大优势在于能够实现自适应测试和动态评价（可参看本章第四节）。

四、写作测试与评估

相较于听、说、读等其他技能，计算机化写作技能测试与评估方面的研究数量最多，发展也最快，其中写作自动化技术的应用和研究最为突出。近几十年来，AWE 在英语写作教学中的应用越来越广泛，尤其近十年中更是有不少研究者对自动化技术在写作评价中的运用问题进行了持续和深入的研究。总体来看，这些研究集中于以下几个方面。

首先是有关写作自动评价系统的设计、原理与工具开发的研究。有多项CALICO会议报告涉及这一领域，报告内容包括计算机辅助写作评价系统的设计与实现（2007），新AWE程序"研究性写作助教"（Research Writing Tutor）的设计（2012）等。

其次是有关写作自动评分的研究。在2012年CALICO会议上，有研究者做了有关探索整体评分在自动写作评估中的可用性的报告。Casal（2016）介绍了一款功能丰富的在线写作评价软件，该软件是由美国教育考试服务公司（ETS）开发的，其核心是e-rater®评分系统，适用于评估在测试条件下完成的英文写作，而且从初级语言水平到高级语言水平都适用；另外，Casal（2016）还进行了在线写作评价标准研究。

有关计算机化写作测试与评估应用问题的研究是数量最多、范围最广的。例如，在CALICO会议上有如下相关研究：WebCT在混合汉语课中的使用，包括对写作任务和测试成绩的分析（2006）；AWE在英语二语课堂中的应用，AWE提供反馈的顺序等方面的问题（2015）。此外，Liu & Kunnan（2016）从"写作学习"（WriteToLearn）的评分能力和偏误反馈的准确性两个方面，探讨了自动写作评分系统在中国英语专业本科生作文中的应用。该项研究的研究对象是来自四川省一所大学的163名二年级英语专业本科生，他们分两次撰写了326篇文章。然后通过对"写作学习"和评分员的评分表现进行比较。研究发现，"写作学习"的计算机评分一致性高于人工评分，而且评分更加严格。在偏误反馈方面，自动写作评分的准确率和召回率分别为49%和18.7%，被认为是可靠的偏误检测工具。研究还发现学习者在冠词、介词、选词、表达等方面的偏误识别难度相对更大。Link et al.（2014）认为，在过去的十年中，新的写作评价工具在计算机技术的发展中形成浪潮，在英语作为第二语言教学领域，AWE工具的革新为教师提供即时反馈，以及更好地满足数字时代的练习需求提供了可能的解决方案，同时也出现了新的挑战。他们通过实地研究，确定教师将AWE工具融入课堂的方式，从而为实现最佳实践提供了参考。

随着实践的发展和研究的深入，研究者更加关注写作自动评价系统在应用过程中影响因素。Li et al.（2019）在CALL会议上做了有关在中国使用AWE的报告，报告中提到AWE在中国CALL得到了广泛的应用，而对影响学习者使用写作自动评价系统的因素还知之甚少，为此，研究者在技术模型中加入了两个外部因素，即计算机自我效能感和计算机焦虑感。通过对245名中国大学生进行调查后发现，学习者使用写作自动评价系统的行为意向直接取决于感知有用性、使用态度和计算机自我效能感，并且受到学习者易用性的间接影响；学习者的计算机自我效能和计算机焦虑对感知有用性没有作用，反而会严重影响用户的易用性。

另外，作为自动写作评估的一个重要研究方面，自动写作反馈在近些年颇受关注，有多位研究者专门就此进行了研究（De Felice & Pulman，2009；Chukharev-Hudilainen & Saricaoglu，2016）。在 2017 年 CALICO 会议上，还有研究者就 AWE 与传统的纠错反馈进行了对比。Wilken（2018）以参加英语强化课程的学习者为研究对象，调查了 AWE 项目中学习者对母语 L1 注释反馈的感受与使用情况。研究结果表明，学习者肯定了注释的必要性，但就"是否依赖于 L1 注释"，学习者均持保留意见。然而，数据统计也显示，学习者对 L1 注释反馈的态度都很积极，通过 AWE，学习者对偏误的关注度也随之增加。在自动写作反馈工具方面，Cotos（2011）引入了智能学术语篇评估器，提出了一种用于二语学术写作教学的 AWE 反馈的实证评价方法，旨在探究该评估器反馈的潜力。研究结果表明，智能学术语篇评估器的彩色编码及数字反馈功能具有促进语言学习的潜力，比如，该工具注重语篇形式，注重反面证据，注重提高写作的修辞质量和提高学习效果。

AWE 通过提供有效的形成性反馈帮助英语学习者在高等教育中自主学习，提高写作技能。Wang，Shang & Briody（2013）研究了英语写作自动评价对大学生写作的影响。该研究以中国台湾南部某大学应用英语系 57 名新生为研究对象，采用定量和定性相结合的研究方法，从准确性、自主性、互动性等方面探讨了 AWE 对提高学习者写作水平的总体效果。研究结果表明，AWE 有助于提高写作的准确度，并且能够提高学习者的自主学习意识。

在我国，何高大（2002）具体分析了 QUILL 工程和 Writing to Read 系统这两个多媒体辅助写作教学实例的应用。他指出，计算机多媒体写作教学可视性强且容易认读，能够成功地改变学习者的学习态度和写作方式，也给教师角色留下充分发挥的余地。学生对基于多媒体网络技术的教学模式普遍表现出很高的参与热情，收到传统课堂教学无法比拟的教学效果。同时，配合智能辅助批改作文系统则更为理想。

可以看出，在计算机化写作测试与评估领域，研究热点正在从机器评分等偏重测试技术的问题向自动写作评价系统在应用过程中出现的问题方面转移。前者是基础和前提，而后者的出现和蓬勃发展代表着这一领域未来的发展趋势。计算机化写作测试与评估方面还有很多问题需要进一步研究和探索。

与计算机化语言技能测试与评估相关的研究都很多，研究者从最初关注计算机化的语言技能测试与传统语言技能测试的区别，关注计算机化语言技能测试的设计、开发与利用，到不断深入研究计算机化的语言技能测试在实施过程中遇到的各种问题，这些研究势必对语言测试的理论和实践产生重要的影响，进而对第二语言教学产生反拨作用，改变未来第二语言的教与学。

第四节 计算机化语言教学动态评价

动态评价原本是医学术语,是指对急诊待诊病人进行动态观察,每隔若干分钟评估一次,然后根据病情发展变化对分类与就诊顺序等进行必要的调整。被引入教育与心理测量领域后,动态评价被认为是一种替代性的评价方式(Alternative Assessment),其诞生依赖于智力理论的发展与社会文化背景的变迁。20世纪50年代瑞士心理学家让·皮亚杰提出"智力评估的过程取向"为DA提供了理论基础,而以色列心理学家瑞文·费厄斯坦70年代提出的"学习潜能"理论成为DA的开创性理论,苏联教育家维果茨基的社会文化理论(Sociocultural Theory of Mind)及其最近发展区思想进一步催化了DA的诞生和发展。另一方面,计算机、网络等技术的发展丰富了动态评价的内容,拓展了动态评价的方法及手段,为动态评价的实施和应用提供了有力支撑。本节在分析动态评价意义的基础上,探讨动态评价在二语教学中的应用及相关问题。

一、动态评价的意义

动态评价的概念是针对静态评价提出的。所谓的"动态"其实包含两方面的含义,一方面是说整个评价过程跨越多个时间点,关注学习者的进步和发展;另一方面则是指评价过程具有互动性,强调评价与教学相结合。人们使用计算机不仅可以更好地记录评价过程和评价结果,而且以计算机为媒介的同步交流等技术的使用有助于实现与学习者的互动。

静态评价的特征是客观、量化,一般设计精密、结构性强,它着重描述学生目前已达到的水平,偏重学习结果,通常只提供学生的成败信息,且以评价者为中心;而动态评价则着重考查学生潜在的认知发展水平,强调评价者与学生之间的互动,强调评价和教学的结合,突出了解学生的认知过程和认知变化的特点。(韩宝成,2009)也就是说,较之于静态评价,动态评价在关注学生目前的能力的同时,特别关注学生整体的认知发展历程与学习潜能;另外还强调评估与教学过程相结合,并且要求评估者与被评估者之间产生互动。动态评价立足于智力发展观,从动态发展视角对个体认知、元认知过程进行评估。动态评价的结果可以体现学习者的发展潜力、学习的迁移能力等多方面的状态,而不只是一个静态的测量分数(高思畅、王建勤,2018)。

动态评价与静态评价的区别是显而易见的,但二者并非非此即彼、相互排斥的关系,研究者会将动态评价与静态评价结合起来使用。Oskoz(2005)探讨了DA应用于SCMC的可能性。研究者通过考察学习者在口语互动中的表现对其语言发展进行评价，研究者认为该评价方式能够更加准确地了解学习者的发展阶段。研究者还指出，尽管 DA 有其优点，但仍需要传统的评估模式来评估学生在 SCMC 中的表现，这两种模式都需要对学生的语言发展有更丰富和更全面的理解。在 2006 年 CALICO 会议上，Oskoz 又以"动态和静态评估：更全面地了解学生在网上聊天中的表现"为题做了报告。报告指出，SCMC 的协作特性要求评估工具与其过程方向一致，DA 侧重于过程，从而为评估学生在在线聊天中的表现提供了一种可行的方法。然而，语言分析是一个复杂而费时的过程，有必要将 DA 系统化，并将其与静态评估或专注于结果的传统评估形式相结合，以获得有关学生中介语的准确信息。

计算机化动态评价较之于静态评价或一般的动态评价具有明显的优势和教学应用价值，近年来受到越来越多研究者的关注，甚至可谓备受推崇。但由于动态评估往往需要长期的细致观察，且评估结果会受到诸多因素的影响，有时难以预期，再加上较高的技术成本，使得有些语言教育者和研究者并不愿意进行相关的研究。动态评价作为一种新兴的教学评价模式，需要语言教学专家和测试专家进一步探索，提高其可操作性和可推广性。动态评价和静态评价的关系并不是简单的孰先孰后、孰优孰劣的问题，动态评价是对静态评价的有益补充，二者将会共存共荣。我们需要关注的是动态评价和静态评价各自的应用条件是什么，以及如何在实践中更好地发挥二者各自的作用和优势，为教学服务。

二、动态评价的应用

尽管动态评价的概念出现已有几十年的时间，在心理测量等领域计算机化的动态评价也越来越常见，但计算机化动态评价在二语教学领域的应用才起步不久，正处于发展、探索阶段。

首先是计算机化语言教学动态评价在各个语种二语教学中的尝试和应用研究数量都日渐增多。在 2008 年 CALICO 会议上，有研究者做了有关在 SCMC 中进行动态评价的报告，介绍了对两名大学西班牙语学习者的中介语水平及潜力在以计算机为媒介的同步聊天环境下进行评估的过程和结果。在 2013 年 CALICO 会议上，还有研究者做了有关汉语、法语和俄语在线阅读、听力动态评价的报告。研究者认为，传统的听力和阅读理解测试通常不能有效地揭示学习者所遇到的具体困难，以及相同分数学习者之间的差异，研究者开发了基于动态评价原理的汉语、法语和俄语在线阅读和听力诊断测试，通过这些测试可以对学习者个人和整个班级的能力进行更为细致的诊断，评价结果中语法、语篇、词汇等方面的加权分数和定性描述对在教学过程中设计恰当的教学策略具有重要的意义。Darhower（2014）通过动态评价对两名西班牙语学习者的语言发展进行了研究。研究者在 SCMC 条件下通过每周六次、每次一小时互动交流对被试进行评价。交流的主要内容是一部西班牙语电影中的各种场景，因而被试需要输出一系列有关过去的叙述，这些叙述便成了评价的依据。该研究分析阐释了被试的 ZPD，其特点是不仅能够对被试当前的语言水平进行评估，而且能够对参与者的潜力进行评估。这项研究还讨论了 SCMC 作为动态评价媒介的效用。

其次，可以看到对计算机化语言教学动态评价应用实施办法和操作程序的研究更加深入和具体。Mehri Kamrood et al.（2019）也进行了通过在线计算机 DA 诊断第二语言学习者发展方面的研究。在这项研究中，研究者提到 DA 被认为是一种可行的二语或外语环境下的诊断工具，与传统的非动态测试相比，DA 能够通过对完全内化的能力和正在内化过程中的能力进行定位，从而更加全面地描述人的语言能力。然而，普通 DA 程序存在的一个主要问题是它们在处理复杂因素和环境时的能力有限。计算机动态评价是解决 DA 程序实用性的一种方法。鉴于这方面的研究不足，该研究报告了伊朗大学生英语听力在线计算机化动态测试的设计与实施结果。在线多项选择计算机动态评价软件将 ZPD 引入方程中，进而在计算机化动态评价中了解第二语言的发展过程，根据学习者的反应来诊断二语发展。该软件既生成报告学习者独立表现的实际分数，也报告学习者中介表现的中介分数，且还报告实际分数和中介分数之间增益的学习潜力分数。研究结果显示，学习者的实际分数和中介分数之间存在显著差异，这反映出非动态测试在解释学习者中介反应方面的不足。此外，学习潜力分数还可以通过非动态测试区分同一水平的学习者，对每个学习者的得分情况及他们的学习潜力分数进行分析，研究证明这有助于在测试中诊断学习者在不同语言结构运用的优缺点，并有助于教师对将来个性化学习计划和学习材料进行参数调整。

另一方面，计算机化语言教学动态评价越来越多地被应用于二语学习者阅读技能和写作技能的评估。Teo（2012）使用软件 Viewlet Quiz 3 开发了计算机 DA 程序，将评价与调整相结合，以提升 EFL 学习者的阅读推理能力。Yang & Qian（2019）和 Bakhoda & Shabani（2019）分别谈到了通过计算机化的动态评价来提高学习者的阅读能力，以及通过计算机化的动态评价带动二语学习者的学习偏好。Vakili & Ebadi（2019）谈到了通过计算机化的动态评价来发现 EFL 学习者在学术写作中的偏误，DA 为研究者提供了研究学习者发展轨迹不同方面的机会，包括学习者纠正偏误的方法。该研究考察了面对面环境下和以计算机为媒介的环境下，DA 在伊朗 EFL 中的作用。研究者对 4 名学习者基于 DA 的学术写作课程的写作语料库进行了分析，检查了学习者的高频偏误。研究结果表明，在不同的媒介形式和不同的中介工具下，语境对学习者发展速度、深度和持久性的影响是不同的。尽管面对面情境下会产生协作写作的倾向，但计算机媒介会通过将注意力更多地集中在困难项目上，并将发展转移到其他任务和情境中，提高学习者对书面语篇的参与度。Ebadi & Rahimi（2019）使用 Google 文档在线动态评价英语第二语言学习者的学术写作技能。研究者借鉴维果茨基的心理社会文化理论和社会建构主义理论，采用序贯探索混合方法（exploratory sequential mixed-methods approach），通过一对一的个人在线动态评价和 Google 文档在线同步评估，研究在线动态评价对英语学习者学术写作能力的影响。该研究还探讨了 DA 对写作成绩的短期和长期影响。在第二语言教学过程中，对学习者进行动态评价不但可以更加客观、公正地对学习者做出合理的评价，而且可以帮助教师对学习者在学习过程中存在的问题和不足进行诊断并及时调整教学策略和方法，改进教学效果。DA 对研究者了解第二语言学习过程，进行教学理论、学习理论和习得理论研究也有着重要的意义。但目前计算机化语言教学动态评价仍处于发展阶段，其在二语教学中的具体应用方法还有赖于研究者更多的探索，其实际教学应用价值还需要大量的实验数据加以证明。今后在完善计算机化动态评价的同时，需要进一步探索将其融入各种数字化教学过程之中，给学生提供具有挑战性的任务，实现隐形评估（stealth assessment），而且要继续对伴随学习过程而产生的各种数据进行分析，可将脑电图、眼动追踪（eye tracking）等数据与计算机化动态评价结合起来。未来，还需要更多地将大数据、虚拟现实、人工智能等技术与计算机化动态评价深度融合，并借助数据挖掘进行更多的探索和研究，使计算机化动态评价更好地为二语教学服务。

第五节　数字化语言教学资源评价

在世界教育信息化的推动下，资源建设问题已成为人们关注的焦点之一，二语教学领域亦不例外。在教育信息化的进程中，涌现出了层次不同水平各异的教学资源和学习资源，然而总体上却一度呈现重数量轻质量、重建设轻应用的局面，若想扭转这样的形势，建设和完善资源，推动更多优质资源应用，就势必需要对资源进行有效的评价，进而形成科学的资源建设标准和应用规范。

通过第二章第三节对"教育技术支持下的教学资源建设及应用"的分析，我们已经了解了语言教学资源的主要内容及其在语言教学中的重要作用。在教育技术飞速发展的背景下，为了更好地设计、开发和利用语言教学资源，我们需要对教学资源进行评价。数字化语言教学资源评价问题是教学评价的重要组成部分，也是教学资源建设不可或缺的重要环节和步骤。这里所说的数字化不仅指语言教学资源是数字化的，也包括对教材、词典等传统语言教学资源以数字化的方法和手段进行评价。

本节将分别就教材、词典及课件的评价问题，教学技术、教学工具及学习程序的评价问题，在线测试工具的评价问题，学习系统及学习管理系统的评价问题进行讨论，探讨数字化语言教学资源评价的具体内容和方法等。

一、教材、词典及课件评价

在众多学习资源中，教材是语言教学活动中最为重要的学习资源之一。在教材评价中引入教育技术，可以提高评价的客观性与准确性。Chen（2016）在研究中借助语料库技术对英语系列教材中的文本难度进行批判性评价。该研究提到，英语教学中教材的重要性已被广泛认可，但以往对教材的评价很少关注教材中语篇难度发展的恰当性，研究者运用基于 BNC 语料库的频率列表和一组完整的可读性公式对文本难度进行定量考察，同时考察文本中词汇的难度和结构的复杂度，通过统计算法对文本难度的发展阶段进行甄别。这种严格的教材评价为英语教学材料中的语篇难度发展评估提供了共同的框架。

对于语言学习者来说，词典也是极为重要的一种学习资源，特别是线上词典，如今已成为很多语言学习者形影不离的"朋友"和"学伴"。Lew & Szarowska（2017）研究了在线双语词典的评价问题。研究中提到，今天的语言学习者对免费的在线资源表现出强烈的偏好，这些资源的一个突出问题是，它们的质量良莠不齐。研究者提出了一个在线双语词典的评价框架，旨在从四个重要维度评估的词典质量：词汇覆盖率、词条的处理、词汇信息的获取和词典数据的呈现。通过对波兰英语学习者的在线调查，其评价框架被应用于一套流行的英语—波兰语双语词典。

多媒体教学如今已成为第二语言教学中的常态，在教学中需要大量高质量的多媒体课件，这就需要教师掌握课件的评价方法。刘日升、张泽梅、张志宇（2007）研究了多媒体课件的评估问题，强调了外语多媒体教学课件的评估原则包括思想性、实用性、艺术性和共享性，阐述了对多媒体课件进行形成性评估和终结性评估的方法和过程，并指出了多媒体辅助外语教学软件的开发与设计中应注意的问题。多媒体技术的利用离不开多媒体学习理论的指导。

随着网络学习课件大量涌现，课件评价问题便开始成为研究者所关注的问题。在 2008 年 EuroCALL 会议上，有研究者做了有关网络语言学习课件教学评价的报告，从跨学科视角对基于网络语言学习课件进行了评价。Jamieson & Chapelle（2010）指出材料评价的三个关键问题是：找到在评价过程中运用语言学习专业知识的方法；认识到稳定的评价结果效用与针对具体情况的固有评价的矛盾；明确需要一种能够产生稳定、合乎情理的结果的程序。研究者据此尝试探索在评价 CALL 材料时解决这些问题的方法。

值得注意的是，在研究课件评价问题的同时，也出现了对现有评价方法进行反思的研究。Strobl & Jacobs（2011）对在线语言学习课件的评价方法进行了研究。通过对 2 名受访者在线学习活动的考察，研究者指出数字教材质量评估 QuADEM (Quality Assessment of Digital Educational Material）模块中缺乏有关反馈和任务设计的评价标准。Jiang，Renandya & Zhang（2017）对一个在中国进行外语教学的多媒体课件设计进行了评价，比较了教师和学习者对课件评价的态度差异。

在目前及今后相当长的时期内，教材、词典和课件仍然会是二语教学过程中非常重要的教学资源。不管是传统纸版教材和词典，还是数字化的电子教材和词典，不管是线下课堂中所使用的课件，还是供线上教学所使用的课件，其质量的保证都离不开系统的评价标准和具体的评价结果，这方面的研究仍有待加强。

二、教学技术、教学工具及学习程序评价

对教学技术、教学工具和学习程序的评价也是教学实践和科学研究中所必不可少的。评价往往从教师或学习者的角度进行。比如 Shin（2015）从教师的角度研究了 ICT 在教学中的作用，并对 ICT 在教学中的作用进行了批判性评价。而从学习者角度进行评价的研究更为常见。Meskill & Anthony（2007）研究了语言学习者对 CMC 在语言教学中运用的评价。CMC 在外语教学中得到了广泛的应用，语言学习者可以与教师、同学以及母语者通过 CMC 技术进行远程交流，练习目标语言。这项研究对高级和中低级俄语学习者进行了调查，考察了他们在俄语课程中关于 CMC 技术的使用和反应。CMC 成绩单、访谈和问卷调查数据表明，学习者普遍对 CMC 任务和活动充满热情，并且学习者通过聚焦形式的 CMC 交际实践，掌握了目标语言。Barr（2013）在研究翻译教学中的嵌入技术时，也是从学习者角度对课件整合进行了评价性思考的。其研究针对的是一个旨在将计算机技术融入大学法语翻译课程教学的项目。研究者考察了影响学习者使用该技术的因素，在总结本项目的经验和实例的基础上，提出了在语言学习中整合多媒体技术应考虑的若干问题，比如学习者的态度和舒适程度等。

教学技术、教学工具及学习程序评价研究的热门领域，集中于它们在二语教学中应用较为广泛的领域。比如，在词汇学习软件和学习系统方面，Ma & Kelly（2006）借

鉴词汇习得和 CALL 的研究成果，研究了计算机辅助词汇学习软件 WUFUN 的设计和评价问题；在 2017 年 CALICO 会议上，有研究者做了有关通过用户报告和学习者测试成绩对词汇学习系统进行评价的报告。随着 AWE 在第二语言教学领域（特别是在英语教学领域）的应用越来越广泛，对自动化技术运用于英语写作的评价研究数量也日渐增多。比如 Sun（2007）研究了学习者对学术写作协调工具的认知，该研究的目的包括为帮助学习者进行学术写作设计并开发一个在线学术写作模板，研究学习者变量对参与者主观愉悦感的影响，以及通过个人回顾性访谈，了解学习者的学习过程、使用策略，以及对学习者不同水平和发表经验的看法。研究结果表明，学习者对学术写作模板持积极态度，模板对学习者的学术写作过程和策略使用有不同的影响。研究者在研究教学技术、教学工具及学习程序评价问题时，除了在评价方法上进行探索外，也注重评估标准的确立。比如 Komori & Zimmerman（2001）对一套基于网络的汉字学习程序 WWkanji 进行了批判性评价，并提出了改进建议。研究者在研究现有文献的基础上创建了自己的评估标准，通过评估发现，未来版本的 WWKanji 应该增加部首分组、助记符和表意文字、练习和测验、附加复合词以及在上下文中学习汉字等功能，以便为自主学习者提供更多的学习资源。而每项要添加的功能都必须经过严格的测试，以确定其对汉字自主学习的有效性。将语言教学技术融入语言课堂有两个方面极为关键，一是了解各种技术的能力，二是评估这些技术对实现教学目标的有用性。无论从学习者的角度来说，还是从教师的角度来说，教学评价既具有诊断作用，又具有激励作用。语言教育技术与教学的结合，同样需要通过教学评价来判断其质量、水平、成效与不足，教学评价的结果会激励教师和研究者对原有技术和产品进行改进和提示，并根据教学需求应用新的技术，开发新的产品。任何教学技术、教学工具和学习程序的应用，都需要通过行之有效的方法进行科学、合理的评价，才能在应用过程中不断完善，才能更好地服务于教学和学习。相关研究在今后相当长的时间内还会越来越广泛和深入，值得教育者和研究者予以更多的关注。

三、在线测试工具评价

现如今，与第二语言学习有关的各种在线测试工具数不胜数，其质量如何，是否能够实现测试的预期目标，需要对测试工具的设计和实施进行评价。比如 Hémard & Cushion（2003）曾对一项在线测试工具的设计和评价进行研究，这个在线测试工具是伦敦吉尔达尔大学开发的在基于网络的交互式语言学习环境中使用的在线测试工具。研究者强调以用户为中心的设计理念，在做出设计决策时应特别关注用户的需求。

Cotos（2011）提出了一种针对用于二语学术写作教学的自动写作评价工具的实证评价方法。研究者对智能学术语篇评价器提供的反馈进行了分析，将定量数据与定性数据相结合，对其促进语言学习的潜力进行了考察和评价。

有关在线测试工具的评价研究还非常有限，在二语教学领域尚未形成公认的评价标准和评价流程。随着大量在线测试工具的不断涌现，特别是使用频率高、受众覆盖面广、影响力强的在线测试工具越来越多，相关的评价研究会随之增多。

四、学习系统及学习管理系统评价

某种学习系统或学习管理系统是否合理、有效，也需要进行科学的评价。Polisca（2006）描述了基于 WebCT 平台的虚拟学习环境强化自主语言学习项目，并对其益处进行了评价。Chen（2011）通过调查 25 名大学生和 35 名职前英语教师的使用看法，来评价口语技能培训网站的优势和局限性。在 2017 年 GLoCALL 会议上，有研究者做了有关平台技术与课件设计优劣的报告，对平台技术与课件设计优劣问题进行了评价和批判性思考。Van Doremalen et al.（2016）研究了基于 ASR 技术的语言学习系统的评价问题。这项研究的目的是评估一个基于 ASR 的语言学习系统的初始版本，研究者运用该学习系统向荷兰语作为第二语言的学习者提供有关口语表现的不同方面的反馈，比如语音、形态学和句法等。研究者进行了可用性调查、专家调查和用户测试，以深入了解这个学习系统的潜力，以及进一步调整和改进它的方法，从而开发出特定的语言学习产品。评估显示，教师和学习者对该系统普遍持肯定态度。基于 ASR 技术的系统既可以作为语言课件使用，也可以作为研究工具用来研究语言习得过程。

评价标准的研究和建立，在学习系统及学习管理系统评价过程中，是一项重要的内容。Wang & Chen（2009）对同步学习管理系统（Synchronous Learning Management Systems，简称 SLMS）的评价标准进行了研究。由于同步学习管理系统等同步技术支持的虚拟学习环境对从事远程语言教学的人来说还是一个新生事物，因此指导远程语言教育（Distance Language Education，简称 DLE）建立同步学习管理系统迫切需要科学的评估标准。研究者首先通过回顾在 CMC 和 SLMS 的研究中所取得的成果，确定了为 DLE 制定合适的 SLMS 评估标准的必要性，然后考察了第二语言学习的基本原则和远程语言教育的性质，为第二语言学习标准的制定建立了理论框架，研究者在此基础上提出了评估同步学习管理系统的重要标准和有效远程语言学习的最低要求。这些标准包括：（1）通过多媒体论坛提供异步交互；（2）通过网络在线同步教室支持面对面的互动；（3）通过多个在线同步教室支持面对面的小组互动；（4）可用性。研究者进一步从教师和学习者的角度对每一项标准进行了讨论和论证，强调这些标准需要随着教学和技术的发展而不断丰富。

对学习系统和学习管理系统进行评价是一项复杂的系统工程，其中会遇到很多需要分析和解决的问题。目前相关研究数量还非常少，还有很多理论和实践问题尚未得到研究或还没有形成研究成果。面向未来的教学，资源既是表层的应用对象，又是实际推动教学和保障教学的基础和后盾。（郑艳群，2018）而资源的评价问题将贯穿资源设计、开发、利用和管理的整个过程。

思考与练习

1. 已有计算机和信息技术的发展给语言测试与评估带来了哪些影响？请举例说明。
2. 语言教育技术如何应用于诊断性测试？请举例说明。
3. 如何进行计算机化词汇测试？请举例说明。
4. 语言教育技术的发展对写作能力的测试与评估有什么影响？
5. 计算机化语言教学动态评价与静态评价有什么不同？
6. 计算机化语言教学动态评价在应用和推广方面可能遇到什么问题？
7. 为什么要对数字化语言学习资源进行评价？
8. 评价教学技术、教学工具和学习程序可以从哪些方面进行？
9. 对数字化学习系统及学习管理系统进行评价有什么意义？
10. 未来教育技术发展可能会给语言测试及评估带来哪些新的变化？

第七章 教育技术应用对语言教师的影响

工欲善其事，必先利其器。教师与教育技术的关系密不可分。早在 2008 年，联合国教科文组织（UNESCO）就发布了《教师信息通信技术能力标准》（UNESCO ICT Competency Standards for Teachers）[1]，对教师的技术素养提出了明确的要求。在早期的研究中，学者们关注的主要是教师对具体技术的应用和态度，以及技术应用与教师教学之间存在的差距问题。随着技术对教育领域的影响日益深入，学者们逐渐认识到无论是教师认知，还是教师专业发展，都与教育技术的发展相辅相成，它们之间的深度融合问题开始进入教师研究的视野。

本章主要探讨教师与教育技术的关系问题。相关研究主要涉及如下几个方面：教育技术应用对教师信念和角色、教师情感、教师行为的影响；教育技术环境下的教师发展和教学反思问题；教育技术应用对不同教师群体的影响。

第一节 教育技术应用对教师信念和角色的影响

受综合环境、技术发展、教育背景、自身经历等因素的影响，教师对教学内容、教学方法、教学对象等均会形成一定的信念，语言教学也不例外，这些都体现出教师的专业素养，由此形成的对自身职业的定位，即教师角色问题同样值得关注。本节将围绕教师信念和教师角色这两个问题来探讨教育技术相关的研究。

---

[1] UNESCO. UNESCO ICT Competency Standards for Teachers [EB/OL]. http://www.unesco.org/new/en/communication-and-information/resources/publications-and-communication-materials/publications/full-list/unesco-ict-competency-framework-for-teachers/

一、教师信念

在教育研究领域，教师信念（teachers' beliefs）一直是学者们关注的焦点。在教育技术飞速发展的背景下，语言教学出现了很多新的特点，语言教师的信念会随之受到影响。Kim & Rissel（2008）采用案例研究的方法探讨了 3 名语言教师的语言教学信念如何影响他们在教学环境中计算机使用的问题。研究数据来自对课堂和计算机实验室为期 6 周的观察以及教师访谈。研究结果表明，教师在互动方面的信念对计算机使用的影响远大于其技术专长。Praag & Sanchez（2015）采用多案例、多方法的设计，调查了 3 名经验丰富的二语教师在实践中使用移动技术的情况。通过对教师理论、信念和课堂行为进行分析，结果显示，教师倾向于禁止或不情愿地容忍移动设备的使用，但同时他们认识到这些设备在支持教学和学生学习方面的一些潜在好处。研究者同时强调了对教师来说能促进移动技术整合的激励因素，以及阻碍移动技术整合的障碍因素，包括内部因素（例如信念）和外部因素（例如环境制约）。这种教师信念与技术应用，受某些因素影响产生的复杂的交互关系，非常值得深入探讨。Liu，Lin & Zhang（2017）通过增强教师的教学信念来修订 TAM，并在中国大学水平的 EFL 教师中测试修订之后的模型。调查数据来自 202 名中国 EFL 教师，并使用路径分析进行处理。研究结果表明，抽样教师的教学信念更偏向建构主义导向。另外，教师对网络技术的信念研究开始较早。例如，在 CALICO 会议上有如下相关研究：基于建构主义理论讨论 4 名外语教师在线专业发展过程中的信念与实践问题（2003）；一学期混合语言教师培训课程结束后，教师信念的潜在变化问题（2009）。可以看出，技术背景下的教师信念研究大致分为两类：一是考察技术对教师信念的影响；二是直接将教师对技术的认知纳入教师信念体系。我们可以从中窥见技术对教师、教学从外部辅助支持到内部影响融入的渐进过程。

二、教师角色

"教学环境对教师的教学具有重要影响，不同的教学环境使教师处于不同的角色。"（Richards & Lockhart，1996）关于教师在技术环境中扮演的角色这一问题，相关研究开始较早。Levy（1997）曾经指出，将 CALL 应用程序概念化为辅导和将其概念化为工具时，教师的作用是不同的。可见，技术环境的变化使教师角色产生了相应的改变。Erben & Sarieva（2008）提出，作为 21 世纪的教师，需要有能力通过学习经验来引导学生，并融合一个好的设计师和管理者的技能。Wang（2015）对虚拟环境中的教师角色进行了研究。重点考察的是在"第二人生"中，教师在基于任务的语言教学课程的不同任务阶段中的角色。研究数据包括转写的录音和教师访谈。通过统计师生的所有话轮，根据话语功能将教师角色分为 6 种。研究结果表明，在任务前阶段，教师发挥了重要的技术和社会作用；在任务实施阶段，教师侧重于激励学生参与，监控学生活动和提供任务支持；在任务后阶段，教师重在语言指导。尽管在 3 个任务阶段中突出的教师角色有所不同，但教师始终扮演着 4 种角色：监控者角色、激励者角色、语言指导角色和社会角色。Son（2018）将 CALL 课堂中的教师分为了解他人在 CALL 中的工作的观察者，选择设计工具、方法的设计者，使用 CALL 材料的实施者，对 CALL 设计提出建议的评价者，监督特定情况下 CALL 的整体使用的管理者和解决 CALL 相关问题的研究者等多种角色。可以看出，在教学过程中，受技术影响，教师会选择不同的教学工具，采用不同的教学方法，教师角色表现出多维属性，这已经得到了学者们的认同。

综上可见，技术与教师角色之间虽然出现了一些交叉研究，但还有广阔的互动空间有待开拓。已有的研究成果有限，还未形成蔚然之势。从历年的《地平线报告》[1]来看，教师角色在教育领域一直是技术重点关注的对象。例如，2013 年《地平线报告（高等教育版）》[2]中预测教师角色的转变将成为未来的关键发展趋势。2017 年《地平线报告（高等教育版）》[3]中更是提出反思教师角色是一个严峻的挑战。技术意识下的汉语教学模式创建，既要关注各类技术的应用，也要关注新形势下外语教师角色的变化和发展，特别是要认识到技术环境下对教师角色解析和重构的重要性。目前相关研究成果不多，亟待加强。另外，作为教学的执行者，教师对自身职业的定位也应引起学者们的重视。尤其是在现代科技广泛应用于教学的信息时代，教师更需要正视自己角色的调整和改变，努力适应时代变化带来的挑战。

---

[1] 《地平线报告》是探索新技术发展趋势和教育应用的报告，由美国新媒体联盟（New Media Consortium，简称 NMC）自 2004 年起开始发布，2018 年起转由美国高等教育信息化协会（EDUCAUSE）发布。

[2] Johnson, L., Adams Becker, S., Cummins, M., Estrada, V., Freeman, A., & Ludgate, H. (2013) NMC Horizon Report: 2013 Higher Education Edition. Austin, Texas: The New Media Consortium.

[3] Adams Becker, S., Cummins, M., Davis, A., Freeman, A., Hall Giesinger, C., & Ananthanarayanan, V. (2017) NMC Horizon Report: 2017 Higher Education Edition. Austin, Texas: The New Media Consortium.

第二节　教育技术应用对教师情感的影响

教师是使用技术的主体，对于是否使用技术、如何使用技术、使用技术后的影响等问题，教师持有的观点和态度存在差异，而这种差异也会对教师动机产生一定的影响，两者存在一定的关联。本节主要从教师的内在特质出发，讨论有关教师使用技术的态度的研究和技术背景下教师动机的研究。

一、教师态度

态度指的是对于事物的看法和采取的行动。研究者对教师使用技术的态度问题早有关注。2005 年和 2008 年 CALICO 会议议题对此也有涉及，研究者分别调查了语言课上师生对技术使用的态度以及不同专业的教师对技术的态度的差别。

具体到不同的技术，关注较多的是教师对使用计算机相关技术的态度。Kessler（2007）通过对 108 名 TESOL（Teaching of English to Speakers of Other Languages，简称 TESOL）硕士毕业生进行的网络调查发现，从非正式渠道和个人经验中获得的 CALL 知识与教师对技术的态度密切相关，而正式的 CALL 教学准备则不然。Kim（2008）对同时参加教师教育课程和高级教育技术课程的 10 名教师进行了调查。研究结果表明，教师对计算机的看法和期望是偏向于将其用作教学工具。Pinner（2012）的研究结果有所不同，该研究的对象是对使用 CALL 具有内在动机而非源自机构压力的教师。通过调查发现，教师们普遍认为，他们希望在课堂上更多地使用计算机，特别是利用计算机来进行更有趣、更吸引人的以学习者为中心的活动。这些 CALL 活动对学生更有激励作用。研究特别提到了计算机能够在线提供各种丰富的真实文本的优势。根据上述研究结果可以看出，语言教师对使用计算机辅助教学总体持积极态度，但对技术所发挥的作用的看法有所差异，有的仅将之视为工具，而有的认为它对学生会产生深层影响。

在网络技术应用方面，Canals & Al-Rawashdeh（2019）详细介绍了在雅尔穆克大学（Yarmouk University）设计和开设在线英语课程的经验。研究的重点是从教师的角度评价课程。研究结果显示，相较于产出性技能（说、写），教师觉得使用技术来练习接受性技能（听、读）更加可行。对使用技术进行语言教学，教师表现出了矛盾的态度。在其他技术应用方面，在 2017 年 CALICO 会议上，有研究者做了关于在基于游戏的学习环境和课堂环境中，教师态度和教学实践对词汇学习影响的比较报告。

可以看出，在教师对使用技术的态度的相关研究中，比较研究是常见的研究思路。究其原因，态度是一种可变的主观因素，会因人而异、因时而异。从上述研究结果来看，教师对使用技术表现出来的态度总体积极，但仍有保留，一方面认识到了技术的可用性；另一方面对技术如何支持教学存在疑虑。进一步分析，教师对技术的态度与技术本身的适用性有关，如果某一项技术以其特性产生了具体的教学效果，很可能会使教师的态度发生转变。Fisher（2009）通过纵向研究，发现了在英国一所大学为期9个月的培训课程中，5名实习教师对数字技术认知的改变。开始教学之前，教师对ICT普遍的态度可能是紧张和忧虑。而通过培训，例如列出ICT与语言教学法相适应的方式，报告受训者在课程进行过程中提出的注意事项等，教师对使用技术的态度已变得积极而肯定。类似的纵向研究可以探寻教师使用技术过程中态度变化的影响因素，这将有助于后续有针对性地进行技术开发，提高技术与教学需求的契合度。

二、教师动机

动机是一个心理学概念，它常与人们在要做的事情中做出选择、对这些选择的坚持、参与时表现出的行为质量等有关（Maehr & Meyer, 1997）。在教育领域，动机能够影响教师的职业选择及专业发展，重要性不言而喻。当技术介入教学中时，一方面能够满足教师的需求，激发其动机；另一方面也可能会使教师的动机发生改变。关于前者，在2015年CALICO会议上，有研究者做了关于利用机构的力量组织培训，为不愿独自从事在线课程设计的教师提供动力和社区的报告。关于后者，面对日新月异的技术，Borthwick & Gallagher-Brett（2014）通过研究发现，进行开放教育实践可能是促进教师专业发展、强化其教学技术知识和减轻其特定动机障碍的有效手段。由此可见，教师的需求和动机在不同时期存在差异，是随着技术的进步而不断更新的。学者们应关注这种差异性，既要避免教师过分依赖技术而忽视传统教学方法的应用，也要探寻如何利用技术提高教师动机水平，使教师与技术形成良性互动，共同改善教学效果。

第三节　教育技术应用对教师行为的影响

教育技术环境下的外语课堂正在逐渐发生改变，这不仅会对内隐的教师信念、教师情感产生潜移默化的影响，更是会使外显的教师行为发生某种程度的变化。

首先，教师在应对技术支持下的新教学模式时所做的教学选择是学者们关心的问题。Schmid & Whyte（2012）以法、德两国公立学校非母语EFL教师整合交互式白板技术的情况为研究对象，以验证社会建构主义范式的地位。研究数据包括课堂观察、课程视频录像、深度访谈和录像刺激反思。研究结果表明，尽管进行了以交际为导向的社会建构主义培训，但教师还是会使用交互式白板技术来实施各种不同的教学方法，从传统的语法翻译法到更具交际性、建构性的任务和基于项目的学习模式等。研究显示教师个人的教学方法受多种因素影响，例如教师的教学经验、教学信念和机构要求等。该研究说明了技术整合在 CALL 中的复杂性，并显示了教师如何适应或忽略主导教学法，以构建自己的技术表现形式，这更符合他们的课程和个人目标。Mendieta & Barkhuizen（2020）通过研究混合学习计划如何在哥伦比亚高等院校中付诸实践来探索教师对课程改革的所有权。该研究旨在考察 2 名英语教师在参与实施混合学习课程的过程中，努力应对变化所获得的经验。数据收集方法包括叙述性访谈和课堂观察中的现场笔记。研究结果表明，转向混合学习是一个复杂的过程，不仅仅是"正确地实现混合"，因为多种个人和制度因素会影响教师的实施经验。可以看出，在应用技术的过程中，教师的能动性得以充分发挥，也受到了学者们的重视。

其次，相关研究还集中在教师如何利用技术来参与教学活动及其对教学的影响。Mangenot & Nissen（2006）探讨了设计远程学习课程时，在协作式或非协作式学习之间进行选择对辅导员的参与产生的影响。通过定性方法，研究者比较并分析了两门课程中辅导员和学生的在线互动结构。在 2013 年 CALICO 会议上，有研究者做了关于教师如何利用视频捕获技术来参与并支持学生的二语写作活动的报告。这些研究都体现了学界对技术促进教师参与教学这一作用的肯定。另外，教师参与对学生的影响也是可以探索的研究问题。Ene，Gortler & Mcbride（2013）研究了教师的虚拟存在对学生聊天行为的影响，包括纠错、领会、目标语言使用和任务行为。研究数据来自德国学生在一所美国大学中进行的配对和小组聊天活动。通过对两个学期的聊天记录、学生调查和老师访谈数据进行三角测量得出结论。研究结果表明，教师的参与方式对学生聊天行为的影响远大于教师是否在场，而其中一位教师以形式为中心的参与方式对学生参与具有明显的抑制作用。

最后，教育技术的应用使教师行为更为多样，也使教师专业发展的路径得以拓宽。例如，Wu，Gao & Zhang（2014）以网络社区中英语教师的互动模式、社会临场感和认知存在为研究对象，通过社交网络分析和内容分析发现，CMC 为教师创造了新的机会，使他们可以与其他教师进行个人的、社会的和专业的互动，否则他们在工作环境中是不会有联系的。在在线交流的最初阶段，论坛的新成员更倾向于依赖纵向关系，与社区中更专业或更有能力的人进行交流。随着他们越来越多地参与在线讨论，出现了新的横向的、对等的关系。该研究对网络社区中语言教师的专业发展具有实际意义。

综上可以看出，教育技术对教师行为的影响是多方面的，既包括具体课程中的微观教学技巧，也包括在某一个教学理念指导下形成的新的教学模式，甚至延伸到了多样化的数字环境下的综合行为，这种教学行为发展过程的影响因素是目前学界关注的焦点，研究方法上以观察研究、案例研究等定性方法较为常见，相关研究成果对教师培训以及教师专业发展均有一定的启示。

第四节 教育技术与教师发展和教学反思

教师发展是教育领域非常重要的研究问题。教师发展不仅包括思想观念的完善，理论知识和教学技能的积累，而且包括专业思想和研究能力的及时更新。而这一切越来越离不开技术的参与和支持。同时，适时地进行教学反思也是教师专业发展过程中的重要一环。因此，本节将从教师发展和教学反思两方面切入，对教育技术相关研究进行分析。

一、教师发展

本部分围绕各类技术来探讨教师发展研究。相关研究主要从计算机技术、网络技术等对教师发展的作用方面展开。

（一）计算机技术的应用

计算机技术在教师专业发展中扮演了重要的角色。值得一提的是，相关研究不仅关注计算机如何辅助教师发展培训，更将研究触角深入到教师如何将培训所得应用到教学实践中。Torsani（2016）将 CALL 教师教育的主要目标定为"在教师中发展选择可用技术的知识以及将其与他们的语言教学知识相结合的能力"。Egbert，Paulus & Nakamichi（2002）以 20 名完成同一水平 CALL 课程的英语和外语教师作为研究对象。调查和后续访谈探究的是参与者对 CALL 活动的了解；他们在课程中的所学如何与现在所处的教学环境交互；影响他们在课堂中使用技术的因素；以及他们如何继续在 CALL 中获取和掌握新想法。研究结果表明，使用 CALL 活动的教师通常在参加课程之前具有 CALL 经验；缺乏时间、支持和资源使某些课堂无法使用 CALL 活动；正式课程之外新 CALL 活动的想法最常来源于同事。Rilling et al.（2005）尝试将计算机教学的理论和实践整合到各种语言课程中。该研究以 CALL 研究生课程的参加者为研究对象，重点报告了该课程的 4 名参与者持续将理论应用于将计算机整合进语言课程中的实践的情况。这些语言课程包括芬兰的远程学习课程、美国开设的法语作为外语课程、商务英语课程，等等。Chao（2015）提出，在 CALL 教师教育的背后，存在着一个未被质疑的关于迁移的共识，这表明了一种实证主义的、以工具为中心的学习收益观，不同于当前教师教育研究的社会文化焦点。该定性研究以教师从 CALL 教师教育课程回到自己的教学环境中，如何跨环境地理解语言教师学习数字技术为研究问题。研究在 CALL 教师教育课程接近尾声时，要求 19 名在职语言教师制作一份关于经验与教学间联系的报告。研究者最终确定了 4 种类型的联系，包括深思熟虑的行动计划、过去经验的改进、有限地使用和不情愿地使用。8 个月后，对其中 4 名教师进行了深入访谈，发现他们很少能按计划的方式使用工具。然而当他们在日常教学中反思自己的 CALL 教师教育课程经验时，都经历了相应的转变。这一研究结果对 CALL 教师教育中的迁移必须是关于使用技术的观点提出了挑战。研究者建议将重点放在对技术使用的批判性反思上。

从上述研究来看，CALL 培训与教学实践的关联引起了越来越多研究者的重视。研究结果表明，教师的技术背景、教学信念、工作环境等均有可能成为影响技术使用和整合的因素。郑艳群（2013a）曾经提出存在第二语言学习的生态环境。可以认为，同样存在计算机辅助语言教学的生态环境，对该环境中的各要素以及各要素之间的关系展开深入研究，将有助于语言教师适应不断变化且复杂的计算机化教学环境。目前已有学者采用不同的研究方法对相关问题进行探讨。DelliCarpini（2012）采取行动研究的方法调查了影响英语教师在 ESL 课堂中选择和使用技术的因素。数据表明，在高度情境化的环境中发展计算机技术技能可以增强 ESL 教师在课堂中使用技术方面的知识、技巧和信念。McNeil（2013）则通过问卷调查了 TESOL 学员对 CALL 课程和活动的看法，以及情境学习与 CALL 学习之间的关系。调查结果表明，学生认为该课程提供了许多情境学习环境的要素，某些课程活动比其他课程活动更具情境性。

如何有针对性地设计培训课程，优化培训效果，助力教师专业发展值得学者们思考。在 2003 年 CALICO 会议上，已有研究者讨论 CALL 作为混合职业以及 CALL 教师培训的小型课程问题。2004 年 CALICO 会议议题则涉及对 CALL 相关教师培训内容的思考，面向教师的 CALL 策略培训等问题。计算机对教师专业发展的支持不仅表现在相关研究对课程设计和开发的重视，更表现在对课程运用和评价的研究和展望。在 2008 年 CALICO 会议上，有研究者做了关于教师培训中对 CALL 教学的评价报告。Hubbard（2008）在探讨技术和教师教育现状的基础上，提出语言教师教育和 CALL 的未来发展道路，并指出拥有足够数量的 CALL 专业人士开发新应用程序以及培训下一代语言教师的重要性。在 2009 年和 2010 年 CALICO 会议上，有研究者对 CALL 教师技术培训的当前实践和效果进行了反思。进而在 2011 年 CALICO 会议上，有研究者提出"CALL 设计者"的概念，说明设计、开发和评价 CALL 课程的复杂性已经得到了学界的认同和重视。

如果能够将计算机的优势恰当地运用到教师培训中，将有助于挖掘教师潜力，为教师的专业发展提供有效的途径。在 2014 年 CALICO 会议上，有研究者探讨了提高准 EFL 教师的技术知识和技能的方法。可以看出，技术的虚拟性、共享与开放性在相关研究中得到了重视。在 2001 年 CALICO 会议上，有研究者描述和演示了虚拟语言实验室技术，该技术允许教师通过虚拟办公时间和远程学习教程进行协作。Arnold et al.（2005）研究了外语教师在虚拟异步学习社区中的社会临场感。研究数据包括每周反思教学的在线交流、基于特定主题的讨论等。研究探索了社会临场感的要素，特别是在异步在线讨论期间出现的情感、互动和凝聚力指标。如何通过技术建立支持教师发展的虚拟社区，成为学者们关注的问题。Whyte et al.（2014）介绍了支持语言教师持续专业发展的欧洲终身学习项目 iTILT1，该项目的主要成果是一个开放式网站（http://itilt.eu），即一个包括可搜索的培训资料（手册、样本资料）和课堂插图（视频剪辑、参与者评论）的资料库。这项研究从适当的培训材料的开发、语言课堂中的数据收集、示例性教学片段的选择以及为将来教师教育进行在线演示的准备工作等方面，探索了项目后续阶段的行动研究维度。

总之，CALL 教师培训研究成果丰富，近年来更呈现出由点到面的聚合趋势。Son & Windeatt（2017）汇总了不同学者对世界各地针对教师、研究人员和管理人员的 CALL 课程的相关研究。包括墨尔本大学的"技术和语言学习"课程、南昆士兰大学的"计算机辅助语言学习"课程、纽卡斯尔大学的"计算机辅助语言学习、学习和技术"课程、斯坦福大学的"CALL 迷你课程"，等等。这些课程各有特点，有的采用了以促进混合学习为中心的"边做边学"的方法，有的聚焦教师在 CALL 环境中的角色。学者们详细讨论了各培训课程的背景、特点和问题以及未来发展方向。这种同类课程的协作、比较和反思能够有效整合研究力量，将成为促进相关领域发展的新动力。在此基础上，Son（2018）对 CALL 教师培训的内容、过程、有效性、对教学实践的影响、影响专业持续发展的因素等方面进行了总结，并进一步提出了包含探索、沟通、协作和反思四个关键要素的 CALL 教师发展模型。可以看出，计算机辅助教师发展一直是研究的热点，计算机以其独特的优势在教师培训以及后续教师教学实践和专业发展中发挥了积极的作用。

（二）网络技术的应用

网络技术不仅实现了资源共享和人与人之间便利的交流，而且具备不受时空限制的特性。这些特性为教师发展提供了极大的便利条件，也成为相关研究的重点。在资源共享方面，2009 年和 2010 年 CALICO 会议议题分别涉及 Google 以及 wiki 如何服务于教师培训的问题，前者注重建立面向教师的在线教学网络，而后者则着眼于教授教师语法。在网络的社交功能方面，在 2017 年 ICT 会议上，有研究者提出 Twitter 可以作为二语教师教育中一种可能的教学方法。另外，2012 年至 2021 年，GLoCALL 会议一直将网络环境下的语言教师培训作为分议题，足见其对网络技术在教师发展中作用的重视。相关研究还有在 2003 年 CALICO 会议上，研究者所做的关于在线外语专业发展课程如何改善教学实践和学生学习的报告。随后 Ernest & Hopkins（2006）对在线环境中合作协调和教师发展的问题进行了探讨。

相关研究循两条主线展开，第一条是从技术出发，研究如何利用在线网络环境丰富教师专业发展内容，旨在将网络的优势最大化以促进其专业发展。Meskill & Anthony（2007）研究的问题是通过 CMC 进行的模拟教学对话能否有效地用于教师专业发展。研究者通过设计实施相关在线专业发展课程，记录并检验其过程和结果发现，有关参与教学对话的阅读、讨论、模拟练习和反思，确实可以激发教师对有效的外语和二语在线教学对话的剖析和认识。Wang，Chen & Levy（2010）探讨了同步技术与网络技术的结合对教师发展的支持作用。研究者以语言教师在网络面对面教师培训项目中的学习过程作为研究对象。8 名高级汉语教师参加了为期 12 周的培训课程，该课程在具有基于多媒体、口头和视觉交互特点的在线同步学习环境中进行。数据表明，学习曲线可以分为四个阶段。研究者重点介绍了受训者如何在这四个阶段中进步，并探讨如何通过采取行动、反思和改进的循环在每个阶段支持其学习。2014 年、2015 年和 2016 年 CALICO 会议议题均涉及在线语言教师培训问题，包括在线环境中语言学习方面的教师发展问题，教师在线课程设计技能培训问题，如何将网络交互的经验教训吸纳进在线语言教育工作者培训之中的问题等。Ebrahimi & Faghih（2017）则采用定性研究的方法探讨了如何将语料库语言学整合到在线语言教师的教育计划中。该研究通过考察 32 名教师对两门在线时长为 7 周的语料库语言学入门课程的评价展开。研究数据包括问卷调查、参与者的书面日记、课后半结构化电子邮件访谈和论坛讨论条目。数据的定性分析表明，要成功将语料库语言学纳入在线语言教师教育体系中，需要在教育环境中提供必要的技术基础设施；更多地关注语料库语言学的实践，重点放在成功利用语料库语言学的必要教学知识和技能上；引入对用户友好的工具，并在缺乏必要技术设施的情况下，鼓励间接使用语料库；提供足够和有效的指导材料及指导教师支持；鼓励参与者对方法进行批判性思考，等等。可以看出，相关研究不再止于表层个别课程的变化，而是深入到课程整合的层面，尝试重塑在线教学课程体系，甚至建立一个全面的支持环境。例如，在 CALICO 会议上，有研究者提出教师培训全球化的宏伟蓝图，期待能有一个全球性的在线课程来帮助教师发展其技术能力与语言教学能力（2018）；还有研究者做了关于如何利用全球在线教育技术课程，为语言教师培训开发数字创客文化的报告（2019）。

另一条主线是从教师出发，研究教师在在线网络环境中应该具备的专业能力和承担的角色，即探讨网络教学中教师的专业发展方向。Guichon（2009）进行了旨在确定管理同步在线教学的语言辅导需要开发的关键能力的研究。研究对象是针对法语作为外语教学的硕士学位学生的教师培训计划，该计划为受训者提供通过桌面视频会议平台向来自北美大学中级法语学习者进行在线教学的机会。研究数据来自受训者面对自己的现场活动影片时对自己实践的解释。研究结果表明，受训者特别专注于教学中因远程和错误的技术而变得复杂的方面。不论是与语言教学相关的全部能力，还是与在线教学更直接相关的能力，均与受训者所遇到的困难相关。Kitade（2014）从社会文化视角出发来研究教师发展问题。研究者提出教师的初始信念应该在特定的教学情境中进行挑战和重建。研究调查了在二语教师教育中与二语学习者进行在线活动的优势。研究数据包括教师学员的自传体陈述、日记、最终反思、现场同行对话和观察记录。数据分析结果表明，最初依赖母语权威的教师逐渐意识到二语教师所需要的社会和文化上的复杂角色。可以看出，以网络为基础形成的生态环境改变了语言教学的传统形态，给教师带来了新的挑战。Ernest et al.（2013）为了提高人们对成功开展协作在线活动的因素的认识，并确定该领域的专业发展需求，对一组 20 名教师的实践经验进行了研究，考察了在虚拟环境中成功协作所需的一些能力，并介绍了教师在虚拟课堂中促进在线协作学习所需的技能。研究所确定的技能包括计划和管理协作，设计适当的活动，给出明确的指示，让学生就参与的基本规则进行协商，等等。

（三）其他应用案例

现代教育技术具有可整合、可移动、可虚拟等不同特性。如何有针对性地将之精准匹配到教师发展中？在 CALICO 会议上有如下相关研究：关于研究生外语教师培养模式的探讨，研究者提出应整合外语教学与技术相关内容（2000）；从学习空间的角度探讨学习空间设计、技术整合、教师发展与制度文化变迁之间的相关性（2014）。从中可以看出，研究视野有不断拓宽的趋势。

虚拟技术也在教师发展中得到了应用。在 2009 年 CALICO 会议上，有研究者探讨了"第二人生"在世界语言教师教育和发展中的潜力；在 2011 年 GLoCALL 会议上，有研究者做了关于多种情境下为教师专业发展建立虚拟实践社区的挑战的报告。随着 3D 技术的普及，相关研究开始对虚拟技术给予更多关注。Kozlova & Priven（2015）针对 ESL 教师培训中的 3D 虚拟环境进行了研究。该研究采用情境学习的方法，探讨了在协作情境学习过程中会出现哪些在线教学技能，这些技能如何发展以及协作情境学习是否是培训教师在 3D 虚拟环境中进行教学的有效方法。6 名 ESL 教师受训者参与了此项研究。研究数据包括通过屏幕捕获软件 Camtasia Relay 记录的教学过程、受训者的日记等。数据分析表明，对这组教师来说，情境学习方法是一种有效的教师培训方法。

综观教育技术相关的语言教师发展研究，可以看出以下三个突出的特点。第一，从历时角度来看，该领域一直是研究热点，从 2000 年至今，每年都有一定的发文量，体现出学界对这一问题的持续关注。这一方面可能是因为教师发展在教育学领域本来就是一个重要的研究问题；另一方面也说明技术的飞速发展确实能够为教师发展提供强有力的支撑，值得深入研究。第二，两种研究视角。既从技术的角度考察如何支持教师发展，也从教师的角度分析教师如何应对技术带来的挑战。由此看出不同领域交叉融合的趋势。第三，理论基础的变化。早期的相关研究多基于实证主义的学习收益观，更多地关注技术的实用功能，而随着研究的深入，社会文化理论开始引入，教师在特定的教学情境中发生的知识、信念和教学行为等的变化都成为研究课题。近年来有学者呼吁建构教师网络学习共同体，加强教师同伴互助和伙伴指导（吴秉健，2019），也有学者指出可以利用慕课联盟等方式促进教师团队合作及其专业成长（杨胜娟、王静，2017），这些均可视为教师在技术环境下获得专业发展和进步的有效途径。

二、教学反思

技术在教学反思过程中的影响和作用一直是 CALICO 会议较为关注的问题。相关研究主要涉及通信技术、网络技术以及移动设备等。在 2010 年会议上，有研究者介绍了一个为期一年的跨大学在线合作项目中，美国和西班牙的培训教师所开展的各种远程协作活动。利用技术进步，该项目通过建立在线实践社区努力强化反思性教学和案例教学。在 2015 年会议上，有研究者提出将在线语言教师视为研究人员，并通过基于在线辅导录音的刺激回忆，讨论这样一个反思性活动，探讨适合实践性研究的方法和策略。随着移动设备在语言教学中的普及，在 2018 年会议上，有研究者做了关于如何使用 iPad mini 开展活动以获取建设性反馈能力和自我反思，从而帮助职前教师顺利开展教学的报告。可以看出，技术拓宽了教师进行反思的渠道，同时也使教学反思内容得以细化和深入。

总的来说，教师发展和教学反思研究都在不同程度上受到了教育技术的影响，相关研究结果对教学实践也有很大的启发。作为教师，了解目前技术整合下教师培训的现状，可以更好地总结反思，积极应对新形势下教学所面临的挑战；作为培训者，可以确定应该教授哪些知识和技能及怎么教，在教授过程中应该提供哪些支持，等等。相信随着技术支撑下的语言教学生态环境的逐步形成，教师将迎来更加广阔的专业发展空间。

第五节　教育技术应用对不同教师群体的影响

对教师的职业身份可以从不同维度进行分类。例如，根据教师入职前后的变化维度，将其分为职前教师、新手教师和熟手教师等；也可以按教育体系的分类标准，将教师分为小学教师、中学教师和大学教师等；还可以按教师的职称，分为助教、讲师、副教授和教授等。教师职业身份的差异与不同的教育技术之间存在复杂的交互关系。本节将从职前教师、在职教师、助教、小学教师和大学教师等几个角度来探讨语言教育技术应用的影响。

一、职前教师

职前教师尚未正式进入工作岗位，在专业上需要有针对性地接受各类培训，在教学上还缺乏经验，可能会表现出一定的特点。技术在其中的影响和作用成为研究的热点之一。

（一）计算机技术的影响

在计算机技术应用方面，Rilling et al.（2005）论及如何运用 CALL 理论来助力职前教师培训。随着对职前教师能力认识的细化，相关研究更加深入，Pérez Cañado（2010）具体探讨了以计算机为媒介的交流提高职前英语教师词汇能力的作用，并进行了准实验研究。在 2015 年 CALICO 会议上，有研究者讨论了职前教师对 CALL 教师教育课程变化的信念问题。可以看出，计算机及其相关技术的运用能力已成为职前教师必须掌握的技能之一。近年来，相关研究进入更加微观的层面。Kılıçkaya（2019）研究了计算机技术如何适应职前教师的偏好。该研究采用定性和定量的方法。数据收集工具包括四个在线测试以及与选定参与者的半结构化访谈。研究结果表明，元语言反馈是职前语言教师最喜欢的反馈类型。根据参与者的观点和建议，即时反馈被认为是支持学习的最有效方式。可以看出，计算机不只是作为一种辅助工具在职前教师培训中发挥作用，同时也对职前教师的学习和教学行为产生了一定的影响。

（二）网络技术的影响

在网络技术应用方面，Van Olphen（2007）分析了职前教师对将技术整合到外语课堂教学中的想法和态度。研究重点是基于网络的教学环境的有用性、优势和不足。研究数据包括访谈、现场笔记和 WebCT 发帖。这项研究表明，职前教师在方法课中意识到了使用课件工具的优势。在 2013 年 CALICO 会议上，有研究者做了关于通过与二语学习者的在线活动，实现职前教师专业身份发展的报告。职前教师的身份问题得到了专门重视。值得一提的是，如何利用社交网络辅助职前教师教学，也纳入了研究视野。Sun（2014）以 12 名中国台湾职前教师作为研究对象，调查职前教师如何将 YouTube 技术应用在微教学中。这些职前教师教授非英语母语者写作课程，在授课过程中，他们分组研究如何在 YouTube 上开发和上传微教学视频，并观察学生在 YouTube 课程中学习的表现。研究发现：（1）职前教师在 YouTube 课程中采用了各种风格和方法；（2）职前教师对 YouTube 微教学持较温和的积极态度，他们同时表明了在教学、理论与实践之间联系上感知的转变，以及在 CALL 中获得动手经验方面的收获；（3）职前教师在制作 YouTube 微教学视频时，遇到了不同程度的技术困难；（4）发现了影响微课教学内容和质量的许多因素（例如，焦虑的来源、动机的转变、对视觉效果和个人形象的关注、缺乏学生的反馈和互动）。Satar & Akcan（2018）研究了在纵向混合学习环境中，职前 EFL 教师在线交流的参与度、互动模式和社会临场感水平。该研究将社交网络分析作为衡量社会临场感的一种方法。数据分析手段包括计算论坛条目和单词的数量，互动模式定性分析，内容分析和社交网络分析。研究结果表明，有关辅导技能的在线课程，提高了职前 EFL 教师的在线参与能力。从相关研究中可以看出，网络为职前教师培训提供了立体的环境，有助于职前教师顺利地进入角色，更值得一提的是，也为研究者提供了新的数据来源和分析手段。

（三）其他应用案例

在数字化技术应用方面，在 2015 年 CALICO 会议上，有研究者做了关于职前 EFL 教师通过教育项目培训从数码母语者转变为具有一定技术能力的教师的报告。技术的虚拟性和移动性在相关研究中得以突出，前者表现在对虚拟技术如何提高职前英语教师能力进行的研究（Pérez Cañado，2010）。后者表现在研究者在2015年CALICO会议上所做的报告中，对职前外语教师使用移动技术情况的探讨。对相关技术如何整合这一问题，Kuru Gönen（2019）指出，将技术整合到外语课堂中，对设计技术增强课程的职前教师提出了挑战。因此，需要认真指导，以帮助职前教师识别、整合和反思，以创造更多的学习机会。该项研究通过一个循序渐进的培训程序，引导职前教师在为期12周的实习中，将技术融入他们的教学实践。土耳其的8名职前教师和95名EFL学习者参加了这项研究，通过日志与焦点小组访谈等定性研究方法发现，尽管存在一些担忧和问题，但职前教师及其学生对将技术整合到二语和外语课中持积极态度。技术增强课程可提高语言技能，有助于营造良好而积极的学习氛围，促进教师和学生积极参与教学活动，并帮助职前教师根据学生的需求和兴趣定制课程。该研究提供了一个情境式的学习机会，将技术融入二语课堂，并结合反思性的实践，结果可能会对将来在语言教学中成功地进行技术整合提供启发。

二、在职教师

教师入职后，专业知识和教学经验都会随之产生变化，根据变化的程度可以分为新手教师和熟手教师。在新手教师方面，在2014年CALICO会议上，有研究者着重讨论了新手教师在语言教学中整合技术的发展途径问题。Samburskiy & Quah（2014）调查了新手教师在在线互动过程中所提供的隐性和显性纠错反馈的数量和有效性。在熟手教师方面，如何与技术融合是研究关注的焦点。McAvinia（2006）探讨了"学习技术"专家与语言教师的共通之处，以及通过何种方式促进彼此发展。

新手教师转变为熟手教师需要一个过程，技术在此扮演的角色曾是研究重点。例如，针对熟手教师或专家如何通过技术手段来帮助新手教师这一问题，Meskill et al.（2002）介绍了专家教师与新手教师之间的概念和实践差异，目的是为新手教师入门及过渡提供帮助。关于两者之间的互动和合作问题，Lee（2008）进一步报告了如何通过专家和新手的在线互动搭建脚手架，开展教学。

三、其他教师群体

教师在国民教育体系中的职业身份不同，对技术的需求与应用也存在差别。相关研究呈现不同特点。

助教是高等学校教师专业职称的一种。对助教与技术关系的研究主要分为两类，一类是将技术本身当作助教；另一类是培养助教运用技术的能力。前者如 Toole & Heift（2002）将 ESL 的智能导师系统称为"教师助理"，并对其进行了评价；后者如在 2002 年 CALICO 会议上研究者所做的报告，对佐治亚大学（University of Georgia）德语教学助教高级技术培训计划的详细介绍。近年来，对助教身份的认识更加深入，在 2017 年 CALICO 会议上，有研究者考察了研究生教学人员在外语教学中的技术培训现状，提出了六种成功的培训模式。从上述研究可以看出，人们既可以充分地利用技术的优势来辅助教学，使之承担一部分助教的工作；也可以利用技术提高助教培训或工作的效率，从而促进教学。

小学是重要的基础教育阶段，数字信息处理技术在小学教师相关研究中比较突出。Del-Moral-Pérez，Villalustre-Martínez & Neira-Piñeiro（2019）认为基于多模态故事创作的数字故事是一种创新的叙事实践，它可以促进交流和数字能力的发展。研究者进一步验证了教师对参与协作式数字故事项目的小学生交流和数字能力提升的看法。Bai，Wang & Chai（2019）为了解中国香港小学英语教师使用信息通信技术进行教学的意图，综合运用技术接受模型、价值期望理论和学习观点，构建了一个用于调查 ESL 教师在教学中使用 ICT 持续意愿的模型。该模型综合了动机信念、ICT 学习行为、便利条件和对 ICT 使用的看法，希望了解这些因素的协同作用及其对持续意愿的影响。调查以中国香港的 156 名小学 ESL 教师为对象。结构方程模型表明，ICT 自我效能感和便利条件通过感知（即感知的易用性和感知的有用性）与持续意愿成正相关。ICT 焦虑对消极意愿产生负面影响，而兴趣对持续意愿产生积极影响。成长心态通过学习 ICT（即寻求自适应帮助）对持续意愿产生积极影响。可以看出，学者们对教育技术如何适应小学语言教育的特殊性这一问题给予了关注，也希望能够得到小学教师的积极支持和反馈。

大学教师的技术应用并不是一个新的研究问题。早在 2003 年 CALICO 会议上，就有研究者做了相关报告，针对技术整合专业发展培训与支持模式对大学语言教师的影响，进行了多案例比较研究。在 2013 年 CALICO 会议上，有研究者对影响大学语言教师技术使用与整合的因素进行了探讨。Huang & Guo（2019）尝试对管理环境中大学英语教师职业身份的不断变化进行了研究。研究从职业认同的社会文化视角出发，采用纵向定性研究方法，对 3 名大学英语教师进行了为期 4 年的跟踪调查，包括 4 轮数据收集。调查结果反映了参与者 4 年中在职业认同方面认知、情感和行为的发展，说明身份协商的复杂性，通过这种协商，教师必须调和新的期望和相互冲突的需求。该研究对促进大学英语教师适应新环境具有实际意义。

大学教师对应用技术持何种态度？Toffoli & Sockett（2015）调查了大学教师对在线非正式英语学习的看法。研究结果表明，许多教授知道他们的学生可能会接触到的输入类型，但他们知道的细节不多，且很少在他们的英语课程中使用这些知识。也就是说，对应用技术的必要性，学者们基本达成了共识，但是如何应用以及应用后的具体效果还需要进一步探讨。在2019年CALICO会议上，有研究者报告了一项定性研究的初步结果，该研究对大学语言教师使用工具进行课堂形成性评价的看法做了调查，这些工具包括：基于游戏的课堂反应系统Kahoot和基于增强现实技术的应用程序Plickers。可以看出，技术对大学教师的影响是多方面的，既涉及具体教学方法，也涉及抽象教学信念、专业发展乃至职业认同等更深的层面。

纵观教育技术应用对不同教师群体影响的相关研究发现，自21世纪初以来，对该问题的研究不断朝纵深方向发展，不仅关注职前教师对技术的应用，还对新手教师、熟手教师与教育技术的关系给予了足够的重视。同时，对助教、小学教师、大学教师在技术环境中的角色问题均有所涉及。在研究问题上，不仅在宏观上关注不同类别的技术应用（例如，计算机、网络），也在微观上对具体的技术应用效果（例如，数字信息处理技术、AR技术）进行了深入研究。不仅从技术方面探讨技术应用的必要性问题，还更加重视从教师方面探讨技术的适用性与潜在的影响问题。这意味着随着技术的不断进步，教师与技术的关系越来越紧密，对教师身份的认识也随之不断发生改变。在研究方法上，定性研究居多。可能是因为技术对教师或教学的影响比较复杂，很难在短时间内通过一个简单的维度表现出来，需要通过多种渠道收集数据进行分析。值得一提的是，新的技术也为研究者提供了新的数据来源及数据分析手段，例如论坛发帖数据和社交网络分析等。

从目前的研究重点来看，职前教师颇受重视。或许是因为职前教师在专业知识和实践经验上需要提升，因此给了教育技术更多的发挥空间。未来研究需要更加重视入职后教师与教育技术的关系，以及技术在教师不同职业身份下发挥的影响和作用。已有学者开始注意到教师的职业身份与其技术应用、专业发展的关系。例如，新手教师刚完成入门CALL培训课程，大学教师需要开发CALL培训课程，熟手教师想提高CALL知识和技能，他们的发展活动存在差异。Son（2018）针对上述情形分别提供了实用建议。此外，司炳月（2017）通过问卷调查、课堂观察和深度访谈，对信息技术支持下大学英语教师自主教学能力的现状及构成要素进行深入分析，进而提出大学英语教师的专业发展思路。国内也有学者开始重视并探讨这类问题，包括从"新手—熟手—专家型教师"这些定位、过程来观察技术环境下教师成长和发展的特点，这些均是值得重视的探索方向。

四、教师信息素养及评价

信息素养（Information Literacy）这一概念，最早是在 1974 年由美国信息产业协会主席 Paul Zurkowski 提出的。它是指一个人经过培训能够在学习和工作中使用信息，能够利用信息资源和信息工具解决实际问题。根据使用的环境不同及具体内涵所指方面的差异，信息素养有时是指数字素养、网络素养或技术素养等，此处不做细分，均以信息素养代称。随着信息技术与外语教学的不断融合，语言教学对教师素养提出了新要求，教师信息素养的发展成为外语教师专业发展的一个至关重要的方面。一般认为教师的信息素养可分为信息意识和信息能力，除此以外，信息素养还包含信息思维、文化素养以及与信息时代相适应的新的教育观、信息基础理论等。

研究教师信息素养及评价问题，有助于厘清提升教师信息素养的思路，对于切实提高外语教师的信息素养，打造高素质的外语教师队伍有着重大意义。在 2017 年 CALICO 会议上，有研究者就如何评估教师是否准备好进行网络语言教学做了报告。研究者介绍了芝加哥大学语言中心对外语教师在不同网络环境下的教学准备情况进行的评估。研究者为在职和职前教师设计、开发了一种新的自我评估工具，在报告中详细介绍了工具的开发、参与者反馈的结果、后续访谈的情况以及如何将研究结果整合到新的培训计划中。此类研究无疑对教师信息素养的提升是有益的。还有研究者在 2017 年 CALICO 会议上做了关于促进数字素养和建立合作者网络的报告，报告中提到尽管近年来外语课程中技术的使用有所增加，但"为什么使用"和"如何使用"的问题并没有得到直接解决。研究者对各大学外语院系学生进行了调查，发现两组学生在学习技术的方法上存在差异，技术培训非常缺乏，外语课堂中与技术使用相关的专业协作也非常欠缺。根据这种情况，研究者提出了"六项成功（Six for Success）"的培训模式，以创建合作者网络，从而提升外语教师的数字素养。

加强培训无疑是提高外语教师信息素养的有效途径，相关研究也越来越受关注。在 2018 年 CALICO 会议上，有研究者就在线外语教师指导计划的设计、开发、实施和评估问题做了报告。研究者介绍，在 2017 年秋季和 2018 年春季试运行的基础上，该项目将在 2018 年秋季面向美国外语教学委员会（American Council on the Teaching of Foreign Languages，简称 ACTFL）的 12000 名成员正式启动。

信息时代，教育信息化为大势所趋，而提升教师信息素养是实现教育信息化的必由之路。信息技术在语言教学领域的应用能够加快外语教师专业发展的步伐。新手教师如果能够抓住机遇，有效利用包括信息技术在内的各种语言教育技术提高自身专业技能，不断提升自己的信息素养，将会更加迅速地成长为专家型教师。

思考与练习

1. 如何理解 CALL 课堂中的教师角色？
2. 《地平线报告》中如何体现出技术领域对教师问题的关注？
3. 从现有研究来看，语言教师对使用计算机辅助教学持什么态度？
4. 技术介入教学后对教师动机有什么影响？
5. 教育技术对教师行为的影响表现在哪些方面？
6. 网络技术支撑下的教师发展研究围绕哪两条主线展开？
7. 影响教师使用和整合技术的因素有哪些？
8. 与教育技术相关的教师发展研究有哪些特点？
9. 如何看待网络技术与职前教师研究的关系？
10. 教育技术应用对不同教师群体影响的相关研究，在研究问题和研究方法上有什么特点？
11. 什么是教师信息素养？请举例说明其内涵。

第八章 教育技术应用对语言学习者的影响

计算机技术的发展和应用为语言学习提供了全新的空间和场所,提供了更多语言习得的机会。从以计算机为媒介的同步和异步交流、语言学习软件、课程管理软件(如 WebCT、Moodle 和 Blackboard)、在线流媒体音频和视频,到互联网语言学习会议场所(如 Dave's ESL Café),再到在线聊天、公告板和电子邮件等,如此多元化的技术选择也对教师选择适合学习者的学习方式及教学方法提出了更高要求。

学习者是外语教学的对象,是外语学习的主体。影响学习者外语学习效果的因素很多,Wen(1993)将其分为可控因素和不可控因素两大类。其中,可控因素指学习者可通过自身努力对学习过程及学习效果施加的影响,如学习者的态度、动机、情感、策略和方式;不可控因素指学习者难以通过自身努力对学习过程及学习效果施加的影响,如性别、年龄和水平等级。

本章对国外现代信息技术背景下学习者的相关研究进行论述,前两节主要从学习策略和学习者情感等可控因素展开,第三节和第四节主要从学习者行为和学习效果展开,最后一节则主要从不同学习群体(包括性别、年龄和水平等不可控因素)展开,从而探讨教育技术应用对学习者各个方面的影响。

第一节 教育技术应用对学习风格和学习策略的影响

作为影响学习效果的重要变量,学习风格与学习策略是两个关联紧密的概念。Entwistle, Hanley & Hounsell(1979)具体区分了学习风格和学习策略,即学习风格是学习者面对学习任务表现出的总体上的处理方式偏好；学习策略则是学习者根据要求对具体学习任务所采用的应对方法。本节将主要论述现代信息技术环境下外语学习者的学习风格及学习策略的具体特征和应用。

一、学习风格

学习风格就是学习者持续一贯的带有个性特征的学习方式和学习倾向，它具有独特性和稳定性，兼具活动和个性两种功能。当现代信息技术融入外语教学中，学习风格的个性特征就能更好地得以发挥。相关的研究问题在历年 CALICO 会议议题中均有体现，比如探究多媒体语法教学中学习者个性特征与学习行为之间的关系（2004）；考察计算机辅助语言学习对学习者学习风格和个体差异的影响（2006；2015）。此外，在 2003 年 CALICO 会议上，有研究者提出学习者在多媒体应用中的学习行为与他们的学习、认知和个性风格有关。相关研究中，Rassaei（2019）调查了计算机辅助下文本和音频对语言学习中纠错反馈的影响，被试的偏好知觉风格对系统发展的调节作用。研究通过口语和写作两种输出形式来评估效果。研究发现，基于文本和基于音频的纠错反馈对学习者二语的发展都是有效的，基于音频的纠错反馈比基于文本的纠错反馈更有效。此外，将纠错反馈模式与学习者的感知风格相匹配可以进一步提高计算机辅助的纠错反馈的有效性。

二、学习策略

不同学者对学习策略有不同定义。Rigney（1978）认为，学习策略是学生拥有获取、保存与提取知识和作业的各种操作的程序。Sternberg（1983）指出，学习中的策略是由执行的技能和非执行的技能整合而成，前者指学习者的调控技能，后者指一般的学法技能。Mayer（1998）将学习策略定义为有目的地影响自我信息加工的活动。现代信息技术的发展为语言学习创造了新兴的环境、提供了新的机会，也为新技术条件下学习者的学习策略调整增加了挑战。本节主要从常规学习策略、语言要素学习策略和语言技能学习策略这三个角度展开论述，探讨教育技术在不同学习策略的应用情况。

（一）常规学习策略

关于学习策略的分类，比较流行的有以下三种，分别是:（1）O'Malley & Chamot（1990）根据信息处理理论，将策略分为元认知策略、认知策略和社会/情感策略三大类。元认知策略用于评价、管理、监控认知策略的使用；认知策略用于学习语言的活动之中；社会/情感策略只是为学习者提供更多接触语言的机会。这三类策略之中元认知策略高于其他两类策略，而每一类又包括若干小类。（2）Oxford（1990）根据策略与语言材料的关系将策略分为两大类：直接策略和间接策略。直接策略就是策略的使用与所学语言有直接联系；间接策略就是策略的使用与所学语言没有直接联系。直接策略包括记忆策略、认知策略和补偿策略；间接策略包括元认知策略、情感策略和社会策略。（3）Cohen（1998）根据运用策略的目的，把学习策略分为两大类：学习语言的策略和运用语言的策略。前者指为学习语言而使用的策略，后者指为运用语言而使用的策略。学习语言策略包括识别材料、区分材料、组织材料、反复接触材料、有意识记五小类；运用语言策略包括检索策略、排练策略、掩盖策略（为掩盖自己语言知识不足所采取的措施）和交际策略四小类。

现代信息技术，特别是计算机技术和信息网络技术，不断发展、普及，对教学策略的分析、评估、分享、调整和指导产生了巨大的影响。比如，李颖（2016）强调了网络环境下的外语学习策略转变，认为在新的互联网环境下，可获资源从本土到全球，学习心态从等待知识到自主学习，学习者的学习进程和学习策略也发生了变化。海量资源既带来便捷的获取途径，也考验学习者对资源的辨识与取舍能力。在实践与学习阶段，学习者还需具备自我管理能力，以个体或团队的形式完成学习任务。学习者可能会用的学习策略包括语义改述、类比、有效提问、头脑风暴与协作等。此外，孙犁（2019）调查了模范教师对慕课、移动教学等新技术的看法，以及他们为提高学习者对英语学习的兴趣所采取的整合现代信息技术的教学策略。研究者认为教师在掌握基本数字技术的基础上，必须合理利用技术，并不断创新，只有这样技术才能对学习的过程和结果产生积极影响。

有关学习策略的研究历来受到重视，但现代信息技术与学习策略结合的相关研究相较而言非常有限，且学者们将视线放在不同学习策略的应用中。比如，在CALICO会议上有如下相关研究：二语教学中有效的纠错反馈策略与智能导师系统对外语学习的影响（2005）；在线语言学习中的社会和情感策略问题（2008）。相关研究中，Liou（2000a）讨论了CALL环境下的学习者策略评估问题，研究中提到计算机有着强大的记录能力，其优点在于其准确性、实时性、可靠性和紧凑的存储空间，然而计算机评估的机械方法亦有其局限性。此外，Ambard & Ambard（2012）比较和分析了两种先行组织者策略在外语课堂视频导入中的作用，考察了学习者对外语视频内容的理解问题，并探讨了先行组织者策略对学习者语言能力提高的影响。研究发现，先行组织者策略提高了学习者对视频的理解能力；同时，随着先行组织者策略熟练程度的提高，学习者从中受益的程度也越来越接近。

在话语修复策略方面，Schwienhorst（2002a）调查了德国与爱尔兰学习者基于 MOO[1] 虚拟学习环境的自主学习及配对语言学习（Tandem Language Learning）中的话语修复策略。数据显示，德国学习者用德语帮助爱尔兰学习者时，倾向于使用爱尔兰学习者的偏好策略——翻译；爱尔兰学习者用英语帮助德国伙伴时，倾向于大多会使用德国学习者的偏好策略——释义。他认为，当母语者扮演专家角色时，他们不会像在目标语上下文中或在"学习者"角色中那样频繁地要求对方澄清。该项目中，德国学习者与爱尔兰学习者为与他们水平差异较大的伙伴寻找最有效的策略以适应彼此的需要和能力。

在自我调节及自我监控策略方面，Burston（2001b）将自我监控策略与计算机语法检查器相结合，考察了高级法语课中以计算机为基础的语法检查的教学效果。研究发现，作为减少形态语法错误目标的一部分，将语法检查技术整合到课程中，已被证明在提高学习者写作语法准确度方面非常有效。通过坚持、评估权重和辅导指导，学习者在写作考试条件下的自我监控能力明显提高。此外，Chang（2005）探讨了自我调节学习策略对网络教学中动机知觉的影响，以帮助学生提高学习动机。研究结果表明，基于自主学习策略的在线教学有利于学生的动机知觉。在网络环境下自主学习，学习者更加主动地使用学习策略，他们更重视学习材料，对知识理解及课堂学习更有信心。在随后的研究中，他则主要研究了自我监控策略，得到同 2005 年相似的研究结果（Chang，2010）。他认为，自我监控策略有利于学习者的动机知觉，学习者对材料的理解更加透彻。自我监控策略为学习者提供自我评估的机会，并改善了学生的动机信念（如学习信念的控制和任务价值的感知）。

在交际策略方面，电子会议、CMC 和 SCMC 等技术在交际策略研究中发挥着重要作用。McNeil（2016）尝试将 CMC 与交际策略教学相结合，考察了 CMC 中的交际策略指导和交际策略使用及类型之间的关系，并调查了学习者对这种教学形式的看法。数据表明：实验组所使用的交际策略明显多于对照组。与该研究结果相似，Khamis（2010）研究了埃及英语二语语境中 CMC 交际策略，研究者调查了四种交际策略在同步书面聊天和异步线程讨论中的应用，分析了 15 名学习者的任务型互动，结果发现交际策略的性质、媒介类型以及人际因素都可能激活交际策略的使用。此外，Hung & Higgins（2016）研究了学习者在基于文本和视频的 SCMC 环境中使用的交际策略。研究发现，学习者在基于文本和基于视频 SCMC 所使用交际策略不同，这两种同步

---

[1] MOO 是 "Multi-User Domain（多用户域），Object-Oriented（面向对象）" 的缩写，是一款基于文本或超文本和基于网页的虚拟现实系统，允许用户进行实时协作与通信。（Haynes & Holmevik，1998；Holmevik & Haynes，2000）

SCMC 模式所提供的学习机会也不同。虽然基于文本的方式似乎在学习目标语言形式方面具有更大的潜力，但基于视频的方式似乎在语言流利性发展和发音改善方面更为有效。然而，还有研究者发现了负面的影响。Biesenbach-Lucas & Weasenforth（2002）对电子会议中的协商策略进行了研究，通过对 19 名母语者和 9 名非母语者研究生的 42 条信息进行分析，发现非母语者缺乏信息沟通技巧，这对他们完成课程作业不利。

（二）语言要素学习策略

语音、词汇和语法等语言要素是外语学习的主要内容，不同的语言要素需要不同的学习策略。

现代信息技术在语言要素学习策略中的应用集中于对词汇学习的研究。Loucky（2006）通过系统地运用词汇深度学习处理器和 CALL 技术，为 40 种词汇学习策略进行清晰的、层次性的分类，从而促进传统课堂或计算机辅助语言学习环境中的基础阶段词汇教学和习得。此外，Li（2009）研究了计算机辅助阅读环境下词汇学习策略的演变。研究者认为，在词汇学习策略框架下，技术增强的框架可以有效地帮助学习者提高学习策略，潜在地优化他们基于阅读的词汇习得。相关的研究还有，Ranalli（2009）研究了利用 VVT 网站提供的网络培训来提升二语学习者词汇学习策略的有效性。学习者认为该网站有助于词汇习得，但同时还可以做出如下改进：建立清晰明确的导航和定位；将 VVT 站点迁移到一个数据库驱动的动态平台，并整合在线论坛，以便促进元认知；版面及配色方案应更具吸引力；应整合相关的课程资料，如为学生创建并提供可下载的复习和练习工作表、读物和教师手册等。随后的研究中，Ranalli（2013a）为英语词汇教学设计了一种可以在课外自主进行练习的在线策略指导。

（三）语言技能学习策略

外语学习的主要目标之一是培养学习者听、说、读、写等技能。因此，训练学习者具体的技能学习策略也显得尤为重要。

在听力方面，O'Brien & Hegelheimer（2007）认为，播客能够通过网络技术提供点播音频和视频文件的方法，在语言课堂上为学习者提供了丰富的输入和指导。通过调查师生对 EFL 听力策略教学中播客技术的态度，研究发现，师生均对其持积极的态度，且播客技术拓展了听力教学的内容。此外，Roussel & Tricot（2012）介绍了一种基于计算机的追踪二语学习听力策略的方法。该方法能够准确地分析学习者自我控制的认知信息输入/吸收策略，也就是听力过程中的自我调节过程。

在阅读方面，CALICO 会议上相关研究也很多，具体包括：EFL 学习者在线阅读策略的情况（2004）；将明确的策略教学嵌入在线学习材料以帮助学习者更好地学习语言（2006）。相关研究中，Urlaub（2013）进行了通过网络策略训练促进二语文学阅读的研究，评估语言学习者对二语文学阅读教学方法的认知，在对美国一所州立大学78名德语学习者进行了问卷调查后，发现大多数学习者对该方法在促进二语文学阅读能力发展方面的影响持肯定态度。对网络教程有积极看法的学习者更可能对文学文本有积极的情感反应，并对在学校要求之外继续学习德语有更强的动机。另外，Park & Kim（2016）进行了在家庭和学校内基于计算机的英语学习者文本阅读策略研究。该研究调查了4名小学四五年级的英语学习者在家和学校中使用电脑阅读策略的情况。

针对学习者的屏幕阅读策略，学者们进行了考察。Chou（2012）对学术语境下的屏幕阅读行为进行了研究，被试认为屏幕阅读会限制他们使用策略，学习者的屏幕阅读行为会受到阅读策略应用的影响。此外，Kol & Schcolnik（2000）就屏幕阅读策略进行了对比试验研究。在2014年ICT会议上，还有研究者做了有关英语屏幕阅读策略研究的报告，介绍了英国大学阿拉伯学生在二语环境中进行屏幕阅读时所使用的认知策略，该研究结果解释了在二语教育背景下阅读屏幕二语学术文本的学习过程。

弹出式注释是屏幕阅读的一个重要组成部分，Johnson（2010）调查了现有的创建注释的工具，并着眼于可能的替代品，设计出一个基于浏览器的混合系统，将在线词典与弹出式注释融入在内，帮助学生在自下而上地阅读文学文本时克服语言障碍。另外，Wang（2014）研究了在有弹出式词典或没有弹出式词典的情况下，初级汉语学习者的阅读策略，还揭示了不同的阅读策略在获得字义和词义以及构建句子意义方面的差异。研究得出这样的结论：使用弹出式词典可能不会改变汉语作为外语学习者的一般阅读策略，但是词典确实为促进意义构建提供了额外的资源。

网络阅读策略训练系统的设计与开发也是学者们关注的问题。例如，Huang（2013）设计了一个基于网络的阅读策略训练程序，并调查了教师和学生的态度。该程序通过15个策略按钮提供四种类型的阅读策略功能（整体、解决问题、支持和社会情感）：关键字、预览、预测、大纲、总结、语义地图、发音、快速阅读、词典、翻译、语法、重点、笔记本、音乐盒和自我提问。研究人员对学生的使用进行追踪调查。研究结果显示，学习者对该程序的用户友好界面设计和策略功能键在提高阅读理解和激发学习方面的有效性给予了积极反馈，指出该程序中的有效阅读辅助设备及计算机教室管理系统，为学习者提供了大量的阅读机会。此外，四种策略在师生之间、不同水平的学习者之间都存在差异，教师高度重视整体策略，而学习者则认为支持策略更有用；初级学习者大量使用支持策略；高级学习者更频繁地使用整体策略。此外，Tsai & Talley（2014）研究了课程管理系统支持的策略教学对EFL阅读理解和策略使用的影响。具体的阅读策略训练（包括问题识别、监控理解、推理、总结、变换、提问等阅读练习）被整合到 Moodle 系统中。通过后测与前测的对比，证明实验课程实施后，学习者的阅读理解能力得到了提高。研究结果表明，Moodle 支持的策略教学能够促进学习者的整体阅读理解和策略使用。

在写作方面，在 2009 年 CALICO 会议上，有研究者报告了在网络写作环境中 ESL 学习者的动机轨迹和学习策略。另外，Sun, Yang & He（2016）探讨了一对一数字环境下目标聚焦快速泛读策略对在线写作的影响。研究结果表明，泛读不仅可以培养阅读兴趣，而且可以促进写作；与放之四海而皆准的泛读策略相比，目标聚焦快速泛读策略有助于提高写作质量和流畅性。Kost（2011）提到了协作式 wiki 项目中的写作策略。DeHaan et al.（2012）研究了 wiki 和数字视频在策略性互动体验式英语学习中的运用。Yen, Hou & Chang（2015）将 Facebook 和 Skype 作为学习工具，运用角色扮演策略提高英语写作和口语能力。

在中国英语学习策略研究方面，张红玲、朱晔、孙桂芳（2010）基于语言学习策略，详细探讨了网络外语学习策略的分类、特点和研究综述等。研究指出网络外语学习策略使用中存在的问题包括：对学习者学习策略的运用缺少有效的评价与反馈；学习者缺乏必要的学习方法和手段，面对浩瀚的资源无从下手，造成认知超载；学习策略培养不足，大部分网络课程仍强调知识的传授等。此外，他们还梳理了网络外语学习策略培训的方法，如：诊断所缺失的学习策略类型；确定策略训练的内容，进行策略学习的指导，培养学习者的策略意识和使用策略的技能；监控培训过程，反馈培训效果，评价培训过程，等等。

策略研究领域囊括了一般学习策略、语言要素学习策略和听、说、读、写等基本语言技能的学习策略。其中，词汇习得和阅读学习策略研究相对丰富，语音、语法、听力、口语方面的相关研究数量最少。这体现出研究热点所在，也体现出目前的研究局限。

第二节　教育技术应用对学习者情感的影响

二语习得者在学习过程中易受个人情感因素的影响，而情感因素属于影响学习者外语学习的可控因素。Arnold & Brown（1999）认为，广义的情感包括制约行为的感情、感觉、心情、态度等方面。

在外语学习中，学习者通过调节自身对外语学习的体验、看法及外语学习过程等，可以达到理想的学习效果。除了自身调控，计算机技术、多媒体技术和网络技术等现代信息技术也推动了外语学习。本节将从学习者需求、态度、动机和学习焦虑等四个方面展开论述，探讨现代教育技术背景下学习者如何通过对可控因素的调节来学习外语。

一、学习者需求

Widdowson（1981）从"目标导向"将"需求"定义为学习者目前的学习要求及未来的工作要求，即他们在学完外语课程后能够用这门语言去做些什么；Mountford（1981）则认为"需求"是外语使用者所处的整个社会环境和社会机制所认为是外语学习中有必要或者说是最好应该掌握的内容；Widdowson（1981）站在"过程导向"的角度将"需求"定义为"外语学习者为真正习得一门语言所必须要做的事情"。

现代信息技术为满足外语学习者的学习需求提供了个性化的条件和手段。在 CALICO 会议上，研究者相继报告了如下相关研究：提倡通过网络技术来满足年轻学习者的英语阅读需求（2001）；使用名为"ISDN"的多点桌面会议系统和 Blackboard 平台来满足墨西哥 EFL 教师的教学需求（2005）；分析基于任务的 ESL/EFL 移动辅助语言学习的需求（2013）。相关研究中，Hémard & Cushion（2002）将可用并可管理的声音创作系统整合到基于网络的语言学习环境中，并调查了学习者的需求。研究表明，该系统大大增加了多媒体互动平台在外语学习方面的潜力，并提供了广泛的基于网络的交互式练习，以及提供额外的听力和录音设施。之后，Brudermann（2010）采用行动研究的方法，根据学习者的需求调整"网上教学助手"的混合式学习设备在在线教学中的使用。该应用程序是一款从类型学角度定位问题的半自动化纠错系统，旨在通过提供在线相关参考及练习来帮助学生进行自我更正。研究结果显示，学习者称他们在完成书面任务时更加自信，该系统能够基本满足语言学习中的个性化需求。

二、学习者态度

态度是学习者对学习的较为持久的肯定或否定的内在反应倾向。在学习活动中，学习者的态度受学习动机的影响和制约，是可以改变的。同样，它也是影响学习效果的一个重要因素。因此，养成良好的学习态度对于学习者是非常重要的。

（一）计算机和多媒体技术应用的影响

在计算机技术方面，Ayres（2002）调查了学习者对 CALL 及其与学习过程关联性的态度。结果显示，相较于 CALL，学习者更喜欢课堂教学。但同时，CALL 在学习环境中占有重要地位，尤其是在写作和拼写方面，学习者对其灵活性方面评价很高。Ayres 认为，技术只能作为语言学习过程中使用的工具，它能够促进或加强语言学习，但不能因此取代课堂教学。教师在使用 CALL 时需谨慎且适宜地将其同课堂教学相结合，这样学习者才能从中获益。在随后的 CALICO 会议上，均有研究者从不同角度探讨学习者对与计算机辅助语言学习的态度，如对计算机辅助和传统面对面测试的态度，对在计算机辅助语言学习中增加动画和视频的态度，对语言学习中辅助使用在线平台、播客和虚拟现实技术等技术的态度等。ACMC 是 CMC 的重要组成部分。相关研究中，Buckingham & Alpaslan（2017）研究了 ACMC 在促进土耳其年轻英语学习者的口语能力和交流意愿方面的影响。数据显示，在互动式录音材料的辅助下，学习者口语能力显著提高，尤其是在停顿和延迟反应能力方面，学习者对口语训练中使用 ACMC 技术均持有积极态度，且意愿强烈。

交互式白板作为新型多媒体交互教学终端，集合电子白板、短焦投影、功放、音响、电脑、视频展台、中控、无线耳麦、有线电视等多媒体设备功能于一体。Mathews-Aydinli & Elaziz（2010）调查了土耳其师生对在 EFL 教学中使用交互式白板的态度，也探讨了影响师生对交互式白板态度的因素。问卷调查结果显示，土耳其师生对语言教学中交互式白板的使用普遍持积极态度，并意识到该技术的潜在用途。随着接触交互式白板时间的增加，学生对交互式白板特殊性的认知程度也随之提高。

（二）网络技术应用的影响

网络环境不仅有助于降低学习者在二语学习中的焦虑，提高语言感知能力，而且能够满足不同学习者个性化的需求。学习者对网络技术应用于外语学习中的态度研究得到研究者的广泛关注。Kissau，McCullough & Pyke（2010）研究了在线二语教学对于学习者用目的语交流意愿的影响。研究结果表明，研究中有学习者表示，他们更倾向在网络中表达自己，对课程及教学内容提供反馈和"透露信息"。与该研究结果相似，Atai & Dashtestani（2013）探讨了伊朗某大学学术英语学习者对使用互联网的态度。研究结果表明，所有包括教师、学习者等在内的参与者对使用互联网进行学术阅读持积极态度，并表示愿意通过网络资源及在线学习来提高自己的综合教学水平和阅读技能。此外，Strobl（2015）通过探索性研究揭示了学习者对复杂写作任务中在线反馈类型，根据外语口语输入进行摘要写作的态度，以及在线反馈类型与学习者实际写作训练之间的关系。研究结果表明，学习者较之于建设性反馈更倾向于明确的、指导式的反馈，以及通过在线学习环境中的模型解决方案来指导自我评估。此外，通过认知参与来激活最近发展区有利于二语学习。网络技术在提高学习者学习兴趣方面也起着重要的作用。Schenker（2013）研究了线上交流对学习者文化学习兴趣的作用。美国某大学德语专业大三学生和德国某高中学生之间开展了一个为期 12 周的交流，主要方式包括同伴间电子邮件、反思式博客、小组间视频会议和课堂文章等。交换学习有助于维持学习者对目的语及其文化较高的兴趣，这使得在线交流成为一种真正的协作式、跨文化的学习体验，所有参与者都成为学习社区的成员。

（三）移动技术应用的影响

随着新型移动设备的发展，移动辅助语言学习以其高机动性、交互协作性、便捷的网络连接和智能应用的可扩展性，为学习者创造了泛在式的语言学习环境。MALL 也因此越来越受到语言教育者和研究者的关注。Chen（2013）就学习者对平板电脑在非正式语言学习中应用和态度进行了行动研究，试图探讨学生如何更有效地在课外非正式场合使用平板电脑学习英语。研究表明，学习者对平板电脑用于移动辅助语言学习的可用性、有效性和满意度有着普遍积极的态度。可见，MALL 在弥合正式学习和非正式学习之间的差距方面存在巨大潜力。相关的研究还有，Chen & Liu（2019）研究了小学生对故事创作的兴趣。学生通过纸质故事书和电子故事书双重形式，采用从设定、主题、尝试、结果、高潮到结果的六阶段故事结构法来创作自己的故事。结果发现，六阶段故事结构法提高了写作质量，也提高了学生外语学习的兴趣。可以说，六阶段故事结构法在实践中的认知和情感领域方面表现出极大的有效性。

三、学习者动机

动机研究是心理学领域较为重要的研究课题，第二语言学习动机研究始于 20 世纪 50 年代末。随后，Gardner & Lambert（1972）从社会语言学的视角把学习动机分为 "融合型动机" 和 "工具型动机"。融合型动机指学习者对目的语社团文化想有所了解或抱有特殊兴趣，希望与之交往，或期望参与或融入该社团的社会生活。工具型动机指学习者学外语的目的在于获得经济实惠或其他好处，如通过考试、获得奖学金、寻找工作和提职晋升等。此外，自决理论（Self-Determination Theory）还区分了内在动机与外在动机（Deci & Ryan，1985a）。内在动机指行为由人的内在因素或价值驱动且与结果无关。外在动机指由结果或外部因素驱动的行为。每个人都有内在的动机去做某件事，并从参与过程中获得快乐和满足。Deci & Ryan（1985b）将内在动机量表分为四个分量表：享受和/或兴趣、努力和/或重要性、能力、压力和/或张力。郭德俊（2005）指出动机的几大特征，即动力性、方向性、隐蔽性和复杂性。外语学习的动机可以影响学习者在外语学习中所花费的时间、付出的精力等。已有研究表明，学习动机是学习成就较为重要的影响因素，学习动机强的学习者，学习成就更加突出。

现代信息技术为外语学习者提供了全新的学习环境，激发了学习者的主观能动性，也提高并改善了学习者的学习动机。

在网络技术方面，在线语言学习中，学习者的学习动机与学习成绩之间存在着正相关关系。Ushida（2005）的研究验证了这一结论，他根据 Gardner & MacIntyre（1993）的社会教育学框架，考察了学习者对在线二语课堂学习的态度和动机，根据 Dörnyei（1994）的外语学习动机组成要素考察了在线二语学习环境。结果显示，学习者对在线二语课堂学习的动机和态度相对积极和稳定。在在线外语学习中，学习者有规律地并积极自主地学习，利用每一个机会来完善他们的语言技能。此外，教师对在线二语课堂学习的实施具有特殊性，从而形成独特的课堂文化，进而影响学习者在在线二语课堂学习中的动机和态度。得到相同结果的研究还有，Chang（2005）以动机知觉为主要考察内容研究了自我监控学习策略在基于网络的外语教学中的应用，试图通过学习者自我观察和自我评估学习来提高学习动机。研究结果表明，基于自主学习策略的网络教学有助于学习者的动机感知。

在电子邮件方面，Appel & Gilabert（2002）研究了基于任务的电子邮件配对学习中学习者的动机及表现。研究者认为，资源导向（如推理需求）和资源消耗因素（如先验知识）属于 Robinson（2001）模型中的任务复杂性。其与情感变量密切相关，而情感变量与动机一样属于任务复杂性。动机因素对交换话题的兴趣、决策过程的参与、学生对主题的专长、使用的媒体和材料、成果的扩散等对任务绩效有很强的影响，因此应该与复杂变量一起考虑。

在移动技术方面，Hong et al.（2017）设计了一款汉字部件学习游戏，为方便汉字书写，学习者需要以基础知识为线索进行汉字编码，进而构建游戏内容，通过手势互动的方式进行汉字部件学习，来掌握汉语的书写形式。同时，他们研究了学习者在线汉字学习自我效能感方面的内在动机，并通过沉浸体验来预测学习进展。研究结果发现，内在动机、在线学习自我效能感、沉浸体验和学习进度这四种因素之间均呈现正相关关系。汉语学习的内在动机与学习者自我效能感有关，而沉浸体验则与学习进度有关。结果表明，语言教师可以利用汉字部件学习游戏来提高学习者汉语偏旁部首的识别能力，进而提高识字能力。

在中国英语学习者动机研究方面，张红玲、朱晔、孙桂芳（2010）分析了影响网络外语学习动机的要素，并从作为现代信息技术辅助外语学习的引导者、外语学习的主体和现代信息技术辅助外语学习材料、学习环境等方面，提出了相应的网络外语学习动机激发策略。

四、学习焦虑

焦虑是妨碍学习过程的情感因素之一，与不安、失意、自我怀疑、忧虑、紧张等不良感觉有关。外语学习焦虑是对学习者外语习得显著影响的因素之一。已有实证研究表明，在语言学习课堂里，焦虑程度的增加会产生诸多负面影响。

计算机网络技术与外语教学的融合，为教学方法、手段、环境及评估等带来诸多变化的同时，也为缓解学习者的焦虑情绪发挥着重要的作用。

在计算机技术方面，CMC 是一种以书面文字为基础的交流介质，它在给学习者提供更多机会来关注语言形式的同时，也给学习者提供了压力较小的语言训练和产出的机会。不论是口语还是写作，很多实证研究也证明 CMC 有助于缓解学习者在进行口语表达或书面语表达时的焦虑情绪。口语学习中，早在 2003 年，就有学者探讨了 CMC 中的外语口语焦虑问题。Bodnar et al.（2017）则提供了更为翔实的实证研究证据，他们专门研究了计算机辅助口语语法练习中纠错反馈对学习者情感的影响。学习者被分成无反馈组和 ASR 提供即时反馈组。无反馈组和及时反馈组之间并未发现显著差异，同时，及时反馈组学习者的口语表现同自我效能感之间存在密切的关联。研究结果表明，带有 ASR 功能的计算机辅助语言学习系统创造了适合口语语法练习的环境，在学习者焦虑程度较低的情况下提供反馈，这也有助于形成自我效能感。同时，研究还发现，尽管频繁的及时反馈使得学习者频繁地修改表达，但这并未引发学习者的消极情绪，也没有产生负面影响。写作训练中，Amiryousefi（2016）检验了任务重复与程序重复对初中级英语学习者计算机辅助下的任务型书面表达复杂性、准确性和流利性的影响，并探讨计算机焦虑与二语写作能力发展之间的关系。任务重复组以完全相同的内容重复 5 次相同的任务过程，而程序重复组以不同的内容重复 5 次相同的任务过程。结果显示：（1）两组学习者的二语书面表达均得到提高；任务重复与程序重复对学习者书面表达复杂性、准确性和流利性的影响不同；计算机辅助下的任务型书面语表达中，计算机焦虑与学习者二语写作复杂性、准确性和流利性之间未发现显著的统计学关系。

作为 CMC 的重要组成部分，SCMC 和 ACMC 都对外语学习者的焦虑情绪产生了一定的影响。SCMC 中，Satar & Özdener（2008）对比了文本聊天和语音聊天对学习者口语学习中焦虑的影响。结果表明，文本和语音聊天均能提高学习者的口语表达能力，但文本聊天组学习者的焦虑程度下降更显著。ACMC 中，McNeil（2014）在其研究中证实 ACMC 外语学习环境有助于降低学习者焦虑。通过改编外语教学焦虑量表（Horwitz，1986）对外语学习进行定性测量。他发现，在 ACMC 环境中引起焦虑的因素与传统面对面教学环境中的因素相似,此外还有一部分焦虑因素是 ACMC 环境中特有的。最主要的是,通过语音板完成的语音提示任务可以使学习者以特定方式习得外语,但并不能自动消除焦虑。相反,ACMC 环境及其功能可供性(Affordance)则有助于学习者缓解焦虑。

在网络技术方面,近 20 年的 CALICO 会议上都有研究者报告网络外语学习中学习者的情感和情绪,还有研究者专门研究虚拟现实环境中、语音识别技术应用中,以及博客中的学习者的焦虑问题。网络技术为学习者的外语学习创造了虚拟但真实的环境。Dickey(2005)认为,虚拟环境是一种低焦虑的环境,学习者身在其中并认为他们受到了屏幕的保护。相关研究中,Melchor-Couto(2017)分析了一款名为"第二人生"的虚拟现实软件在学习者口语交互中的外语焦虑。数据分析表明,虚拟世界组("第二人生"中的口语交互组)的外语学习焦虑水平下降,并低于传统课堂教学组。虚拟环境下产生的匿名性对学习者产生了积极影响,他们的自信心增强,焦虑感缓解。但也有学习者认为,一旦认识谈话者,匿名性就会消失。此外,Kruk(2019)在复杂动态系统框架下提出了交流意愿、动机、语言焦虑和无聊等情感变量的特征,并采用个案研究的方法研究了"第二人生"对高级英语学习者所感知到的情绪的影响。结果表明,学习者对虚拟交流的态度及他们对使用"第二人生"习得目的语的期望影响了其使用虚拟交流的方式,这有助于降低情感过滤,也有助于交际能力的发展。

随着习得研究的不断深入,研究者将视野转向学习者本身,外语学习者的情感问题也越来越受到学界的关注,相关研究成果十分丰富。然而,情感因素是一组复杂的心理因素的组合体,具有不确定性和易变性。情感状态的易变性和个体性使人们不易系统地研究它在二语习得中的作用。(Ellis, 1994)由此可见,通过问卷调查和访谈等数据收集方法进行的实证研究较为流行与普遍,实验研究少之又少。

第三节 教育技术应用对学习者行为的影响

在语言学习中,输出可以看作是语言学习者的内化窗口,而学习者的行为又是语言输出的方式和途径。计算机和互联网等技术在语言教学中的广泛应用,使语言学习活动变得越来越个性化、虚拟化、协作化,呈现出与传统学习完全不同的特性。尤其是网络环境下学习者的学习行为,更是体现出多结构、多层次等特性。现代信息技术能够将外语学习者的行为和表现记录下来,从而帮助研究者对其进行更深入细致地观察。

在计算机技术方面，在 2013 年 CALICO 会议上，有研究者对比了面对面与计算机媒介这两种不同的环境对英语作为外语学习者言语行为的影响，研究发现，计算机媒介对外语学习者的言语行为具有积极的影响。

CMC 包括同步和异步两种方式。Abrams（2003）通过比较 3 组学习者（对照组、SCMC 组和 ACMC 组）在口语讨论任务中的表现，来考察 CMC 对口语能力的提高作用。概念单位和词汇的数量、词汇丰富性和多样性，以及句法复杂性是学习者口语训练的因变量。然而，研究结果与以往的研究稍有差异。该研究发现，ACMC 组的语言表达量并未超过对照组。对语言质量（如词汇丰富性与多样性，以及句法复杂性）的分析表明，三组之间没有显著差异。基于该研究主要关注 CMC 文献中认可的语言技能的量化测量，Abrams 认为未来的研究方向应考察"改进语言使用"的其他方法（如互动的类型和频率、学习者对语言任务和语言本身的态度等），以便更准确地反映并充分利用 CMC 的互动性和协作性。此外，Yamada & Akahori（2007）探讨了不同类型的 SCMC 对语言学习中社会临场感意识、交际中语言学习的感知意识、产出表现和学习目标意识这四个特征的影响。通过比较视频聊天、音频聊天、有和没有对话者图像的基于文本的聊天这四种形式的 SCMC，研究发现，对话者图像对学习者社会临场感和语言产出表现的某些方面会产生主要影响，语音的使用对交际中语言学习的感知意识、产出表现和学习目标意识有显著影响。此外，社会临场感和产出表现之间存在交互作用。可以说，在以学习者为中心的交际中，社会存在有助于二语交际；然而，它会抑制学习环境和学习目标的意识。可以说，在以学习者为中心的二语学习中，社会临场感有助于交际，但也会抑制学习环境和学习目标的意识。同步书面聊天和即时消息是信息化时代在线语言学习中最常用的工具，它们为二语学习者提供了学习语言的机会，如与同伴和母语人士的实时互动、书面语学习，以及对于话语的规划和监控。

在网络技术方面，与面对面交流相比，学习者在网上交流时的表现不同。研究表明，网络中，学习者表现出更少的压抑和社交焦虑，以及较少的公开自我意识；他们也更愿意透露个人信息，更诚实地表达自己的个人观点。基于这样的认识，Roed（2003）研究了在线虚拟环境沟通对学习者的学习行为和感知行为的影响，他认为，虚拟学习环境能够营造一种更加轻松的氛围，它有助于增加语言的产出。离屏行为是网络外语学习中学习者的典型表现，Suzuki（2013）采用个案研究方法，研究了音频会议软件（Wimba）辅助下同步在线日语教学中学习者的离屏行为，课堂参与者在其物理环境中的行为不会被其他人看到，研究显示出学习者在物理环境中与在受控网络环境中形成的互动规范的不同特征，以及计算机为基础的学习在提高学习者的主动性和自主性方面的潜力。离屏行为表明，学习者有机会在不被人听见的情况下，通过"屏幕外"的方式自由发声。研究者认为，学习者的线上/线下课程模式创造了私人学习机会，使其沉浸在在线的虚拟环境中，根据需要寻求指导，同时物理环境允许学习者主动地进行私下互动而不被其他人听到。在网络教学中，物理环境对学生的语言学习起着重要的作用。网络日志可以从动态和静态两个角度记录学习者的学习过程和学习行为，Azari（2017）调查了网络日志对EFL学习者过程型写作中写作表现和自主性的影响。对照组学习者接受传统课堂写作教学，实验组学习者使用网络日志及传统的班级写作教学。结果显示，实验组学习者的写作表现明显优于对照组。网络日志提高了学习者写作训练的自主性。

博客技术和电子邮件作为网络技术下的重要交流手段，其在观察学习者行为方面的研究受到了学者们的关注。Chen（2016）研究了博客写作中学习者的元语言意识和情感表现。通过对比实验组和对照组学习者的测试成绩，两组学习者的元语言策略使用没有显著差异，但元语言意识存在显著差异。多接触目标语言材料、学生间互动与协作、博客逆时序排列及写作中博客的整合，都显著地提高了学生的元语言意识。情感表现方面，对照组和实验组学习者在写作动机和写作焦虑没有显著差异。然而，在写作的自我效能感方面，对照组明显优于实验组。此外，Leahy（2004）在调查基于特定主题的电子角色扮演环境下的二语输出和学习者行为时发现，在某些情况下，口头交流和书面形式的电子邮件交流这两种形式之间存在显著差异。书面语交流比口头交流目标和语法使用都更明确和精准。

追踪技术在研究学习者的行为和表现上有着独特的优势。Collentine（2000）介绍了包含用户行为追踪技术的CALL软件如何促进语法知识的构建。研究者指出，CALL增强了文本数据的听觉和视觉的感知，这两个因素有助于改善学习者的语法表现。随后，利用追踪技术来探究学习者行为的研究在历年CALICO会议上均受到研究者的关注，比如：考察了基于追踪技术的计算机结构化输入活动中的学习者行为（2002）；系统地梳理了基于CALL的追踪技术应用于学习者行为的研究（2005）；探究了基于眼动追踪视频增强技术的学习者听力评估任务表现（2013）；报告了如何在保护学习者隐私的前提下，在语言学习环境中捕捉学生的在线行为（2015）。与教师在教室内进行的输入活动相比，通过计算机在教室内外进行的输入活动具有学习者可控和可访问性的优点。Hwu（2003）在WebCT追踪系统的帮助下，调查了学生的程序访问行为，并推导和解释活动中的学习模式。研究发现，这些学习模式可用来预测学习成果。

已有的关于学习者行为的研究主要集中在这几个方面：与传统教学相比，网络学习行为呈现出的新特征；通过学习行为来考察学习者的学习风格以及个性特征。而真正对于学习行为本质、组成及开展有效学习的行为模式的系统研究则相对较少。从研究方法来看，大多数的实证研究将技术辅助语言学习置于实验条件下，对实验因素进行了控制；也有部分实证研究进行了实地调查。

第四节 教育技术应用对学习效果的影响

学习效果与传统的教学目标含义相似，都涉及学习结果和教育意图。Tyler（2013）认为，教育的重要目的应转变成有可能容易测量学习者变化的目标或陈述语句，关注点应该是学习者及其行为。现代信息技术运用于语言教学中，对语言学习者的学习效果考察成为教师和研究者关注的主要问题。

在计算机技术方面，Ma（2008）通过实证性研究考察了CALL环境下中国英语学习者的学习过程与学习效果的关系。他重点关注在计算机辅助词汇学习程序中，学习者行为如何影响或预测接受性/产出性词汇记忆。该研究旨在解决两个问题：（1）学习者的哪些行为可能会对学习结果产生影响？（2）这些学习者行为如何解释学习的结果？研究遵循前测/后测设计。通过接受性词汇前测和产出性词汇前测各进行10分钟，来确定学习者对所讨论词汇项的已有认知。一周后，学习者在多媒体教室里使用该词汇学习项目自学词汇。项目结束后，立即完成接受性词汇后测和产出性词汇后测，方法与前测相同。一个月后，对学习者进行延迟接受性词汇后测和多产性词汇后测，方法与之前的测试相同。所有三个测试都在正常的课堂时间进行。结果表明，只有那些有助于识别词汇处理水平的用户行为（即建立词汇项的初始意义—形式映射，词汇项在不同语境下的练习），才能显著地解释词汇记忆。此外，用户动作对接受性词汇记忆的影响要优于产出性词汇记忆。对此，研究者认为，在实证性评价中，学习结果与学习过程同样重要，因为两者往往可以相互反映。学习过程的有效评价很大程度上取决于识别和选择对学习结果有贡献的学习行为；在词汇学习中应优先选择能够提高词汇处理水平的学习行为。学习者操作应该能够建立词汇项的初始意义—形式映射，然后通过在不同上下文中使用这些项来加强这些映射；作为定量数据，学习者行为并不能充分解释产出性学习，反而没有被直接观察到的过程可能直接影响产出性学习，比如在学习过程中进行的深层心理加工，这需要结合定性分析。此外，Basharina（2009）运用基于交互协议（Interaction Protocols）的语篇分析和内容分析，考察了异步国际计算机媒介交流为语言学习所提供的学习方式，以及学习者能动性在其中发挥的作用。在该项研究中，学习者了解了自身及目标语言文化，在提高CALL能力的同时，也提高了语言能力。

在多媒体网络技术方面，CALICO 会议议题也多有涉及，具体包括：学术播客对学习成绩的影响（2008）；荷兰—法国在线配对语言学习项目中，学习者的学习成果的定性分析（2017）；互动与外语学习成果之间的关系，并就"在线学习环境能否有效替代初级语言学习者传统课堂教学"进行了阐述和论证（2014）。相关研究中，Lück（2008）研究了基于网络的外语阅读效果。研究结果显示，将网络技术应用于阅读教学中，有助于提高学习者略读和扫读能力，也提高了他们的参与度和积极性。

以上研究均为现代信息技术辅助下对学习效果的考察，属于总结性评价。而在实际语言教学中，过程性评价也起到十分重要的作用。基于计算机技术和网络技术的学习管理系统为过程性评价提供了更加精准和及时的技术支持。由于过程性评价是一个动态的过程，借助技术手段进行记录成为必然。然而这一方面的研究并不常见，也为今后涉及学习效果的研究方向提供了思路。

第五节　教育技术应用对不同学习群体的影响

影响学习者外语学习的不可控因素主要包括性别、年龄和水平等级。首先，本节从影响学习者的不可控因素入手，结合相关研究阐述现代教育技术环境下不同学习者群体的外语学习特征；其次，论述信息化时代对外语学习者的信息素养评价。

一、学习者的性别和年龄

（一）学习者性别

男女学习者在生理上的差异是否会影响个体外语学习效果，学者们就此进行了研究。Grace（2000）考察了不同性别的初级外语学习者在计算机辅助语言学习中，词汇记忆及翻译方面的差别。研究发现，在进行双语多项选择测试时，男性和女性学习者在短期（课后）及长期（课程结束 2 周后）记忆测试及在查找翻译的用时长短方面均未呈现显著差异。同时，男性和女性学习者均能在 CALL 环境中清楚地表达意思。与该研究结果相似，Lee, Yeung & Ip（2016）采用知觉学习风格偏好调查表，考察了性别等因素对计算机辅助英语学习效果的影响。研究结果显示，学习者在技术应用和学习方式（视觉、听觉、动觉和触觉）上没有明显的性别差异。

就男女性别的关注度来看,研究者对女性的关注度稍高。在 2006 年 CALICO 会议上,有研究者重点考察了计算机辅助语言学习对女性学生、导师及研究人员的影响。

在为数不多的涉及性别差异的研究中,研究结论基本一致。即在 CALL 中,性别因素并不会对学习者的二语学习产生明显的影响。

(二)学习者年龄

年龄是学习者在二语习得过程中形成个体差异的重要因素,不同年龄阶段的学习者语言学习效果是不同的。针对不同阶段学习者的语言教学应采用不同的教学方法、教学手段,甚至教学技术。

Steinberg(1993)认为,影响儿童与成人习得二语的差异主要受到心理因素和社会因素的影响。心理因素主要包括智力的加工处理、记忆和工作技能等。智力的加工处理能力决定对语法结构和规则的掌握。它通过两种途径来实现:解释说明或归纳。儿童由于认知能力和智力水平不高,不能理解并接受这些解释说明及归纳。因此在二语教学中,成人适合讲解式的语法学习,而儿童则适合更多地接触二语环境,接受自然语言输入。现代信息技术可以为儿童二语习得创造更加真实的环境及更多的自然语言输入。

儿童阶段外语学习的相关研究相对丰富,学者们从要素和技能等角度展开阐述。

语言要素教学的语音训练方面,在 2004 年 CALICO 会议上,有研究者介绍了辅助儿童英语发音训练的软件。在词汇学习方面,Sun & Dong(2004)认为,儿童在语言学习中不具备足够的处理上下文的能力,因此对多媒体创建的语境中儿童英语词汇学习中的句级翻译(Sentence-Level Translation)及目标热身(Target Warming-Up)进行了实证研究。结果表明,句级翻译和目标热身都能有效地促进多媒体环境下儿童的二语词汇习得。与该研究结果相反,Wood(2001)考察了 16 个专门为小学生设计辅助词汇学习的软件系统。研究结果表明,没有明确提出促进词汇学习的软件实际上比提出明确目标的软件包含更多的专业化指导,那些明确提出促进词汇学习的软件大多只是改变练习题及练习的步骤,并未真正帮助学习者理解并掌握单词。

言语技能教学方面,在 2008 年 CALICO 会议上,有研究者介绍了支持儿童写作的 NLP 系统。该系统以德语为目标语言,可以帮助小学生进行虚拟写作会议。

还有很多学者关注语言学习软件在交互方面所起到的作用。Giguere & Parks(2018)研究了纠正反馈在英语作为第二语言和法语作为第二语言 eTandem 聊天交流中的作用。结果显示,ESL 和 EFL 学习者提供了三种类型的反馈:显性反馈、重铸和形式协商。儿童对纠正反馈表现出明确的偏好，这种偏好归因于配对语言学习。

Chomsky（1957）指出，人脑中存在一个具有遗传性的"语言习得机制"，因此儿童在出生后短短几年内便掌握抽象且复杂的语言结构。语言习得机制因其难以观测及考察而为研究带来难度，这或许也是已有研究中语法研究相对较少的原因之一。

青少年阶段外语学习的相关研究不是很丰富。在语言要素方面，Lin（2015）在词性分析的基础上对异步在线交流中英国和中国台湾青少年学习者的中介语进行了对比分析，旨在探索两组学习者在语法使用方面的差异。

在言语技能的口语教学方面，Sun et al.（2017）通过一项实证研究发现，社交网站和移动辅助工具操作简便，能够为学习者创建积极的二语环境，进而促进情景学习，缓解学习者在二语口语表达中的焦虑，提高青少年二语学习者的口语表达能力。写作教学方面，Vorobel & Kim（2017）从生态学的角度探讨了青少年在面对面和在线环境下协作式写作的差异，重点关注在线协作式写作对学习者写作技能的促进作用，以及学习者对它的认知和态度。研究发现，二语协作式写作有助于提高学习者的写作交流能力，青少年学习者更偏向网络在线环境下的协作式写作。

新技术同教学的融合改变了学习空间的组成和动态，社会互动协作下的教学从以教师为中心的知识传递向以学生为中心的知识建构转变。网络技术为语言教学中的师生带来挑战，尤其是教学双方身份转变。Del Rosal，Conry & Wu（2017）的研究表明，那些在网络中以朋友或联合学习者身份出现的教师，能够为学习者提供更好的引导对话的机会。同时，青少年英语学习者存在不同的需求，教师应保持谦虚和开放的态度为学习者提供个性化及多元化的教学。

成人教育和网络学习理论认为，学习是一个主动的过程，学习者根据自我组织的输入构建新知识（Baumgartner et al.，2003；Walker，2003）。Krashen（1981）指出，语言学习者需要可理解的输入才能理解目标语言中的新知识。此外，认知语言学强调在交际和学术环境中为学习者提供与真实的、语境化的、在语言上具有挑战性的活动和材料进行交互的多种机会的重要性（Cummins，1981；Kasper et al.，2000；Krashen，1982）。在现代信息技术背景下，基于网络技术的电子学习可以提供更多这样的机会，也可以为学习者提供更便捷、更易获取的资源。

成人外语学习的相关研究中，Xu & Xiang（2019）基于技术类型、写作风格、项目持续时间、项目强度、测量结果和研究设计这六个方面的因素，考察了现代信息技术的应用对成人英语学习者写作质量的影响。Coryell & Chlup（2007）认为，电子学习为成人学习者提供了个性化的服务、以学生为中心的指导、来自教师和技术等多方位的支持与协作式学习，这些对于自控能力较高的成年人来说是很好的自主学习的机会。

在涉及学习者年龄的研究中，大多只基于某一阶段，或儿童、或青少年、或成人，跨阶段的对比研究并不常见。这也为今后的研究提供了思路，已有实证研究证明，儿童与成人在语言习得方面存在差异，那么通过技术手段能否弥合或减弱这些差异都有待进一步研究。

二、学历教育阶段

外语教学在绝大多数国家都已纳入国民学科教育中，因此这一部分主要聚焦现代信息技术在不同学历教育阶段的使用情况，分别从小学、中学和大学展开。

（一）初等教育

在计算机方面，Blok et al.（2001）探讨了使用计算机来学习小学各年级词汇的评价框架和效果，力求回答计算机能否有效地帮助小学一年级学生第一语言词汇学习这一问题。研究证实了"小学生在计算机辅助条件下词汇学习效果更好"这一结论。

在网络技术方面，CALICO 会议上有如下相关研究：网络检索应用于小学 EFL 动词短语的学习情况（2009）；魁北克六年级学生在在线游戏环境中的任务型互动（2019）。另外，Liu, Wang & Tai（2016）基于沉浸理论和策略动机框架，调查了中国台湾一所小学的学生在参与 Web 2.0 数字化讲故事活动中的动机和参与模式。对数据的分析表明，在该项目中学生的词汇量和口语流利度都得到了提升。学习动机是一个动态的过程，最初较低，后期逐渐增加。同时，学生沉浸式感知的过程也是动态的，包括脱离和重新参与两个循环的阶段。

作为重要的网络学习平台和工具，博客和电子词典也广泛应用于语言教学中。在博客方面，Gebhard et al.（2011）以韩礼德的系统功能语言学，以及维果茨基的借用（Appropriation）和调节（Mediation）概念，结合民族志和体裁分析方法，分析了美国二年级英语写作中通过博客技术来提高学生读写能力的情况，旨在研究概念化语言、人际关系和文本元功能如何通过 CMC 来支持二语发展。研究结果显示，被试在使用博客的过程中，其词汇、语法及话语意义都形成体系，并尝试提高元语言意识感知，加强对更加复杂的语法结构及书面语的控制。研究者认为，以博客为媒介的写作实践为学生提供了更广泛的个人表达与反馈、读写实践和协作互动机会，提高学生的写作流利度。在电子词典方面，2017 年 CALICO 会议上有研究者报告了希腊中小学德语教学中纸质词典与电子词典使用的情况。该研究发现，相较于纸质词典，电子词典辅助下的外语学习效果更加显著。

在网络课程学习和管理平台方面，Harbusch et al.（2009）为小学的德语学生构建了一个能够实现虚拟写作会议的 NLP 系统，旨在通过自然语言生成技术来评估并提高学生写作中的语法质量，该系统能够通过自然语言处理的算法来提供精确且恰当的语法和释义反馈。在对所构建的故事进行抽象描述时，所有简单句和组合句的释义都是完全自动生成的。另外，在 2012 年 ICT 会议上，有研究者探讨了计算机辅助语言学习中土耳其小学生对 DynED 软件的看法，结果表明，小学生对其均持积极态度。

（二）中等教育

在计算机方面，Hellmich（2019）基于生态理论框架，针对美国高中外语学生在语境中对 CALL 的信念做了相关的多视角研究，如学生如何理解外语学习中的技术，以及这些看法如何与区域性技术话语相关联。不论计算机技术与区域性话语相关与否，学生都对其持积极态度。

在多媒体技术方面，Sildus（2006）以实验的方法考察了互动式输出主导型词汇练习与中学一年级学生德语词汇记忆之间的关系。互动实践采用视频形式，学生在视频捕捉的特定对话场景中完成词汇记忆任务。研究结果显示，互动式视频形式有助于学生在词汇方面成绩的提高，也有助于强化词汇记忆。此外，在 2011 年 CALICO 会议上，有研究者做了通过准实验的研究方法将数字化录音用于口语能力测试中的报告。

在网络课程学习和管理平台方面，Lee et al.（2013）考察了二语写作课中基于网络的即时作文评价系统与教师的跟进反馈，研究对象是 53 名中国香港某中学 16~17 岁的学生。他们发现，同时接受系统反馈和教师反馈的混合组学生比只接受教师反馈组的学生获得更高的作文评分。同时，混合组的学生认为该系统提供了丰富多样的写作实例，有助于提高段落写作的连贯性。

在电子邮件和微博等社交软件方面，Greenfield（2003）针对中国香港某中学 10 年级和艾奥瓦州某中学 11 年级的学生通过电子邮件交流来学习英语的情况进行了个案调查。研究者为其设计了协作学习、交际性语言学习、过程写作、基于项目的学习和综合方法等教学模式。调查结果显示，中国香港学生对此次交流项目均持积极态度，他们增强了提高英语语言能力和计算机技能的信心，并在写作、思维和口语方面取得显著进步。

（三）高等教育

21 世纪初，外语教学重视口语教学而忽视了书面语教学，许多外国语言文学专业也把语言研究和文学研究分开，文学教学与研究因此被忽视。在这样的背景下，研究者认为应将阅读和文学教学纳入研究视野。同时，计算机强化阅读教学运用注释技术提供了"文化密集型"文本。Lyman-Hager（2000）主张在本科教育中引入电子技术，以弥合语言和文学之间的差距。随后，Hager et al.（2001）具体回顾了 CMC、多媒体和网络等几种技术形式在大学基于任务的德语教学中的应用。

信息通信技术的有效利用对学生英语能力的发展有积极的作用，但是其有效性在一定程度上取决于学生在信息通信技术方面使用的特点。基于这样的认识，Ozawa（2019）研究了不同特征的日本大学生对在线英语课程使用和 TOEIC 成绩的影响。研究结果与大多数实证研究结果不同，该研究中学生对在线教学没有太大信心，在课后也没有积极地使用英语。研究者认为，在线教学应结合学生的特征合理谨慎使用。

多媒体技术通过集成多种媒体形式为学习者的外语学习提供了不同方式的输入与输出，对外语学习者的言语技能具有一定影响。Mahfouz & Ihmeideh（2009）考察了约旦大学生对与英语母语者使用视频和文字进行在线交流的态度。结果显示，学生认为基于视频和文字的在线聊天有助于提高听说能力，其次是读写技能。Absalom & Rizzi（2008）则比较了在线听力和基于在线文本的任务在墨尔本大学意大利语学习中的差异。研究结果有助于区分在线听力和在线阅读在深度学习和表层学习之间的区别。研究表明，在线听力促进了学生的融合型动机，增强了学生理解文本的欲望，也有助于词汇习得和知识保留。

在网络技术方面，互联网为传统课堂注入了新鲜的元素。Al-Jarf（2004）探讨了传统的英语作为外语的课堂写作教学与网络写作教学之间的差异。研究发现，同时接受传统写作教学和网络写作教学的学生，他们的学习成绩明显高于只接受传统写作教学的学生。作为传统写作教学的辅助手段，网络写作教学有助于提高学生的写作能力，学生在写作流利度、词汇语法使用方面都显著提高。同时，网络教学也增加了师生互动的机会，教师和学生对此都持积极态度。随后，Peters et al.（2011）详细介绍了学生对不同类型的法语网络学习活动的看法。学生使用网络主要有三个目的：第一，通过检索语言项目来扩展他们的知识库；第二，通过查阅网络词典或翻译软件进行形式聚焦学习；第三，通过语言课程管理网站来组织他们的学习。除此之外，Wu & Yang（2016）探讨了在线的辅导标记（Tutor Labeling）与无辅导标记（Non-labeling）方式对学习成绩、动机信念及认知能力、社交能力和教学能力的影响。研究发现，辅导教师标记干预并不会直接反映辅导策略，也不会直接反映学生的英语成绩和动机信念等。而在线的辅导标记干预则增加了被试对自我效能感的动机信念。同样是考察网络环境中学习者的动机，Cai & Zhu（2012）基于第二语言动机自我系统（The L2 Motivational Self-System，Dörnyei，2005；2009）这一理论体系，研究了网络学习社区项目对汉语学习者动机的影响。他们发现，参与在线项目前后，学生的动机存在显著差异。

在电子邮件方面，Absalom & Pais Marden（2004）讨论了澳大利亚国立大学意大利语课程中非母语人士之间的电子邮件交流。研究从电子邮件会话对学生的影响，电子邮件交流中固有的时空和心理距离的影响，电子邮件话语的混合特性，电子邮件沟通的形式和内容方面的关系，以及学生在语言表达上的创造性这几个方面来描述学生所构建信息的语言和内容。Mahfouz（2010）则主要考察了电子邮件对学生读写能力提高方面的作用。结果显示，学生普遍认为通过与英语为母语的人进行电子邮件交流能有效提高写作技能。

在在线平台及在线学习系统等资源方面，互联网存储着丰富的学习资源，不仅为语言学习提供了更多的机会，也有助于在更新网络资源时避免与已有资源重复（Burnage，2001）。Shen，Yuan & Ewing（2015）从英语语言学习网站、网站材料、语言用户偏好和网站可用性这几个方面，探讨了中国大学英语教师对英语网站和网络资源的认识。调查显示，一个以教学为导向、针对不同语言水平的英语学生的英语教学网站受到中国英语教师的喜爱。他们倾向于在网站上获取同时代的真实语言、应试英语学习材料和任务，以及东方/非英语国家的主题资料。研究者还发现，网站可用性是影响英语语言学习网站受欢迎程度的另一个关键因素。一个设计良好的英语学习网站可以有效地帮助中国英语学生提高语言能力，达到最佳的学习效果。Celik（2013）通过调查大学英语教师对网络教学的看法和观点发现，最受教师欢迎的互联网工具是Wikipedia；77%的教师关注基于互联网的阅读和语法教学，超过一半的教师使用网络资源进行听力教学。相反，在写作和口语方面则相对较少。除此之外，相关研究还有，Yeh，Liou & Li（2007）针对某些形容词的过度使用，就EFL大学英语写作中的在线同义词材料做了考察。该研究设计了五个单元，包括五个被过度使用的形容词，分别是：Important（重要的）、Beautiful（美丽的）、Hard（硬的）、Deep（深的）和Big（大的）。研究结果显示，在在线同义词词典的辅助下，学生课后写作任务中会尽量避免使用通用的形容词，而尝试使用含义更加具体的词汇，也因此提高了整体写作质量。

在在线系统方面，Gimeno-Sanz & De Siqueira（2012）描述了一个名为PAULEX Universitas的在线系统，用于设计、提供和评估西班牙全国大学入学外语考试。通过对教师和学生的调查，研究者认为，大学入学考试加入计算机辅助的英语考试是可行的。尽管开放式输入练习（如写作和口语）需要个性化评分，但大部分练习都是自动化评分。同时，大多数学生认为在计算机环境下取得了较好的成绩，且他们没有感到额外的在线考试压力。Fukushima et al.（2012）则通过对日本大学生英语毕业论文语料库的词汇分析，介绍了一款基于Web的索引检索系统的开发过程，旨在让学生能够通过学科和/或修辞结构，以横向的方式了解每个检索词或短语的搭配信息。

数字化为教学和学习创造了条件。首先是关于认识方面的研究，如在2014年ICT会议上，有研究者就其在尼日利亚大学进行的探索性观察做了相关报告，主要研究了数字化时代英语教学对沟通技巧的影响。此外，在2015年ICT会议上，还有研究者以阿尔及利亚苏格艾赫拉斯大学为例，提出了将数字专业语言实验室应用于外语教学的观点。其次是数字化技术所营造的语言学习环境研究，如Orsini-Jones（2004）报告了考文垂大学（Coventry University）一项行动研究项目的结果，该项目包括对虚拟学习环境网络技术支持下课程创新的评估。其中，学生主要使用WebCT这一校外和校内均可获得的虚拟学习环境网络交流工具。研究结果显示，以技能为基础的教学和学习活动符合外语学生的需要，能够提高信心和专业技能。同时，学生认为反思和自主学习很有挑战性，并且很难发现在听说读写四项基本语言技能以外的技能之间的相关性。

不难看出，在学历教育研究中，研究者对本科外语教学研究最多，且涉及听说读写等多个方面。这其中，写作教学研究相对丰富，大概因为学生输出的结果可视化程度高，且便于保存。

三、学习者语言水平

学习者的语言能力不同，因而可分为初级、中级和高级等不同水平阶段。不同水平阶段下的学习者所适用的技术形式也存在差异。本节将重点探讨不同技术形式对初级、中级和高级不同水平阶段外语学习者的影响。

（一）初级

语言学习中的同步交流能够提供实时的视觉交互，这有助于学习者之间的意义协商。在2008年CALICO会议上，有研究者讨论了CMC在初级德语语法教学中的使用情况。可见，SCMC初级外语教学中的应用研究进入了研究者的视野。Ko（2012）探究了SCMC对初级外语学习者口语学习的作用。三组学习者分别在视频/音频、音频和面对面的环境中训练口语。结果表明，这三种环境对学习者口语能力发展的影响并不明显，它们或多或少都有助于学习者口语能力的提高。相反，口语教学的任务设计和学习者策略等是较为重要的影响因素。

网络技术将课堂学习同课外互动相结合，通过提供一个虚拟、开放和集成多模的空间，学习者在网络平台上共享、选择和转换信息，从而促进参与、协作和知识开发。同时，通过实时记录学习者动态的学习过程，教师和学习者能够及时反思，进而改进。

一方面，在同步和异步交流中，学习者通过自己的及合作伙伴的背景知识来解决语言学习中的问题；另一方面，网络将二语学习置于社会语境中，学习者可以通过与他人的反思性探究来获取自己及目的语的文化和语言观念。

在口语方面，Sato, Chen & Jourdain（2017）采用一种基于标准的和效能驱动的方法，记录并考察了数字技术在日语初级学习者密集型的完全在线口语课程中的应用。同时，还对比了在线组学习者和传统面对面组学习者的口语测试成绩，并对在线组学习者模拟了口语能力面试（Oral Proficiency Interview，简称OPI）。研究结果显示，在线组学习者在大多数综合绩效评估中的评分都优于面对面组学习者，在"沟通策略"方面同样存在显著差异。当然，学习者对在线学习均持有积极态度，共存感取代了孤立感。研究者认为，尽管在线教学存在挑战，但通过多模态数字平台的协同配合，以及基于标准和任务驱动的课程设计，在线教学具有可行性。

在写作方面，Mori, Omori & Sato（2016）将在线的翻转课堂同日本汉字（即在日语中的汉字体系）教学相结合，探讨了其对初中级日语学习者在写作词汇方面的影响。该研究中，翻转教学组的学习者在课前通过在线材料学习；传统教学组的学习者仅在课后进行书面写作练习。初级学习者在翻转教学下的课后测试中比非翻转教学下的课后测试得分更高，而中级学习者则未发现显著差异。然而，所有学习者都表示，在线练习有助于他们学习汉字知识。研究者建议，日语汉字教学可转变为半结构化的在线自步式学习。

wiki是网络技术中一种极为重要的异步交互工具，它具有强大的信息共享与协作功能，它为学习者提供了二语学习的平台，还突破了时空限制。Kennedy & Miceli（2013）将wiki整合到初级意大利语学习中，学习者对wiki的态度同性别、最初的自信程度或CMC工具的使用频率没有必然联系，学习者更加注重语言学习中的互动和协作。

（二）中级

计算机技术和网络技术等在中级外语学习中的应用情况是历年来CALICO会议重点关注的问题，比如：通过电子邮件交流来激发中级西班牙语学习者"初始动机"的项目介绍（2004）；SCMC在中级语法学习中的应用（2016）；与目标语母语者的远程互动对中级西班牙语学习者的口语和听力能力的影响（2019）。

在社交平台和社交工具方面，在CALICO会议上有如下相关研究：为中级日语学习者开发在线索引工具来支持日语写作训练（2003）；通过Instagram调查社交软件在中级语言课程中的作用（2018）。另外，Wang & Vásquez（2014）采用准实验方法考察了社交媒体 Facebook 中目标语言的使用对中级汉语学习者写作成绩的影响。实验组学习者每周在指定的 Facebook 群组页面上用中文更新和评论，而对照组的学习者则不需要在 Facebook 页面上发帖。考察结果显示，第一次写作任务中，两组之间的写作成绩没有显著差异，但在接下来的写作任务中，实验组比对照组的学习者使用了更多汉字。研究者认为，Facebook 可以作为课外二语读写练习的另一种辅助的教学平台，在某些方面可以提高学习者的写作能力。

针对如何提高中级水平学习者写作词汇量的问题，CALICO 会议多有关注，相关研究包括：编写 Wikipedia 和词云（2016）；在教学中应用游戏化教学的方法（2018）。

（三）高级

在计算机技术方面，在 2013 年 CALICO 会议上，有研究者提出使用平板电脑可以提高高级学习者口语能力的发展和词汇量。相关研究中，Lys（2013）调查了平板电脑在高级口语教学中的使用，且主要关注学习者如何学习新技术，新技术如何影响口语水平。研究结果表明，平板电脑辅助下的以学习者为中心、基于任务的语言学习方法促进了学习者有意义、有目的的互动，并提供了支架式教学，适合高级水平学习者的听力和口语练习。

在多媒体技术方面，Weinberg（2002）考察了高级法语听力教学中应用多媒体技术的优势和问题。一方面，语言教师应努力克服技术和教学内容方面的问题，以便在教学中引入多媒体材料；另一方面，Harvey & Purnell（1995）将技术素养的三个 C 定义为舒适（Comfort）、自信（Confidence）和创造力（Creativity），这三个 C 是语言教师在语言实验室中实施多媒体或互联网语言教学时所必需的。Vautherin（1999）坚持认为，对使用技术进行语言学习的热情和积极的态度给师生注入了信心，也让教师在使用技术时更具创造性。

在语料库技术方面，2011—2015 年的 CALICO 会议议题均有涉及。比如，基于语料库的高级二语语法课程的发现式学习；将基于语料库的教学融合到高级语法分析课中；利用多媒体词汇和语料库实例来提高高级汉语学习者词汇的理解和产出。

在网络技术方面，McCabe（2017）采用评价语言知识的功能导向模型分析了高级语言学习者在西班牙语在线讨论中的知识学习和计算机交互。研究发现，互动成功与否主要取决于学习者感知到的互动的数量，也取决于学习者表达他们所学习的学科概念的垂直知识能力。此外，在 2006 年 CALICO 会议上，有研究者就网络检索工具在外语学习中的应用情况做了报告，并指出网络检索工具有助于高级学习者的外语学习。

在博客和电子词典等辅助学习工具方面，Sauro & Sundmark（2019）探讨了基于博客的同人小说和大学英语教学的整合情况。结果显示，学习者对在博客上发表文章缺乏熟悉感，也有一部分小组能够战胜或利用这个挑战来促进和提高故事的可读性。此外，Wang（2012）比较了中高级汉语学习者使用电子词典辅助阅读说明性中文电子文本的效果和差异。该研究要求学习者在电子词典的帮助下阅读两次电子文本，并用英语写下对文本的回忆。在词汇学习方面，中级学习者经常使用电子词典查找高、中、低频单词，而高级学习者在高频和中频单词方面都没有太大的困难。电子词典帮助中级学习者巩固词义、学习新单词，缩小与高级学习者之间的词汇知识差距；相比之下，电子词典对高级组的阅读发展作用较小。在阅读理解方面，电子词典能够将中级学习者的阅读理解能力提高到与高级学习者相当的水平。同时，与高级学习者相比，中级学习者从提供第一语言翻译的电子词典中获益更多。

在不同水平等级的研究中，对初级和高级的研究偏多。其中，对学习者词汇发展，以及口语和写作能力发展方面的研究十分丰富。在技术辅助下的语言学习中，涉及不同阶段的对比研究不是很多。而综观已有研究成果不难发现，与中级学习者相比，技术的使用对初级学习者影响更加显著；与高级学习者相比，对中级学习者的影响更加显著。基于此我们可以认为，初级学习者在技术辅助下的语言学习中获益更多。同时，加强不同水平等级的对比研究，也有助于教师在语言教学中提供更加切合学习者需求和能力的教学手段和技术。

四、学习者信息素养及评价

随着现代信息技术迅猛发展，互联网、大数据、虚拟现实、人工智能等技术快速渗透到包括教育领域在内的社会各个行业。在这个过程中，现代信息技术与语言教学实现了充分融合，传统的语言教学模式和教学内容正发生着巨变，学习者的学习时间与空间、学习环境与方式都在发生着变化，从而使得学习者的信息素养成为影响语言学习的关键因素之一，可以说是外语学习者不可或缺的一种高级认知技能。在这一背景下，对学习者的信息素养及评价问题进行研究，势必引起很多研究者的关注。

首先，研究者关心学习者信息素养包含哪些内容，哪些信息技术与第二语言的学习有关，以及这些内容是如何在第二语言学习过程中发挥作用的。比如，在2006年CALICO会议上，有研究者就大学外语学习者在学术方面如何使用网络做了报告。研究者分析了非英语母语者在大学写作课程中是如何进行研究的，以及他们是如何利用网络获取信息的。研究者指出，学习者不仅需要能够定位信息、检索信息，还必须能够对信息进行甄别和评价，要具备有效地、批判性地利用互联网资源的能力。该研究反映出信息素养对外语学习者的重要作用。

其次,研究者关注学习者的信息素养的评价问题。在 2003 年 CALICO 会议上,有研究者就成年英语二语学习者计算机素养的评价问题做了报告。研究者通过分析一个典型的 CALL 课程,分离出学习者必备的计算机技能,然后通过自我报告、笔试等方式对各项技能指标进行评估。同时,研究了计算机素养技能鉴定和各种评价方法的可行性,分析了该评价对课堂教学的启示。此外,在 2016 年 CALICO 会议上,还有研究者做了有关重新评估学生的技术使用和计算机素养的报告。研究者指出新技术和高等教育在线课程注册人数的持续增加,可能已经改变了大学生在学术和个人方面与技术的联系和使用方式。研究者在美国中西部一所大学的一年级和二年级德语课程中,对学习者做了有关个人情况和学术技术使用情况的调查,并对个别学生进行了访谈。初步结果表明,尽管学习者能够接触并使用到更广泛的技术,但仍可从在线学习所需的其他工具的培训中受益。学习者信息素养需要在实践中不断提高。

最后,研究者还非常关注如何促进学习者的信息素养发展。比如,在 2015 年 CALICO 会议上,有研究者做了有关发展国际学生电子素养(Electronic Literacy)的报告。研究者指出,随着计算机技术的进步和大学入学人数的增加,大学会提供更多的混合课程和在线课程,然而,国际学生可能缺乏所必备的技能。根据这种情况,美国中西部一所大学在英语强化课程中专门开设了一门技术课程,研究者介绍了这门课程的设计、实施以及经验教训等。可见,在进行语言教学的同时提升学习者的信息素养既是必要的,也是可行的。相关研究中,Gebhard, Shin & Seger(2011)在从功能视角研究博客与二语写作能力的发展问题时,指出以博客为媒介的写作实践扩大了小学生写作的读者范围,也拓展了读写教学的目标。写博客等活动不但有助于小学生提高读写能力,同时也能够促进学习者信息素养的发展。

学习者的技术素养因其对学习效果的巨大影响而显得十分重要,对学习者技术素养进行培养与评价会带动学习者技术素养的提升,从而更加有利于第二语言的学习和进步。对于学习者来说,不仅要努力提高自身的语言能力,还要通过提高信息素养提升自己自主学习及终生学习的能力,以使自己成长为符合时代需求的真正意义上的全球公民。

在外语学习的生态系统中,学习者是主体和中心;学习是由信息输入向知识内化的转化过程。在现代信息技术环境下,促进学习者发展的技术和手段成为越来越多研究者和一线教师的新追求。学界对"学习者"的认知也随着研究的不断丰富和深入而逐渐发生变化。从社会学视角来看,学习者不仅是独立的个体,也是具备个性和差异且由多个个体构成的学习共同体;从心理学视角来看,对学习者的关注也已经深入到认知、情绪情感、意识等多个层面。（董玉琦等，2014）现代信息技术应用于对语言学习者的影响的相关研究中，就研究方法来看，大多采用实证和个案调查的方法来考察现代信息技术对学习者不同因素的影响；就研究内容来看，从个体差异到群体特征、从内隐到外显均有涉及。尽管现代信息技术对于外语学习的影响不容置疑，但是技术手段如何设计和应用以便实现与学习者的适切性，如何将技术与环境有机结合并提高外语学习者的参与度，如何通过技术手段对学习者的外语学习过程进行优化，这一系列问题仍有待深入地解析和探究。无论从哪个视角去思考，促进学习者的发展始终是信息时代对教育技术研究提出的目标和期待，也是教育技术环境下外语学习研究的出发点和落脚点。

思考与练习

1. 现代信息技术对学习者听力、口语、阅读和写作方面的学习策略分别有什么影响？
2. 现代信息技术对外语学习者的动机有什么影响？
3. SCMC 和 ACMC 在外语学习中对学习者的焦虑情绪有什么影响？
4. 追踪技术在研究学习者的行为上有着独特的优势。请通过具体的研究来说明。
5. 现代信息技术辅助下的不同年龄阶段的语言学习研究中，哪个阶段的研究较为丰富？
6. 现代信息技术辅助下的不同水平等级的语言学习研究中，哪个等级的研究相对丰富？原因是什么？
7. 现代信息技术对不同等级语言学习的影响是否相同？
8. 对于外语学习者来说，为什么提升信息素养很重要？

第九章 教育技术专题研究

第一节 专题研究 1：欧洲外语教育技术研究动态及热点分析

一、欧洲 CALL 专门会议与国际外语教育技术会议研究热点对比分析

（一）国际外语教育技术领域重要学术会议与欧洲会议

CALICO、EuroCALL、ICT4LL、GLoCALL 和 NLP4CALL 是国际上外语教育技术领域重要且专门的学术会议。其中，EuroCALL 是专门的欧洲会议。

EuroCALL 会议在欧洲委员会的支持下于 1993 年成立，之后每年举办一次，聚集了大量对使用技术进行语言和文化学习充满热情的研究人员。至今，EuroCALL 会议已发展成一个较为成熟的会议，它在诸如应用语言学、语料库语言学、数字教育学、数字文字学和计算机介导的传播等领域促进了知识的创造和共享。

（二）EuroCALL 会议研究热点分析

1. 议题分析

EuroCALL 历年会议召开时间、地点和主题列表如下（见表 7）：

表 7　历届 EuroCALL 会议主题

年份	时间	地点	主题
2021	8.26—8.27	法国（线上）	CALL and Professionalisation（CALL 与专业化）
2020	8.20—8.21	丹麦（线上）	CALL for Widening Participation（助力 CALL 的广泛参与）

续表

年份	时间	地点	主题
2019	8.28—8.31	比利时	CALL and Complexity （CALL 和复杂性）
2018	8.22—8.25	芬兰	Future-Proof CALL: Language Learning as Exploration and Encounters （面向未来的 CALL：语言学习的探索与挑战）
2017	8.23—8.26	英国	CALL in a Climate of Change: Adapting to Turbulent Global Conditions （变化中的 CALL：适应激变的全球环境）
2016	8.24—8.27	塞浦路斯	CALL Communities and Culture （CALL 社区与文化）
2015	8.26—8.29	意大利	Critical CALL （批判性 CALL）
2014	8.20—8.23	荷兰	CALL Design: Principles and Practice （CALL 设计：原则与实践）
2013	9.11—9.14	葡萄牙	20 Years of EUROCALL: Learning from the Past, Looking to the Future （EUROCALL 二十年：回顾过去，展望未来）
2012	8.22—8.25	瑞典	CALL: Using, Learning, Knowing （CALL：使用、学习、了解）
2011	8.31—9.3	英国	The CALL Triangle: Student, Teacher and Institution （CALL 三角：学生、教师、教学机构）
2010	9.8—9.11	法国	Cultures and Virtual Communities （文化及虚拟社区）
2009	9.9—9.12	西班牙	New Trends in CALL: Working Together （CALL 新趋势：合作学习）
2008	9.3—9.6	匈牙利	New Competencies and Social Spaces （新能力与社会空间）
2007	9.5—9.8	北爱尔兰	Mastering Multimedia: Teaching through Technology （掌握多媒体：通过技术教学）
2006	9.4—9.7	西班牙	Integrating CALL into Study Programmes （将 CALL 整合进学习项目）
2005	8.24—8.27	波兰	CALL, WELL and TELL: Fostering Autonomy （CALL, WELL 及 TELL：培养自主性）

续表

年份	时间	地点	主题
2004	9.1—9.4	奥地利	TELL and CALL in the Third Millennium: Pedagogical Approaches in a Growing EU-Community （新千年中的 TELL 及 CALL：欧共体里的教学法）
2003	9.3—9.6	爱尔兰	New Literacies in Language Learning and Teaching （语言学习和教学的新认识）
2002	8.14—8.17	芬兰	Networked Language Learning （网络语言学习）
2001	8.29—9.1	荷兰	E-Learning: Language Learning and Language Technology （远程学习：语言学习和语言技术）
2000	8.31—9.2	英国	Intelligence and Interdisciplinarity in CALL in the New Millennium （新千年 CALL 的智能化和跨学科化）
1999	9.15—9.18	法国	Evaluation of Language Skills and Language Testing （语言技能评估和语言测试）
1998	9.9—9.12	比利时	From Classroom Teaching to World-Wide Learning （从课堂教学到全球化学习）
1997	9.11—9.13	爱尔兰	Where Research and Practice Meet （研究与实践的交叉）
1996	8.29—8.31	匈牙利	New Horizons in CALL （CALL 的新视野）
1995	9.7—9.9	西班牙	Technology-Enhanced Language Learning: Focus on Integration （技术增强的语言学习：聚焦整合）
1994	9.15—9.17	德国	Technology-Enhanced Language Learning in Theory and Practice （技术增强语言学习的理论和实践）
1993	9.15—9.17	英国	Emancipation through Learning Technology （学习技术下的解放）

该会议在技术方面体现出很强的科技应用特色，在研究内容方面不仅紧紧围绕语言教学的核心问题，还体现跨学科联合的特点。以 2019 年的子议题为例，可以略见一斑：

- 语料库与语言学习 / 数据驱动学习（DDL）
- 智能 CALL（ICALL）/ 自然语言处理在 CALL 中的应用

- 复杂性、准确性、流利性框架（CAF: Complexity, Accuracy, and Fluency）在CALL研究和应用中的熟练程度
  - 衡量和发展CALL中的语言复杂性
  - CALL中的任务复杂性
  - 数字素养
  - 基于数字游戏的语言学习
  - 移动辅助语言学习（MALL）
  - LMOOC的设计和实践
  - 远程协作和CMC
  - CALL中的教师教育和专业发展
  - 在CALL中运用SLA原则
  - 开放式教育资源和实践
  - CALL的研究趋势

我们对近年来会议主题和议题中的关键词做了分析，并与国际外语教育技术主题和议题进行对比，发现两者之间在不同的研究领域都存在差异。以"技术"类为例，结果显示：① 欧洲会议更加强调如下方面：语料库或数据库、硬件、特性、多媒体或多模态等；② 国际会议更加强调如下方面：网络、研究方法、平台或系统等。以"语言教学类"为例，欧洲会议更加强调学习者、语言技能教学、习得与认知、测试与评估等；而国际会议更加强调教学与学习、教师、教师或学生的语言信息等。

2. 大会报告

大会报告（或主旨报告）通常是业内权威人士或专家学者对学术领域前沿的探讨，是专家学者对该领域的最新研究成果，具有较高的研究水平，对他人有启发作用或对该领域的发展有指引作用。

通过对2015年至2019年间，EuroCALL会议与其他国际会议大会报告对比分析，可以从另一个角度（或侧面）了解欧洲会议和国际会议在外语教育技术研究方面的最新动向，以及二者的区别（如图11所示）。

由图11可以看出，在欧洲和其他国家或地区，外语教育技术研究中受关注最多的是外语教育中技术手段的应用与发展。相比之下，欧洲会议对教师、学生和测试与评估的关注较少，其中EuroCALL会议近几年没有关注上述研究。

下面就EuroCALL会议和国际会议都非常关心的外语教育技术中"技术"类别做进一步的分析，从中可以发现普遍关心的技术项（如图12所示）。

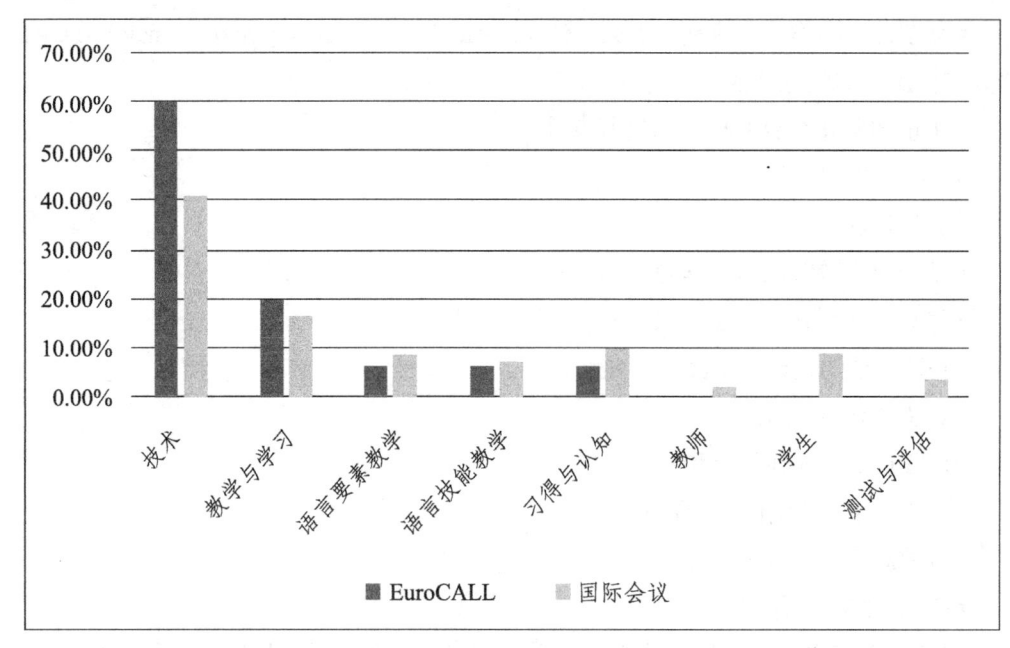

图 11　2015—2019 年 EuroCALL 和国际会议研究领域对比分析图

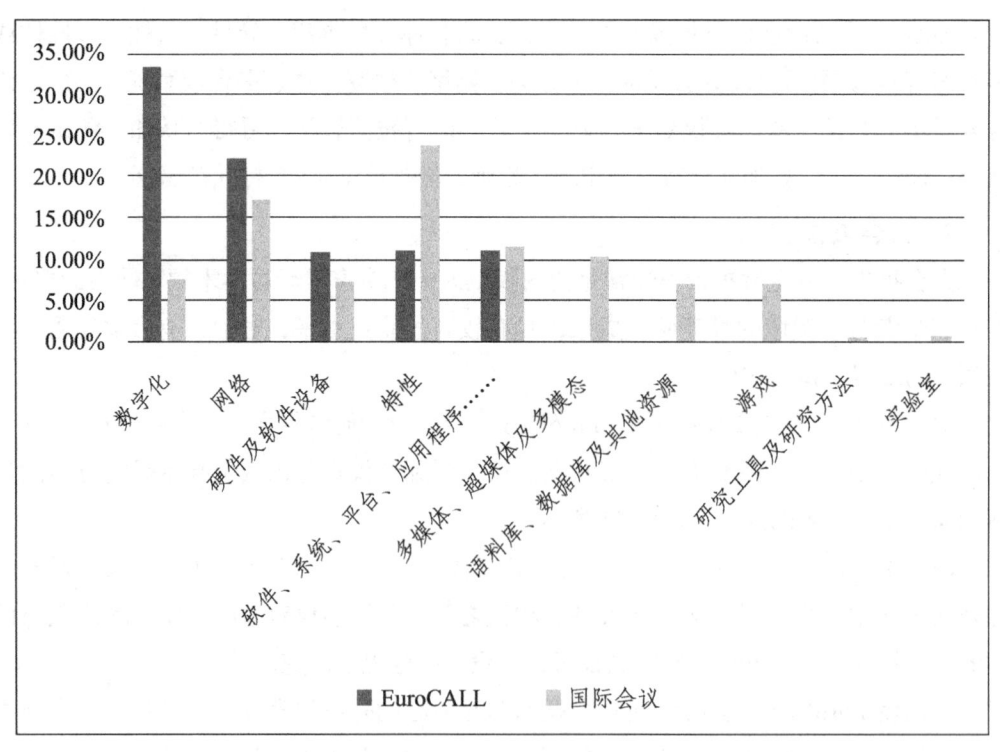

图 12　2015—2019 年 EuroCALL 和国际会议"技术"领域具体项对比分析图

从图 12 可以看出外语教育技术领域与技术相关的问题研究有如下三个特点：

（1）EuroCALL 会议更关注数字化研究

与国际会议相比，EuroCALL 会议对外语教育中技术手段下的数字化研究最为丰富。

例如，EuroCALL 会议 2018 年的大会报告中，Teaching Foreign Languages in the Digital Age（数字时代的外语教学），EuroCALL 会议 2015 年的大会报告中，What Do We Want from Digital Education?（我们希望从数字化教育中得到什么？），这些研究都是紧密围绕技术条件下数字化学习环境中的外语教学所做的思考。

（2）国际会议更关注技术特性

与 EuroCALL 会议相比，国际会议对技术领域的研究范围更广，其中对技术特性的研究最为丰富。从大会报告的题目中可以发现，对技术特性的研究以虚拟性、增强现实和自适应居多。

例如，CALICO 会议 2019 年的大会报告中，Willingness to Communicate Outside of the Classroom: Can Virtual Reality Help?（虚拟现实有助于提升课外交流意愿吗？）探讨了基于在线虚拟现实场景的半真实口语任务对学生课外交流意愿（WTC）的贡献。ICT4LL 会议 2017 年的大会报告中，Facilitating Collaborative Foreign Language Learning Using the VLE (Virtual Learning Environment)（利用虚拟学习环境促进外语协作学习）研究的是技术手段下创造虚拟学习环境促进外语学习。CALICO 会议 2019 年的大会报告中，Learner-Expert Speaker Interactions in an Augmented-Reality Place-Based Mobile Game: Implications for Game Design and Implementation（学习者—专家演讲者在增强现实的基于位置的移动游戏中的互动：对游戏设计和实现的启示），Exploring the Various Learning Spaces of a Technology-Enhanced Classroom（探索技术增强课堂的各种学习空间）研究的是利用增强现实技术促进外语学习。CALICO 会议 2019 年的大会报告中，L2 Vocabulary Testing and Adaptive Learning: Educational Apps and Spaced Rehearsal for Vocabulary Retention（二语词汇测试和自适应学习：用于词汇记忆的间隔练习和教育应用程序），研究的是利用在线词汇广度测试创建词汇教学应用程序，以促进自适应学习。CALICO 会议 2016 年的大会报告中，Complex Adaptive Systems Research in CALL（CALL 中的复杂自适应系统研究）研究的是技术手段下的外语学习自适应系统。

（3）EuroCALL 会议和国际会议都关注网络技术

网络技术的发展对外语教学的影响受到了 EuroCALL 会议和国际会议的普遍关注，体现了时代发展的需要。

例如，CALICO 会议 2019 年的大会报告中，Exploring a Video Conferencing Application in Providing Peer-to-Peer Synchronous Feedback on Graduate Student Writing（探索视频会

议应用程序为研究生写作提供点对点同步反馈）、eTandem Videoconferencing: A Learner Perspective（eTandem 视频会议：学习者的观点）分别探讨的是基于视频会议的外语写作教学以及学习者对视频会议教学的看法。又如，EuroCALL 会议 2017 年的大会报告中，CALL Students as Designers of Their Online Learning（作为在线学习设计者的 CALL 学生）研究的是基于网络技术的在线学习环境下的外语教学设计。

另外，还有一些学者关注的是具有社交功能的网络工具在外语教学中的应用和评估。大会报告中，研究者提到的网络工具有 YouTube、Facebook、Twitter、WordPress（博客）、Skype、Pageflakes（飞鸽）、微信等。例如，CALICO 会议 2019 年的大会报告中，YouTube as an Arena for L2/FL English Learning: A Case Study of Two Young Swedish Sisters（YouTube 作为 L2/FL 英语学习的平台：两位年轻瑞典姐妹的个案研究），这项研究阐释了两位年轻的瑞典姐妹如何通过 YouTube 平台自我选择成为瑞典语—英语的"双语者"。

二、欧洲 CALL 专门期刊与国际外语教育技术期刊研究热点对比分析

（一）国际外语教育技术领域重要学术期刊与欧洲期刊

CALICO Journal，*Computer Assisted Language Learning*，*ReCALL*，*System*，*Language Learning & Technology* 是国际上外语教育技术领域重要且专门的学术期刊。其中，*ReCALL* 由英国剑桥大学出版社出版，是专门研究欧洲外语教育技术的重要学术期刊。

（二）*ReCALL* 期刊研究热点分析

通过对 *ReCALL* 与其他 4 份期刊 2015 年至 2019 年间论文的汇总和分析，可以从另一个角度（或侧面）了解欧洲地区外语教育技术研究的最新动向，并通过与其他国际期刊的对比了解欧洲的特点（如图 13 所示）。

由图 13 可知，从整体来看，欧洲和其他国家或地区的研究重点以及研究方向等具有一致性。比如，两者均对外语教育技术中技术手段的应用与发展，以及技术环境下的外语教学与学习研究较多，而对测试或评估及教师研究较少。

1．技术领域的特点

下面就欧洲和其他国家或地区均关注的外语教育技术中的"技术"类别进行分析，以便发现普遍关心的技术项（如图 14 所示）。

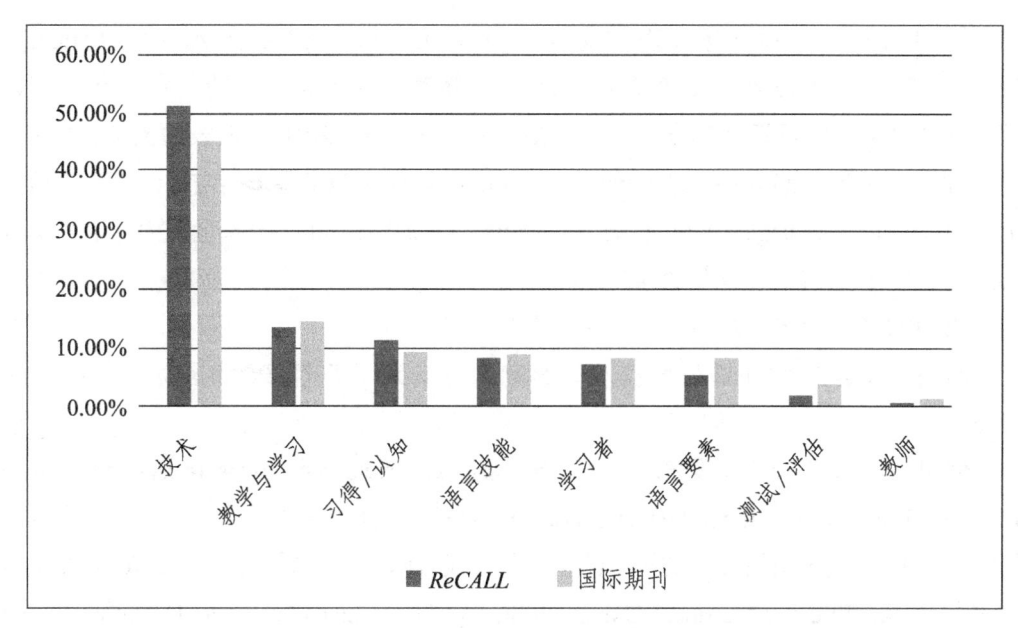

图 13　2015—2019 年 ReCALL 和国际期刊研究领域对比分析图

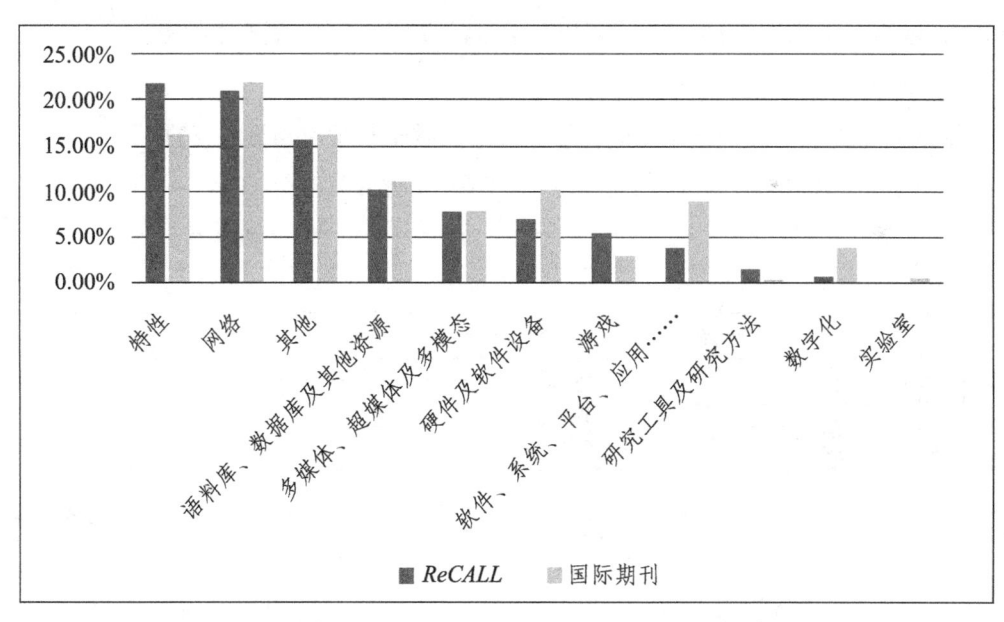

图 14　2015—2019 年 ReCALL 和国际期刊 "技术" 领域具体项对比分析图

从图 14 可以看出外语教育技术领域与技术相关的问题研究有如下两个特点：

（1）ReCALL 更关注技术特性

与国际期刊相比，ReCALL 对技术特性关注较多。在分析期刊的题目、关键词及摘要后，可以发现其中又以移动性和虚拟性居多。

例如，*ReCALL* 2015 年发表的文章，Research Trends in Mobile Assisted Language Learning from 2000 to 2012（2000 年至 2012 年移动辅助语言学习的研究趋势）探索了移动辅助语言学习近年的发展以及发展趋势。*ReCALL* 2018 年发表的文章，Virtual World Anonymity and Foreign Language Oral Interaction（虚拟世界匿名与外语口头互动）、Interactions for Language Learning in and Around Virtual Worlds（虚拟世界内外语言学习的互动）两者均探讨了虚拟现实的交互问题。

（2）*ReCALL* 和国际期刊都关注网络技术

网络技术发展对外语教育技术的影响同时受到了 *ReCALL* 和国际期刊的广泛关注。

例如，*ReCALL* 2018 年发表的文章，Professional Development in the Transition to Online Teaching: The Voice of Entrant Online Instructors（在线教学过渡中的专业发展：在线新教师的声音），谈论了网络技术支持下的土耳其在线教师发展计划。又如 *CALICO* 2019 年发表的文章，Effects of Japanese University Students' Characteristics on the Use of an Online English Course and TOEIC Scores（日本大学生特征对在线英语课程使用和 TOEIC 成绩的影响），阐述有效使用信息通信技术可以对学习者的英语能力发展产生积极影响。

2．教学与学习领域的特点

下面对欧洲和国际期刊给予同样较高关注的教学与学习领域进行进一步分析，从中发现教学与学习领域研究的重点等情况（如图 15 所示）。

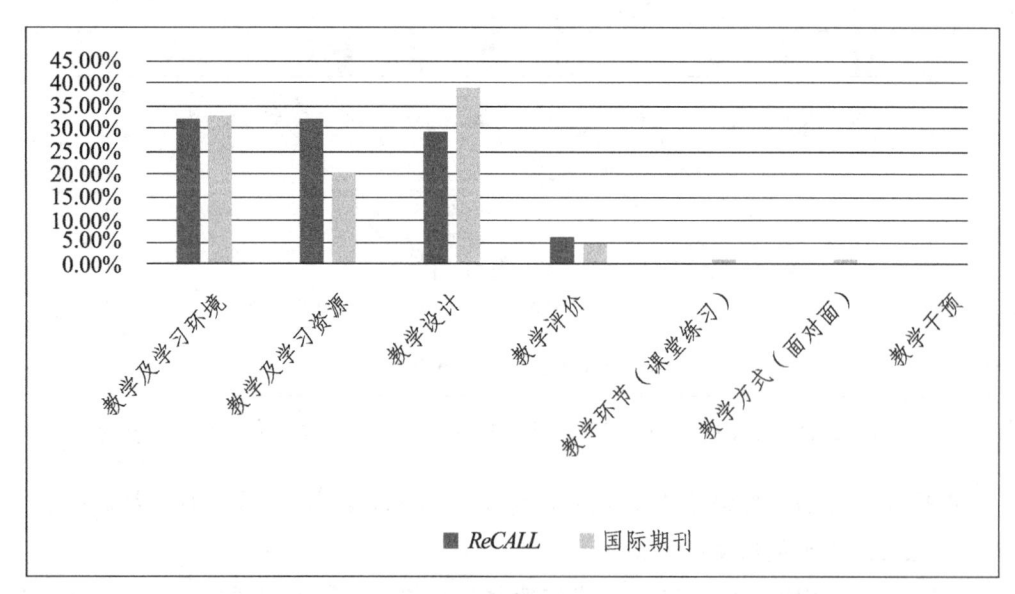

图 15　2015—2019 年 *ReCALL* 和国际期刊"教学与学习"领域具体项对比分析图

从图 15 可以看出外语教育技术中的教学与学习领域有如下三个特点：

（1）*ReCALL* 更关注教学及学习资源研究

与国际期刊相比，*ReCALL* 更关注外语教育技术中教学及学习资源研究，其中又以学习词典和故事资源为主。

例如，*ReCALL* 2017 年发表的文章，Dictionary Form in Decoding, Encoding and Retention: Further Insights（解码、编码和保持中的词典形式：进一步的见解），探讨了技术环境下词典（纸质与电子）作为一种教学和学习资源在语言接受、产生和保留中的作用。2019 年发表的文章，Beyond Elocution: Multimodal Narrative Discourse Analysis of L2 Storytelling（超越言语表达：L2 故事讲述的多模式叙事话语分析），研究了学生在"第二人生"等数字环境下如何展示、评估和修改故事。

（2）国际期刊更关注教学设计

与 *ReCALL* 相比，国际期刊更关注教学设计的研究。其中又以任务教学法和协作教学研究为主。

例如，*System* 2019 年发表的文章，The Effects of Task Modality on L2 Chinese Learners' Pragmatic Development: Computer-Mediated Written Chat vs. Face-to-Face Oral Chat（任务形式对汉语二语学习者语用能力发展的影响：以计算机为媒介的书面聊天与面对面的口头聊天），提出在基于任务的交互方面，以计算机为媒介的交流具有独特的优势。*CALL* 2019 年发表的文章，Teachers' Perception about the Contribution of Collaborative Creation of Digital Storytelling to the Communicative and Digital Competence in Primary Education Schoolchildren（教师关于协作创作数字故事对小学生沟通和数字能力的贡献的理解），研究的是协作式的数字叙事对学生能力培养的作用。

（3）*ReCALL* 和国际期刊都关注教学及学习环境

教学和学习环境受到了 *ReCALL* 和国际期刊的普遍关注。这在一定程度上体现了教学及学习环境在教学与学习领域的重要性。

例如，*ReCALL* 2018 年发表的文章，Investigating Research Approaches: Classroom-Based Interaction Studies in Physical and Virtual Contexts（调查研究方法：在物理和虚拟环境中进行基于课堂的互动研究），阐述了在课堂教学环境下互动研究的方法。又如 *CALL* 2016 年发表的文章，Collaborative Tasks in Wiki-Based Environment in EFL Learning（EFL 学习中基于 wiki 环境下的协作任务），研究了在 wiki 提供的在线协作网络环境下，英语作为外语学习的在线纠错问题。

三、欧洲教育技术发展的影响因素分析

我们明显地看到，无论是重要的国际外语教育技术会议，还是重要的国际外语教育技术期刊中，都有专门的欧洲部分。这一方面显示欧洲对外语教学的重视，另一方面表明欧洲外语教学受科技影响的程度很深。其中的原因，值得分析。

（一）相继出台促进教育信息化的政策

事实上，自教育技术在世界范围内的影响愈加深远以来，各国和各地区教育部门越来越重视在教育政策制定和未来发展中关注教育技术的因素，以及面向未来以教育技术为支撑发展教育的理念。而相关政策的制订、颁布和实施，可以在不同的教育类型、教育管理、信息化教学等方面起到重要的促动作用。下面以英国为例进行说明。

资料显示：

英国于2008年出台了《利用技术：促进下一代学习》的政策文件，目标是面向所有学习者，使他们无论在学校正式学习，还是在家中非正式学习，都可以获得优质和有效的资源；面向教学工作者，努力为他们提供技术支持的工具和服务。（郭昊、陈敏，2012）

2009年，英国又出台了英国高等教育和继续教育的教育信息化中近期发展指南规划文件（《JISC 2010—2012战略》，简称《JISC战略》）。《JISC战略》将提高效率和降低成本列为下一阶段各高校及研究机构发展的关键，明确了英国后义务教育阶段教育信息化未来投资的四个关键领域，即教学与学习、创新型研究、高效机构和资源共享，这被看作是义务教育阶段信息化发展的战略目标。同时，在基础设施方面，《JISC战略》还强调运用信息技术构建E-Learning环境，提升科研信息化水平和科研人员信息素养，使得他们有能力为英国教育信息化的发展提供世界一流的学术研究环境和服务。（吴砥、尉小荣、卢春，2013）

（二）相继出台教育信息化标准

在信息化背景下，欧洲许多委员会或基金会等组织相继出台了各类教育信息标准，有力地促进了欧洲教育信息化的发展，也为世界教育信息化发展提供了参考。

例如，"Dublin Core"是一个致力于规范Internet资源体系结构的国际性联合组织。该组织制定了一个所有Web资源都应遵循的通用的核心标准，为保证资源的通用性奠定了基础，从而保证和促进资源的共同建设与共同使用。

（三）从国家层面通过各种方式促进教育信息化发展

欧洲外语教育技术国际会议自举办以来共有4次在英国举办，占总次数的1/4。分析这背后的原因可以发现，英国是一个经济发达国家，在信息化教育领域以其战略上

的远见卓识和策略上的求新务实著称。

有研究显示：1998 年，英国以立法的形式拟定了中学信息技术课评价的 9 项标准。在政府教育经费投入中，法定的 6% 必须作为学校专款专用的微机购置费，以保证 20% 以上的中小学能够上网。从 20 世纪末以来，英国充分发挥综合国力强的优势，加大科研经费投资力度，大力加强信息基础设施建设，积极发挥信息化教育的人才优势，通过多个方面的努力，促进了教育信息化水平的提升。如今，英国拥有最大和搜索功能最强的教育门户网站。正是由于这些努力，使得英国在建构信息化学习社会方面独具优势。与此同时，我们可以清楚地看到，英国的教育产业化发展在很大程度上得益于其教育信息化水平的提高。自 2000 年起，英国政府从学习者的学习需求出发，创造并提供给学习者各类教育资源，这好比是由信息技术运作的"产业大学"，帮助和促使人们的学习方式逐渐发生革命性的变化。这是一个面向所有人的学习网，人们通过学习网这个新型组织，选用最恰当的学习资源，从而极大地推动了英国终身学习社会的构建。（毕廷延，2010）

（四）常规化举办教育科技峰会

欧洲每年都举办国际性的教育科技峰会。这些教育峰会紧跟信息技术发展的步伐，如近年来的在线教育和大数据主题都是其前沿性的体现。

例如，2019 年 6 月在伦敦举办了 EdTechXEurope，它的主要内容包括：社区化教育的最佳趋势、设计教育、提升学习的成就感、提升当今劳动技能、全球教育投资趋势、学习机构创新等，均是围绕技术的教育应用。同期在伦敦还举办了 London EdTech Week 展览会，也称"伦敦教育技术周"，举行了为期一周的庆祝活动，目的是向公众展示教育技术的现在与未来。

第二节　专题研究 2：商务外语教学教育技术研究图谱及热点分析

商务外语教学作为突出的特殊目的外语教学，近年来很受重视。相关的研究也很多，我们从研究文献中可窥见一斑。

通过对与教育技术相关的文献进行分析，可以了解教育技术背景下商务外语教学研究的主要研究框架、热点和趋势。同时，本节也兼论商务外语与商务汉语教学研究对比分析。

一、图谱的构建方法

（一）研究依据暨文献来源

我们通过主题词检索，搜索并筛选出 2008 年至 2019 年十年间全部与教育技术相关的商务外语教学研究文献，包括以下三类：

A 类文献：以英文发表的与教育技术相关的商务英语教学[1]研究文献（来源为 Web of Science 核心期刊）；B 类文献：以中文发表的与教育技术相关的商务英语教学研究文献（来源为 CNKI 核心期刊）；C 类文献：以中文发表的与教育技术相关的商务汉语教学研究文献（来源为 CNKI 期刊及会议论文、硕博论文）。我们将 A、B 类文献统称为 D 类，即与教育技术相关的全部商务外语教育技术文献。最终，C 类文献共 57 篇，D 类文献共 76 篇。

（二）框架建立过程

1. 建立 X 框架，为商务外语教学研究认知搭建基础模型。

根据 A、B、C 类文献的题目、摘要、关键词及大小标题，以及张黎（2016）的研究成果，搭建了商务外语教育技术研究认知的基础框架，共包含五大部分，分别为：技术、教学、研究方法、跨文化交际和其他等。

2. 建立 Y 框架，更好地把握商务外语教学的重要内容。

使用 VOSviewer 工具分别对 A、B、C 类文献的题目、摘要和关键词等进行可视化分析，从中可以得到文献中的高频词。

将 Y 与 X 进行比较可以发现：Y 与 X 包括了相同的五大类研究内容，但是从细目上看呈交叉关系，即有些与 X 相同，而有些在 X 之外，应作为 X 的补充，这部分内容是：C 类特有的，如专业设置、语言实践、结构主义语言学、环境、政策、等级、国别等；D 类特有的，如评价、设计、开发（建设）、管理等；C 和 D 共有的，如教学建议、运用、宏观、课程、商务外语下设专业等（如图 16 所示）。

---

[1] 实际搜索到的商务外语教学文献中，仅有 2 篇为非英语类，其余全部为英语类。本节中商务外语教学研究文献去掉这两篇后，实际均为商务英语教学。

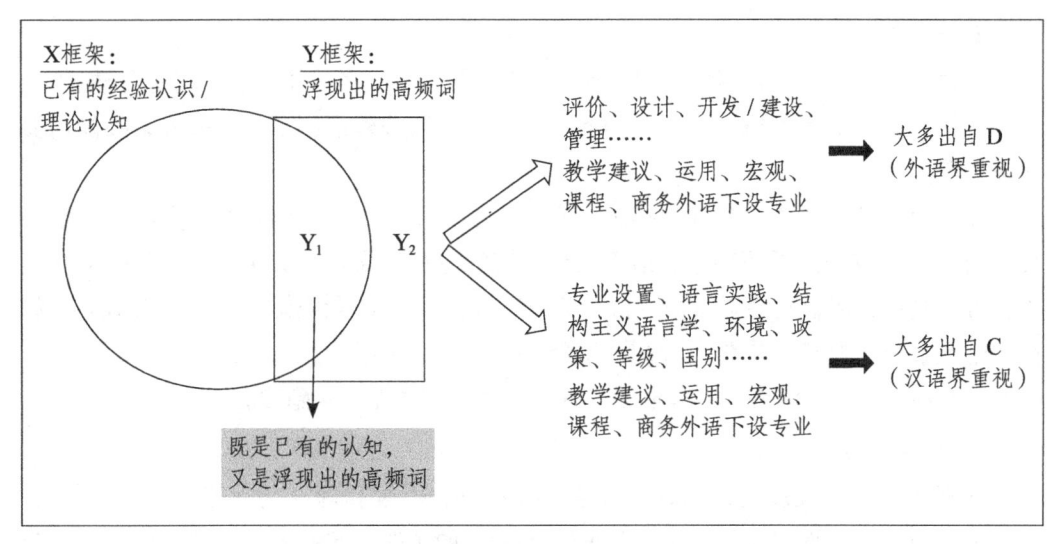

图 16　X 框架和 Y 框架浮现高频词分析图

3．确立 Z 框架，为商务外语教学研究图谱定型。

将 X 框架与 Y 框架合并，即在 X 框架基础上以 Y 框架进行补充和调整得到 Z 框架，它便是现有对教育技术背景下商务外语教学认知的全貌，我们称之为商务外语教学图谱。

审视该图谱，有利于我们反思研究的热点和空白点的合理性，如热点一定是重要的吗？空白点一定是不重要的吗？同时，也可以通过比较来探讨商务英语教学与商务汉语教学研究的异同，探究这些现象产生的原因，等等。

（三）商务外语教学研究图谱

下面将分别概述商务外语教学认知图谱的技术类、教学类、研究方法类、跨文化交际和其他等五大模块。

1．技术类

该类框架包括如下 3 大模块。①宏观类技术，如教育技术、信息技术、数字化技术。②具体技术，如多媒体、网络、语料库、资源库、计算机、平台或工具、环境，以及其他如移动设备或技术、语音识别与合成技术和大数据、云计算、虚拟现实或增强现实、自适应、学习分析技术、可视化技术等。③技术环境下的教与学形式，如慕课、在线教与学、混合学习及翻转课堂、游戏化教与学、移动学习、泛在学习、沉浸式教学、自主学习、协作学习，以及终生学习、数据驱动学习、虚拟仿真实验教学、交互式教学、微格实训等。

2. 教学类

该框架包括如下八大模块，即商务外语总体设计、商务外语语言、商务外语教学、商务外语教师、商务外语学习者、商务外语教材、商务外语测试、商务外语技能与要素教学等。

在此对商务外语语言做详细描述。它包括如下主要内容：语音特征分析、词汇特征分析、句法或语法层面特征、语篇及话语特征分析、文化、文字、话题和交际功能项目等。其中，语篇及话语特征分析相关研究又包括：①语篇体裁方面（书面语），如商务信函、电子邮件、广告、合同、财经、其他；②话语形式（口语），如商务谈判、辩论、沟通、会议、演讲、外包电话、其他；③语篇功能；④隐喻。

3. 研究方法类

该框架包括三大模块，即研究方法、数据收集手段和理论基础等。①研究方法，如实证研究、描述性研究等。②数据收集手段，如访谈、问卷调查、基于语料库、观察、测试、文献或文档中收集、诱导产出、分析课程相关资料、跟踪记录、专家提供等。③语言学理论、教育学理论、学习与习得理论、心理学理论、跨文化交际理论、动态系统理论、商谈伦理学，以及其他如文化使用概念框架、质量功能配置理论、商务翻译理论、民俗学方法论、传播学理论、翻译学理论等。

4. 跨文化交际类

该框架包括三大模块，即培养途径、跨文化交际能力、跨文化交际策略等。其中，培养途径包括跨文化交际课程设置、教学理念、教学方法、师资配备、评价、其他培养途径等。

5. 其他

该框架包括六大模块，即教育技术、宏观、商务外语下设专业、环境、政策、学习者特征等。其中，教育技术类包括：设计、开发、利用、管理和评价；商务外语下设专业包括：经济、法律、管理、建筑、工科，以及其他（如体育、艺术、社会、政治、医学）类别。

二、图谱的构建过程

利用 Z 框架对商务英语教学及商务汉语教学文献中讨论的主要内容进行匹配，可以得到 Z 的各下位属性在各类文献中出现的频次和频率；通过对频率和频次的排列可以考察商务外语教学关注的热点在商务英语教学和商务汉语教学研究中的分布情况，以此来了解两者之间的异同；还可以打破属性类别的结构关系，考察属性非结构化关联关系，拓展已有认知，更好地把握教学相关因素。

（一）各属性在各类文献中出现的频次和频率

针对 ABCD 类文献，考察 Z1-Z5 各框架下位属性出现的总频次，依次记为 TA、TB、TC、TD；计算下位属性出现的频率，记为 FA、FB、FC、FD（如图 17 所示）。

属性小类	一级	TA	FA	TB	FB	TC	FC	TD	FD	二级	TA	FA	TB	FB	TC	FC	TD	FD
研究方法	1: 实证研究	44	0.978	34	1.097	38	0.667	78	1.026	1-1: 量化研究: 1-1-1: 实验研究	12	0.267	3	0.097	3	0.053	15	0.197
										1-2: 质性研究: 1-2-1: 调查研究	22	0.489	13	0.419	19	0.333	35	0.461
										1-2: 质性研究: 1-2-2: 案例研究	5	0.111	3	0.097	13	0.228	8	0.105
										1-2: 质性研究: 1-2-4: 行动研究	2	0.044	0	0.000	1	0.018	2	0.026
										1-2: 质性研究: 1-2-5: 观察研究	3	0.067	15	0.484	2	0.035	18	0.237
	2: 描述性研究	11	0.244	17	0.548	21	0.368	28	0.368	2-1: 内容分析法	1	0.022	3	0.097	4	0.053		
										2-2: 思辨类	4	0.089	8	0.258	18	0.316	12	0.158
										2-3: 设计类	6	0.133	6	0.194	2	0.035	12	0.158
数据收集手段	01: 访谈	10	0.222	3	0.097	10	0.175	13	0.171									
	02: 问卷调查	17	0.378	7	0.226	13	0.228	24	0.316									
	03: 基于语料库	11	0.244	9	0.290	4	0.070	20	0.263									
	04: 观察（实地/录音/录像）	5	0.111	1	0.032	5	0.088	10	0.132									
	05: 测试成绩/分数	3	0.067	3	0.097	1	0.018	6	0.079									
	06: 文献综述中收集/文档收集	2	0.044	1	0.032	9	0.158	3	0.039									
	07: 其他诱导产出法（有声思维/反思日记）	2	0.044	0	0.000	1	0.018	2	0.026									
	08: 分析课程等相关材料	2	0.044	0	0.000	0	0.000	2	0.026									
	09: 记录（包括在线教学平台的数据）	1	0.022	0	0.000	1	0.018	1	0.013									
	10: 专家提供	1	0.022	0	0.000	0	0.000	1	0.013									

图 17　各类文献频次和频率统计图（片段）

（二）结构框架与非结构框架下研究热点及其在商务汉语和商务英语中的情况

1. 结构框架下的分布

通过纵向数据排序，即对 C 类和 D 类文献中 Z 的下位属性频率高低进行对比分析，可以分别考察商务汉语教学和商务英语教学研究关注的热点。通过对热点属性横向频率数据对比，即各热点在商务汉语教学和商务英语教学 C 类和 D 类对比，可以得知该热点在商务汉语教学及商务英语教学研究中的分布差异。（如图 18 所示）

属性小类	一级	FC（纵向）	FD（纵向）	CD对比图（横向）	FC-FD
技术类综述	1: 教育技术/现代教育技术	0.035	0.000		0.035
	2: 信息技术/信息化	0.018	0.079		-0.061
	3: 数字化	0.000	0.026		-0.026
具体技术	1: 多媒体、幻灯片、PPT、课件	0.596	0.237		0.360
	2: 网络/远程/在线/网页、网站、网址/平台	0.614	0.382		0.232
	3: 语料库	0.140	0.316		-0.175
	4: 资源（库）/数据（库）/素材（库）	0.105	0.184		-0.079
	5: 计算机（辅助）	0.070	0.092		-0.022
	6: 工具: 6-1: 词典、电子词典/词库	0.053	0.026		0.026
	6: 工具: 6-2: 电子/数字化社交媒体/工具（软件、应用程序和电子邮件等）	0.316	0.145		0.171
	6: 工具: 6-3: 移动设备（电视、手机和平板等）	0.158	0.079		0.079
	6: 工具: 6-4: 电子学档	0.000	0.013		-0.013
	6: 工具: 6-5: 在线笔记	0.018	0.000		0.018
	7: （生态）环境	0.018	0.039		-0.022
	0: 其他技术: 0-01: 大数据/数据挖掘	0.053	0.013		0.039
	0: 其他技术: 0-03: 云计算	0.000	0.013		-0.013
	0: 其他技术: 0-04: （语音）识别技术	0.053	0.000		0.053
	0: 其他技术: 0-05: （语音）合成技术	0.000	0.000		0.000
	0: 其他技术: 0-06: 机器翻译	0.000	0.000		0.000
	0: 其他技术: 0-07: 虚拟现实/增强现实	0.088	0.066		0.022
	0: 其他技术: 0-08: 创客空间	0.000	0.000		0.000
	0: 其他技术: 0-09: 学习分析（技术）	0.000	0.000		0.000
	0: 其他技术: 0-10: 自适应（技术）	0.000	0.000		0.000
	0: 其他技术: 0-11: 可视化工具	0.018	0.013		0.004

图 18　C 和 D 类文献中 Z 框架下位属性频率高低示意图（片段）

2. 非结构框架下的分布

对 FC 与 FD 之差（表中"FC–FD"列）可以判断商务汉语教学与商务英语教学研究对该热点关注的强弱之差。其中，正值代表商务汉语教学研究关注度更高，负值代表商务英语教学研究关注度更高。

对 FC–FD 的差值按照高低进行排序，即可得到 Z 框架各下位属性由高到低的排序结果，FC–FD 的差值最高者代表商务汉语教学研究中关注度最高的属性/研究内容，而最低者则代表商务英语教学研究中关注度最高的属性/研究内容（如图 19 所示）。

FC–FD	属性小类	三级	FC（纵向）	FD（纵向）	CD对比图（横向）
0.360	具体技术	1：多媒体/幻灯片、PPT、课件	0.596	0.237	
0.232	具体技术	2：网络/远程/在线网页、网站、网址/平台	0.614	0.382	
0.189	技术环境下的教学/学习模式	2：在线教学/学习	0.281	0.092	
0.171	具体技术	6：工具；6–2：电子/数字化社交媒体/工具	0.316	0.145	
0.079	具体技术	6：工具；6–3：移动设备	0.158	0.079	
0.057	技术环境下的教学/学习模式	1：慕课/MOOC	0.070	0.013	
0.053	具体技术	0：其他技术；0–04：（语音）识别技术	0.053	0.000	
0.044	技术环境下的教学/学习模式	3：混合学习/翻转课堂	0.070	0.026	
0.039	具体技术	0：其他技术；0–01：大数据/数据挖掘	0.053	0.013	
0.039	技术环境下的教学/学习模式	9：协作学习	0.105	0.066	
0.035	具体技术	1：教育技术/现代教育技术	0.035	0.000	
0.026	具体技术	6：工具；6–1：词典/电子词典/词库	0.053	0.026	
0.022	具体技术	0：其他技术；0–07：虚拟现实/增强现实	0.088	0.066	
0.018	具体技术	6：工具；6–5：在线笔记	0.018	0.000	
0.018	技术环境下的教学/学习模式	7：沉浸式教学	0.018	0.000	
0.018	技术环境下的教学/学习模式	0：其他模式：虚拟仿真实验教学	0.018	0.000	
0.018	技术环境下的教学/学习模式	0：其他模式：交互性教学模式	0.018	0.000	
0.018	技术环境下的教学/学习模式	0：其他模式：微格实训	0.018	0.000	
0.013	技术环境下的教学/学习模式	8：自主学习	0.105	0.092	
0.004	具体技术	0：其他技术；0–11：可视化工具	0.018	0.013	
0.000	具体技术	0：其他技术；0–05：（语音）合成技术	0.000	0.000	
0.000	具体技术	0：其他技术；0–06：机器翻译	0.000	0.000	
0.000	具体技术	0：其他技术；0–08：创客空间	0.000	0.000	
0.000	具体技术	0：其他技术；0–09：学习分析（技术）	0.000	0.000	
0.000	具体技术	0：其他技术；0–10：自适应（技术）	0.000	0.000	
–0.004	具体技术	5：移动学习	0.035	0.039	
–0.013	具体技术	6：工具；6–4：电子学档	0.000	0.013	
–0.013	具体技术	0：其他技术；0–03：云计算	0.000	0.013	
–0.013	技术环境下的教学/学习模式	6：泛在学习	0.000	0.013	
–0.013	技术环境下的教学/学习模式	0：其他模式：移动辅助语言学习	0.000	0.013	
–0.013	技术环境下的教学/学习模式	0：其他模式：数据驱动式学习	0.000	0.013	
–0.022	具体技术	5：计算机（辅助）	0.070	0.092	
–0.022	具体技术	7：（生态）环境	0.018	0.039	
–0.026	技术类综述	3：数字化	0.000	0.026	
–0.026	技术环境下的教学/学习模式	4：游戏化教学/学习	0.000	0.026	
–0.026	技术环境下的教学/学习模式	0：其他模式：终身学习	0.000	0.026	
–0.032	技术环境下的教学/学习模式	0：其他模式：超文本教学模式	0.000	0.032	
–0.032	技术环境下的教学/学习模式	0：其他模式：WebQuest教学模式	0.000	0.032	
–0.061	技术类综述	2：信息技术/信息化	0.018	0.079	
–0.079	具体技术	4：资源（库）/数据（库）/素材（库）	0.105	0.184	
–0.175	具体技术	3：语料库	0.140	0.316	

图 19　Z 框架下 FC–FD 排序图（片段）

（三）关联关系考察

基于文献信息统计数据，我们建立了多个考察模块。由此，不仅可以在特定的模块中对各类研究进行分析，还可以考察模块之间的关联关系。关联关系的紧密程度反映的是研究特点或倾向，如研究者经常将哪些问题联合起来进行思考，或者什么问题常用什么方法研究。应用相关关系可以帮助人们更容易分析事物，也可以更快捷、更清晰地认识事物。但这些结果反映的只是一种倾向，并不一定是绝对的，重要的是我们能够透过这些数据反映出来的关联关系，探究商务外语教学研究的特点，直至了解商务外语教学的规律。

三、商务外语教学教育技术研究图谱分析

下面将解析各类属性下的具体研究,从中学习和借鉴相关的理论认知,以利教育技术背景下商务外语教学研究的发展。

(一)主要研究类别下的研究示例

我们将通过不同类别的文献示例,进一步了解教育技术背景下商务外语教学研究的情况。

1. 技术类

技术对外语教育技术的发展起着积极的推动作用。其中可能应用的技术包括:多媒体技术、网络技术、在线学习技术、"资源(库)""数据(库)""素材(库)""虚拟现实技术"和"增强现实技术"等。

透过商务英语教学和商务汉语教学研究文献,可以了解到技术应用的具体情况(如图20所示),该图为结构框架下C类和D类文献中Z框架下属性频率示意图。

属性小类	一级	FC(纵向)	FD(纵向)	CD对比图(横向)	FC-FD
技术类综述	1: 教育技术/现代教育技术	0.035	0.000		0.035
	2: 信息技术/信息化	0.018	0.079		-0.061
	3: 数字化	0.000	0.026		-0.026
具体技术	1: 多媒体/幻灯片、PPT、课件	0.596	0.237		0.360
	2: 网络/远程/在线/网页、网站、网址/平台	0.614	0.382		0.232
	3: 语料库	0.140	0.316		-0.175
	4: 资源(库)/数据(库)/素材(库)	0.105	0.184		-0.079
	5: 计算机(辅助)	0.070	0.092		-0.022
	6: 工具: 6-1: 词典/电子词典/词库	0.053	0.026		0.026
	6: 工具: 6-2: 电子/数字化社交媒体/工具(软件、应用程序和电子邮件等)	0.316	0.145		0.171
	6: 工具: 6-3: 移动设备(电视、手机和平板等)	0.158	0.079		0.079
	6: 工具: 6-4: 电子学档	0.000	0.013		-0.013
	6: 工具: 6-5: 在线笔记	0.018	0.000		0.018
	7: (生态)环境	0.018	0.039		-0.022
	0: 其他技术: 0-01: 大数据/数据挖掘	0.053	0.013		0.039
	0: 其他技术: 0-03: 云计算	0.000	0.013		-0.013
	0: 其他技术: 0-04: (语音)识别技术	0.053	0.000		0.053
	0: 其他技术: 0-05: (语音)合成技术	0.000	0.000		0.000
	0: 其他技术: 0-06: 机器翻译	0.000	0.000		0.000
	0: 其他技术: 0-07: 虚拟现实/增强现实	0.088	0.066		0.022
	0: 其他技术: 0-08: 创客空间	0.000	0.000		0.000
	0: 其他技术: 0-09: 学习分析(技术)	0.000	0.000		0.000
	0: 其他技术: 0-10: 自适应(技术)	0.000	0.000		0.000
	0: 其他技术: 0-11: 可视化工具	0.018	0.013		0.004
技术环境下的教学/学习模式	1: 慕课/MOOC	0.070	0.013		0.057
	2: 在线教学/学习	0.281	0.092		0.189
	3: 混合学习/翻转课堂	0.070	0.026		0.044
	4: 游戏化教学/学习	0.000	0.026		-0.026
	5: 移动学习	0.035	0.039		-0.004
	6: 泛在学习	0.000	0.013		-0.013
	7: 沉浸式教学	0.018	0.000		0.018
	8: 自主学习	0.105	0.092		0.013
	9: 协作学习	0.105	0.066		0.039
	0: 其他模式: 终身学习	0.000	0.026		-0.026
	0: 其他模式: 移动辅助语言学习	0.000	0.013		-0.013
	0: 其他模式: 数据驱动式学习	0.000	0.013		-0.013
	0: 其他模式: 超文本化教学模式	0.000	0.032		-0.032
	0: 其他模式: WebQuest教学模式	0.000	0.032		-0.032
	0: 其他模式: 虚拟仿真实验教学	0.018	0.000		0.018
	0: 其他模式: 交互性教学模式	0.018	0.000		0.018
	0: 其他模式: 微格教学	0.018	0.000		0.018

图20 文献属性频率示意图——"技术类"视角

由图 20 可以看出：在商务英语教学研究中，从使用的技术类别来看，关注度最高的是网络技术的应用（文献频率为 0.382）。例如，申相德、李国俊（2009）探讨了一种利用网络和计算机手段进行电子商务英语信息化教学的方式。问卷调查的结果显示，该教学方式是对传统教学方式很好的补充；Yazdanjoo & Sadeghi（2011）通过一款名为 Mashup 的工具为商务英语专业的学习者提供基于需求分析的在线远程辅导学习。相比之下，在商务汉语教学研究中，关注度最高的两项依次是网络技术（文献频率为 0.614）和多媒体技术（文献频率为 0.596）的应用。例如，黄晓萌、孙冬（2017）从理论和实践方面探讨了移动多媒体教学在商务汉语教学上的可行性和发展模式，提出利用多媒体技术提高学习者的社会临场感；雷哲超（2016）基于交互性教学模式，对商务汉语教学网站的交互界面和交互内容提出了修改意见，从而建构了交互式商务汉语网站模型。

2. 教学类

现代教育技术在语言教学界的应用，创造了新的教学手段，优化了教学过程，对语言教学的发展起着积极的作用。因此，有必要了解技术手段对教学的影响。

（1）从教学研究内容分析

教学研究内容包括对教学设计、教材编写、教学法和教师能力要求等方面的研究。透过商务英语教学和商务汉语教学研究文献，可以了解到技术环境下教学研究的具体情况（如图 21 所示），该图为结构框架下 C 类和 D 类文献中 Z 框架下属性频率示意图。

由图 21 可以看出：在商务英语教学研究中，从对教学的研究内容来看，受关注最多的是课堂教学设计（文献频率为 0.421）和词汇特征分析（文献频率为 0.237）。例如，王菲（2009）借助语料库技术，以网络连接主义学习理论为依托，设计并创建了商务英语教学生态系统，并对教学实施过程进行了评估；王立非（2012）采用商务英语语料考察了商业新闻话语中词汇名化（nominalization）的使用特点，该研究对了解商务英语词汇名化特点及教学提供了一定的启示。相比之下，在商务汉语教学研究中，受关注最多的是教学法（文献频率为 0.789）和教师能力发展（文献频率为 0.544）。例如，李开慧（2016）论述了多媒体和网络技术条件下情景教学法在初级商务汉语口语教学中的运用；周红（2017）还将教学法同教师能力发展相结合，将案例教学法引入商务汉语师资培训，研发师资培训案例库慕课平台，并配合线下微格实训，全面提升教师的理论与实践知识。

属性小类	一级	FC	FD	CD对比图	FC-FD
商务外语总体设计	1：学科定位	0.158	0.118		0.039
	2：教学大纲	0.333	0.026		0.307
	3：需求分析	0.386	0.039		0.346
	4：学科体系	0.035	0.000		0.035
	5：课程设计	0.140	0.092		0.048
	6：办学方式	0.018	0.000		0.018
	7：专业设置	0.018	0.000		0.018
商务外语语言	1：语音特征分析	0.035	0.000		0.035
	2：词汇特征分析	0.211	0.237		-0.026
	3：句法/语法层面特征	0.140	0.105		0.035
	4：语篇、话语特征分析	0.123	0.197		-0.075
	5：文化	0.158	0.053		0.105
	6：文字	0.018	0.000		0.018
	7：话题	0.053	0.013		0.039
	8：交际功能项目	0.070	0.066		0.004
商务外语教学	1：课堂教学设计	0.351	0.421		-0.070
	2：教学模式	0.246	0.066		0.180
	3：教学法	0.789	0.197		0.592
	4：教学策略/技巧/方法/手段	0.140	0.039		0.101
	5：教学活动	0.263	0.184		0.079
	6：教学评估	0.123	0.145		-0.022
	7：教学目标	0.053	0.026		0.026
	8：教学原则	0.018	0.000		0.018
	9：教学现状	0.281	0.145		0.136
	10：教学建议	0.298	0.197		0.101
商务外语教师	1：教师话语	0.000	0.013		-0.013
	2：教师能力要求	0.544	0.013		0.531
	3：教师发展	0.018	0.000		0.018
	4：师资状况/培训	0.105	0.013		0.092

图21 文献属性频率示意图——"教学类"视角（片段）

（2）从语言技能和要素教学分析

语言教学包括技能教学和要素教学。透过商务英语教学和商务汉语教学研究，可以了解技术环境下语言教学内容的具体情况（如图22所示），该图为结构框架下C类和D类文献中Z框架下属性频率示意图。

属性小类	一级	FC	FD	CD对比图	FC-FD
技能/课型	1：听/听说/视听说	0.035	0.039		-0.004
	2：口语/会话	0.158	0.092		0.066
	3：阅读	0.035	0.092		-0.057
	4：写作	0.018	0.158		-0.140
	5：翻译	0.035	0.092		-0.057
要素	1：语音	0.035	0.000		0.035
	2：词汇	0.175	0.237		-0.061
	3：语法	0.105	0.066		0.039
	4：汉字	0.018	0.000		0.018
	5：文化	0.158	0.066		0.092

图22 文献属性频率示意图——"教学类（技能和要素）"视角

下面以技能教学为例进行分析。由图22可以看出：在商务英语教学研究中，受关注最多的是写作教学（文献频率为0.158）。例如，王立非、黄湘琪（2011）论述了计算机技术在英语写作教学中的应用，介绍了计算机辅助商务英语写作教学系统的研发，推动计算机辅助英语写作教学的发展；Gardner（2016）借助英国学术书面英语语料库资源，探讨了体裁实例化方法在商务英语学术写作教学中的应用。相比之下，在商务汉语教学研究中，受关注最多的是口语教学（文献频率为0.158）。例如，周婕（2015）探讨了多媒体教学手段和网络技术同任务型教学法特点融合的商务汉语口语教学实践；李燕凌、张金哲（2017）探讨了语料库技术、多媒体技术和网络技术应用于商务汉语口语教学中的原则和方法。

3. 研究方法类

专门用途语言教学实用性强，有特定的应用领域，因此有必要了解教学或研究中的理论基础和研究方法。

透过商务英语教学和商务汉语教学研究文献，可以了解到技术条件下的教学理论和研究方法（如图23所示），该图为结构框架下C类和D类文献中Z框架下属性频率示意图。

属性小类	一级	二级		FC	FD	CD对比图	FC-FD
研究方法	1：实证研究	1-1：量化研究	1-1-1：实验研究	0.053	0.197		-0.145
		1-2：质性研究	1-2-1：调查研究	0.333	0.461		-0.127
		1-2：质性研究	1-2-2：案例研究	0.228	0.105		0.123
		1-2：质性研究	1-2-3：行动研究	0.018	0.026		-0.009
		1-2：质性研究	1-2-5：观察研究	0.035	0.237		-0.202
	2：描述性研究	2-1：内容分析法		0.018	0.053		-0.035
		2-2：思辨类		0.316	0.158		0.158
		2-3：设计类		0.035	0.158		-0.123
数据收集手段	01：访谈			0.175	0.171		0.004
	02：问卷调查			0.228	0.316		-0.088
	03：基于语料库			0.070	0.263		-0.193
	04：观察（实地/录音/录像）			0.088	0.132		-0.044
	05：测试成绩/分数			0.018	0.079		-0.061
	06：文献综述中收集/文档收集			0.158	0.039		0.118
	07：其他诱导产出法（有声思维/反思日记）			0.018	0.026		-0.009
	08：分析课程等相关材料			0.000	0.026		-0.026
	09：记录（包括在线教学平台的数据）			0.018	0.013		0.004
	10：专家提供			0.000	0.013		-0.013
理论基础	1：语言学理论			0.140	0.118		0.022
	2：教育学理论			0.228	0.026		0.202
	3：学习和习得理论			0.158	0.092		0.066
	4：心理学理论			0.246	0.066		0.180
	5：跨文化交际理论			0.035	0.000		0.035
	6：物理学理论			0.000	0.000		0.000
	7：伦理学理论			0.000	0.000		0.000
	0：其他理论			0.035	0.053		-0.018

图23 文献属性频率示意图——"研究类"视角（片段）

由图 23 可以看出：研究方法方面，在商务英语教学研究中使用最多的是调查研究（文献频率为 0.461）。例如，Evans（2012）调查了商务英语课程中基于电子邮件任务教学的应用情况，旨在考察电子邮件在交际中的重要作用。巧合的是，在商务汉语教学研究中关注度最高的也是调查研究（文献频率为 0.333）。例如，邹珍翠（2013）以在上海工作的部分外资企业的外籍商务人士为调查对象，旨在通过真实客观的调查数据，分析研究这部分人群学习和使用汉语的实际情况及遇到的困难，进而针对他们的特点提出相关的汉语教学建议，以增强他们学习汉语的兴趣，让他们以更真实、更有效的方式学习和使用汉语。

4. 跨文化交际类

在经济全球化的信息时代，跨文化交际是全球持续发展的重要因素。跨文化交际能力对进行成功的跨境商务活动具有重要意义。因此，增强学生的跨文化意识、培养学生的跨文化交际能力是商务语言教学面临的重要任务和挑战。

透过商务英语教学和商务汉语教学研究，可以了解到技术环境下跨文化交际研究的具体情况（如图 24 所示），该图为结构框架下 C 类和 D 类文献中 Z 框架下属性频率示意图。

属性小类	一级	FC	FD	CD对比图	FC-FD
跨文化交际	1：培养途径	0.123	0.000		0.123
	2：跨文化交际能力	0.193	0.013		0.180
	3：跨文化交际策略（语用策略、隐喻）	0.000	0.053		−0.013

图 24　文献属性频率示意图——"跨文化交际类"视角

由图 24 可以看出：在商务英语教学研究中，受关注最多的是跨文化交际策略（如语用策略、隐喻）的使用（文献频率为 0.053）。例如，孙亚、王立非（2013）借助语料库技术，以隐喻使用为评估要素，对教材《商务英语综合教程》进行了微观评估。相比之下，在商务汉语教学研究中，受关注最多的是跨文化交际能力的培养（文献频率为 0.193）。例如，沈庶英（2015）以商务汉语课程在线教学模式为例，设计"模拟高层商务合作"教学环节，训练学生在高端商务合作环境中商务汉语知识的运用能力及跨文化交际能力。

5. 其他

"其他类"不仅包括"教育技术"，还包括"宏观""商务外语下设专业""环境""政策""等级""身份"和"国别"等属性小类。在此，以"教育技术"属性小类为例，考察商务英语教学和商务汉语教学研究中教育技术的具体情况。

现代教育技术的定义明确指出了现代教育技术的研究内容。一切有关促进学习过程和学习资源设计、开发、利用、管理和评价的理论与实践研究，都属于教育技术的研究领域，包括教育对象、教育内容、教育方式和教育体制等。

透过商务英语教学和商务汉语教学研究，紧紧围绕教育技术的定义，可以了解到教育技术研究的具体情况（如图 25 所示），该图为结构框架下 C 类和 D 类文献中 Z 框架下属性频率示意图。

属性小类	一级	FC	FD	CD对比图	FC-FD
教育技术	1：设计	0.246	0.132		0.114
	2：开发/建设	0.088	0.079		0.009
	3：利用	0.263	0.763		-0.500
	4：管理	0.000	0.013		-0.013
	5：评价	0.263	0.276		-0.013

图 25　文献属性频率示意图——"教育技术类"视角

由图 25 可以看出：在商务英语教学研究中，受关注最多的是技术环境下技术手段的"利用"研究（文献频率为 0.763）。例如，李晓东、曹红晖（2013）分析了云平台的电子学档在商务英语教学中的应用；Chmelíková & Hurajová（2017）介绍了多媒体技术和网络技术在多媒体商务英语教材编写与学生英语语言技能学习方面的应用。相比之下，商务汉语教学研究更加注重"利用"和"评价"（文献频率均为 0.263）。例如，丁宇俏（2010）通过对合作学习的研究现状、理论内涵和实施依据进行概述，结合商务汉语自身的特点，对合作学习模式在商务汉语教学领域应用的可行性进行探讨，并借助教学实践的机会，在商务汉语课堂中进行合作式教学的尝试，让学生在课堂中充分发挥其主动性。

（二）重点问题及关联关系研究示例

基于文献频率信息，可以考察商务外语教学中的重点问题，如商务语言特征、商务外语教育技术的理论基础。另外，还可以通过关联特征信息，考察商务外语教学中技术应用的特点。

1. 商务外语教学特征

商务英语和商务汉语作为为国际商务活动服务的语言，具有特殊的语言特征。因此，有必要了解技术手段下商务语言特征研究的具体情况。

透过商务英语教学和商务汉语教学研究，可以了解到各种技术手段的应用与商务语言特征研究的关联关系（如图 26 所示）。

属性小类	一级	二级	多媒体 FC	FD	CD对比图	FC-FD	网络 FC	FD	CD对比图	FC-FD	语料库 FC	FD	CD对比图	FC-FD	资源 FC	FD	CD对比图	FC-FD
商务外语语言	1：语音特征分析		0.100			0.100	0.100											
	2：词汇特征分析		0.400	0.031		0.369	0.300	0.094		0.206	0.300	0.406		−0.106	0.050	0.063		−0.013
	3：语法特征分析		0.300	0.031		0.269	0.250	0.031		0.219	0.100	0.188		−0.088				
	4：整体/文体特征分析	广告									0.050			0.050				
		财经										0.031		−0.031				
		商务新闻										0.031		−0.031				
		电子邮件																
		谈判	0.050	0.031		0.019	0.050	0.031		0.019		0.031		−0.031				
		会议										0.031		−0.031				
		专门用途文件（包括合同）																
		课堂话语/文本	0.150			0.150	0.150	0.031		0.119	0.050	0.094		−0.044	0.050	0.031		0.019
	5：文化特征分析		0.250	0.031		0.219	0.250	0.031		0.219	0.100	0.094		0.006	0.050			0.050
	6：文字特征分析						0.050			0.050								
	7：话题/功能项目		0.250			0.250	0.200			0.200	0.150	0.156		−0.006	0.050			0.050

图 26 "技术类"和"商务语言类"文献频率示意图（片段）

透过相关研究可以发现，语料库技术在商务英语语言特征中的研究相对突出（文献频率为 0.406）。例如，Handford & Matous（2011）基于日常口语和商务语言参考语料库的比较，识别并解释了国际建筑业现场口语交际中具有统计意义的词汇语法项，揭示了商务谈判中的方式及面子的重要性。又如，江进林、许家金（2015）运用多维分析法，对商务英语和通用英语语域及相应的新闻、学术子语域进行语料库对比分析。多维分析法可自动从六个话语功能维度解析商务英语与通用英语及子语域的差异，并能从 67 个词汇语法特征中挖掘出各语域间的区别性特征。其中的六个维度是：交互性/信息性表达、叙述性/非叙述性关切、指称明晰性/情境依赖型指称、显性劝说型表述、信息抽象与具体程度、即席信息组织精细度等。作者认为，基于语料库对商务英语语域话语功能和语言特征的综合分析，能够较客观地描摹商务英语的宏观、微观语言特征。相比之下，多媒体技术在商务汉语语言特征分析中的应用相对突出（文献频率为0.400）。例如，徐廓（2017）在对比研究了两部商务汉语教材在课文交际项目选择、词汇及语法点的选择和呈现形式以及课后练习设置等方面的差异后，提出开发商务汉语词汇大纲时重视商务汉语词汇选取及词汇注释；语法项目编排要规范化、专业化，突出商务汉语的特点；练习设置兼顾固定性与创新性；增加多媒体等资源的辅助配置并推出配套用书等建议。

2. 理论基础

理论基础是一门学科的基本概念，为应用研究提供了思考的角度和解释的依据。技术环境下对理论基础的研究也值得人们关注。

透过商务英语教学和商务汉语教学研究，可以了解到各种技术手段下理论基础的具体研究情况（如图 27 所示）。

一级	二级	FC	FD	CD对比图
1：语言学理论	1-01：功能主义理论		0.014	
	1-02：认知语言学		0.029	
	1-03：语用学理论	0.019		
	1-08：结构主义语言学	0.019		
	1-14：词汇概念和认知模型理论		0.014	
	1-15：句法名物化理论/名化理论		0.029	
	1-16：话语分析理论		0.014	
	1-17：言语行为理论		0.014	
	1-18：三个平面理论	0.019		
	1-20：社会语言学	0.019		
	1-21：计算语言学	0.019		
	1-22：心理语言学	0.019		
2：教育学理论	2-1：ESP理论（专用英语理论）	0.093		
	2-3：教师自主理论		0.014	
	2-4：教师能力构成要素		0.014	
	2-5：任务型教学模式理论	0.019		
	2-6：情境教学法理论	0.037		
	2-7：需求分析理论	0.019		
	2-8：泰勒原理	0.019		
	2-9：优化教学理论	0.019		
3：学习和习得理论	3-1：二语习得理论：3-1-1：社会文化理论		0.014	
	3-1：二语习得理论：3-1-2：互动理论	0.019	0.014	
	3-1：二语习得理论：3-1-3：习得-学习假说	0.037	0.014	
	3-1：二语习得理论：3-1-4：输入假说	0.037		
	3-1：二语习得理论：3-1-5：最近发展区理论	0.019		
	3-3：网络连接主义学习理论	0.019	0.014	
	3-4：多媒体认知学习理论		0.029	
	3-5：学习社区模型理论		0.014	
	3-6：支架式学习理论	0.019		
	3-7：掌握学习理论	0.019		
	3-8：合作学习理论	0.019		
	3-9：社会学习理论	0.019		
4：心理学理论	4-1：建构主义理论	0.167	0.057	
	4-2：格式塔完型理论	0.019		
	4-3：行为主义心理学	0.019		

图 27　文献频率示意图——"研究类－理论"视角（片段）

由图 27 可以看出：以建构主义为理论基础探究多媒体和网络技术的应用，在商务英语教学和商务汉语教学研究中均受到关注。例如，赵学旻（2009）借鉴建构主义理论和基于项目的学习理论，提出建立项目式网络协作学习与多媒体辅助课堂相整合的商务英语教学模式。钱庆义（2014）以建构主义理论为基础，发掘建构主义教学理论与商务英语教学创新的契合点，以及对商务英语教学创新的启示，强化多元信息资源，创新商务英语教学模式。

3. 技术应用特点

技术在语言教学界的广泛应用，在提高教学效率、降低教育成本和扩大教育规模方面起着积极的作用。从使用的技术类别出发，可以发现多媒体、网络和语料库等技术与其他类别的关联研究的紧密程度。

透过商务英语教学和商务汉语教学研究，可以了解到各种技术手段在教学中的应用特点（如图28所示）。

属性小类	一级	二级	多媒体 FC	FD	CD对比图	FC-FD	网络 FC	FD	CD对比图	FC-FD	语料库 FC	FD	CD对比图	FC-FD	资源 FC	FD	CD对比图	FC-FD
商务外语总体设计	1：学科定位		0.150			0.150	0.100			0.100					0.050			0.050
	2：教学大纲		0.300	0.031		0.269	0.350	0.031		0.319	0.600	0.031		0.569	0.150			0.150
	3：需求分析		0.300			0.300	0.300			0.300	0.200			0.200				
	4：学科体系		0.100			0.100	0.050			0.050								
	5：课程设计		0.050	0.031		0.019	0.050			0.019								
	6：办学方式																	
	7：专业设置																	
商务外语语言	1：语音特征分析		0.100			0.100	0.100			0.100								
	2：词汇特征分析		0.400	0.031		0.369	0.300	0.094		0.206	0.300	0.406		-0.106	0.050	0.063		-0.013
	3：语法特征分析		0.300	0.031		0.269	0.250	0.031		0.219		0.188		-0.088				
	4：整体/文体特征分析	广告									0.050			0.050				
		财经										0.031		-0.031				
		商务新闻										0.031		-0.031				
		电子邮件																
		谈判	0.050	0.031		0.019	0.050	0.031		0.019		0.031		-0.031				
		会议										0.031		-0.031				
		专门用途文件（包括合同）																
		课堂话语/文本	0.150			0.150				0.119	0.050	0.094		-0.044	0.050	0.031		0.019
	5：文化特征分析		0.250	0.031		0.219	0.250	0.031		0.219	0.100	0.094		-0.006		0.050		
	6：文字特征分析											0.050						
	7：话题/功能项目		0.250			0.250	0.200			0.200	0.150	0.156		-0.006	0.050			0.050
商务外语教学	1：课堂教学设计	教学内容设计	0.050			0.050	0.050	0.063		-0.013	0.125			-0.125		0.063		-0.063
		教学方法设计	0.050			0.050	0.050			0.050		0.031		-0.031				
		教学案例设计	0.050			0.050												
	2：教学模式	分层次立体化教学模式																
		基于认知介入和产出导向的商务英语词汇教学模式																
		项目式网络写作学习与多媒体辅助课堂相整合的教学模式									0.031			-0.031				
		任务型教学模式																
		案例教学模式																
		建构/支架式教学模式	0.050			0.050	0.050			0.050								
		情景式教学模式																

图28 "技术类"与"教学类"关联关系示意图

由图28可以看出：在商务英语教学研究中，使用语料库技术来分析商务语言词汇特征的频率最高（0.406）。例如，李晓光（2016）以"商务英语语料库"为基础，通过统计和分析商务英语语料库中的词汇分布情况及词汇特征，揭示商务话语共同体的特点，为商务英语专业话语建构以及商务英语专业话语实践能力的培养提供支撑。程珊、叶兴国（2015）基于自建的商务语料库和网络在线的普通英语语料库，讨论了同一中心词表征在不同认知语境下进行概念搭配建构的基本理论框架。又如，Breeze（2015）基于真实的法律文书（DOCLEGAL）语料库，通过WordSmith检索系统来识别英语法律文书中特定类型的关键字、关键字链接和常见词簇。Hong & Tan（2018）则基于语料库探讨了学术英语写作中的词汇束特征。相比之下，在商务汉语教学研究中，使用语料库技术进行教学大纲设计的频率最高（0.600）。例如：季瑾（2006）介绍了商务汉语词语表及其等级大纲的创建过程，该词语表的制定取自权威的通用商务汉语语料的数据支持和商务汉语教材语料库研究。

（三）年度趋势分析示例

通过考察"其他类"各个属性小类下关键词的年度趋势，可以了解商务英语教学和商务汉语教学研究中相关研究问题的走势变化，也可以进一步对比商务英语教学和商务汉语教学研究发展方向的异同，在对比中获得新知。

1. 宏观视角

我们首先统计了"Z5 其他类－宏观"下每年 C 类和 D 类文献的频率（即 FC 和 FD），得到趋势图（如图 29 所示），这有助于在宏观层面形成对商务英语教学和商务汉语教学研究发展的总体认识。

宏观年份	商务外语	
	FC	FD
2008	0.053	0.026
2009	0.018	0.066
2010	0.053	0.079
2011	0.053	0.053
2012	0.018	0.066
2013	0.070	0.079
2014	0.088	0.066
2015	0.158	0.132
2016	0.175	0.118
2017	0.123	0.079
2018	0.070	0.066
趋势图		

图 29 "其他类"下属性小类年度频率趋势图——"宏观类"视角

通过观察图 29 可知，商务英语教学和商务汉语教学研究的大体趋势相对一致。商务汉语教学研究于 2016 年达到峰值；商务英语教学研究相对较早，于 2015 年达到峰值。两者在峰值之前均呈波动式上升，在 2013—2015 年间增长较快，之后热度均呈下降趋势。可见，商务汉语教学和商务英语教学的研究趋势没有太大差异，两者步调相当。

2. 政策类敏感词

统计"Z5 其他类－政策－敏感词"下每年 C 类和 D 类文献的频率（即 FC 和 FD），得到趋势图（如图 30 所示）。

政策（敏感词）	孔子学院		语言—文化—商务三位一体		一带一路	
年份	FC	FD	FC	FD	FC	FD
2008						
2009						
2010	0.035					
2011						
2012						
2013						
2014	0.018			0.013		
2015			0.018			
2016					0.035	
2017	0.018		0.018			0.018
2018						
趋势图						

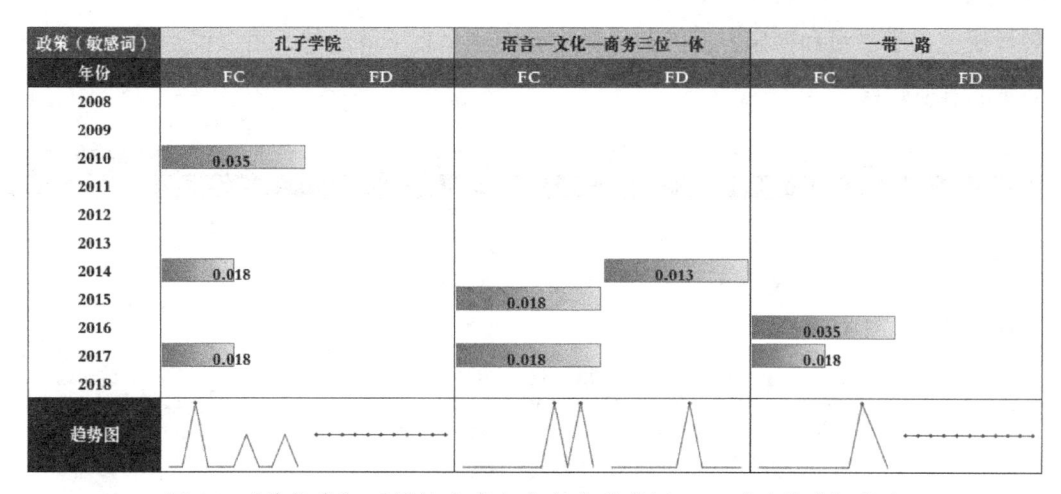

图 30 "其他类"下属性小类年度频率趋势图——"政策类"视角

通过分析图 30 可知，以政策类敏感词："孔子学院""语言—文化—商务三位一体""一带一路"的相关研究为例，在商务汉语教学研究中，除孔子学院于 2010 年被提及外，其他两者均在近年才被提及；而在商务英语教学研究中，除"语言—文化—商务三位一体"于 2014 年被提及外，其他两者均未被提及。或许可以做这样的分析："孔子学院"和"一带一路"是中国特有的，虽然早在 2004 年就创办了孔子学院，但商务汉语教学研究中涉及该问题却是在 2010 年才出现；"一带一路"于 2013 年被提出，但商务汉语教学研究中涉及该问题却是在 2016 年才出现。可见，中国相关宏观政策对商务汉语教学研究问题有一定的影响。

3．教育技术视角

根据研究对象，从教育的视角分析有关设计、开发、利用、管理和评价的相关研究状况也是非常必要的，它可以帮助我们了解商务教学中教育技术的发展趋势和动向。我们统计了"Z5 其他类–教育技术"下每年 C 类和 D 类文献的频率（即 FC 和 FD），得到如下的趋势图（如图 31 所示）。

通过图 31 中商务英语教学和商务汉语教学研究的趋势对比，可以看到：

商务英语教学研究和商务汉语教学研究在某一时期趋势相对一致。比如，在"开发"方面，于 2010 年达到顶峰之后均一直呈现波动变化，并于 2018 年之后均趋于平缓，而商务汉语教学的研究热度略高于商务英语教学。又如，在"利用"方面，2008—2015 年间均为波动式增长，于 2015 年之后均呈现下降趋势；而近几年商务汉语教学研究趋于平缓和稳定，商务英语教学研究则呈现下降趋势，可以说是热度过后研究重心有所转移。

教育技术 年份	设计 FC	设计 FD	开发 FC	开发 FD	利用 FC	利用 FD	管理 FC	管理 FD	评价 FC	评价 FD
2003						0.013				
2004										
2005		0.013				0.013				
2006	0.018		0.018			0.026				
2007										
2008	0.035					0.026				
2009		0.026			0.018	0.039				0.013
2010	0.018	0.013	0.035	0.026	0.018	0.053	0.026			0.026
2011		0.013		0.013	0.035	0.039			0.070	0.013
2012		0.013		0.013		0.066			0.035	0.013
2013			0.018			0.066			0.018	0.039
2014				0.013	0.018	0.066			0.018	0.026
2015	0.035	0.013		0.070	0.118				0.053	0.039
2016	0.088	0.013		0.013	0.035	0.092			0.035	0.026
2017			0.018		0.035	0.105				0.066
2018	0.053	0.026	0.018		0.035	0.053			0.018	0.013
趋势图										

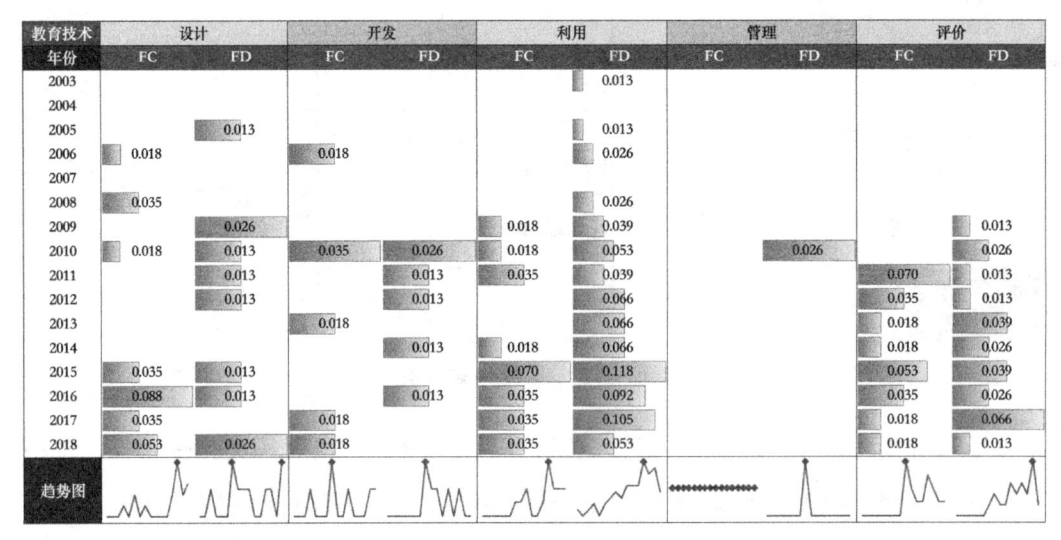

图31 "其他类"下属性小类年度频率趋势图——"教育技术类"视角

商务英语教学和商务汉语教学研究在某一时期均出现了峰值，但峰值略有不同。比如，在"设计"方面，商务英语教学研究一直呈现波动变化，且变化幅度较大，并于2009年和2018年出现了峰值；商务汉语教学相关文献量则在2016年达到顶峰，并于2017年下降之后，于2018年继续呈现上升趋势，可见"设计"方面的相关研究在近些年又重新回到研究视野中。又如，在"评价"方面，商务汉语教学研究于2011年达到顶峰，随后波动式下降并趋于平缓；而商务英语教学研究在2017年才到顶峰，随后直线下降。由此可见，与商务英语教学研究相比，商务汉语教学研究较早将关注点放在"评价"上，又较早地发生了研究视野的转移。

另外，可以说商务英语教学和商务汉语教学研究在某些方面存在较大差异。比如，在"管理"方面的研究仅出现在2010年商务外语教学研究中，且在商务汉语教学研究中尚属空白。究其原因，或许是未被重视，或许是遇到了研究的困难。

4．学习者特征

（1）等级和身份

统计"Z5其他类–学习者等级和身份"下每年C类和D类文献的频率（即FC和FD），得到趋势图（如图32所示）。

等级 年份	初级		中级		高级	
	FC	FD	FC	FD	FC	FD
2008			0.018		0.018	
2009						
2010	0.018		0.018		0.018	
2011	0.035		0.018			
2012						
2013	0.018		0.018			
2014			0.018			
2015			0.053		0.035	
2016	0.018		0.018		0.035	
2017			0.018			
2018					0.018	
趋势图						

身份 年份	大学留学生		商务人士（等级未知）	
	FC	FD	FC	FD
2008		0.026		
2009		0.026		
2010		0.053		0.022
2011	0.035	0.039	0.035	
2012	0.035	0.053	0.018	0.022
2013	0.018	0.079	0.018	
2014		0.039		
2015	0.035	0.066	0.053	
2016	0.070	0.118	0.018	
2017	0.018	0.079		0.022
2018	0.018	0.066	0.018	
趋势图				

图 32 "其他类"下属性小类年度频率趋势图——"等级类"和"身份类"视角

通过观察图 32 可知，学习者水平等级方面，商务外语教学研究中未涉及学习者等级，商务汉语教学研究则更加注重对中级和高级学习者的考察，且在 2015 年达到了峰值。学习者身份方面，商务汉语教学研究中对本科留学生和商务人士的关注较为均衡，从时间来看也较平稳；而商务英语教学研究中侧重对本科留学生的研究。

（2）国别或地区

统计 "Z5 其他类 – 学习者国别或地区"下每年 C 类和 D 类文献的频率（即 FC 和 FD），得到趋势图（如图 33 所示）。

国别/地区 年份	中国		日韩		泰越等南亚地区		阿拉伯等中东地区		俄罗斯		欧洲		美国、加拿大		澳大利亚、新西兰		非洲	
	FC	FD	FC	FD	FC	FD	FC	FD	FC	FD	FC	FD	FC	FD	FC	FD	FC	FD
2008																		
2009																		
2010		0.013																
2011			0.018				0.018				0.018							
2012		0.026	0.018	0.013			0.018	0.013		0.026				0.013				
2013				0.013					0.018			0.013						
2014						0.018												
2015		0.018		0.018		0.018	0.018				0.018			0.018				0.018
2016		0.026		0.018	0.035		0.018						0.026				0.018	0.013
2017		0.013	0.013									0.026		0.013		0.013		
2018						0.026				0.013								
趋势图																		

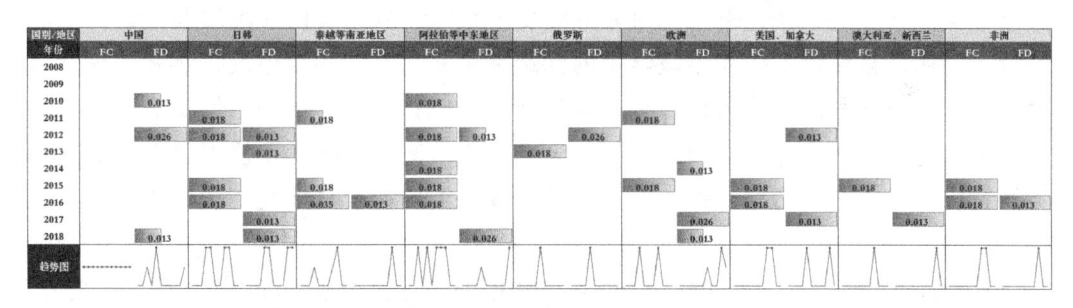

图 33 "其他类"下属性小类年度频率趋势图——"学习者国别/地区类"视角

通过分析图 33 可知，商务英语教学和商务汉语教学研究中学习者的国别均较为丰富。商务英语教学研究中，学习者来自中国、日韩和欧洲国家的居多，对中国学习者的研究时间较早并于 2012 年达到峰值，对日韩学习者的研究分别于 2012—2013 年、2017—2018 年两次达到峰值，对欧洲国家学习者的研究时间较晚且于近几年达到峰值。而商务汉语教学研究中，学习者来自日韩、南亚地区和中东地区的居多，且对南亚地区和中东地区学习者的研究热度在近几年呈上升趋势。

通过对教育技术背景下商务外语教学研究的相关文献进行量化分析与解读，我们掌握了学界的研究热点与动向，并探究了教育技术与商务外语教学之间的关联关系。同时，通过对比商务英语和商务汉语教学研究的文献频率可以了解两者之间的差异及造成差异的原因，这有助于反思商务汉语教学研究，也有助于商务英语教学和商务汉语教学研究的良性互动。

第三节 专题研究3：汉语作为第二语言教育技术研究

一、汉语作为第二语言的教学技术研究[1]

虽然1994年美国教育传播与技术协会已经发布了"教育技术"的原始定义，且在2004年又发布了新的定义，但在2006年之前的很长一段时间内，教育技术无论是作为研究对象，还是作为领域或学科，都没有被汉语教学界所重视。

而近十年来，汉语教育技术的发展正践行着教育技术研究各个范畴的基本理念，逐渐成为汉语教学研究的对象。这是大发展的十年，我们可以看到如下几个特点：第一，公开发表的文章的数量和质量都有大幅提升，研究内容广泛；第二，理论研究更加贴近实际应用的需要；第三，研究方法更加科学，从经验性反思发展为追求实证研究；第四，教育技术在汉语教学中的渗透越来越明显，融合愈发自然和紧密，已经对汉语教学学科的各个方面或分支领域产生影响；第五，年轻一代汉语教师具有较高的信息素养，在这一进程中起到积极的作用，使得新的热点技术总是可以及时应用到汉语教学中；第六，越来越多的汉语教学工作者参与到教育技术的研究和应用中。

我们将对2006年[2]之后（含2006年）在中国大陆公开发表的汉语教学研究论文中，涉及教育技术研究的近1600篇论文[3]进行梳理。主要就这一时期汉语教学中应用多媒体

---

[1] 本小节曾以《汉语教育技术研究的新进展与新认识》为题，发表于《国际汉语教学研究》2017年第4期，第60—67页，作者郑艳群。

[2] 此前，我们曾对2006年之前所有有关汉语计算机辅助教学的论文做过梳理。请参见郑艳群主编的《对外汉语计算机辅助教学的理论研究》（商务印书馆，2006a）、郑艳群主编的《对外汉语计算机辅助教学的实践研究》（商务印书馆，2006b）。

[3] 涉及CNKI论文867篇（其中，北大及社科院核心期刊论文、CSSCI期刊论文和其他论文的篇数分别为185、76、606；涉及的期刊种类分别为40、33、276），公开出版物论文722篇（其中，集刊、会议/研讨会论文集论文的篇数分别为142、580；涉及的集刊、会议/研讨会论文集种类分别为41、14）。

和网络技术的汉语教学实践与理论思考、中文信息处理技术及新科技应用探索，以及汉语教育技术实证和模拟研究等四个较为突出的方面做总结和分析；并从教育技术推动汉语教学发展的角度，从研究框架、基础研究和自身理论构建，以及研究方法等三个方面提出新的认识。目的是在世界教育技术大发展的时代，为汉语教学赢得新的发展机遇。

（一）近十年来汉语教育技术研究的新进展

教育技术中的"技术"既包括有形的技术，如计算机、幻灯，也包括无形的技术，有时也称智化技术。近年来，这两方面的技术都在汉语教学发展进程中起到了积极的推动作用，或提高教学效率，或降低教育成本，或扩大教育规模。突出的特征体现在如下四个方面。

1. 多媒体汉语教学研究走向纵深

多媒体技术应用于汉语教学是有历史基础的，这是由汉语教学本身的特点决定的。于涛（2010）通过对文献进行专业分析，发现这一时期信息技术应用于汉语教学，从技术角度来看的突出特点是在课堂教学中应用多媒体技术；在国内，尤以探讨多媒体技术如何与对外汉语课程整合问题的文献居多。

然而，我们也发现，当多媒体在汉语课堂教学中普及应用之后，却遇到了瓶颈，研究内容的重点便从侧重技术层面对多媒体课件设计进行探讨，转变为侧重应用形式的讨论，以及背后的理论分析。结合学科教学理论探讨应用多媒体技术的基本规律是非常必要的。已有的研究从课型和感觉通道及呈现模式的角度做了分析。（1）从涉及的课型来看，尤以对口语课的讨论居多。孙雁雁（2010）分析了多媒体环境下初级口语课堂教学方法，提出"激发输入—互动输出"教学模式，这是一篇探究口语教学中应用多媒体技术原理的文章，可以为其他课程的深入研究提供借鉴。（2）从感觉通道和呈现模式来看，以视觉研究居多。在汉语多媒体教学应用研究中，人们意识到视觉媒体是其中一个突出的方面。探讨视觉媒体应用的特点和视觉媒体呈现的方法，可以使视觉媒体有效并高效地支持和服务于对外汉语教学。伴随视觉媒体的普遍应用，视觉文化研究逐渐成为一个专门的领域或分支。张小峰（2012）从视觉文化的视野探讨视觉表征在对外汉语教学设计中的应用。他认为，语言知识的视觉表征是视觉文化背景下汉语教学理念的实践，是第二语言课堂教学的内在需要，是教育技术实践在对外汉语教学中的价值体现。文章还介绍了语言知识可视化教学设计的基本方法，对基于表征的对外汉语教学设计进行了探索。朱宇（2010）根据双重编码理论，基于新双重编码假设，检验和解释了不同形式的电子抽认卡对美国汉语初学者生词字形、字音、字义记忆的影响。其研究结果有望作为多媒体汉字教学的理论依据。

2. 汉语网络教学和学习设计研究成为热点

汉语网络教学研究是这一时期发展较快的一个分支领域。网络教学研究中，对网络学习策略的探讨是非常重要和必要的，因为以学习策略为出发点来探讨网络教学的对策，是网络教学中遵循以学习者为中心理念的体现。随着对学习策略研究的深入，相信网络教学设计的水平也会得到提高。汉语教学在这方面的研究可以说是走在了发展的前列。卢伟（2009）强调了在网络教学中对学习者因素的关注和研究，认为开展网络学习策略研究将有助于网络教学设计、教材编写、课件制作、资源建设和学习策略培训。除此之外，在将网络技术应用于汉语技能教学的研究成果中，相对比较成熟的是应用于阅读或写作教学的研究。这一倾向由来已久，它反映的是技能教学应用技术的特性，即阅读和写作学习与口语和听力学习相比，对教师的及时互动和反馈等依赖较少。对信息社会是否还要教授汉字书写的问题已经有过很多讨论，但是下面这篇文章是从另一个角度看待这个问题的。张霓（2012）认为汉字书写的难题限制或影响了书写技能的发展，进而论述了在美国利用网络工具开展高级写作训练的必要性、合理性及可行性，并给出了具体的教学设计方案。

从技术应用的特点来看，由于世界范围内网络技术环境的普遍改善，网络视频传输在速度和质量方面都不再是影响教学的因素。而又由于视频技术的应用更贴近语言教学的需要，因此，在国际化或跨地区的网络教学中，探讨网络视频教学的研究仍在继续，伴随而来的是需要解决的一些相关问题，如教材编写、教师培训、在线教学活动设计、多媒体文化数据网站平台建设与学习成效评估。这同时也表明，一些教师已经意识到了远程教学在体系或教学设计上区别于传统课堂面授教学，需要有相适应的新的体系、新的教学设计和新的资源建设。信世昌（2010）提出基于社会互动理论、以跨文化交流为主导思想的网络视频教学模式的合理性，并对具体问题进行了详细分析，使我们能够从中窥见设计和实践一个远程教学项目的整体面貌。

网络教学离不开平台和工具，这些技术为互动式汉语学习提供了方便。谢天蔚（2006）审视了这些软件工具、平台的时效性、可信度，分析了它们的特点及在汉语教学中可能具有的作用、意义和适用性，指出了各类工具的局限性，结合教学理论和汉语教学的目标给出了应用这些软件工具的建议。网络学习工具分为不同的类型，许德宝（2012）根据参与度和互动性的定义，对常见网络学习工具进行了评测，目的是根据语言教学的需要选择合适的网络工具，并给出了语言教师在教学中参考和选用软件工具的标准。

从网络教学目前的发展和探索来看，网络教学的成效没有超越甚至不及传统课堂面授。人们努力的方向，一是模拟或再现第二语言课堂教学中优越的方面，二是发扬和发掘网络教学可能有利于语言教学的功能应用。整体来看，这些研究都可以归因于网络语言学习环境。因此，人们对网络教学研究的一个重要内容，便是构建有利于网络语言学习的环境，期待这样的环境在一定程度上能克服与课堂相比不利的因素，从而更好和更大限度地利用网络环境中有利的方面。姚道中（2006）认为，网上听和读的练习应尽可能多设计和提供解释性反馈，防止学生猜中正确答案；多设计和提供间接性反馈，使学生通过思考真正掌握语言知识和技能；阅读较长的文章时，可以考虑做多层次的反馈。熊玉珍（2012）认为，满足汉语学习者个性化需求是有效汉语学习、汉语教育质量提高的具体体现，通过测评构建学生学习模型是关键。薛馨华和陈申（2008）指出，汉语网络教学设计者在考虑教学内容的"文内因素"（text）时还应考虑"文外因素"（context），构建学习所需的"社会场景"。新一代汉语网络教学的目标之一便是努力为汉语学习者创设网络环境下实践汉语的机会，把汉语网络学习所需要的环境归为内容系统和服务支持系统，从而给出网络环境的基本架构，即进行汉语网络学习的数字环境和生态环境的体系设计。郑艳群（2013a）认为该体系可以满足汉语网络学习的多重需要。

这些有关网络教学和学习设计的研究，目的正是朝着一个理想化的网络学习环境靠近。实际上，构建理想的网络环境所需要的各项工作都应该加紧开展，以保障网络教学和学习的应用需要。模拟课堂教学是一方面，创新应用形式更应该受到重视。只有这样，才有可能产生成功的、超越课堂教学的网络学习模式和学习效果。

3. 探索中文信息处理技术及前沿科技的应用

科学技术应用于教学，是现代教育技术最重要的特点。无论是教学，还是测试；无论是面授教学，还是远程教学；无论是课堂教学，还是网络教学，都有技术的用武之地，都需要技术的支持，都会通过与技术的融合产生更好的功用。这里所说的技术，除了有形的机械或设备之外，还有信息处理技术。它们都可能以不同的形式或程度影响语言教学。

虽然有些技术应用于教学相对成熟（如机器翻译），有些刚刚起步（如慕课），但都值得再做深入探讨。不同的技术可以用于教学的不同方面，同类技术的不同性能和指标的应用，对语言教学来说，都面临如何选择的问题，即按照哪个方面或哪些指标来评价软件的适用性，这些都是新出现的、值得研究的问题。

（1）关注前沿科技的应用

除了人们经常讨论的多媒体教学、网络教学，以及计算机自适应测试，还有智能教学系统，它是教育技术学中重要的研究领域；游戏化教学，它是目前比较流行的教学理论和教育实践；慕课教学、移动教学、微信教学等，这些都是科技时代的产物,是现代科技与汉语教学自然融合的体现。慕课是近年来教育技术研究的热点问题,慕课到底对汉语教学有什么启示?林金锡和张亦凝(2015)从理论和结构、互动、教学方法的特点等方面,区分了"联通主义慕课"(cMOOC)和"基于内容的慕课"(xMOOC),认为基于内容的慕课或许能够适用于汉语教学的某些领域,并结合目前已经上线的慕课做了分析,然后从历史的观点谈了慕课对计算机辅助语言学习的影响,包括优势与挑战。

在大数据时代,通过数据挖掘和分析,可以帮助我们发现更多汉语教学的规律,这有助于在教学进程中及时采取干预或反馈措施,从而优化教学。郑通涛(2010)论述了管理平台建设的必要性,强调了网络平台信息的获取和利用,阐述了网络平台信息在教学管理中的作用,如远程教学监控系统的构建,可以实时监控和调节教学,还可以及时配置教学资源等;强调统一的标准,便于数据互通、关联和共享。学者们也注意到了外语教学研究范式的变化。郑艳群(2016)结合汉语教学研究的具体问题,论述了大数据和数据挖掘技术在汉语教学理论研究、实践研究以及学科建设方面的重要意义;结合汉语教学的具体实例,论述了汉语教学研究中应用数据挖掘技术的常用方法和具体步骤。

(2)关注汉语信息处理技术的应用

就语言教学来说,有一类无形的技术是需要特别关注的,那就是语言信息处理技术。如汉字输入技术、文字转换技术、分词技术、机器翻译技术、电子词典、汉字手写识别技术、汉语语音识别技术等。

村上公一(2005)对机器翻译可用于什么类型语言知识的辅助学习做了探讨。文章报告了一项教学实验。利用机器翻译所得的材料进行实验室研究和调查,了解机器翻译对阅读教学的影响。得出的结论包括:比较积极地参考译文的学生都认为机器翻译的译文很有帮助;利用了机器翻译工具的初级学生,他们的阅读能力可接近于中高级水平。同时,作者通过对机器翻译水平和特点的分析,指出可以让学生通过发现译错的地方的具体原因,整理自己的语言知识,巩固和学习汉语;也可以通过人与机器翻译之间的交互作用,掌握好汉语写作知识。

电脑辅助测试或电脑辅助判断语言能力,一直是人们感兴趣的一个项目。看似简单和众所期盼的问题,但实际技术实现和效果始终没有达到令人满意的程度。宋春阳(2010)的文章通过试卷的项目分析发现题型对试题难度和区分度都有很大影响。作者从认知心理及概率统计等角度对产生这种差异的原因进行了分析,针对汉语能力电脑辅助测试题型构成提出了自己的见解,包括主观题型客观化的操作方法,认为题型构成要为语言技能考查的有效性服务。这些认识对推进电脑辅助语言能力测试的效果和技术实现都有启发。

很显然,新的教学方式、新的思考视角,都需要我们继续探索。而充分认识新技术、新教学方式的本质和特点,思考语言教学的需要和技术的应用形式,解决汉语教学的具体问题,无论对课堂教学,还是远程教学,都是非常重要的。

4. 研究方法上重视汉语教育技术应用的实证研究并引入计算机模拟的方法

（1）重视实证研究

一段时间以来,人们对技术应用于教学投入了很大的热情,也寄予了很多的期待。与此同时,人们想探究到底怎样的技术或怎样的技术使用方式对教学的哪些方面产生了积极的作用;另一方面,人们也希望纠正一些关于技术应用的不当认识或做法。于是研究者在此基础上开展了实证研究,出发点是为了对理论加以验证。

李向农、张屹、何敏（2008）对学习者需求进行了问卷调查,内容包括平台的设计风格、学习内容、学习资源呈现方式、学习行为等,调查和分析结果为网络平台建设提供了来自使用者的声音。另外,文章还对美国专家和美国中学生进行了访谈。基于以上的实证研究结果,提出了网络汉语学习平台设计的概念模型。它以语言教学理论为指导,以学习空间、服务空间、互动空间、娱乐空间为主要构成实现预定的教学目标和功能。

在近年来多媒体辅助汉语课堂教学的相关研究中,尤以多媒体口语教学的成果居多。究竟教学效果如何？哪些媒体经常被使用及用于教学的哪个方面？针对这个问题（即类别和使用方式）,李向农和张晓苏（2012）对中高级口语课堂多媒体使用效果开展了问卷调查,并以授课时的观察记录、教师访谈为佐证做了进一步的分析,从而提出中高级课堂上多媒体教学应遵循如下四项原则：（1）根据具体的授课环节选择采用不同类型的资源；（2）不同的多媒体资源可配合使用且应注意控制时间；（3）以使用幽默、优美并能激发学生正面情绪的材料为主；（4）根据课堂需求,经常变换使用手段和方法,以避免成为"放映员"。这些研究使得汉语教育技术的应用走出了盲目地凭经验摸索或凭感觉使用的阶段。

（2）引入计算机模拟的方法

实验研究是教学和学习研究的重要方法。它通过在研究过程中控制某些因素,研究另外的变量之间的关系。这种研究方法有一定的局限。真正的、严谨的实验研究需要具备专业知识,需要通过对理论的准确掌握与对实际研究环境的设计和观察才能得到可靠的研究结果。以往比较多见的是有限样本的实验研究。然而,在语言教学方面,本身的影响因素和学生之间的个体差异比较多,再加上技术因素,应该说控制起来就更难，控制所有的其他变量可以说是不可能的，需要一个逐步求精的过程。因此可以说，目前已经开展的实验研究的可信度还不够，这些实验的结果难以重复或为人质疑，也是源于以上原因。除了有限样本的实验研究，我们欣喜地看到已有研究者开展了汉语计算机模拟研究，其特点是先建立研究对象的数学模型或描述模型，然后在计算机上进行实验。

与实验研究相比，模拟研究的好处是对环境要求少些，即不像实验研究那样涉及很多参与实验的人的因素；通过对参数的调整可以验证不同的假设。这为今后其他汉语教学实验提供了理想的研究方法的参考，也会提高实证研究的水平，但是需要计算机技术人员的支持。与计算机模拟研究相比，实验研究如果能把变量控制好，可以做到绝对正确的证明，而计算机模拟或大数据利用，则属于接近现实的验证。如陈默和王建勤（2011）对汉语声调教学的三种教学策略进行了研究，考察哪种教学策略更有助于声调习得。除了常见的实验研究方法，还采用了计算机模拟的研究方法，即语音表征的建立、双语模型训练、教学策略训练和测试。当然，正如陈静等（2008）所说，进行计算机模拟的目的不仅仅在于验证行为实验的结果，更重要的是可以获得一些行为实验无法获得的结果。

（二）对汉语教育技术研究的新认识

回顾近十年来汉语教育技术的发展历程，虽然取得了长足的进步，但也还是有一些问题值得我们继续思考，以利于在世界教育技术的大发展时期，为汉语教学赢得新的发展机遇。在此，我们提出如下三点新认识作为今后的重点研究或发展方向。

1. 在教育技术研究的基本框架下开展汉语教育技术的理论与实践研究

教育技术的定义明确指出了教育技术的研究范畴。因此，从教育技术全面支撑教学设计，从而推动汉语教学发展的角度思考，一切有关促进汉语学习过程和资源建设的设计、开发、利用、管理和评价的理论与实践研究，都属于汉语教育技术领域的工作。这一思路是有利于新时期汉语教学发展的（郑艳群，2015）。

若在AECT'94下看待汉语教育技术研究就会发现，已取得的汉语教育技术研究成果都可以在这一框架下找到相应的位置（如图34所示），或者说正是这一研究框架下的子集（如图34中a、e粗实线所代表的研究领域为目前最为突出的方面，斜线后面的数字为文献篇数）；而在这一框架下所看到的研究弱项或空位（如图34中b、f虚线所代表的研究领域为目前研究最为薄弱的方面，斜线后面的数字为文献篇数），也正是已有汉语教育技术研究的空白或汉语教育技术研究进程中遇到的瓶颈。

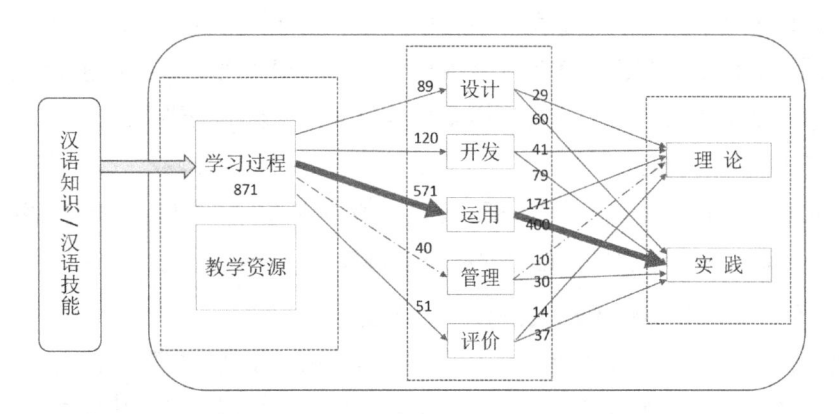

图 34　AECT'94 定义[1]下汉语教育技术研究的基本框架及以"学习过程"为例的研究现状图谱

因此可以说，这一框架为汉语教育技术的发展指明了方向，明确了研究对象和研究范畴，并有助于我们通过全面的、系统化的理论和实践研究，解决技术环境下汉语教学所面临的问题，并从学科的层面认识教育技术的应用，从中构建起汉语教育技术研究的基本框架。在教育技术理论指导下对汉语教学进行研究，正是汉语教育技术研究的目标和任务。那么，汉语教育技术研究的对象和范畴就会变得更加清晰和明朗。

2．加强基础研究并逐步建立汉语教育技术自身的理论

从目前已有的研究成果来看，有些基本问题并没有得到很好的解决。我们认为，其背后是理论研究的不足。应加强汉语教育技术理论研究，解决汉语教育技术研究特有的或基本的问题，逐步建立起汉语教育技术自身的理论，以便减少实践层面的低水平重复劳动或尝试性应用摸索，使技术环境下的汉语作为第二语言教学开展得更加顺利、更有成效；同时，也使汉语教育技术研究发展成为汉语教学研究中一个相对成熟的领域。

以汉语多媒体教学应用为例，虽然大家已经普遍认识到多媒体技术在汉语教学中的作用，在教学中也进行了广泛使用，甚至产生了依赖，但近些年多媒体应用的总体水平并没有什么提高。表现为没有掌握课件制作中基础性的技术标准，已有研究成果没有通过多媒体技术的应用惠及实际的教学，对一些基本问题处在没有突破的重复性研究状态，对通用或基础性多媒体素材库的研发几乎处于停滞，这是基础研究没有跟上的反映。

汉语教育技术目前缺乏自身的理论依据。就汉语多媒体习得研究而言，应该通过研究揭示基于图形和语言双编码输入条件下的汉语习得的过程和机制，如双编码输入

---

[1] 美国教育传播与技术协会在 1994 年发布的有关教育技术的定义。

条件下的汉语习得效果是否优于单一语言编码输入条件下的汉语习得效果，继而进一步探讨不同的媒体形式与汉语知识和言语技能教学的相关效应，再通过实证研究进行检验。相信其结果不仅会对实际的汉语多媒体教学产生积极的影响，还可以建立适用于汉语多媒体习得的理论。

与此同时，我们应该关注外语/第二语言教育技术研究的成果和动态，用综合和细化的观念对待这一交叉学科的基础研究和理论问题。

3. 以大数据研究方法推动汉语教育技术研究

在当下，不仅第二语言教学方式发生了诸多变化，而且针对第二语言教学的研究方法和研究范式也随之发生了变化。其中，利用教育大数据，通过数据挖掘开展教育研究就是最为突出的特点之一，它不仅是教育研究的趋势和方向，更是推动教育创新和发展的基础和力量。大数据研究方法可以帮助我们处理教育教学中复杂的数据来源和数据类型。就汉语教育技术研究来说，它的意义体现在如下三个方面：（1）全面认识影响汉语教学与教育技术之间的相关因素，发现更多技术环境下汉语教学的规律；（2）用丰富的汉语教育技术知识指导技术环境下教师的教学行为，开展相关的教师培养和培训；（3）用丰富的学习分析结果，提供技术环境下的学习支持，并开展技术环境下的汉语习得研究，包括按需提供技术性的学习支持或为技术环境下的习得研究提供支持等。（郑艳群，2016）这类研究的主要特征是通过对汉语教学的计量研究描写教学软实力，了解技术的进步在哪些方面会带来哪些机会和可能的帮助，促进汉语教育技术理论和实践研究的深化。

二、汉语作为第二语言的教学资源研究[1]

信息化教育的发展，使资源在教学中的重要性日益凸显。对教学资源进行重新认识，在已有成果的基础上继续发展，可以使信息时代的汉语教学资源建设和资源研究更好地服务于汉语国际教育发展的需要。

第二语言信息化教学中的资源内涵体现了其学科特性。在人们的观念中，语料库在教学和教学研究中的地位和作用，超过了其他任何一类应用于语言教学的非语料库资源。人们甚至把语料库看作是唯一的资源类型。这是在特定的时期，人们对资源认识的一种反映。现如今，二语教学中语料库研究趋向成熟，在教学中发挥着越来越重要的作用。我们可以发现，语料库资源和其他非语料库类资源的研究和应用呈现出如

---

[1] 本小节曾以《汉语教学资源研究的新进展与新认识》为题，发表于《语言文字应用》2018年第3期，第106–113页，作者郑艳群。

下两个特点：第一，语料库资源正与教材，乃至课程和教学等相关教学资源互联互通，共同为信息化教学服务；第二，非语料库类教学资源与语料库资源在研究的理念和方法上有共同之处。在此，我们把语料库资源与其他类别的教学资源合并在一起进行讨论。

（一）近十年汉语教学资源研究的新进展

我们对2006年[1]之后在大陆公开发表的近1600篇汉语教育技术相关论文中，涉及教学资源研究的近871篇论文[2]进行梳理发现，近10年来汉语教学资源研究的新进展体现在资源认识以及资源的建设、加工和分析、运用和计算等多个方面，分别占教学资源类文献总数的65.44%、33.05%、9.75%和62.11%。

1. 汉语教学资源观念有较大的更新

近年来，汉语教学界对资源的认识有了较大变化。起初，人们只把那些表层可以数字化的内容称为资源，甚至认为资源研究是少数从事信息处理或信息化教学研究的人关心的事情。随着人们对信息化教学认识的深入，对教学资源的认识也在改变。

崔永华（2015）认为，后方法时代的基本理念涉及教学目标、教学活动的主体和最有效的教学途径，都是以教学资源设计为支撑的。这是一种大资源观，它提升了资源在教学中的地位；而用这样的资源观念来看待教师的日常工作，不仅有利于教学和教师发展，也有利于资源研发和应用。李泉和金香兰（2014）将资源划分为显性资源（包括文字材料、网络多媒体资源）和隐性资源（包括知识与能力资源、方法与策略资源），认为资源"应该成为国际汉语教学学科建设的重要组成部分"。这一划分和对隐性资源的阐释，引发我们重新审视资源的内涵和外延，关注并研究过去未被重视和开发的资源类型。上述两篇有关资源观念的文章，作者是长期对汉语教学学科理论研究和教学理论研究颇有建树的专家学者，他们在学科发展的进程中意识到了资源的作用和重要性，从对学科认识和发展的角度对资源阐述了自己的新观点或新认识。这体现了对汉语教学软实力的重视，而汉语教学软实力必将提升信息时代汉语教学的生产力。这些新观点或新认识不仅是对传统资源观的一种革新，也是二语教学理论和实践发展

---

[1] 此前，我们曾对2006年之前所有有关汉语计算机辅助教学的论文做过梳理。请参见郑艳群主编《对外汉语计算机辅助教学的理论研究》（商务印书馆，2006a）、郑艳群主编《对外汉语计算机辅助教学的实践研究》（商务印书馆，2006b）。

[2] 涉及CNKI论文451篇（其中，北大及社科院核心期刊、CSSCI和其他论文的篇数分别为111、43、297；涉及的期刊种类分别为36、22、153），公开出版物论文420篇（其中，集刊、会议/研讨会论文集论文的篇数分别为94、326；涉及的集刊、会议/研讨会论文集种类分别为36、18）。

的重要思想和途径。

2. 汉语教学各级各类资源库创建研究

资源创建是资源研究的第一步，也是最重要、最关键的一步，它关系到资源利用、管理和评价等一系列问题。资源创建需要经历从设计到开发的过程。资源所面向的研究目的不同，类型或性质不同，可以获得的原始资源不同，决定了创建资源的过程和方法也会有所不同，但都是有一定规律可循的。另一方面，从构想到实现，从数据采集原则的制定，到数据的集成这一开发过程来看，又有很多相似或相通之处，有一定的规则需要遵守。

近10年来，汉语教学资源创建方面成就显著。这里我们选取的内容，虽分属不同的语料库或数据库，但实际上是有代表性的成果或近年来的研究热点，包括汉语中介语语料库、错字别字数据库、语音语料库、词汇教学信息库、语法教学资源库等。它们从不同的方面支持和服务于汉语教学的开展和教学研究的深入。20世纪90年代中期第一个汉语中介语语料库建成，之后的20年，汉语教学界迎来了汉语中介语语料库研究的新时代。张宝林和崔希亮（2013）提出了"全球中介语语料库"建设方案，其特点是扩大了语料库规模，并关注语料库的代表性。这是在新时代利用已有的技术平台和可能的资源获取手段，克服已有中介语语料库局限的一项大型研究。与文本中介语语料库相比，"外国学生错字别字数据库"的建设更加困难，但从汉语教学和研究来看，它又是必需的。北京语言大学"外国学生错字别字数据库"课题组（2006）阐述了该数据库建设的意义，详细介绍了该数据库的总体设计、数据库结构、数据采集和标注、技术处理等关键问题，并报告了基于该数据库对外国学生错字别字类型、频率与分布进行系统研究的结果。可以说，该数据库的建成填补了利用大规模错字别字数据库开展汉字教学和学习研究的空白。与文本语料库相比，语音语料库的建设也是有一定难度的，以往这方面的研究仅停留在构想阶段。曹文和张劲松（2009）介绍了面向计算机辅助正音的汉语中介语语音语料库数据创建中的数据采集方法和语料库结构、标注原则和规范，指出该语料库最大的特点是在声母、韵母、声调及语调等方面进行了偏误标注。焉德才和胡晓清（2013）阐述了一个基于偏误反馈、面向特殊目的和特定国别的词汇教学信息库建设问题。其目的是服务于课堂教学（如教师备课和教学），方法是为HSK大纲词附加上一些来自偏误反馈的教学提示信息。彭炜明、宋继华、赵敏（2014）在分析了目前语法大纲和语法教学特点以及与资源的关系之后，提出了能够实现资源库语法点与教学语言材料之间动态关联的资源库建设框架。

近10年来，教材语料库、基于学习过程的学习者语料库、教学管理信息库也受到重视，相关研究得以开展。在全球汉语教材库建设的基础上，周小兵（2017）讨论了利用该语料库的相关问题,认为利用这个语料库可以开展全面、系统的教材相关研究,并发表了一系列的研究成果。曹贤文(2013)认为,只有通过纵向追踪调查才能全面了解学习者由预制的套语到可分析的语言结构、由重复模仿他人话语到自主生成第二语言的习得过程。但是,目前的相关实践相对缺乏或薄弱。这是一类面向习得研究的中介语语料库,相信纵向中介语语料库的建成对开展习得过程研究将起到极大的促进作用。柴省三(2013)认为,语言测试资源是教育资源的重要组成部分,是语言教学与研究等方面的重要依据。我们注意到,以往把这类相关研究认为是普通的教学管理研究,而今对于大规模在线平台上的教学来说,采集学生信息并将学生信息与教学和学习信息关联,开展更深刻和全面的大数据教学和分析研究,不仅可以深层次探究包括教学和学习行为在内的教学和学习相关因素及关联关系,也可以为全球化汉语教学宏观政策和策略制定提供参考。

3. 汉语教学资源加工研究

资源在创建的基础上,需要进行适当的加工,才能更好地被利用。从本质上讲,加工都是基于一定的理论或面向特定的有待解决的问题的。加工的主要方式是标注和计算,操作背后的理论或目的决定了标注和计算的内容,其结果将影响到资源利用的效果。

近年来,汉语中介语(书面语)的研究仍是热点,关于汉语中介语加工和分析的文章很多,涉及标注的许多方面,如全面性、平衡性、多元化和动态更新。张宝林(2013)对汉语中介语语料标注的现状与问题进行了分析,在此基础上探讨了语料标注模式,并就标注内容阐述了自己新的观点,分析了不同标注模式的特点、可行性和存在的问题。肖奚强等(2014)阐述了汉语中介语语料库标注的全面性和类别问题,认为标注的全面性应从广度、深度和准确度展开,不能贪大求全;强调正确信息和偏误信息赋码内在的一致性和逻辑关系。施春宏和张瑞朋(2013)讨论了语料库平衡性的内涵、基础、结构及其实现路径等,认为汉语中介语语料库应该处理好质与量及其平衡问题,提出了平衡性的基本目标、基本原则、建库策略及教学应用设想。刘长征和张普(2008)认为,汉语教学用词表的多元化与动态更新,是形势发展的需要,是汉语学习者学习目的日益多元化的需要,提出了多元化的途径及动态更新的方法。

这一时期还有一些研究是直接面向汉语教学资源库的,如多媒体教学资源库、视听教材、教材语料难度的相关研究。郑艳群(2012)阐述了以交际项目为纲的汉语口语教学多媒体素材库的建设思路,论述了如何通过多属性标注实现"交际项目—话题内容—语言形式—场景配置"的有机结合,以及该素材库在汉语口语教学中的应用价值。这一研究的本质是在探讨"结构"与"功能"教学的关系及其实现路径。王飙（2009）考察了1990—2008年中国大陆出版的汉语视听教材的三种类型，即先于纸本教材拍摄教学片、为已经出版的教材拍摄教学片和利用影视作品编写视听教材，认为现成影视作品最适合编写汉语视听教材，并结合重点教材对目前影视作品和视听教材的两种编法进行了评述。多媒体技术和视听教学的运用普遍增多，随之产生的问题也凸显出来。张璐和彭艳丽（2013）讨论的语料难度问题即是其中之一，作者提出了5个语言难度要素，并以中高级汉语视听说教材为研究对象，通过对语段的定量分析得出教材语料难度系数，进而衡量其适用程度。这一研究对汉语视听说教材编写有参考意义。

另外一类比较特别的研究是探讨计算机自动标注、自动判别中介语语法偏误的问题。王洁（2011）针对目前汉语中介语偏误人工标注缺乏一致性和效率低的问题，提出了计算机识别偏误的方法。首先从理论上分析计算机识别各类语法偏误的可行性，然后基于规则的方法进行实验验证。这是一项应该受到重视的智能化汉语教学基础研究。

4. 汉语教学资源运用与资源计算研究

资源运用是资源教学研究的表层体现。对资源深挖，通过不同的计算方法得到新的资源，使资源增值，也是资源研究的内容。不同类型的资源有不同的运用目的和方式。如本体语料库可用于汉语学习词典编纂、汉语分级读物编写、设计教材编写系统并自动控制语料难度等。

邢红兵（2013）从语料库的词汇知识提取角度，对外向型汉语学习词典的编纂提出了若干建议，如从语料库获取词语的使用频率、词语的功能及分布、词语的搭配及搭配频度，并充分考虑词语使用的典型结构框架。卢伟（2010）首先在语言输入材料难度研究的基础上，探讨阅读文本难度控制的语言变量及分级标准；从阅读材料的兴趣性和实用性、语言输入的真实性和可懂程度、语料驱动学习模式、二语阅读策略训练等方面论述汉语分级阅读资源的设计理念和总体构思，并介绍其技术实现方式和系统构成与主要功能。

在语料资源的基础上，实践新的教学模式或设计教学（软件）系统，利用资源编写汉语教材和教学例句或直接用于教学，都是运用的不同方式。刘鑫民（2007）认为，一个合格的汉语语法学习系统，不但能够展示汉语语法的规则，而且应该具有生成性，能够向学习者直观地揭示句子生成时的各种制约因素、生成过程和生成结果。基于这种观点，文章提出了一个生成型的汉语句子学习系统。卢伟（2006）运用心理语言学和第二语言习得理论，从定量分析、学习难度、语言项目复现等方面，对设计基于Web的对外汉语教材多媒体协同编著系统的理论依据进行了探讨。

（二）对汉语教学资源研究的新认识

回顾近 10 年来汉语教育技术的发展历程，对教学资源的研究有长足的进步，也有值得继续思考的问题。认清形势，有助于在世界教育技术的大发展时期，为汉语教学赢得新的发展机遇。

1. 教育技术视野下已有资源研究的状况

美国教育传播与技术协会分别于 1994 年、2005 年及 2017 年发布了有关教育技术的定义。教育技术的定义不仅明确指出教学资源是教育技术的研究对象之一，还阐述了其研究范畴。因此，从教育技术全面支撑教学设计、推动汉语教学发展的角度思考，一切有关汉语教学资源建设的设计、开发、利用、管理和评价的理论与实践研究，都属于汉语教育技术领域的工作。

若在教育技术定义下看待近 10 年来汉语教学资源研究的文献就会发现，已取得的有关资源研究的成果都可以在这一框架下找到相应的位置，或者说正是这一研究框架下的子集（如图 35 所示）。

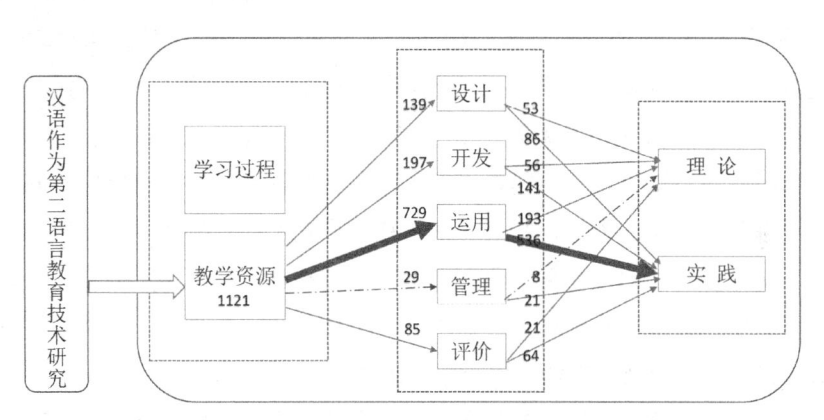

图 35　汉语作为第二语言教学的教学资源研究现状图谱[1]

从图 35 我们可以看到，教学资源利用方面的实践研究最多（如粗实线所示），教学资源管理的理论研究最少（如虚线所示）。

2. 更新资源观念并审视已有资源建设状况

（1）更新资源观念

技术的应用使教学领域产生了诸多变化，也引发了资源观的变化。比如，教学主体的呈现，教师从主导者变为参与者，并逐渐发展至资源或化身为智能教学系统；教学不在实地实施，而通过网络在虚拟环境下发生。以资源支撑和促进信息化教学，通

---

[1] 在文献标注时，可能存在兼类现象，因此各类别之和不完全相等。

过资源建设引领外语学习的革命,这些前沿问题都值得我们思考。面向信息时代的第二语言教学,没有资源,难以立足,更难以得到持续发展。

正确地认识资源,是为了更好地开发和利用资源。信息时代的教学和学习,促使我们对资源持发展和开放的态度,从宏观和战略的高度去重新认识资源的性质、形态和结构层次等概念。按照这样的认识,一切可被汉语学习利用的、有利于促进学习的资源都可以称为汉语教学资源。无论是显性的还是隐性的资源,无论是直接应用于课堂或网络教学的,还是在课堂和网络教学背后支撑教学研究和教学认知的资源,都应纳入汉语教学资源研究的范畴。

(2)审视已有资源建设状况

服务汉语教学的资源类型是多样的。对已有的汉语教学资源进行系统梳理,认清已取得的成果、现有的不足和真空地带,积极调整资源研究的方向,有助于实现信息时代资源驱动的语言教学。

从已有文献我们了解到,已有的资源研究类别繁多,有些可以按教学研究目的分类,如支撑教学基础研究和支撑教学系统研究的口语语料库、文本语料库、多模态语料库;有些可以按内容和目的分类,如面向汉字教学、词汇教学或语法教学的资源,面向听说读写技能训练的教学资源;有些可以按媒体特性分类,如单媒体或多媒体资源;有些可以按状态分类,如动态或静态资源;有些可以按使用对象分类,如面向初级、中级、高级或不同国别、不同母语背景学习者的资源;有些可以按不同场所分类,如课堂上或课堂外使用的资源,线上、线下和混合式资源;有些可以按作用方式分类,如资料型、指导型、双向互动型资源;有些可以按教学和学习功能分类,如教师使用、学生使用和通用型资源,教师培训案例库、学生测试题库;等等。分类本身不是目的,分类的根本目的是面向特定教学或研究问题的解决。

与信息时代资源驱动的语言教学相比,已有的资源研究成果都有继续建设的必要。举例来说,汉语中介语语料库的建设和研究,近些年来有了长足的进步,既有大规模综合类语料库,也有国别化或语别化专项类语料库;不仅有书面中介语语料库,也有口语中介语语料库、考试作文语料库、汉字偏误数据库等,不同机构或院校建立的语料库/数据库各具特色,但整合和共享、规模和全面性及代表性、标注规范等问题,一直没有得到很好解决。与汉语中介语语料库相比,面向汉语教学的本体语料库研究发展迟缓,可以说没有本质上的进步,这是非常遗憾的事情,甚至严重影响和限制了教学研究的开展和深入。简单地借用或试图从规模上取胜来建设的思路,并不一定能解决汉语教学的实际问题。

相比之下,对教学软实力资源的研发,对学习分析资源的研发,属于真空地带。

下面我们以具体的实例说明。基于交互反馈的汉语二语习得语料库建设是非常必要的，因为在对课堂教学学习者语料库、课堂教学中介语语料库、话语互动语料库的建设和研究中，我们可以发现有效教学与学习的结构和过程、教师反馈和学生领会的方式与条件、各类微技能与练习形式的关系、教材二次开发的特点和规律，这些都是汉语教学和教学研究的重要资源。另外，也应重视基于教学或学习理论研究的语料库建设，这类语料库目前尚属空白。有些是受限于技术能力而没能实现，有些是有教学平台建设需求而急需拓展，还有些是在教学新形式发展变化中体现出的新需求。

正确和全面地认识教学资源，是为了更有效地开发和利用资源。郑艳群（2013b）提出开启语料库网的研究构想。未来，汉语本体语料库、汉语学习者母语语料库、汉语中介语语料库，将与汉语教学和学习信息库贯通，形成结构化且相互关联的资源体系，共同为汉语学习服务。

3. 对资源建设的理论及方法和手段进行变革

在信息化教学时代，网络平台上不仅产生了教师使用的本体语料（库），也产生了学习者中介语语料（库），还有学习者背景信息、语言教学和学习行为数据（库）等多种类型的资源，应该大力开展对这些资源的研究，并将研究结果反馈于教学系统的研发，其价值是不言而喻的。全面完整地获取汉语教学资源，从理论上是来说是必要的，从实践上看也是可行的。

从理论上看，以往的教学系统缺少学习分析数据，导致教学软件系统的设计无所适从，交互和反馈功能开发也无从参照，因而无法具体地将学习过程控制的方法应用于实际的教学，也就无法产生理论上应有的学习绩效。就语言教学来说，教学资源的研发要扎根汉语教学，对教学对象、教学内容、教学方式和教学过程等方面进行深入解析。此外，还要借助大数据分析方法，在已有资源中挖掘更多的关联信息，揭示更多的汉语教学规律。如针对不同类型的语言点学习，以"聚焦形式"理论，挖掘聚焦形式片段的内涵因素、教师反馈因素、学生领会因素，构建出交互反馈学习模型。

从实践上看，教学资源的研发可以充分利用大数据技术。以往，一些学者通过转录教学数据并进行标注获取这类资源。这种传统的手工或作坊式的工作手段，显然不能满足获取大量数据和对大数据进行分析处理的需要，从数据获取到深度学习，都需要对资源建设的方法和手段进行变革，应着手研究基于网络大数据平台自动搜集、挖掘、识别和集成语言学习数据的各类工具，自动进行各类教学信息标注的软件工具，以及分类和聚类算法。未来有望通过数据挖掘和分析工具，系统地挖掘各类信息，并把这些知识体系融汇到教学系统设计中，按需推送给学习者，为学习者提供智能化服务。

4. 借鉴中文信息处理技术，解决资源研究中的共性和个性问题

汉语资源研究中有相当一部分问题涉及中文信息处理技术。虽然汉语中介语信息处理技术有别于汉语本体信息处理技术，教学数据分析对象有别于语料库研究对象，但在很多问题的处理上，都有相似或相同之处。

汉语中介语语料建设与加工大多遵循传统方式，无论是目标还是方法，本质上没有太大的创新和突破，已有的中文信息处理技术二三十年前的研究成果没有得到借鉴，如平衡性和代表性等问题、计算机自动标注问题，这是语料库研究的基本问题，也是共性问题，可是汉语中介语中文信息处理问题很晚才开始讨论，这实在是一个遗憾。事实上，中文信息处理很多方法和技术在汉语教育技术中都大有用武之地。例如，将话题检测技术用于计算汉语教材或课堂教学中结构与功能相互关系的检测，其他如应用情感计算、篇章语义关系计算和行为预测、交互过程计算等技术用于汉语教学资源研究，都可以也应当作为智能汉语教学系统的支撑。比如，在中文信息处理技术的发展过程中，人们逐步认识到了标准的重要性，并制定了一系列相关标准，为推进中文信息处理技术起到了重要作用。建设资源的重要目的是共享并产生应有的效益，因此标准是资源的生命线，也是教学的保障，同时还可以减少不必要的重复劳动。由来已久的课件重复制作就是一个典型的例子，教师花费了很多时间精力，但普遍效果欠佳。如果有了科学统一的资源建设标准，教学应用就有了依托；而参考标准所建设的资源和加工的信息，便会更具科学性。因此，建议汉语教学资源研究应补足和及时了解中文信息处理已取得的研究成果。不要单纯地考虑建设问题，而要把建设、加工、应用综合起来考虑，同时也要加强与中文信息处理人士的联合攻关。

当然，面向汉语教学的中文信息处理技术的重点，应放在解决和探讨对外汉语教学中的特殊问题上，解决好个性问题。例如，汉语语法偏误的自动识别、汉语中介语语音识别和汉语学习者汉字手写识别等问题，应针对这些问题研发专门的平台和工具；再如，国别化或语别化偏误词库的搜集和整理，互信息的获取，句法偏误特征形式归纳和偏误规律描写，这些都能为中介语偏误自动识别做好基础工作。

随着人们对资源认识的扩展和深入，对资源的研发也将全面而深入地开展。特别是面向未来的教学，资源既是表层的应用对象，又是实际推动教学和保障教学的基础和后盾。无论是对课堂教学，还是对网络教学，其意义都将是重要而深远的。围绕资源研究，既需要开展实践工作，也需要做理论分析。在教育技术理论指导下对汉语教学进行研究，正是汉语教育技术研究的目标和任务。汉语教学资源在新时期的汉语教学中必将发挥越来越重要的作用。

思考与练习

1. 请对 EuroCALL 进行简单介绍。
2. 从 EuroCALL 会议和其他国际会议的大会报告来看，外语教育技术领域的技术相关问题研究有什么特点？
3. 从 *ReCALL* 和其他国际外语教育技术学术期刊来看，外语教育技术中的教学与学习领域研究有什么特点？
4. 为什么要对文献信息统计数据进行关联关系考察？
5. 在商务英语教学研究中，关注度最高的技术类别是什么？请举例说明。

中文参考文献

埃德加·戴尔（1949）《视听教学法之理论》，杜维涛译，上海：中华书局。

北京语言大学"外国学生错字别字数据库"课题组（2006）"外国学生错字别字数据库"的建立与基于数据库的汉字教学研究，《语言教学与研究》第4期。

毕廷延（2010）英国：立法促进教育信息化建设，《人民政协报》5月26日。

曹文、张劲松（2009）面向计算机辅助正音的汉语中介语语音语料库的创制与标注，《语言文字应用》第4期。

曹贤文（2013）留学生汉语中介语纵向语料库建设的若干问题，《语言文字应用》第2期。

柴省三（2013）汉语水平考试（HSK）考生信息资源库的建设与应用，《语言教学与研究》第4期。

陈坚林（2004）大学英语网络化教学的理论内涵及其应用分析，《外语电化教学》第6期。

陈静、穆志纯、孙筱倩（2008）计算机模拟汉字字形认知过程的研究，《智能系统学报》第3期。

陈默、王建勤（2011）汉语声调教学的实验和计算机模拟研究，《语言教学与研究》第1期。

程珊、叶兴国（2015）不同认知语境下词汇概念搭配建构的认知理据研究——基于商务英语和普通英语语料库的"PREJUDICE"个案研究，《中国外语》第4期。

崔永华（2015）试论后方法时代的汉语教学资源建设，《国际汉语教学研究》第2期。

村上公一（2005）中日机器翻译与中文阅读教学，《第八届国际汉语教学讨论会论文选》编辑委员会编《第八届国际汉语教学讨论会论文选》，北京：高等教育出版社。

丁宇俏（2010）合作学习模式在商务汉语教学中的尝试——以浙江大学短期汉语培训为例，浙江大学硕士学位论文。

董玉琦、王靖、伊亮亮、边家胜、王珏、胡航、杨宁（2014）CTCL：教育技术学研究的新范式（3）——基础、命题与应用，《远程教育杂志》第3期。

高思畅、王建勤（2018）动态评估——语言能力评估的新思路，《华文教学与研究》第2期。

郭德俊（2005）《动机心理学：理论与实践》，北京：人民教育出版社。

郭昊、陈敏（2012）英国教育信息化概览，《世界教育信息》第7期。

韩宝成（2009）动态评价理论、模式及其在外语教育中的应用，《外语教学与研究》第6期。

何高大（2002）《现代教育技术与现代外语教学》，南宁：广西教育出版社。

何克抗、李文光（2009）《教育技术学》，北京：北京师范大学出版社。

胡春雨、陈丽丹、何安平（2019）《语料库辅助的商务英语短语教学研究》，北京：外语教学与研究出版社。

黄林林（2017）《MOOCs资源与大学英语课程教学 理论·技术·实践》，北京：外语教学与研究出版社。

黄晓萌、孙冬（2017）运用多媒体进行商务汉语教学的策略——纽约州立大学商务孔子学院《商务汉语全知道》在线广播课程的模式分析，《世界华文文学论坛》第4期。

季瑾（2006）基于语料库的商务汉语词语表及等级大纲构建的尝试与思考，第五届中文电化教学国际研讨会程序委员会编《第五届中文电化教学国际研讨会论文集》，北京：语文出版社。

江进林、许家金（2015）基于语料库的商务英语语域特征多维分析，《外语教学与研究》第2期。

雷哲超（2016）商务汉语网站交互性教学模式研究，北京大学对外汉语教育学院编《第六届东亚汉语教学研究生论坛暨第九届北京地区对外汉语教学研究生学术论坛论文集》。

李静、于志涛（2015）基于EBSCOhost的国际语言学习领域教育技术研究综述，《外语电化教学》第5期。

李开慧（2016）试论情景教学法在初级商务汉语口语教学中的运用，陕西师范大学硕士学位论文。

李泉、金香兰（2014）论国际汉语教学隐性资源及其开发，《语言教学与研究》第 2 期。

李向农、张晓苏（2012）留学生"汉语口语"多媒体辅助教学效果分析，《云南师范大学学报（对外汉语教学与研究版）》第 5 期。

李向农、张屹、何敏（2008）远程可视化对外汉语教学平台的设计，《云南师范大学学报（对外汉语教学与研究版）》第 1 期。

李晓东、曹红晖（2013）基于云平台的电子学档系统在商务英语教学中的应用，《外语电化教学》第 3 期。

李晓光（2016）商务话语共同体的词汇建构——商务英语专业话语建构研究之一，《外语学刊》第 3 期。

李燕凌、张金哲（2017）现代信息技术在商务汉语口语教学中的应用，《河北企业》第 1 期。

李颖（2016）《翻转的课堂，智慧的教师：高校外语课堂中的自我指导式学习》，北京：外语教学与研究出版社。

理查德·E.迈耶（2006）《多媒体学习》，牛勇、邱香译，北京：商务印书馆。

林金锡、张亦凝（2015）慕课对对外汉语教学的启示，《国际汉语教育》第 1 期。

刘长征、张普（2008）对外汉语教学用词表的多元化与动态更新，《语言文字应用》第 2 期。

刘日升、张泽梅、张志宇（2007）《信息技术与外语教学》，大连：辽宁师范大学出版社。

刘书慧（2018）留学生接受性和产出性词汇量测试的信效度检验，《吉林省教育学院学报》第 11 期。

刘翔虎（2018）《现代教育技术与自主学习：提升英语学习者听说技能有效性之行动研究（英文版）》，上海：上海交通大学出版社。

刘鑫民（2007）基于知识库的汉语语法学习系统，《云南师范大学学报（对外汉语教学与研究版）》第 3 期。

刘珣（2000）《对外汉语教育学引论》，北京：北京语言文化大学出版社。

卢福波（2016）《汉语语法点教学案例研究——多媒体课件设计运用》，北京：商务印书馆。

卢伟（2006）基于 WEB 的对外汉语教材编著系统：理论依据与设计开发，《外语电化教学》第 6 期。

卢伟（2009）网络环境下的汉语学习策略研究，《汉语教学学刊（第五辑）》，北京：北京大学出版社。

卢伟（2010）基于网络语料库的汉语分级阅读资源建设，《第十届国际汉语教学研讨会论文选》编辑委员会编《第十届国际汉语教学研讨会论文选》，辽宁：万卷出版公司、北方联合出版传媒集团。

罗红卫、祝智庭（2011）语言教学领域教育技术发展：一个国际视角的考察，《外语电化教学》第6期。

吕必松（1997）汉语教学中技能训练的系统性问题，《语言文字应用》第3期。

毛世桢（2002）《对外汉语教学语音测试研究》，北京：中国社会科学出版社。

庞维国（2001）论学生的自主学习，《华东师范大学学报（教育科学版）》第2期。

彭炜明、宋继华、赵敏（2014）面向国际汉语教学的语法资源库建设，《中国远程教育》第8期。

钱庆义（2014）建构主义理论下商务英语教学模式创新，《外国语文》第3期。

上海艾瑞市场咨询有限公司（2018）中国人工智能自适应教育行业研究报告（2018年），《艾瑞咨询系列研究报告》第2期。

申相德、李国俊（2009）电子商务发展对电子商务英语信息化教学的影响研究，《外语电化教学》第3期。

沈庶英（2015）商务汉语在线教学模式探索，《中国远程教育》第6期。

施春宏、张瑞朋（2013）论中介语语料库的平衡性问题，《语言文字应用》第2期。

司炳月（2017）《信息技术支持下的大学英语教师自主教学能力研究——基于辽宁省部分高校的调查》，北京：中央编译出版社。

宋春阳（2010）基于统计的汉语能力电脑辅助测试题型构成研究，费毓芳编《桃李学刊（第一辑）：上海交通大学国际教育学院十周年院庆论文集》，上海：上海交通大学出版社。

孙凤兰、胡加圣（2014）国内外CALL研究概论及其学科化发展趋势，《现代教育技术》第6期。

孙犁（2019）《新技术时代模范教师视角下的外语教学策略研究》，厦门：厦门大学出版社。

孙亚、王立非（2013）基于隐喻使用的《商务英语综合教程》评估，《外语界》第4期。

孙雁雁（2010）"激发输入—互动输出"模式在多媒体初级汉语口语教学中的运用，世界汉语教学学会秘书处编《第十届国际汉语教学研讨会论文选》，北京：高等教育出版社。

王飙（2009）中国大陆对外汉语视听教材述评与展望，《世界汉语教学》第 2 期。

王初明（2011）外语教学三大情结与语言习得有效路径，《外语教学与研究》第 4 期。

王菲（2009）基于网络连接主义的商务英语教学设计及评估，《外语与外语教学》第 11 期。

王建勤主编（2009）《第二语言习得研究》，北京：商务印书馆。

王洁（2011）计算机识别汉语语法偏误的可行性分析，《语言文字应用》第 1 期。

王立非（2012）商务英语词汇名化的语料库考察及批评分析，《外语电化教学》第 3 期。

王立非、黄湘琪（2011）高校机辅商务英语写作教学系统的研发，《外语电化教学》第 6 期。

王甦、汪安圣（1992）《认知心理学》，北京：北京大学出版社。

文秋芳（2010）《二语习得重点问题研究》，北京：外语教学与研究出版社。

吴秉健（2019）《教师网络学习共同体与英语教学数字化融合创新》，北京：世界图书出版公司。

吴砥、尉小荣、卢春（2013）中英高等教育信息化发展战略对比研究，《中国电化教育》第 2 期。

吴慧红（2007）语言测试实现从分立式到任务式的转变——任务式语言测试编制初探，中国心理学会编《第十一届全国心理学学术会议论文摘要集》。

肖奚强、周文华（2014）汉语中介语语料库标注的全面性及类别问题，《世界汉语教学》第 3 期。

谢天蔚（2006）博客、维基、网播与中文教学，《数字化汉语教学的研究与应用》，北京：语文出版社。

新华社（2019）中共中央国务院印发《中国教育现代化 2035》，《人民教育》第 5 期。

信世昌（2010）结合视讯会议及多媒体网站之汉语文化沟通教学，世界汉语教学学会秘书处编《第十届国际汉语教学研讨会论文选》，北京：高等教育出版社。

邢红兵（2013）基于语料库的词语知识提取与外向型词典编纂，《辞书研究》第3期。

熊玉珍（2012）基于测评的汉语个性化学习环境的构建，《电化教育研究》第3期。

徐廓（2017）中级商务汉语教材比较研究——以《新丝路中级速成商务汉语》和《实用商务汉语》为例，云南师范大学硕士学位论文。

许德宝（2012）网络参与式学习工具的评测与虚拟课堂软件的选择标准，《美国科技与中文教学》，北京：中国社会科学出版社。

许竹君（2004）实时在线讨论辅助学生英语学习的调查，《外语电化教学》第6期。

薛馨华、陈申（2008）网络教学的文化环境，《世界汉语教学》第3期。

焉德才、胡晓清（2013）基于偏误反馈的对韩汉语词汇教学信息库建设，《华文教学与研究》第2期。

杨胜娟、王静（2017）《大学英语教学改革实验及探索：基于翻转课堂》，成都：电子科技大学出版社。

姚道中（2006）利用反馈改进网上汉语教学，《汉语教学学刊（第二辑）》，北京：北京大学出版社。

殷和素（2011）从 *Language Learning & Technology* 载文看境外计算机辅助外语教学现状、动态，《电化教育研究》第11期。

尹婷、焦建利（2018）计算机辅助语言学习研究方法的新进展，《外语电化教学》第5期。

于涛（2010）多媒体计算机技术与对外汉语课程的整合研究——对我国多媒体辅助对外汉语教学研究状况的统计分析，《云南师范大学学报（对外汉语教学与研究版）》第2期。

余胜泉、毛芳（2005）非正式学习——E-Learning研究与实践的新领域，《电化教育研究》第10期。

张宝林（2013）关于通用型汉语中介语语料库标注模式的再认识，《世界汉语教学》第1期。

张宝林、崔希亮（2013）"全球汉语中介语语料库建设和研究"的设计理念，《语言教学与研究》第5期。

张德禄、黄立鹤（2018）《多模态与外语教育研究》，上海：同济大学出版社。

张红玲、朱晔、孙桂芳（2010）《网络外语教学理论与设计》，上海：上海外语教育出版社。

张凯（2013）《语言测试概论》，北京：商务印书馆。

张黎（2016）《专门用途汉语教学》，北京：北京语言大学出版社。

张璐、彭艳丽（2013）基于影视作品改编的中高级汉语视听说教材语料难度分析，《世界汉语教学》第2期。

张霓（2012）与数码时代同步——利用网络技术训练写作技能，《美国科技与中文教学》，北京：中国社会科学出版社。

张威（2012）口译研究跨学科探索：困惑与出路，《中国翻译》第3期。

张小峰（2012）视觉表征在对外汉语教学设计中的应用，《现代远距离教育》第3期。

赵学旻（2009）计算机网络与商务英语教学整合模式探讨，《外语电化教学》第4期。

赵杨（2015）《第二语言习得》，北京：外语教学与研究出版社。

郑春萍（2015）计算机辅助语言学习的国际动态与研究热点——2010～2014年CALL论文关键词分析，《现代教育技术》第7期。

郑通涛（2010）构建孔子学院全球教学管理平台研究，世界汉语教学学会秘书处编《第十届国际汉语教学研讨会论文选》，北京：高等教育出版社。

郑艳群（2006a）对外汉语计算机辅助教学的理论研究，北京：商务印书馆。

郑艳群（2006b）对外汉语计算机辅助教学的实践研究，北京：商务印书馆。

郑艳群（2012）多属性标注的汉语口语教学多媒体素材库建设及应用，《语言教学与研究》第5期。

郑艳群（2013a）汉语网络学习的数字环境与生态环境体系设计，《汉语学习》第2期。

郑艳群（2013b）语料库技术在汉语教学中的应用透视，《语言文字应用》第1期。

郑艳群（2015）新时期信息技术背景下汉语国际教育新思路，《国际汉语教学研究》第2期。

郑艳群（2016）汉语教学数据挖掘：意义和方法，《语言文字应用》第4期。

郑艳群（2017）汉语教育技术研究的新进展与新认识，《国际汉语教学研究》第4期。

郑艳群（2018）汉语教学资源研究的新进展与新认识，《语言文字应用》第3期。

郑艳群（2020）教学分析与教学计算：大数据时代汉语教学研究方法探新，《国际汉语教学研究》第2期。

郑艳群等（1999）《多媒体汉字字典》（HSK 甲级汉字）（英文版），北京：北京语言文化大学出版社。

中国社会科学院语言研究所词典编辑室（2016）《现代汉语词典》（第 7 版），北京：商务印书馆。

周红（2017）基于案例教学法的国际商务汉语师资培训模式探究，《国际汉语教育》（中英文）第 2 期。

周婕（2015）"商务汉语口语"任务型教学法的实践与研究——以泰国普吉皇家大学为例，内蒙古师范大学硕士学位论文。

周静、赵志靖（2011）数字故事设计及其教学应用，《中国教育技术装备》第 36 期。

周小兵（2017）国际汉语教材语料库的建设与应用，《语言文字应用》第 1 期。

朱宇（2010）再探电子抽认卡对美国汉语初学者汉字记忆的影响，《世界汉语教学》第 1 期。

邹珍翠（2013）在沪部分外企外籍商务人士学习与使用汉语情况调查报告，上海外国语大学硕士学位论文。

英文参考文献

Abraham, L. B. (2008) Computer-mediated glosses in second language reading comprehension and vocabulary learning: A meta-analysis. *Computer Assisted Language Learning* 21.3, 199–226.

Abrams, Z. I. (2002) Surfing to cross-cultural awareness: Using internet-mediated projects to explore cultural stereotypes. *Foreign Language Annals* 35.2, 141–160.

Abrams, Z. I. (2003) The effect of synchronous and asynchronous CMC on oral performance in German. *The Modern Language Journal* 87.2, 157–167.

Abrams, Z. I. (2008) Sociopragmatic features of learner-to-learner computer-mediated communication. *CALICO Journal* 26.1, 1–27.

Abrams, Z. I. (2016) Possibilities and challenges of learning German in a multimodal environment: A case study. *ReCALL* 28.3, 343–363.

Absalom, M. & Pais Marden, M. (2004) Email communication and language learning at university：An Australian case study. *Computer Assisted Language Learning* 17.3–4, 403–440.

Absalom, M. & Rizzi, A. (2008) Comparing the outcomes of online listening versus online text-based tasks in university level Italian L2 study. *ReCALL* 20.1, 55–66.

AbuSeileek, A. F. M. (2008) Hypermedia annotation presentation: Learners' preferences and effect on EFL reading comprehension and vocabulary acquisition. *CALICO Journal* 25.2, 260–275.

AbuSeileek, A. F. M. & Abualsha'r, A. (2014) Using peer computer-mediated corrective feedback to support EFL learners' writing. *Language Learning & Technology* 18.1, 76–95.

Ai, H. (2017) Providing graduated corrective feedback in an intelligent computer-assisted language learning environment. *ReCALL* 29.3, 313–334.

Aldukhayel, D. (2019) Vlogs in L2 listening: EFL learners' and teachers' perceptions. *Computer Assisted Language Learning* 20.2, 1–20.

Alhamami, M. (2018) Beliefs about and intention to learn a foreign language in face-to-face and online settings. *Computer Assisted Language Learning* 31.1–2, 90–113.

Alhazmi, K., Milton, J., & Johnston, S. (2019) Examining 'vowel blindness' among native Arabic speakers reading English words from the perspective of eye-tracking. *System* 80, 235–245.

Al-Jarf, R. S. (2004) The effects of Web-based learning on struggling EFL college writers. *Foreign Language Annals* 37.1, 49–57.

Al-Seghayer, K. (2005) ESL readers' perceptions of reading in well structured and less structured hypertext environment. *CALICO Journal* 22.2, 191–212.

Altstaedter, L. L. & Jones, B. (2009) Motivating students' foreign language and culture acquisition through web-based inquiry. *Foreign Language Annals* 42.4, 640–657.

Ambard, P. D. & Ambard, L. K. (2012) Effects of narrative script advance organizer strategies used to introduce video in the foreign language classroom. *Foreign Language Annals* 45.2, 203–228.

Amer, M. (2014) Language learners' usage of a mobile learning application for learning idioms and collocations. *CALICO Journal* 31.3, 285–302.

Amiryousefi, M. (2016) The differential effects of two types of task repetition on the complexity, accuracy, and fluency in computer-mediated L2 written production: A focus on computer anxiety. *Computer Assisted Language Learning* 29.5, 1052–1068.

Amiryousefi, M. (2017) The differential effects of collaborative vs. individual prewriting planning on computer-mediated L2 writing: Transferability of task-based linguistic skills in focus. *Computer Assisted Language Learning* 30.8, 766–786.

Andujar, A. & Salaberri-Ramiro, M. S. (2019) Exploring chat-based communication in the EFL class: Computer and mobile environments. *Computer Assisted Language Learning* 34.1, 1–28.

Angelova, M. & Zhao, Y. (2016) Using an online collaborative project between American and Chinese students to develop ESL teaching skills, cross-cultural awareness and language skills. *Computer Assisted Language Learning* 29.1, 167–185.

Appel, C. & Gilabert, R. (2002) Motivation and task performance in a task-based web-based tandem project. *ReCALL* 14.1, 16–31.

Ariew, R. & Ercetin, G. (2004) Exploring the potential of hypermedia annotations for second language reading. *Computer Assisted Language Learning* 17.2, 237–259.

Arnold, J. & Brown, H. D. (1999) A map of the terrain. In J. Arnold (ed.), *Affect in Language Learning*. Cambridge: Cambridge University Press. 1–24.

Arnold, N. & Ducate, L. (2006) Future foreign language teachers' social and cognitive collaboration in an online environment. *Language Learning and Technology* 10.1, 42–66.

Arnold, N., Ducate, L., Lomicka, L., & Lord, G. (2005) Using computer-mediated communication to establish social and supportive environments in teacher education. *CALICO Journal* 22.3, 537–566.

Atai, M. R. & Dashtestani, R. (2013) Iranian English for academic purposes (EAP) stakeholders' attitudes toward using the Internet in EAP courses for civil engineering students: Promises and challenges. *Computer Assisted Language Learning* 26.1, 21–38.

Atkinson, D., Churchill, E., Nishino, T., & Okada, H. (2018) Language learning great and small: Environmental support structures and learning opportunities in a sociocognitive approach to second language acquisition/teaching. *The Modern Language Journal* 102.3, 471–493.

Avgousti, M. I. (2018) Intercultural communicative competence and online exchanges: A systematic review. *Computer Assisted Language Learning* 31.8, 819–853.

Ayoun, D. (2000) Web-based elicitation tasks in SLA research. *Language Learning & Technology* 3.2, 77–98.

Ayres, R. (2002) Learner attitudes towards the use of CALL. *Computer Assisted Language Learning* 15.3, 241–249.

Azari, M. H. (2017) Effect of weblog-based process approach on EFL learners' writing performance and autonomy. *Computer Assisted Language Learning* 30.6, 529–551.

Back, M. (2013) Using Facebook data to analyze learner interaction during study abroad. *Foreign Language Annals* 46.3, 377–401.

Bai, B., Wang, J., & Chai, C. S. (2019) Understanding Hong Kong primary school English teachers' continuance intention to teach with ICT. *Computer Assisted Language Learning* 14.2, 1–23.

Bakhoda, I. & Shabani, K. (2019) Bringing L2 learners' learning preferences in the mediating process through computerized dynamic assessment. *Computer Assisted Language Learning* 32.3, 210–236.

Balaman, U. (2018) Task-induced development of hinting behaviors in online task-oriented L2 interaction. *Language Learning & Technology* 22.2, 95–115.

Balaman, U. & Sert, O. (2017) Development of L2 interactional resources for online collaborative task accomplishment. *Computer Assisted Language Learning* 30.7, 601–630.

Bañados, E. (2006) A blended-learning pedagogical model for teaching and learning EFL successfully through an online interactive multimedia environment. *CALICO Journal* 23.3, 533–550.

Bandura, A. (1988) Organisational applications of social cognitive theory. *Australian Journal of Management* 13.2, 275–302.

Bandura, A. (1993) Perceived self-efficacy in cognitive development and functioning. *Educational Psychologist* 28.2, 117–148.

Bandura, A. (2010) Self-efficacy. In *The Corsini Encyclopedia of Psychology* (4th Edition). Hoboken, NJ: John Wiley & Sons. 1534–1536.

Baralt, M. & Morcillo Gomez, J. (2017) Task-based language teaching online: A guide for teachers. *Language Learning & Technology* 21.3, 28–43.

Barkaoui, K. (2016) What and when second-language learners revise when responding to timed writing tasks on the computer: The roles of task type, second language proficiency, and keyboarding skills. *The Modern Language Journal* 100.1, 320–340.

Barr, J. D. (2013) Embedding technology in translation teaching: Evaluative considerations for courseware integration. *Computer Assisted Language Learning* 26.4, 295–310.

Barr, J. D. & Gillespie, J. H. (2003) Creating a computer-based language learning environment. *ReCALL* 15.1, 68–78.

Barrette, C. M. (2015) Usefulness of technology adoption research in introducing an online workbook. *System* 49, 133–144.

Barrière, C. & Duquette, L. (2002) Cognitive-based model for the development of a reading tool in FSL. *Computer Assisted Language Learning* 15.5, 469–481.

Barrs, K. (2012) Fostering computer-mediated L2 interaction beyond the classroom. *Language Learning & Technology* 16.1, 10–25.

Barson, J., Frommer, J., & Schwartz, M. (1993) Foreign language learning using email in a task-oriented perspective: Interuniversity experiments in communication and collaboration. *Journal of Science and Technology* 2.4, 565–584.

Basanta, C. P. (2004) Pedagogic aspects of the design and content of an online course for the development of lexical competence: ADELEX. *ReCALL* 16.1, 20–40.

Basharina, O. (2009) Student agency and language-learning processes and outcomes in international online environments. *CALICO Journal* 26.2, 390–412.

Baumgartner, L. M., Lee, M. Y., Birden, S., & Flowers, D. (2003) *Adult Learning Theory: A Primer* [Information Series]. Columbus, OH: Center on Education and Training for Employment, College of Education, Ohio State University.

Beatty, K. (2013) *Teaching & Researching: Computer-Assisted Language Learning*. London: Routledge.

Beaven, A. & Livatino, L. (2012) CEFcult: Online assessment of oral language skills in an intercultural workplace. *Procedia – Social and Behavioral Sciences* 34, 25–28.

Belén Díez-Bedmar, M. & Pérez-Paredes, P. (2012) The types and effects of peer native speakers' feedback on CMC. *Language Learning & Technology* 16.1, 62–90.

Belz, J. A. & Vyatkina, N. (2008) The pedagogical mediation of a developmental learner corpus for classroom-based language instruction. *Language Learning & Technology* 12.3, 33–52.

Beuls, K. (2014) Grammatical error diagnosis in Fluid Construction Grammar: A case study in L2 Spanish verb morphology. *Computer Assisted Language Learning* 27.3, 246–260.

Bhatia, V. (2002) Applied genre analysis: A multi-perspective model. *Ibérica: Revista de la Asociación Europea de Lenguas para fines específicos (AELFE)* 4, 3–19.

Biesenbach-Lucas, S. & Weasenforth, D. (2001) E-mail and word processing in the ESL classroom: How the medium affects the message. *Language Learning & Technology* 5.1, 135–165.

Biesenbach-Lucas, S. & Weasenforth, D. (2002) Virtual office hours: Negotiation strategies in electronic conferencing. *Computer Assisted Language Learning* 15.2, 147–165.

Blattner, G. & Fiori, M. (2011) Virtual social network communities: An investigation of language learners' development of sociopragmatic awareness and multiliteracy skills. *CALICO Journal* 29.1, 24–43.

Bloch, J. (2009) The design of an online concordancing program for teaching about reporting verbs. *Language Learning & Technology* 13.1, 59–78.

Blok, H. B., Daalen-Kapteijn, M. V., Otter, M. E., & Overmaat, M. (2001) Using computers to learn words in the elementary grades: An evaluation framework and a review of effect studies. *Computer Assisted Language Learning* 14.2, 99–128.

Blume, C. (2019) Playing by their rules: Why issues of capital (should) influence digital game-based language learning in schools. *CALICO Journal* 36.1, 19–38.

Bodnar, S., Cucchiarini, C., Penning de Vries, B., Strik, H., & Van Hout, R. (2017) Learner affect in computerised L2 oral grammar practice with corrective feedback. *Computer Assisted Language Learning* 30.3–4, 223–246.

Borthwick, K. & Gallagher-Brett, A. (2014) 'Inspiration, ideas, encouragement': Teacher development and improved use of technology in language teaching through open educational practice. *Computer Assisted Language Learning* 27.2, 163–183.

Boulon, J. (2002) Narcy's learning stages as the base for creating multimedia modules for L2 acquisition. *ReCALL* 14.1, 109–119.

Bozorgian, H. & Alamdari, E. F. (2018) Multimedia listening comprehension: Metacognitive instruction or metacognitive instruction through dialogic interaction. *ReCALL* 30.1, 131–152.

Brandl, K. (2002) The integration of internet-based reading materials into the foreign language curriculum: From teacher- to student-centered approaches. *Language Learning & Technology* 6.3, 87–107.

Brandl, K. (2012) Effects of required and optional exchange tasks in online language learning environments. *ReCALL* 24.1, 85–107.

Breeze, R. (2015) Teaching the vocabulary of legal documents: A corpus-driven approach. *ESP Today* 3.1, 44–63.

Brett, D. (2004) Computer generated feedback on vowel production by learners of English as a second language. *ReCALL* 16.1, 103–113.

Brown, C. J. (2018) Flipping the ESL/EFL academic classroom: A group leader discussion activity. In J. Mehring & A. Leis (eds.), *Innovations in Flipping the Language Classroom*. Singapore: Springer Nature Singapore. 147–168.

Brudermann, C. (2010) From action research to the implementation of ICT pedagogical tools: Taking into account students' needs to propose adjusted online tutorial practice. *ReCALL* 22.2, 172–190.

Buckingham, L. & Alpaslan, R. S. (2017) Promoting speaking proficiency and willingness to communicate in Turkish young learners of English through asynchronous computer-mediated practice. *System* 65, 25–37.

Bueno-Alastuey, M. C. & Kleban, M. (2016) Matching linguistic and pedagogical objectives in a telecollaboration project: A case study. *Computer Assisted Language Learning* 29.1, 148–166.

Burnage, G. (2001) Approaches to university network-based language learning. *ReCALL* 13.2, 167–178.

Burston, J. (2001a) Computer-mediated feedback in composition correction. *CALICO Journal* 19.1, 37–50.

Burston, J. (2001b) Exploiting the potential of a computer-based grammar checker in conjunction with self-monitoring strategies with advanced level students of French. *CALICO Journal* 18.3, 499–515.

Burston, J. (2005) Video dubbing projects in the foreign language curriculum. *CALICO Journal* 23.1, 79–92.

Bush, M. D. (2000) Digital versatile disc (DVD): The new medium for interactive video. *CALICO Journal* 17.3, 453–474.

Bush, M. D. (2010) Born in Zanzibar, computerized in Provo, Utah: A systematic instructional design approach for Swahili CALL. *CALICO Journal* 27.3, 505–516.

Byram, M. (1995) Acquiring intercultural competence: A review of learning theories. In L. Sercu (ed.), *Intercultural Competence: The Secondary School*, Vol 1. Aalborg: Aalborg University Press. 53–67.

Bytheway, J. (2015) A taxonomy of vocabulary learning strategies used in massively multiplayer online role-playing games. *CALICO Journal* 32.3, 508–527.

Cai, S. & Zhu, W. (2012) The impact of an online learning community project on university Chinese as a foreign language students' motivation. *Foreign Language Annals* 45.3, 307–329.

Campbell, D. F. (2004) Delivering an online translation course. *ReCALL* 16.1, 114–123.

Campoy-Cubillo, M. C., Belles-Fortuno, B., & Gea-Valor, M. L. (eds.) (2010) *Corpus-Based Approaches to English Language Teaching*. London: Continuum.

Canals, L. & Al-Rawashdeh, A. (2019) Teacher training and teachers' attitudes towards educational technology in the deployment of online English language courses in Jordan. *Computer Assisted Language Learning* 32.7, 639–664.

Canto, S., Jauregi, K., & Van den Bergh, H. (2013) Integrating cross-cultural interaction through video-communication and virtual worlds in foreign language teaching programs: Is there an added value? *ReCALL* 25.1, 105–121.

Cardenas-Claros, M. S. & Gruba, P. A. (2013) Decoding the "CoDe": A framework for conceptualizing and designing help options in computer-based second language listening. *ReCALL* 25.2, 250–271.

Carey, M. (2004) CALL visual feedback for pronunciation of vowels: Kay Sona-Match. *CALICO Journal* 21.3, 571–601.

Carroll, J. B. (1961) Fundamental considerations in testing for English language proficiency of foreign students. In *Testing the English Proficiency of Foreign Students*. Washington, DC: Center for Applied Linguistics. 30–40.

Carroll, J. B. (1963) *A Model of School Learning*. New York: Teachers College Record.

Casal, J. E. (2016) Criterion online writing evaluation. *CALICO Journal* 33.1, 146–155.

Castañeda, D. A. & Cho, M. H. (2016) Use of a game-like application on a mobile device to improve accuracy in conjugating Spanish verbs. *Computer Assisted Language Learning* 29.7, 1195–1204.

Caws, C. G. (2013) Evaluating a web-based video corpus through an analysis of user interactions. *ReCALL* 25.1, 85–104.

Celik, S. (2013) Internet-assisted technologies for English language teaching in Turkish universities. *Computer Assisted Language Learning* 26.5, 468–483.

Cerezo, L. (2016) Type and amount of input-based practice in CALI: The revelations of a triangulated research design. *Language Learning & Technology* 20.1, 100–123.

Chambers, A. & O'Sullivan, I. (2004) Corpus consultation and advanced learners' writing skills in French. *ReCALL* 16.1, 158–172.

Chan, C. H. Y. (2014) Building an online library for interpretation training: Explorations into an effective blended-learning mode. *Computer Assisted Language Learning* 27.5, 454–479.

Chan, T. P. & Liou, H. C. (2005) Effects of web-based concordancing instruction on EFL students' learning of verb-noun collocations. *Computer Assisted Language Learning* 18.3, 231–251.

Chandler, P. & Sweller, J. (1991) Cognitive load theory and the format of instruction. *Cognition and Instruction* 8.4, 293–332.

Chang, C. K. & Hsu, C. K. (2011) A mobile-assisted synchronously collaborative translation-annotation system for English as a foreign language (EFL) reading comprehension. *Computer Assisted Language Learning* 24.2, 155–180.

Chang, H. & Windeatt, S. (2016) Developing collaborative learning practices in an online language course. *Computer Assisted Language Learning* 29.8, 1271–1286.

Chang, J. W., Lee, M. C., Su, C. Y., & Wang, T. I. (2017) Effects of using self-explanation on a web-based Chinese sentence-learning system. *Computer Assisted Language Learning* 30.1–2, 44–63.

Chang, J. Y. (2014) The use of general and specialized corpora as reference sources for academic English writing: A case study. *ReCALL* 26.2, 243–259.

Chang, M. M. (2005) Applying self-regulated learning strategies in a web-based instruction: An investigation of motivation perception. *Computer Assisted Language Learning* 18.3, 217–230.

Chang, M. M. (2010) Effects of self-monitoring on web-based language learner's performance and motivation. *CALICO Journal* 27.2, 298–310.

Chang, W. C., Liao, C. Y., & Chan, T. W. (2019) Improving children's textual cohesion and writing attitude in a game-based writing environment. *Computer Assisted Language Learning* 34.1–2, 133–158.

Chang, W. L. & Sun, Y. C. (2009) Scaffolding and web concordancers as support for language learning. *Computer Assisted Language Learning* 22.4, 283–302.

Chao, C. C. (2015) Rethinking transfer: Learning from CALL teacher education as consequential transition. *Language Learning & Technology* 19.1, 102–118.

Chapelle, C. A. & Heift, T. (2009) Individual learner differences in CALL: The field independence/dependence (FID) construct. *CALICO Journal* 26.2, 246–266.

Chen, A. C. H. (2016) A critical evaluation of text difficulty development in ELT textbook series: A corpus-based approach using variability neighbor clustering. *System* 58, 64–81.

Chen, C. F. E. & Cheng, W. Y. E. C. (2008) Beyond the design of automated writing evaluation: Pedagogical practices and perceived learning effectiveness in EFL writing classes. *Language Learning & Technology* 12.2, 94–112.

Chen, C. M., Chen, L. C., & Yang, S. M. (2019) An English vocabulary learning app with self-regulated learning mechanism to improve learning performance and motivation. *Computer Assisted Language Learning* 32.3, 237–260.

Chen, C. M., Liu, H., & Huang, H. B. (2019) Effects of a mobile game-based English vocabulary learning app on learners' perceptions and learning performance: A case study of Taiwanese EFL learners. *ReCALL* 31.2, 170–188.

Chen, H. H. J. (2011) Developing and evaluating an oral skills training website supported by automatic speech recognition technology. *ReCALL* 23.1, 59–78.

Chen, I. J. & Chang, C. C. (2011) Content presentation modes in mobile language listening tasks: English proficiency as a moderator. *Computer Assisted Language Learning* 24.5, 451–470.

Chen, J., Belkada, S., & Okamoto, T. (2004) How a web-based course facilitates acquisition of English for academic purposes. *Language Learning & Technology* 8.2, 33–49.

Chen, J. C. (2018) The interplay of tasks, strategies and negotiations in Second Life. *Computer Assisted Language Learning* 31.8, 960–986.

Chen, J. C. & Brown, K. L. (2012) The effects of authentic audience on English as a second language (ESL) writers: A task-based, computer-mediated approach. *Computer Assisted Language Learning* 25.5, 435–454.

Chen, M. H., Huang, S. T., Chang, J. S., & Liou, H. C. (2015) Developing a corpus-based paraphrase tool to improve EFL learners' writing skills. *Computer Assisted Language Learning* 28.1, 22–40.

Chen, N. S. & Hsieh, S. W. (2008) Effects of short-term memory and content representation type on mobile language learning. *Language Learning & Technology* 12.3, 93–113.

Chen, P. J. (2016) Learners' metalinguistic and affective performance in blogging to write. *Computer Assisted Language Learning* 29.4, 790–814.

Chen, W. C., Shih, Y. C. D., & Liu, G. Z. (2015) Task design and its induced learning effects in a cross-institutional blog-mediated telecollaboration. *Computer Assisted Language Learning* 28.4, 285–305.

Chen, X. B. (2013) Tablets for informal language learning: Student usage and attitudes. *Language Learning & Technology* 17.1, 20–36.

Chen, Z. H. & Liu, W. Y. (2019) A six-stage story structure approach for elementary students' story production: Quality, interest, and attitude. *Computer Assisted Language Learning* 34.1–2, 184–207.

Cheng, R. (2010) Computer-mediated scaffolding in L2 students' academic literacy development. *CALICO Journal* 28.1, 74–98.

Chenoweth, N. A. & Murday, K. (2003) Measuring student learning in an online French course. *CALICO Journal* 20.2, 285–314.

Chiu, C. Y. & Savignon, S. J. (2006) Writing to mean: Computer-mediated feedback in online tutoring of multidraft compositions. *CALICO Journal* 24.1, 97–114.

Chiu, T. L., Liou, H. C., & Yeh, Y. (2007) A study of web-based oral activities enhanced by automatic speech recognition for EFL college learning. *Computer Assisted Language Learning* 20.3, 209–233.

Chmelíková, G. & Hurajová, L' (2017) How to foster students' study activity via ICT and real projects. *Journal of Teaching English for Specific and Academic Purposes* 5.2, 173–177.

Cho, H. (2016) Task dependency effects of collaboration in learners' corpus consultation: An exploratory case study. *ReCALL* 28.1, 44–61.

Choi, I. C. (2016) Efficacy of an ICALL tutoring system and process-oriented corrective feedback. *Computer Assisted Language Learning* 29.2, 334–364.

Chomsky, N. (1957) *Syntactic Structures.* The Hague: Mouton.

Chou, I. C. (2012) Understanding on-screen reading behaviors in academic contexts: A case study of five graduate English-as-a-second-language students. *Computer Assisted Language Learning* 25.5, 411–433.

Chou, I. C. (2016) Reading for the purpose of responding to literature: EFL students' perceptions of e-books. *Computer Assisted Language Learning* 29.1, 1–20.

Chukharev-Hudilainen, E. & Klepikova, T. A. (2016) The effectiveness of computer-based spaced repetition in foreign language vocabulary instruction: A double-blind study. *CALICO Journal* 33.3, 334–354.

Chukharev-Hudilainen, E. & Saricaoglu, A. (2016) Causal discourse analyzer: Improving automated feedback on academic ESL writing. *Computer Assisted Language Learning* 29.3, 494–516.

Chun, D. M. (2001) L2 reading on the web: Strategies for accessing information in hypermedia. *Computer Assisted Language Learning* 14.5, 367–403.

Cohen, A. & Ezra, O. (2018) Development of a contextualised MALL research framework based on L2 Chinese empirical study. *Computer Assisted Language Learning* 31.7, 764–789.

Cohen, A. D. (1998) *Strategies in Learning and Using a Second Language.* London: Longman.

Cohen, A. D. (2011) Communicating grammatically: Evaluating a learner strategy website for Spanish grammar. *CALICO Journal* 29.1, 145–172.

Cohen, A. D. & Wang, I. K. H. (2019) Fine-tuning word meanings through mobile app and online resources: A case study of strategy use by a hyperpolyglot. *System* 85, 102–106.

Collentine, J. (2000) Insights into the construction of grammatical knowledge provided by user-behavior tracking technologies. *Language Learning & Technology* 3.2, 44–57.

Collentine, J. & Collentine, K. (2015) Input and output grammar instruction in tutorial CALL with a complex grammatical structure. *CALICO Journal* 32.2, 273–298.

Collentine, K. (2009) Learner use of holistic language units in multimodal, task-based synchronous computer-mediated communication. *Language Learning & Technology* 13.2, 68–87.

Collentine, K. (2011) Learner autonomy in a task-based 3D world and production. *Language Learning & Technology* 15.3, 50–67.

Comelles, E., Laso, N. J., Forcadell, M., Castaño, E., Feijóo, S., & Verdaguer, I. (2013) Using online databases in the linguistics classroom: Dealing with clause patterns. *Computer Assisted Language Learning* 26.3, 282–294.

Corbeil, G. (2007) Using the French tutor multimedia package or a textbook to teach two French past tense verbs: Which approach is more effective? *CALICO Journal* 24.2, 313–330.

Cornillie, F., Clarebout, G., & Desmet, P. (2012) Between learning and playing? Exploring learners' perceptions of corrective feedback in an immersive game for English pragmatics. *ReCALL* 24.3, 257–278.

Coryell, J. E. & Chlup, D. T. (2007) Implementing e-learning components with adult English language learners: Vital factors and lessons learned. *Computer Assisted Language Learning* 20.3, 263–278.

Cotos, E. (2011) Potential of automated writing evaluation feedback. *CALICO Journal* 28.2, 420–459.

Cotos, E. (2014) Enhancing writing pedagogy with learner corpus data. *ReCALL* 26.2, 202–224.

Cox, T. & Davies, R. S. (2012) Using automatic speech recognition technology with elicited oral response testing. *CALICO Journal* 29.4, 601–618.

Cronbach, L. J., Rajaratnam, N., & Gleser, G. C. (1963) Theory of generalizability: A liberalization of reliability theory. *British Journal of Statistical Psychology* 16.2, 137–163.

Cross, J. (2007) *Informal Learning*. San Francisco: Pfeiffer.

Cross, J. (2011) Comprehending news videotexts: The influence of the visual content. *Language Learning & Technology* 15.2, 44–68.

Cummins, J. (1981) The role of primary language development in promoting educational success for language minority students. In J. Cummins (ed.), *Schooling and Language Minority Students: A Theoretical Framework*. Los Angeles: Evaluation, Dissemination, and Assessment Center. 3–49.

Darhower, M. A. (2002) Interactional features of synchronous computer-mediated communication in the intermediate L2 class: A sociocultural case study. *CALICO Journal* 19.2, 249–277.

Darhower, M. A. (2014) Synchronous computer-mediated dynamic assessment: A case study of L2 Spanish past narration. *CALICO Journal* 31.2, 221–243.

De Andrés Martínez, C. (2012) Developing metacognition at a distance: Sharing students' learning strategies on a reflective blog. *Computer Assisted Language Learning* 25.2, 199–212.

De Felice, R. & Pulman, S. (2009) Automatic detection of preposition errors in learner writing. *CALICO Journal* 26.3, 512–528.

De la Fuente, M. J. (2014) Learners' attention to input during focus on form listening tasks: The role of mobile technology in the second language classroom. *Computer Assisted Language Learning* 27.3, 261–276.

De Ridder, I. (2002) Visible or invisible links: Does the highlighting of hyperlinks affect incidental vocabulary learning text comprehension and the reading process? *Language Learning & Technology* 6.1, 123–146.

De Vries, B. P., Cucchiarini, C., Bodnar, S., Strik, H., & Van Hout, R. (2015) Spoken grammar practice and feedback in an ASR-based CALL system. *Computer Assisted Language Learning* 28.6, 550–576.

D'Eça, T. A. & Gonzalez, D. (2006) Becoming a webhead: Bridging the gap from classroom to blended or online teaching. *CALICO Journal* 23.3, 569–580.

Deci, E. L. & Ryan, R. M. (1985a) *Intrinsic Motivation and Self-determination in Human Behavior*. New York, NY: Plenum.

Deci, E. L. & Ryan, R. M. (1985b) The general causality orientations scale: Self-determination in personality. *Journal of Research in Personality* 19.2, 109–134.

DeHaan, J., Johnson, N. H., Yoshimura, N., & Kondo, T. (2012) Wiki and digital video use in strategic interaction-based experiential EFL learning. *CALICO Journal* 29.2, 249–268.

DeHaan, J., Reed, W. M., & Kuwanda, K. (2010) The effect of interactivity with a music video game on second language vocabulary recall. *Language Learning & Technology* 14.2, 74–94.

Del Rosal, K., Conry, J., & Wu, S. (2017) Exploring the fluid online identities of language teachers and adolescent language learners. *Computer Assisted Language Learning* 30.5, 390–408.

DelliCarpini, M. (2012) Building computer technology skills in TESOL teacher education. *Language Learning & Technology* 16.2, 14–23.

Del-Moral-Pérez, M. E., Villalustre-Martínez, L., & Neira-Piñeiro, M. D. R. (2019) Teachers' perception about the contribution of collaborative creation of digital storytelling to the communicative and digital competence in primary education schoolchildren. *Computer Assisted Language Learning* 32.4, 342–365.

Deutschmann, M., Panichi, L., & Molka-Danielsen, J. (2009) Designing oral participation in Second Life: A comparative study of two language proficiency courses. *ReCALL* 21.2, 206–226.

Dhonau, S. & McAlpine, D. (2002) "Streaming" best practices: Using digital video-teaching segments in the FL/ESL methods course. *Foreign Language Annals* 35.6, 632–636.

Dickey, M. D. (2005) Three-dimensional virtual worlds and distance learning: Two case studies of active worlds as a medium for distance education. *British Journal of Educational Technology* 36.3, 439–451.

Dodigovic, M. (2005) Vocabulary profiling with electronic corpora: A case study in computer assisted needs analysis. *Computer Assisted Language Learning* 18.5, 443–455.

Dörnyei, Z. (1994) Motivation and motivating in the foreign language classroom. *Modern Language Journal* 78.3, 273–284.

Dörnyei, Z. (2005) Motivation and self-motivation. In Z. Dörnyei (ed.), *The Psychology of the Language Learner: Individual Differences in Second Language Acquisition*. Mahwah, NJ: Lawrence Erlbaum. 65–119.

Dörnyei, Z. (2009) The L2 motivational self system. In Z. Dörnyei & E. Ushioda (eds.), *Motivation, Language Identity and the L2 Self.* Bristol: Multilingual Matters. 9–42.

Ducar, C. & Schocket, D. H. (2018) Machine translation and the L2 classroom: Pedagogical solutions for making peace with Google translate. *Foreign Language Annals* 51.4, 779–795.

Ducate, L. C. & Lomicka, L. L. (2005) Exploring the blogosphere: Use of web logs in the foreign language classroom. *Foreign Language Annals* 38.3, 410–421.

Ducate, L. C. & Lomicka, L. L. (2008) Adventures in the blogosphere: From blog readers to blog writers. *Computer Assisted Language Learning* 21.1, 9–28.

Ducate, L. C. & Lomicka, L. L. (2009) Podcasting: An effective tool for honing language students' pronunciation? *Language Learning & Technology* 13.3, 66–86.

Dufon, M. A. (2002) Video recording in ethnographic SLA research: Some issues of validity in data collection. *Language Learning & Technology* 6.1, 40–59.

Dziemianko, A. (2017) Dictionary form in decoding, encoding and retention: Further insights. *ReCALL* 29.3, 335–356.

East, M. & King, C. (2012) L2 learners' engagement with high stakes listening tests: Does technology have a beneficial role to play? *CALICO Journal* 29.2, 208–223.

Ebadi, S. & Rahimi, M. (2018) An exploration into the impact of WebQuest-based classroom on EFL learners' critical thinking and academic writing skills: A mixed-methods study. *Computer Assisted Language Learning* 31.5–6, 617–651.

Ebadi, S. & Rahimi, M. (2019) Mediating EFL learners' academic writing skills in online dynamic assessment using Google Docs. *Computer Assisted Language Learning* 32.5–6, 527–555.

Ebrahimi, A. & Faghih, E. (2017) Integrating corpus linguistics into online language teacher education programs. *ReCALL* 29.1, 120–135.

Edwards, V., Pemberton, L., Knight, J., & Monaghan, F. (2002) Fabula: A bilingual multimedia authoring environment for children exploring minority languages. *Language Learning & Technology* 6.2, 59–69.

Eftekhari, M. & Sotoudehnama, E. (2018) Effectiveness of computer-assisted argument mapping for comprehension, recall, and retention. *ReCALL* 30.3, 337–354.

Egbert, J., Paulus, T. M., & Nakamichi, Y. (2002) The impact of CALL instruction on classroom computer use: A foundation for rethinking technology in teacher education. *Language Learning & Technology* 6.3, 108–126.

El Ebyary, K. & Windeatt, S. (2019) Eye tracking analysis of EAP students' regions of interest in computer-based feedback on grammar, usage, mechanics, style and organization and development. *System* 83, 36–49.

Ellis, R. (1985) *Understanding Second Language Acquisition*. Oxford: Oxford University Press.

Ellis, R. (1994) *The Study of Second Language Acquisition*. Oxford: Oxford University Press..

Elola, I. & Oskoz, A. (2016) Supporting second language writing using multimodal feedback. *Foreign Language Annals* 49.1, 58–74.

Ene, E., Gortler, S., & Mcbride, K. (2013) Teacher participation styles in foreign language chats and their effect on student behavior. *CALICO Journal* 22.3, 603–634.

Eneau, J. & Develotte, C. (2012) Working together online to enhance learner autonomy: Analysis of learners' perceptions of their online learning experience. *ReCALL* 24.1, 3–19.

Engwall, O. (2012) Analysis of and feedback on phonetic features in pronunciation training with a virtual teacher. *Computer Assisted Language Learning* 25.1, 37–64.

Engwall, O. & Bälter, O. (2007) Pronunciation feedback from real and virtual language teachers. *Computer Assisted Language Learning* 20.3, 235–262.

Entwistle, N. J., Hanley, M., & Hounsell, D. (1979) Identifying distinctive approaches to studying. *Higher Education* 8.4, 365–380.

Erben, T., Ban, R., & Castañeda, M. (2008) *Teaching English Language Learners through Technology*. New York: Routledge.

Ercetin, G. (2003) Exploring ESL learners' use of hypermedia reading glosses. *CALICO Journal* 20.2, 261–283.

Ernest, P., Guitert Catasús, M., Hampel, R., Heiser, S., Hopkins, J., Murphy, L., & Stickler, U. (2013) Online teacher development: Collaborating in a virtual learning environment. *Computer Assisted Language Learning* 26.4, 311–333.

Ernest, P. & Hopkins, J. (2006) Coordination and teacher development in an online learning environment. *CALICO Journal* 23.3, 551–568.

Eslami, Z. R., Mirzaei, A., & Dini, S. (2015) The role of asynchronous computer mediated communication in the instruction and development of EFL learners' pragmatic competence. *System* 48, 99–111.

Espada, A. B. C., Garcia, M. R., Fuentes, A. C., & Gomez, E. M. D. (2006) Developing adaptive systems at early stages of children's foreign language development. *ReCALL* 18.1, 45–62.

Evans, S. (2012) Designing email tasks for the business English classroom: Implications from a study of Hong Kong's key industries. *English for Specific Purposes* 31.3, 202–212.

Eysenck, M. W. & Keane, M. T. (2000) *Cognitive Psychology: A Student's Handbook* (4th Edition). New York: Psychology Press. 高定国、肖晓云译《认知心理学》，上海：华东师范大学出版社，2004年。

Fall, T., Adair-Hauck, B., & Glisan, E. (2007) Assessing students' oral proficiency: A case for online testing. *Foreign Language Annals* 40.3, 377–406.

Fehr, C. N., Davison, M. L., Graves, M. F., Sales, G. C., Seipel, B., & Sekhran-Sharma, S. (2012) The effects of individualized, online vocabulary instruction on picture vocabulary scores: An efficacy study. *Computer Assisted Language Learning* 25.1, 87–102.

Felix, U. (2005) E-learning pedagogy in the third millennium: The need for combining social and cognitive constructivist approaches. *ReCALL* 17.1, 85–100.

Feng, C., Ogata, H., & Yano, Y. (2000) Mark-up-based writing error analysis model in an on-line classroom. *Computer Assisted Language Learning* 13.1, 79–97.

Feng, H. H., Saricaoglu, A., & Chukharev-Hudilainen, E. (2016) Automated error detection for developing grammar proficiency of ESL learners. *CALICO Journal* 33.1, 49–70.

Fernández Carballo-Calero, M. V. (2001) The EFL teacher and the introduction of multimedia in the classroom. *Computer Assisted Language Learning* 14.1, 3–14.

Ferris, D. R. & Roberts, B. (2001) Error feedback in L2 writing classes: How explicit does it need to be? *Journal of Second Language Writing* 10.3, 161–184.

Fisher, L. (2009) Trainee teachers' perceptions of the use of digital technology in the languages classroom. In M. Evans (ed.), *Foreign Language Learning with Digital Technology*. London: Continuum International Publishing Group. 60–79.

Flowers, S., Kelsen, B., & Cvitkovic, B. (2019) Learner autonomy versus guided reflection: How different methodologies affect intercultural development in online intercultural exchange. *ReCALL* 31.3, 221–237.

Franciosi, S. J., Yagi, J., Tomoshige, Y., & Ye, S. (2016) The effect of a simple simulation game on long-term vocabulary retention. *CALICO Journal* 33.3, 355–379.

Fredriksson, C. (2015) The influence of group formation on learner participation, language complexity, and corrective behaviour in synchronous written chat as part of academic German studies. *ReCALL* 27.2, 217–238.

Friðriksdóttir, K. (2018) The impact of different modalities on student retention and overall engagement patterns in open online courses. *Computer Assisted Language Learning* 31.1–2, 53–71.

Fuentes, A. C. (2001) Lexical behaviour in academic and technical corpora: Implications for ESP development. *Language Learning and Technology* 5.3, 106–129.

Fukushima, S., Watanabe, Y., Kinjo, Y., Yoshihara, S., & Suzuki, C. (2012) Development of a web-based concordance search system based on a corpus of English papers written by Japanese university students. *Procedia – Social and Behavioral Sciences* 34, 54–58.

Fukushima, T. (2002) Promotional video production in a foreign language course. *Foreign Language Annals* 35.3, 349–355.

Gabel, S. (2001) Over-indulgence and under-representation in interlanguage: Reflections on the utilization of concordancers in self-directed foreign language learning. *Computer Assisted Language Learning* 14.3–4, 269–288.

Gamage, T. A. (2013) Researching online foreign language interaction and exchange: Theories, methods and challenges. *CALICO Journal* 30.2, 279–281.

Gamon, M., Leacock, C., Brockett, C., Dolan, W. B., Gao, J., Belenko, D., & Klementiev, A. (2009) Using statistical techniques and web search to correct ESL errors. *CALICO Journal* 26.3, 491–511.

Gao, Y. & Hanna, B. E. (2016) Exploring optimal pronunciation teaching: Integrating instructional software into intermediate-level EFL classes in China. *CALICO Journal* 33.2, 201–230.

Garcia, I. & Pena, M. I. (2011) Machine translation-assisted language learning: Writing for beginners. *Computer Assisted Language Learning* 24.5, 471–487.

García Botero, G., Botero Restrepo, M. A., Zhu, C., & Questier, F. (2019) Complementing in-class language learning with voluntary out-of-class MALL. Does training in self-regulation and scaffolding make a difference? *Computer Assisted Language Learning* 32.1–2, 1–16.

García Botero, G., Questier, F., & Zhu, C. (2019) Self-directed language learning in a mobile-assisted, out-of-class context: Do students walk the talk? *Computer Assisted Language Learning* 32.1–2, 71–97.

Gardner, R. C. & Lambert, W. E. (1972) *Attitudes and Motivation in Second Language*

Learning. Rowley, MA: Newbury House.

Gardner, R. C. & MacIntyre, P. D. (1993) A student's contributions to second-language learning. *Language Teaching* 26.1, 1–11.

Gardner, S. (2016) A genre-instantiation approach to teaching English for specific academic purposes: Student writing in business, economics and engineering. *Writing & Pedagogy* 8.1, 117–144.

Garnier, M. (2012) Automatically correcting adverb placement errors in the writings of French users of English. *Procedia – Social and Behavioral Sciences* 34, 59–63.

Garrett, J. J. (2011) *The Elements of User Experience: User-Centered Design for the Web and Beyond* (2nd Edition). 范晓燕译《用户体验要素》，北京：机械工业出版社，2011年。

Garrett-Rucks, P., Howles, L., & Lake, W. M. (2014) Enhancing L2 reading comprehension with hypermedia texts: Student perceptions. *CALICO Journal* 32.1, 26–51.

Gascoigne, C. (2006) Toward an understanding of incidental input enhancement in computerized L2 environments. *CALICO Journal* 24.1, 147–162.

Gass, S. & Selinker, L. (2008) *Second Language Acquisition: An Introductory Course* (3rd Edition). New York: Routledge Taylor & Francis Group. 赵杨译《第二语言习得（第3版）》，北京：北京大学出版社，2011年。

Gebhard, M., Shin, Dong-shin, & Seger, W. (2011) Blogging and emergent L2 literacy development in an urban elementary school: A functional perspective. *CALICO Journal* 28.2, 278–307.

Gettys, S., Imhof, L. A., & Kautz, J. O. (2001) Computer-assisted reading: The effect of glossing format on comprehension and vocabulary retention. *Foreign Language Annals* 34.2, 91–99.

Giguere, C. & Parks, S. (2018) Child-to-child interaction and corrective feedback during eTandem ESL-FSL chat exchanges. *Language Learning & Technology* 22.3, 176–192.

Gimeno-Sanz, A. & De Siqueira, J. M. (2012) Implementing online language exams within the Spanish national university entrance examination: The PAULEX Universitas project. *Procedia – Social and Behavioral Sciences* 34.1, 68–72.

Godwin-Jones, R. (1999) Web course design and creation for language learning. *CALICO Journal* 17.1, 43–58.

Godwin-Jones, R. (2012) Digital video revisited: Storytelling, conferencing, remixing. *Language Learning & Technology* 16.1, 1–9.

Godwin-Jones, R. (2017) Scaling up and zooming in: Big data and personalization in language learning. *Language Learning & Technology* 21.1, 4–15.

Golonka, E. M., Tare, M., & Bonilla, C. (2017) Peer interaction in text chat: Qualitative analysis of chat transcripts. *Language Learning & Technology* 21.2, 157–178.

Gonzãlez-Bueno, M. & Pérez, L. C. (2000) Electronic mail in foreign language writing: A study of grammatical and lexical accuracy, and quantity of language. *Foreign Language Annals* 33.2, 189–198.

González-Lloret, M. (2003) Designing task-based CALL to promote interaction: En busca de esmeraldas. *Language Learning & Technology* 7.1, 86–104.

Gordani, Y. (2013) The effect of the integration of corpora in reading comprehension classrooms on English as a foreign language learners' vocabulary development. *Computer Assisted Language Learning* 26.5, 430–445.

Gorsuch, G. (2004) Test takers' experiences with computer-administered listening comprehension tests: Interviewing for qualitative explorations of test validity. *CALICO Journal* 21.2, 339–371.

Grace, C. A. (2000) Gender differences: Vocabulary retention and access to translations for beginning language learners in CALL. *The Modern Language Journal* 84.2, 214–224.

Graney, J. M. (2018) Flipped learning and formative assessment in an English language class. In J. Mehring & A. Leis (eds.), *Innovations in Flipping the Language Classroom*. Singapore: Springer. 59–68.

Green, A. & Youngs, B. E. (2001) Using the web in elementary French and German courses: Quantitative and qualitative study results. *CALICO Journal* 19.1, 89–123.

Greene, D. (2000) A design model for beginner-level computer-mediated EFL writing. *Computer Assisted Language Learning* 13.3, 239–252.

Greenfield, R. (2003) Collaborative e-mail exchange for teaching secondary ESL: A case study in Hong Kong. *Language Learning & Technology* 7.1, 46–70.

Greenman, C. (2004) Coaching academic English through voice and text production models. *ReCALL* 16.1, 51–70.

Grgurović, M. & Hegelheimer, V. (2007) Help options and multimedia listening: Students' use of subtitles and the transcript. *Language Learning & Technology* 11.1, 45–66.

Griggio, L. (2012) Parle avec moi: Training in digital and linguistic competence in a

French course hosted in a wiki platform. *Procedia – Social and Behavioral Sciences* 34, 73–78.

Grimshaw, J. & Cardoso, W. (2018) Activate space rats! Fluency development in a mobile game-assisted environment. *Language Learning & Technology* 22.3, 159–175.

Gruba, P. (2004) Understanding digitized second language videotext. *Computer Assisted Language Learning* 17.1, 51–82.

Gruba, P. (2006) Playing the videotext: A media literacy perspective on video-mediated L2 Listening. *Language Learning & Technology* 10.2, 77–92.

Guarda, M. (2012) Writer visibility and agreement/disagreement strategies in online asynchronous interaction: A learner corpus study. *Procedia – Social and Behavioral Sciences* 34, 84–87.

Guichon, N. (2009) Training future language teachers to develop online tutors' competence through reflective analysis. *ReCALL* 21.2, 166–185.

Guichon, N., Bétrancourt, M., & Prié, Y. (2012) Managing written and oral negative feedback in a synchronous online teaching situation. *Computer Assisted Language Learning* 25.2, 181–197.

Guo, S. & Möllering, M. (2016) The implementation of task-based teaching in an online Chinese class through web conferencing. *System* 62, 26–38.

Ha, M. J. (2016) Linking adverbials in first-year Korean university EFL learners' writing: A corpus-informed analysis. *Computer Assisted Language Learning* 29.6, 1090–1101.

Hada, Y., Ogata, H., & Yano, Y. (2002) Video-based language learning environment using an online video-editing system. *Computer Assisted Language Learning* 15.4, 387–408.

Hadjistassou, S. K. (2012) An activity theory exegesis on conflict and contradictions in networked discussions and feedback exchanges. *CALICO Journal* 29.2, 367–388.

Hafner, C. A. & Miller, L. (2011) Fostering learner autonomy in English for science: A collaborative digital video project in a technological learning environment. *Language Learning & Technology* 15.3, 68–86.

Hager, M. (2005) Using German web sites to teach culture in German courses. *CALICO Journal* 22.2, 269–284.

Hager, M., Rieper, A., Schmitt, E., & Shastri, M. (2001) Using the Internet in elementary college German. *CALICO Journal* 18.3, 563–588.

Hamel, M. J. (2012) Testing aspects of the usability of an online learner dictionary prototype: A product- and process-oriented study. *Computer Assisted Language Learning* 25.4, 339–365.

Hamilton, M. (2013) *Autonomy and Foreign Language Learning in a Virtual Learning Environment.* London: Bloomsbury Academic.

Hampel, R. & Hauck, M. (2004) Towards an effective use of audio conferencing in distance language courses. *Language Learning & Technology* 8.1, 66–82.

Hampel, R. & Pleines, C. (2013) Fostering student interaction and engagement in a virtual learning environment: An investigation into activity design and implementation. *CALICO Journal* 30.3, 342–370.

Hampel, R. & Stickler, U. (2012) The use of videoconferencing to support multimodal interaction in an online language classroom. *ReCALL* 24.2, 116–137.

Han, S. & Shin, J. A. (2017) Teaching Google search techniques in an L2 academic writing context. *Language Learning & Technology* 21.3, 172–194.

Han, Y. (2019) Exploring multimedia, mobile learning, and place-based learning in linguacultural education. *Language Learning & Technology* 23.3, 29–38.

Handford, M. & Matous, P. (2011) Lexicogrammar in the international construction industry: A corpus-based case study of Japanese-Hong-Kongese on-site interactions in English. *English for Specific Purposes* 30.2, 87–100.

Harbusch, K., Itsova, G., Koch, U., & Kühner, C. (2009) Computing accurate grammatical feedback in a virtual writing conference for German-speaking elementary-school children: An approach based on natural language generation. *CALICO Journal* 26.3, 626–643.

Hardison, D. M. (2004) Generalization of computer assisted prosody training: Quantitative and qualitative findings. *Language Learning & Technology* 8.1, 34–52.

Hardison, D. M. (2005) Contextualized computer-based L2 prosody training: Evaluating the effects of discourse context and video input. *CALICO Journal* 22.2, 175–190.

Hartwick, P. (2018) Investigating research approaches: Classroom-based interaction studies in physical and virtual contexts. *ReCALL* 30.2, 161–176.

Harvey, J. & Purnell, S. (1995) *Technology and Teacher Professional Development.* Santa Monica, CA: RAND Critical Technologies Institute.

Hauck, M. & Youngs, B. L. (2008) Telecollaboration in multimodal environments: The impact on task design and learner interaction. *Computer Assisted Language Learning* 21.2, 87–124.

Hava, K. (2019) Exploring the role of digital storytelling in student motivation and satisfaction in EFL education. *Computer Assisted Language Learning* 34.1, 1–21.

Haynes, C. A. & Holmevik, J. R. (1998) *High Wired: On the Design, Use, and Theory of Educational MOOs*. Ann Arbor: University of Michigan Press.

Hegelheimer, V., Dursun, A., & Li, Z. (2016) Automated writing evaluation in language teaching: Theory, development, and application. *CALICO Journal* 33.1, i–v.

Heift, T. (2003) Multiple learner errors and meaningful feedback: A challenge for ICALL systems. *CALICO Journal* 20.3, 533–548.

Heift, T. & Rimrott, A. (2008) Learner responses to corrective feedback for spelling errors in CALL. *System* 36.2, 196–213.

Heift, T. & Schulze, M. (2007) *Errors and Intelligence in Computer-Assisted Language Learning: Parsers and Pedagogues*. New York: Routledge.

Heller, I. (2005) Learner experiences and CALL-tool usability: Evaluating the Chemnitz Internet Grammar. *Computer Assisted Language Learning* 18.1–2, 119–142.

Hellmich, E. A. (2019) CALL beliefs in context: A study of US high school foreign language learners. *Computer Assisted Language Learning* 34.7, 845–867.

Hémard, D. (2006a) Design issues related to the evaluation of learner-computer interaction in a web-based environment: Activities v. tasks. *Computer Assisted Language Learning* 19.2–3, 261–276.

Hémard, D. (2006b) Evaluating hypermedia structures as a means of improving language learning strategies and motivation. *ReCALL* 18.1, 24–44.

Hémard, D. & Cushion, S. (2000) From access to acceptability: Exploiting the web to design a new CALL environment. *Computer Assisted Language Learning* 13.2, 103–118.

Hémard, D. & Cushion, S. (2002) Sound authoring on the web: Meeting the users' needs. *Computer Assisted Language Learning* 15.3, 281–294.

Hémard, D. & Cushion, S. (2003) Design and evaluation of an online test: Assessment conceived as a complementary CALL tool. *Computer Assisted Language Learning* 16.2–3, 119–139.

Henry, G. & Zerwekh, R. (2002) SEAsite: Web-based interactive learning resources for Southeast Asian languages and cultures. *CALICO Journal* 19.3, 499–512.

Hernández, R. (2017) Facilitating collaborative foreign language learning using the VLE (Virtual Learning Environment). In *Conference Proceedings: ICT for Language Learning*. Libreriauniversitaria.it edizioni. p. 68.

Herron, C., Dubreil, B., Corrie, C., & Cole, S. P. (2002) A classroom investigation: Can video improve intermediate-level French language students' ability to learn about a foreign culture? *The Modern Language Journal* 86.1, 36–53.

Herron, C., York, H., Corrie, C., & Cole, S. P. (2006) A comparison study of the effects of a story-based video instructional package versus a text-based instructional package in the intermediate-level foreign language classroom. *CALICO Journal* 23.2, 281–307.

Hertel, T. J. (2013) Review of Tesoros On-line: A multimedia-based Spanish course. *CALICO Journal* 26.2, 339–347.

Hew, S. H. & Ohki, M. (2004) Effect of animated graphic annotations and immediate visual feedback in aiding Japanese pronunciation learning: A comparative study. *CALICO Journal* 21.2, 397–419.

Higgins, J. M. (2012) Activating learning using multilingual CALL lexical resources: A regional culture-oriented multilingual visual dictionary project. *Procedia-Social and Behavioral Sciences* 34, 94–99.

Hilterbran, A. (2015) HapYak interactive video. *CALICO Journal* 32.2, 370–379.

Hinkelman, D. (2018) *Blending Technologies in Second Language Classrooms*. London: Palgrave Macmillan.

Hirata, Y. (2004) Computer assisted pronunciation training for native English speakers learning Japanese pitch and durational contrasts. *Computer Assisted Language Learning* 17.3–4, 357–376.

Hirotani, M. (2009) Synchronous versus asynchronous CMC and transfer to Japanese oral performance. *CALICO Journal* 26.2, 413–438.

Hitosugi, C. I., Schmidt, M., & Hayashi, K. (2014) Digital game-based learning (DGBL) in the L2 classroom: The impact of the UN's off-the-shelf videogame, Food Force, on learner affect and vocabulary retention. *CALICO Journal* 31.1, 19–39.

Holland, V. M., Kaplan, J. D., & Sams, M. R. (1995) *Intelligent Language Tutors: Theory Shaping Technology*. New York: Routledge.

Holmevik, J. R. & Haynes, C. (2000) *Mooniversity: A Student's Guide to Online Learning*. Boston: Allyn & Bacon.

Hong, A. L. & Tan, K. H. (2018) Specificity in English for academic purposes (EAP): A corpus analysis of lexical bundles in academic writing. *3L: Language, Linguistics, Literature* 24.2, 82–94.

Hong, J. C., Hwang, M. Y., Tai, K. H., & Lin, P. H. (2017) Intrinsic motivation of Chinese learning in predicting online learning self-efficacy and flow experience relevant to students' learning progress. *Computer Assisted Language Learning* 30.6, 552–574.

Horst, M., Cobb, T., & Nicolae, I. (2005) Expanding academic vocabulary with an interactive on-line database. *Language Learning & Technology* 9.2, 90–110.

Horwitz, E. K. (1986) Preliminary evidence for the reliability and validity of a foreign language anxiety scale. *TESOL Quarterly* 20.3, 559–562.

Hsiao, H. S., Chang, C. S., Chen, C. J., Wu, C. H., & Lin, C. Y. (2015) The influence of Chinese character handwriting diagnosis and remedial instruction system on learners of Chinese as a foreign language. *Computer Assisted Language Learning* 28.4, 306–324.

Hsieh, W. M. & Liou, H. C. (2008) A case study of corpus-informed online academic writing for EFL graduate students. *CALICO Journal* 26.1, 28–47.

Hsieh, Y. C. (2017) A case study of the dynamics of scaffolding among ESL learners and online resources in collaborative learning. *Computer Assisted Language Learning* 30.1–2, 115–132.

Hsu, H. C. (2019) Wiki-mediated collaboration and its association with L2 writing development: An exploratory study. *Computer Assisted Language Learning* 32.8, 945–967.

Hsu, H. C. & Lo, Y. F. (2018) Using wiki-mediated collaboration to foster L2 writing performance. *Language Learning & Technology* 22.3, 103–123.

Hsu, L. (2016) An empirical examination of EFL learners' perceptual learning styles and acceptance of ASR-based computer-assisted pronunciation training. *Computer Assisted Language Learning* 29.5, 881–900.

Huang, E. & Ru, A. S. (2008) *Learner Perceptions of Using Blogs in English Learning*. VDM Verlag Dr. Müller Aktiengesellschaft & Co. KG.

Huang, H. C. (2013) Online reading strategies at work: What teachers think and what students do. *ReCALL* 25.3, 340–358.

Huang, H. T. & Liou, H. C. (2007) Vocabulary learning in an automated graded reading program. *Language Learning & Technology* 11.3, 64–82.

Huang, Q. (2019) Comparing teacher's roles of F2f learning and online learning in a blended English course. *Computer Assisted Language Learning* 32.3, 190–209.

Huang, Y. H. & Chuang, T. Y. (2016) Technology-assisted sheltered instruction: Instructional streaming video in an EFL multi-purpose computer course. *Computer Assisted*

Language Learning 29.3, 618–637.

Huang, Y. T. & Guo, M. (2019) Facing disadvantages: The changing professional identities of college English teachers in a managerial context. *System* 82, 1–12.

Hubbard, P. (2008) CALL and the future of language teacher education. *CALICO Journal* 25.2, 175–188.

Hudson, J. M. & Bruckman, A. S. (2002) IRC Français: The creation of an internet-based SLA community. *Computer Assisted Language Learning* 15.2, 109–134.

Hulstijn, J. H. (2000) The use of computer technology in experimental studies of second language acquisition: A survey of some techniques and some ongoing studies. *Language Learning & Technology* 3.2, 32–43.

Hung, Y. W. & Higgins, S. (2016) Learners' use of communication strategies in text-based and video-based synchronous computer-mediated communication environments: Opportunities for language learning. *Computer Assisted Language Learning* 29.5, 901–924.

Hwang, W. Y. & Chen, H. S. (2013) Users' familiar situational contexts facilitate the practice of EFL in elementary schools with mobile devices. *Computer Assisted Language Learning* 26.2, 101–125.

Hwang, W. Y., Chen, H. S., Shadiev, R., Huang, R. Y. M., & Chen, C. Y. (2014) Improving English as a foreign language writing in elementary schools using mobile devices in familiar situational contexts. *Computer Assisted Language Learning* 27.5, 359–378.

Hwang, W. Y., Shadiev, R., & Huang, S. M. (2011) A study of a multimedia web annotation system and its effect on the EFL writing and speaking performance of junior high school students. *ReCALL* 23.2, 160–180.

Hwang, W. Y., Shadiev, R., Hsu, J. L., Huang, Y. M., Hsu, G. L., & Lin, Y. C. (2016) Effects of storytelling to facilitate EFL speaking using web-based multimedia system. *Computer Assisted Language Learning* 29.2, 215–241.

Hwu, F. (2003) Learners' behaviors in computer-based input activities elicited through tracking technologies. *Computer Assisted Language Learning* 16.1, 5–29.

Hwu, F. (2004) On the applicability of the input-enhancement hypothesis and input processing theory in multimedia CALL: The case of Spanish preterite and imperfect instruction in an input application. *CALICO Journal* 21.2, 317–338.

Ibarrondo, L. (2015) Son pour son: Programme d'entraînement à la prononciation française. *CALICO Journal* 32.1, 221–231.

Isbell, D. R. (2018) Online informal language learning: Insights from a Korean learning community. *Language Learning & Technology* 22.3, 82–102.

Jacobs, G. M., Dufon, P., & Fong, C. H. (1994) L1 and L2 vocabulary glosses in L2 reading passages: Their effectiveness for increasing comprehension and vocabulary knowledge. *Journal of Research in Reading* 17.1, 19–28.

Jamieson, J. & Chapelle, C. A. (2010) Evaluating CALL use across multiple contexts. *System* 38.3, 357–369.

Jauregi, K. & Canto, S. (2012) Enhancing meaningful oral interaction in Second Life. *Procedia – Social and Behavioral Sciences* 34, 111–115.

Jeon-Ellis, G., Debski, R., & Wigglesworth, G. (2005) Oral interaction around computers in the project-oriented CALL classroom. *Language Learning & Technology* 9.3, 121–145.

Jiang, D., Renandya, W. A., & Zhang, L. J. (2017) Evaluating ELT multimedia courseware from the perspective of cognitive theory of multimedia learning. *Computer Assisted Language Learning* 30.7, 726–744.

Jin, L. & Erben, T. (2007) Intercultural learning via instant messenger interaction. *CALICO Journal* 24.2, 291–311.

Johnson, L. P. (2010) Electronic literary texts: A survey of tools and some strategies for developers. *CALICO Journal* 27.3, 477–490.

Jones, L. C. (2006) Effects of collaboration and multimedia annotations on vocabulary learning and listening comprehension. *CALICO Journal* 23.1, 33–58.

Jones, L. C. & Plass, J. L. (2002) Supporting listening comprehension and vocabulary acquisition in French with multimedia annotations. *The Modern Language Journal* 86.4, 546–561.

Jun, H. G. & Lee, H. W. (2012) Student and teacher trial and perceptions of an online ESL academic writing unit. *Procedia – Social and Behavioral Sciences* 34, 128–131.

Jurkovič, V. (2019) Online informal learning of English through smartphones in Slovenia. *System* 80, 27–37.

Kabata, K. & Yang, X. J. (2002) Developing multimedia lesson modules for intermediate Japanese. *CALICO Journal* 19.3, 563–570.

Kasper, G. & Dahl, M. (1991) Research methods in interlanguage pragmatics. *Studies in Second Language Acquisition* 13.2, 215–247.

Kasper, L. F., Babbitt, M., Mlynarczyk, R. W., Brinton, D. M., Rosenthal, J. W., Master, P., Myers, S. A., Egbert, J., Tillyer, D. A., & Wood, L. S. (2000) *Content-Based College ESL Instruction*. Mahwah, NJ: Lawrence Erlbaum.

Kato, F., Spring, R., & Mori, C. (2016) Mutually beneficial foreign language learning: Creating meaningful interactions through video-synchronous computer-mediated communication. *Foreign Language Annals* 49.2, 355–366.

Kayser, A. (2002) Cultural appropriateness of networked-based language teaching in a Middle Eastern female Islamic context. *Computer Assisted Language Learning* 15.1, 55–67.

Ke, I. C. & Cahyani, H. (2014) Learning to become users of English as a Lingua Franca (ELF): How ELF online communication affects Taiwanese learners' beliefs of English. *System* 46, 28–38.

Kennedy, C. & Miceli, T. (2010) Corpus-assisted creative writing: Introducing intermediate Italian learners to a corpus as a reference resource. *Language Learning & Technology* 14.1, 28–44.

Kennedy, C. & Miceli, T. (2013) In piazza online: Exploring the use of wikis with beginner foreign language learners. *Computer Assisted Language Learning* 26.5, 389–411.

Kenning, M. M. (2010) Collaborative scaffolding in online task-based voice interactions between advanced learners. *ReCALL* 22.2, 135–151.

Kerins, J. & Ramsay, A. (2012) Developing a visual temporal modeller: Applying an extensible NLP system to support learners' understanding of tense and aspect in English. *ReCALL* 24.1, 40–65.

Kessler, G. (2007) Formal and informal CALL preparation and teacher attitude toward technology. *Computer Assisted Language Learning* 20.2, 173–188.

Kessler, G. (2009) Student-initiated attention to form in wiki-based collaborative writing. *Language, Learning and Technology* 13.1, 79–95.

Kessler, G. & Bikowski, D. (2010) Developing collaborative autonomous learning abilities in computer mediated language learning: Attention to meaning among students in wiki space. *Computer Assisted Language Learning* 23.1, 41–58.

Kessler, G., Bikowski, D., & Boggs, J. (2012) Collaborative writing among second language learners in academic web-based projects. *Language Learning & Technology* 16.1, 91–109.

Khamis, H. (2010) Communication strategies in computer-mediated communication: An Egyptian EFL context. *CALICO Journal* 28.1, 35–48.

Kiernan, P. J. & Aizawa, K. (2004) Cell phones in task-based learning: Are cell phones useful language learning tools? *ReCALL* 16.1, 71–84.

Kılıçkaya, F. (2015) Computer-based grammar instruction in an EFL context: Improving the effectiveness of teaching adverbial clauses. *Computer Assisted Language Learning* 28.4, 325–340.

Kılıçkaya, F. (2019) Pre-service language teachers' online written corrective feedback preferences and timing of feedback in computer-supported L2 grammar instruction. *Computer Assisted Language Learning* 35.1–2, 62–87.

Kim, H. K. (2008) Beyond motivation: ESL/EFL teachers' perceptions of the role of computers. *CALICO Journal* 25.2, 241–259.

Kim, H. K. & Rissel, D. (2008) Instructors' integration of computer technology: Examining the role of interaction. *Foreign Language Annals* 41.1, 61–80.

Kim, H. Y. (2017) Effect of modality and task type on interlanguage variation. *ReCALL* 29.2, 219–236.

Kim, J. & Craig, D. A. (2012) Validation of a videoconferenced speaking test. *Computer Assisted Language Learning* 25.3, 257–275.

Kissau, S., McCullough, H., & Pyke, J. G. (2010) Leveling the playing field: The effects of online second language instruction on student willingness to communicate in French. *CALICO Journal* 27.2, 277–297.

Kitade, K. (2000) L2 learners' discourse and SLA theories in CMC: Collaborative interaction in Internet chat. *Computer Assisted Language Learning* 13.2, 143–166.

Kitade, K. (2006) The negotiation model in asynchronous computer-mediated communication (CMC): Negotiation in task-based email exchanges. *CALICO Journal* 23.2, 319–348.

Kitade, K. (2012) An exchange structure analysis of the development of online intercultural activity. *Computer Assisted Language Learning* 25.1, 65–86.

Kitade, K. (2014) Second language teachers' identity development through online collaboration with L2 learners. *CALICO Journal* 31.1, 57–77.

Knight, J., Barbera, E., & Appel, C. (2017) A framework for learner agency in online spoken interaction tasks. *ReCALL* 29.3, 276–293.

Ko, C. J. (2012) Can synchronous computer-mediated communication (CMC) help beginning-level foreign language learners speak? *Computer Assisted Language Learning* 25.3, 217–236.

Ko, M. H. (2019) Students' reactions to using smartphones and social media for vocabulary feedback. *Computer Assisted Language Learning* 32.8, 920–944.

Kol, S. & Schcolnik, M. (2000) Enhancing screen reading strategies. *CALICO Journal* 18.1, 67–80.

Komori, S. & Zimmerman, E. (2001) A critique of web-based kanji learning programs for autonomous learners: Suggestions for improvement of WWKanji. *Computer Assisted Language Learning* 14.1, 43–67.

Kong, K. (2009) A comparison of the linguistic and interactional features of language learning websites and textbooks. *Computer Assisted Language Learning* 22.1, 31–55.

Kost, C. (2011) Investigating writing strategies and revision behavior in collaborative wiki projects. *CALICO Journal* 28.3, 606–620.

Koyama, T. & Takeuchi, O. (2007) Does look-up frequency help reading comprehension of EFL learners? Two empirical studies of electronic dictionaries. *CALICO Journal* 25.1, 110–125.

Kozan, K., Erçetin, G., & Richardson, J. C. (2015) Input modality and working memory: Effects on second language text comprehension in a multimedia learning environment. *System* 55, 63–73.

Kozar, O. (2016) Text chat during video/audio conferencing lessons: Scaffolding or getting in the way? *CALICO Journal* 33.2, 231–259.

Kozlova, I. & Priven, D. (2015) ESL teacher training in 3D virtual worlds. *Language Learning & Technology* 19.1, 83–101.

Kramsch, C. & Thorne, S. L. (2002) Foreign language learning as a global communicative practice. In D. Block & D. Cameron (eds.), *Language Learning and Teaching in the Age of Globalization*. London: Routledge. 83–100.

Krashen, S. D. (1981) *Second Language Acquisition and Second Language Learning*. New York: Pergamon Press.

Krashen, S. D. (1982) *Principles and Practice in Second Language Acquisition*. New York: Pergamon Press.

Krashen, S. D. (1985) *The Input Hypothesis: Issues and Implications.* Beverly Hills, CA: Laredo.

Krashen, S. D. (1989) We acquire vocabulary and spelling by reading: Additional evidence for the input hypothesis. *Modern Language Journal* 73, 440–464.

Kruk, M. (2019) Dynamicity of perceived willingness to communicate, motivation, boredom and anxiety in Second Life: The case of two advanced learners of English. *Computer Assisted Language Learning* 35.1–2, 190–216.

Kuru Gönen, S. İ. (2019) A qualitative study on a situated experience of technology integration: reflections from pre-service teachers and students. *Computer Assisted Language Learning* 32.3, 163–189.

Kusumaningputri, R. & Widodo, H. P. (2018) Promoting Indonesian university students' critical intercultural awareness in tertiary EAL classrooms: The use of digital photograph-mediated intercultural tasks. *System* 72, 49–61.

Lafford, B. A., Lafford, P. A., & Sykes, J. (2007) Entre dicho y hecho...: An assessment of the application of research from second language acquisition and related fields to the creation of Spanish CALL materials for lexical acquisition. *CALICO Journal* 24.3, 497–529.

Lai, C., Shum, M., & Tian, Y. (2016) Enhancing learners' self-directed use of technology for language learning: The effectiveness of an online training platform. *Computer Assisted Language Learning* 29.1, 40–60.

Lai, C. & Zheng, D. (2018) Self-directed use of mobile devices for language learning beyond the classroom. *ReCALL* 30.3, 299–318.

Lai, S. L. & Chen, H. J. H. (2015) Dictionaries vs concordancers: Actual practice of the two different tools in EFL writing. *Computer Assisted Language Learning* 28.4, 341–363.

Larson, J. W. (2000) Testing oral language skills via the computer. *CALICO Journal* 18.1, 53–66.

Larson, J. W. & Hendricks, H. H. (2009) A context-based online diagnostic test of Spanish. *CALICO Journal* 26.2, 309–323.

Laufer, B. & Hill, M. (2000) What lexical information do L2 learners select in a CALL dictionary and how does it affect word retention? *Language Learning & Technology* 3.2, 58–76.

Lavid, J., Hita, J. A., & Zamorano-Mansilla, J. R. (2010) Designing and exploiting a small online English-Spanish parallel textual database for language teaching purposes. In M.

C. Campoy, M. C. C. Cubillo, B. Belles-Fortuno, & M. L. Gea-Valor (eds.), *Corpus-Based Approaches to English Language Teaching*. London: Continuum. 138–148.

Lawley, J. (2016) Spelling: Computerised feedback for self-correction. *Computer Assisted Language Learning* 29.5, 868–880.

Leahy, C. (2004) Observations in the computer room: L2 output and learner behaviour. *ReCALL* 16.1, 124–144.

Lee, C., Cheung, W. K. W., Wong, K. C. K., & Lee, F. S. L. (2013) Immediate web-based essay critiquing system feedback and teacher follow-up feedback on young second language learners' writings: An experimental study in a Hong Kong secondary school. *Computer Assisted Language Learning* 26.1, 39–60.

Lee, C., Yeung, A. S., & Ip, T. (2016) Use of computer technology for English language learning: Do learning styles, gender, and age matter? *Computer Assisted Language Learning* 29.5, 1035–1051.

Lee, C., Yeung, A. S., & Ip, T. (2017) University English language learners' readiness to use computer technology for self-directed learning. *System* 67, 99–110.

Lee, H., Hampel, R., & Kukulska-Hulme, A. (2019) Gesture in speaking tasks beyond the classroom: An exploration of the multimodal negotiation of meaning via Skype videoconferencing on mobile devices. *System* 81, 26–38.

Lee, H., Warschauer, M., & Lee, J. H. (2019) Advancing CALL research via data-mining techniques: Unearthing hidden groups of learners in a corpus-based L2 vocabulary learning experiment. *ReCALL* 31.2, 135–149.

Lee, J. S. (2019) Quantity and diversity of informal digital learning of English. *Language Learning and Technology* 23.1: 114–126.

Lee, J. S. & Drajati, N. A. (2019) Willingness to communicate in digital and non-digital EFL contexts: Scale development and psychometric testing. *Computer Assisted Language Learning* 33.7, 688–707.

Lee, L. (2004) Learners' perspectives on networked collaborative interaction with native speakers of Spanish in the US. *Language Learning & Technology* 8.1, 83–100.

Lee, L. (2007) Fostering second language oral communication through constructivist interaction in desktop videoconferencing. *Foreign Language Annals* 40.4, 635–649.

Lee, L. (2008) Focus-on-form through collaborative scaffolding in expert-to-novice online interaction. *Language Learning & Technology* 12.3, 53–72.

Lee, L. (2009) Promoting intercultural exchanges with blogs and podcasting: A study of Spanish-American telecollaboration. *Computer Assisted Language Learning* 22.5, 425–443.

Lee, L. (2010) Exploring wiki-mediated collaborative writing: A case study in an elementary Spanish course. *CALICO Journal* 27.2, 260–276.

Lee, L. (2011) Blogging: Promoting learner autonomy and intercultural competence through study abroad. *Language Learning & Technology* 15.3, 87–109.

Lee, L. (2016) Autonomous learning through task-based instruction in fully online language courses. *Language Learning & Technology* 20.2, 81–97.

Lee, L. & Markey, A. (2014) A study of learners' perceptions of online intercultural exchange through Web 2.0 technologies. *ReCALL* 26.3, 281–297.

Lee, S. H., Jang, S. B., & Seo, S. K. (2009) Annotation of Korean learner corpora for particle error detection. *CALICO Journal* 26.3, 529–544.

Lee, S. M. (2019) Her Story or their own stories? Digital game-based learning, student creativity, and creative writing. *ReCALL* 31.3, 238–254.

Leedham, M. (2011) Academic writing: At the interface of corpus and discourse. *System* 38.3, 510–511.

Leh, A. S. C. (1999) Computer-mediated communication and foreign language learning via electronic mail. *Interactive Multimedia Electronic Journal of Computer-Enhanced Learning* 1.2.

Leńko-Szymańska, A. (2014) Is this enough? A qualitative evaluation of the effectiveness of a teacher-training course on the use of corpora in language education. *ReCALL* 26.2, 260–278.

Levak, N. & Son, J. B. (2017) Facilitating second language learners' listening comprehension with Second Life and Skype. *ReCALL* 29.2, 200–218.

Leveridge, A. N. & Yang, J. C. (2013) Testing learner reliance on caption supports in second language listening comprehension multimedia environments. *ReCALL* 25.2, 199–214.

Leveridge, A. N. & Yang, J. C. (2014) Learner perceptions of reliance on captions in EFL multimedia listening comprehension. *Computer Assisted Language Learning* 27.6, 545–559.

Levy, M. (1997) *Computer-Assisted Language Learning: Context and Conceptualization*. Oxford: Oxford University Press.

Levy, M. & Kennedy, C. (2004) A task-cycling pedagogy using stimulated reflection and audio-conferencing in foreign language learning. *Language Learning & Technology* 8.2, 50–68.

Levy, M. & Steel, C. (2015) Language learner perspectives on the functionality and use of electronic language dictionaries. *ReCALL* 27.2, 177–196.

Lew, R. & Szarowska, A. (2017) Evaluating online bilingual dictionaries: The case of popular free English-Polish dictionaries. *ReCALL* 29.2, 138–159.

Li, J. (2009) The evolution of vocabulary learning strategies in a computer-mediated reading environment. *CALICO Journal* 27.1, 118–146.

Li, K. & Akahori, K. (2008) Development and evaluation of a feedback support system with audio and playback strokes. *CALICO Journal* 26.1, 91–107.

Li, M. (2018) Computer-mediated collaborative writing in L2 contexts: An analysis of empirical research. *Computer Assisted Language Learning* 31.8, 882–904.

Li, R., Meng, Z., Tian, M., Zhang, Z., Ni, C., & Xiao, W. (2019) Examining EFL learners' individual antecedents on the adoption of automated writing evaluation in China. *Computer Assisted Language Learning* 32.7, 784–804.

Li, Z. & Hegelheimer, V. (2013) Mobile-assisted grammar exercises: Effects on self-editing in L2 writing. *Language Learning & Technology* 17.3, 135–156.

Li, Z., Link, S., Ma, H., Yang, H., & Hegelheimer, V. (2014) The role of automated writing evaluation holistic scores in the ESL classroom. *System* 44, 66–78.

Liang, M. (2019) Beyond elocution: Multimodal narrative discourse analysis of L2 storytelling. *ReCALL* 31.1, 56–74.

Liao, H. C., Guan, Y. H., Tu, J. J., & Chen, J. C. (2014) A prototype of an adaptive Chinese pronunciation training system. *System* 45, 52–66.

Lim, L. (2014) Engaging student interpreters in vocabulary building: Web search with computer workbench. *ReCALL* 26.3, 355–373.

Lin, H., Chen, T., & Dwyer, F. M. (2006) Effects of static visuals and computer-generated animations in facilitating immediate and delayed achievement in the EFL classroom. *Foreign Language Annals* 39.2, 203–219.

Lin, J. J. & Lin, H. (2019) Mobile-assisted ESL/EFL vocabulary learning: A systematic review and meta-analysis. *Computer Assisted Language Learning* 32.8, 878–919.

Lin, W. C., Huang, H. T., & Liou, H. C. (2013) The effects of text-based SCMC on SLA: A meta-analysis. *Language Learning & Technology* 17.2, 123–142.

Lin, Y. L. (2015) Contrastive analysis of adolescent learner interlanguage in asynchronous online communication: A keyness approach. *System* 55, 53–62.

Link, S., Dursun, A., Karakaya, K., & Hegelheimer, V. (2014) Towards best ESL practices for implementing automated writing evaluation. *CALICO Journal* 31.3, 323–344.

Liou, H. C. (2000a) Assessing learner strategies using computers: New insights and limitations. *Computer Assisted Language Learning* 13.1, 65–78.

Liou, H. C. (2000b) The electronic bilingual dictionary as a reading aid to EFL learners: Research findings and implications. *Computer Assisted Language Learning* 13.4–5, 467–476.

Liu, C. C., Wang, P. C., & Tai, S. J. D. (2016) An analysis of student engagement patterns in language learning facilitated by Web 2.0 technologies. *ReCALL* 28.2, 104–122.

Liu, D. & Jiang, P. (2009) Using a corpus-based lexicogrammatical approach to grammar instruction in EFL and ESL contexts. *The Modern Language Journal* 93.1, 61–78.

Liu, H., Lin, C. H., & Zhang, D. (2017) Pedagogical beliefs and attitudes toward information and communication technology: A survey of teachers of English as a foreign language in China. *Computer Assisted Language Learning* 30.8, 745–765.

Liu, S. & Kunnan, A. J. (2016) Investigating the application of automated writing evaluation to Chinese undergraduate English majors: A case study of "WriteToLearn". *CALICO Journal* 33.1, 71–91.

Liu, S. H. J. (2017) Text-based negotiated interaction of NNS-NNS and NNS-NS dyads on Facebook. *ReCALL* 29.3, 294–312.

Loewen, S. & Reissner, S. (2009) A comparison of incidental focus on form in the second language classroom and chatroom. *Computer Assisted Language Learning* 22.2, 101–114.

Loh, E. K. (2019) What we know about expectancy-value theory, and how it helps to design a sustained motivating learning environment. *System* 86, 102–119.

Lomicka, L. (1998) To gloss or not to gloss: An investigation of reading comprehension online. *Language Learning & Technology* 1.2, 41–50.

Lomicka, L. & Lord, G. (2012) A tale of tweets: Analyzing microblogging among language learners. *System* 40.1, 48–63.

Long, M. H. (1981) Input, interaction, and second-language acquisition. *Annals of the New York Academy of Sciences* 379.1, 259–278.

Long, M. H. (1983) Native speaker / non-native speaker conversation and the negotiation of comprehensible input. *Applied Linguistics* 4.2, 126–141.

Long, M. H. (1985) Input and second language acquisition theory. In S. M. Gass & C. G. Madden (eds.), *Input in Second Language Acquisition*. Rowley, MA: Newbury House. 377–393.

Long, M. H. (1996) The role of the linguistic environment in second language acquisition. In W. C. Ritchie & T. K. Bhatia (eds.), *Handbook of Second Language Acquisition*. San Diego: Academic Press. 413–468.

Loucky, J. P. (2006) Maximizing vocabulary development by systematically using a depth of lexical processing taxonomy, CALL resources, and effective strategies. *CALICO Journal* 23.2, 363–399.

Loucky, J. P. (2010) Comparing electronic dictionary functions and use. *CALICO Journal* 28.1, 156–174.

Lucas, M. & Takeuchi, O. (2019) Harnessing web-based contrastive instruction to address English relative clause accuracy and subject-object asymmetry. *System* 85, 102–112.

Lück, K. (2008) Web-based foreign language reading: Affective and productive outcomes. *CALICO Journal* 25.2, 305–325.

Luke, C. L. & Britten, J. S. (2007) The expanding role of technology in foreign language teacher education programs. *CALICO Journal* 24.2, 253–267.

Lyman-Hager, M. A. (2000) Bridging the language-literature gap: Introducing literature electronically to the undergraduate language student. *CALICO Journal* 17.3, 431–452.

Lys, F. (2013) The development of advanced learner oral proficiency using iPads. *Language Learning & Technology* 17.3, 94–116.

Lyster, R. & Ranta, L. (1997) Corrective feedback and learner uptake: Negotiation of form in communicative classrooms. *Studies in Second Language Acquisition* 19.1, 37–66.

Ma, Q. (2008) Empirical CALL evaluation: The relationship between learning process and learning outcome. *CALICO Journal* 26.1, 108–122.

Ma, Q. & Kelly, P. (2006) Computer assisted vocabulary learning: Design and evaluation. *Computer Assisted Language Learning* 19.1, 15–45.

MacDonald, P., García-Carbonell, A., & Carot-Sierra, J. M. (2013) Computer learner corpora: Analysing interlanguage errors in synchronous and asynchronous communication. *Language Learning & Technology* 17.2, 36–56.

Machovikov, A., Stolyarov, K., Chernov, M., Sinclair, I., & Machovikova, I. (2002) Computer-based training system for Russian word pronunciation. *Computer Assisted Language Learning* 15.2, 201–214.

Mackay, J. (2019) An ideal second language self-intervention: Development of possible selves in an English as a foreign language classroom context. *System* 81, 50–62.

Maehr, M. L. & Meyer, H. A. (1997) Understanding motivation and schooling: Where we've been, where we are, and where we need to go. *Educational Psychology Review* 9.4, 371–409.

Mahfouz, S. M. (2010) A study of Jordanian university students' perceptions of using email exchanges with native English keypals for improving their writing competency. *CALICO Journal* 27.2, 393–408.

Mahfouz, S. M. & Ihmeideh, F. M. (2009) Attitudes of Jordanian university students towards using online chat discourse with native speakers of English for improving their language proficiency. *Computer Assisted Language Learning* 22.3, 207–227.

Maíz-Arévalo, C. (2017) 'Small talk is not cheap': Phatic computer-mediated communication in intercultural classes. *Computer Assisted Language Learning* 30.5, 432–446.

Mangenot, F. & Nissen, E. (2006) Collective activity and tutor involvement in e-learning environments for language teachers and learners. *CALICO Journal* 23.3, 601–622.

Mardomingo, R. (2004) Trayectorias: A new model for online task-based learning. *ReCALL* 16.1, 145–157.

Markham, P. L., Peter, L. A., & McCarthy, T. J. (2001) The effects of native language vs. target language captions on foreign language students' DVD video comprehension. *Foreign Language Annals* 34.5, 439–445.

Martinmonje, E., Castrillo, M. D., & Mananarodriguez, J. (2018) Understanding online interaction in language MOOCs through learning analytics. *Computer Assisted Language Learning* 31.3, 251–272.

Martinsen, R., Montgomery, C., & Willardson, V. (2017) The effectiveness of video-based shadowing and tracking pronunciation exercises for foreign language learners. *Foreign Language Annals* 50.4, 661–680.

Mathews-Aydinli, J. & Elaziz, F. (2010) Turkish students' and teachers' attitudes toward the use of interactive whiteboards in EFL classrooms. *Computer Assisted Language Learning* 23.3, 235–252.

Matthews, J., Cheng, J., & O'Toole, J. M. (2015) Computer-mediated input, output and feedback in the development of L2 word recognition from speech. *ReCALL* 27.3, 321–339.

Mayer, R. E. (1997) Multimedia learning: Are we asking the right questions? *Educational Psychologist* 32.1, 1–19.

Mayer, R. E. (1998) Cognitive, metacognitive, and motivational aspects of problem solving. *Instructional Science* 26.1, 49–63.

McAvinia, C. (2006) CALLers and learning technologists: Where do they meet, and what do they have in common? *Computer Assisted Language Learning* 19.4–5, 389–403.

McCabe, A. (2017) Knowledge and interaction in on-line discussions in Spanish by advanced language learners. *Computer Assisted Language Learning* 30.5, 409–431.

McCloskey, M. L., Thrush, E. A., Wilson-Patton, M. E., & Kleckova, G. (2018) Developing English language curriculum for online delivery. *CALICO Journal* 26.1, 182–203.

McCrocklin, S. (2019) Learners' feedback regarding ASR-based dictation practice for pronunciation learning. *CALICO Journal* 36.2, 119–137.

McDonough, K., De Vleeschauwer, J., & Crawford, W. (2018) Comparing the quality of collaborative writing, collaborative prewriting, and individual texts in a Thai EFL context. *System* 74, 109–120.

McNeil, L. (2013) Exploring the relationship between situated activity and CALL learning in teacher education. *ReCALL* 25.2, 215–232.

McNeil, L. (2014) Ecological affordance and anxiety in an oral asynchronous computer-mediated environment. *Language Learning & Technology* 18.1, 142–159.

McNeil, L. (2016) Integrating computer-mediated communication strategy instruction. *Computer Assisted Language Learning* 29.2, 242–261.

Mehri Kamrood, A., Davoudi, M., Ghaniabadi, S., & Amirian, S. M. R. (2019) Diagnosing L2 learners' development through online computerized dynamic assessment. *Computer Assisted Language Learning* 34.7, 868–897.

Mehring, J. & Leis, A. (2018) *Innovations in Flipping the Language Classroom*. New York: Springer Nature Singapore.

Mekheimer, A. M. A. (2012) Assessing aptitude and attitude development in a translation skills course. *CALICO Journal* 29.2, 321–340.

Melchor-Couto, S. (2017) Foreign language anxiety levels in Second Life oral interaction. *ReCALL* 29.1, 99–119.

Melo-Pfeifer, S. (2015) Blogs and the development of plurilingual and intercultural competence: Report of a co-actional approach in Portuguese foreign language classroom. *Computer Assisted Language Learning* 28.3, 220–240.

Mendieta, J. & Barkhuizen, G. (2020) Blended language learning in the Colombian context: A narrative inquiry of teacher ownership of curriculum change. *Computer Assisted*

Language Learning 33.3, 176–196.

Mendikoetxea, A., Bielsa, S., & Rollinson, P. (2010) Focus on errors: Learner corpora as pedagogical tools. In M. C. Campoy, M. C. C. Cubillo, B. Belles-Fortuno, & M. L. Gea-Valor (eds.), *Corpus-Based Approaches to English Language Teaching*. London: Continuum.180–194.

Meskill, C. & Anthony, N. (2007) Learning to orchestrate online instructional conversations: A case of faculty development for foreign language educators. *Computer Assisted Language Learning* 20.1, 5–19.

Meskill, C., Mossop, J., Diangelo, S., & Pasquale, R. K. (2002) Expert and novice teachers talking technology: Precepts, concepts and misconcepts. *Language Learning & Technology* 6.3, 46–57.

Michelson, K. (2017) Review of second-language discourse in the digital world: Linguistic and social practices in and beyond the networked classroom. *Language Learning & Technology* 21.2, 22–26.

Mills, N. (2011) Situated learning through social networking communities: The development of joint enterprise, mutual engagement, and a shared repertoire. *CALICO Journal* 28.2, 345–368.

Miyazoe, T. & Anderson, T. (2012) Discuss, reflect, and collaborate: A qualitative analysis of forum, blog, and wiki use in an EFL blended learning course. *Procedia – Social and Behavioral Sciences* 34, 146–152.

Mohsen, M. A. & Balakumar, M. (2011) A review of multimedia glosses and their effects on L2 vocabulary acquisition in CALL literature. *ReCALL* 23.2, 135–159.

Mollering, M. (2001) Teaching German modal particles: A corpus-based approach. *Language Learning & Technology* 5.3, 130–151.

Moneypenny, D. B. & Aldrich, R. S. (2018) Developing oral proficiency in Spanish across class modalities. *CALICO Journal* 35.3, 257–273.

Monje, E. M. (2014) Integration of Web 2.0 tools in a VLE to improve the EFL Spanish university entrance examination results: A quasi-experimental study. *CALICO Journal* 31.1, 40–56.

Montero Perez, M., Peters, E., Clarebout, G., & Desmet, P. (2014) Effects of captioning on video comprehension and incidental vocabulary learning. *Language Learning and Technology* 18.1, 118–141.

Montero Perez, M., Peters, E., & Desmet, P. (2018) Vocabulary learning through viewing video: The effect of two enhancement techniques. *Computer Assisted Language Learning* 31.1–2, 1–26.

Moranski, K. & Henery, A. (2017) Helping learners to orient to the inverted or flipped language classroom: Mediation via informational video. *Foreign Language Annals* 50.2, 285–305.

Mori, Y., Omori, M., & Sato, K. (2016) The impact of flipped online kanji instruction on written vocabulary learning for introductory and intermediate Japanese language students. *Foreign Language Annals* 49.4, 729–749.

Morris, F. (2005) Child-to-child interaction and corrective feedback in a computer mediated L2 class. *Language Learning & Technology* 9.1, 29–45.

Morton, H. & Jack, M. A. (2005) Scenario-based spoken interaction with virtual agents. *Computer Assisted Language Learning* 18.3, 171–191.

Mountford, A. (1981) The what, the why and the way. In *English for Specific Purposes* 1, 19–34. Montreal: Aupelf/Goethe Institut/British Council.

Mueller, C. M. & Jacobsen, N. D. (2016) A comparison of the effectiveness of EFL students' use of dictionaries and an online corpus for the enhancement of revision skills. *ReCALL* 28.1, 3–21.

Müller-Hartmann, A. (2000) The role of tasks in promoting intercultural learning in electronic learning networks. *Language Learning & Technology* 4.2, 117–135.

Murphy, P. (2007) Reading comprehension exercises online: The effects of feedback, proficiency and interaction. *Language Learning & Technology* 11.3, 107–129.

Murphy, P. (2010) Web-based collaborative reading exercises for learners in remote locations: The effects of computer-mediated feedback and interaction via computer-mediated communication. *ReCALL* 22.2, 112–134.

Nagata, N. (2009) Robo-Sensei's NLP-based error detection and feedback generation. *CALICO Journal* 26.3, 562–579.

Nagata, N. (2010) Some design issues for an online Japanese textbook. *CALICO Journal* 27.3, 460–476.

Navarre, A. (2018) *Technology-Enhanced Teaching and Learning of Chinese as a Foreign Language*. London: Routledge.

Neri, A., Cucchiarini, C., Strik, H., & Boves, L. (2002) The pedagogy-technology interface in computer assisted pronunciation training. *Computer Assisted Language Learning* 15.5, 441–467.

Neri, A., Mich, O., Gerosa, M., & Giuliani, D. (2008) The effectiveness of computer assisted pronunciation training for foreign language learning by children. *Computer Assisted Language Learning* 21.5, 393–408.

Neville, D. O. (2010) Structuring narrative in 3D digital game-based learning environments to support second language acquisition. *Foreign Language Annals* 43.3, 446–469.

Neville, D. O., Shelton, B. E., & McInnis, B. (2009) Cybertext redux: Using digital game-based learning to teach L2 vocabulary, reading, and culture. *Computer Assisted Language Learning* 22.5, 409–424.

Newhouse, C. P. & Cooper, M. (2013) Computer-based oral exams in Italian language studies. *ReCALL* 25.3, 321–339.

Nielsen, H. L. & Carlsen, M. (2003) Interactive Arabic grammar on the Internet: Problems and solutions. *Computer Assisted Language Learning* 16.1, 95–112.

Nikolova, O. R. (2002) Effects of students' participation in authoring of multimedia materials on student acquisition of vocabulary. *Language Learning & Technology* 6.1, 100–122.

Niño, A. (2008) Evaluating the use of machine translation post-editing in the foreign language class. *Computer Assisted Language Learning* 21.1, 29–49.

Nishioka, H. (2016) Analysing language development in a collaborative digital storytelling project: Sociocultural perspectives. *System* 62, 39–52.

Nor, N. F. M., Hamat, A., & Embi, M. A. (2012) Patterns of discourse in online interaction: Seeking evidence of the collaborative learning process. *Computer Assisted Language Learning* 25.3, 237–256.

Noreillie, A. S., Grisez, V., & Desmet, P. (2012) (Semi)authentic audio-visual materials for the A2 level in the online language learning environment FRANEL: Pitfalls and challenges. *Procedia – Social and Behavioral Sciences* 34, 164–168.

Norris, J. M. (2001) Concerns with computerized adaptive oral proficiency assessment. *Language Learning & Technology* 5.2, 99–105.

Nunan, D. (1999) *Second Language Teaching and Learning*. Boston, MA: Heinle & Heinle Publishers / Thomson Learning.

Oberg, A. (2011) Comparison of the effectiveness of a CALL-based approach and a card-based approach to vocabulary acquisition and retention. *CALICO Journal* 29.1, 118–144.

O'Brien, A. & Hegelheimer, V. (2007) Integrating CALL into the classroom: The role of podcasting in an ESL listening strategies course. *ReCALL* 19.2, 162–180.

O'Dowd, R. (2003) Understanding the "other side": Intercultural learning in a Spanish-English e-mail exchange. *Language Learning & Technology* 7.2, 118–144.

Okamoto, M. (2015) Is corpus word frequency a good yardstick for selecting words to teach? Threshold levels for vocabulary selection. *System* 51, 1–10.

Oliver, K., Kellogg, S., & Patel, R. (2012) An investigation into reported differences between online foreign language instruction and other subject areas in a virtual school. *CALICO Journal* 29.2, 269–296.

O'Malley, J. M. & Chamot, A. U. (1990) *Learning Strategies in Second Language Acquisition.* Cambridge: Cambridge University Press.

Ong, K. K. W. & Zhang, L. J. (2018) The effects of code-switched reading tasks on late-bilingual EFL learners' vocabulary recall, retention and retrieval. *System* 72, 13–22.

O'Rourke, B. (2005) Form-focused interaction in online tandem learning. *CALICO Journal* 22.3, 433–466.

Orsini-Jones, M. (2004) Supporting a course in new literacies and skills for linguists with a virtual learning environment: Results from a staff/student collaborative action-research project at Coventry University. *ReCALL* 16.1, 189–209.

Oskoz, A. (2005) Students' dynamic assessment via online chat. *CALICO Journal* 22.3, 513–536.

Oskoz, A. (2009) Learners' feedback in online chats: What does it reveal about students' learning? *CALICO Journal* 27.1, 48–68.

Oskoz, A. & Elola, I. (2016) Digital stories: Bringing multimodal texts to the Spanish writing classroom. *ReCALL* 28.3, 326–342.

Oxford, R. (1990) *Language Learning Strategies: What Every Teacher Should Know.* Boston, MA: Heinle & Heinle Publishers.

Ozawa, S. (2019) Effects of Japanese university students' characteristics on the use of an online English course and TOEIC scores. *CALICO Journal* 36.3, 225–239.

Özdemir, E. (2017) Promoting EFL learners' intercultural communication effectiveness: A focus on Facebook. *Computer Assisted Language Learning* 30.6, 510–528.

Palalas, A. (2011) Mobile-assisted language learning: Designing for your students. In S. Thouësny & L. Bradley (eds.), *Second Language Teaching and Learning with Technology: Views of Emergent Researchers*. Dublin: Research-publishing.net. 71–94.

Papadima-Sophocleous, S. (2008) A hybrid of a CBT- and a CAT-based new English placement test online (NEPTON). *CALICO Journal* 25.2, 276–304.

Pardo-Ballester, C. & Rodríguez, J. C. (2010) Developing Spanish online readings using design-based research. *CALICO Journal* 27.3, 540–553.

Park, H. R. & Kim, D. (2016) English language learners' strategies for reading computer-based texts at home and in school. *CALICO Journal* 33.3, 380–409.

Park, K. & Kinginger, C. (2010) Writing/Thinking in real time: Digital video and corpus query analysis. *Language Learning & Technology* 14.3, 31–50.

Park, M. (2018) Innovative assessment of aviation English in a virtual world: Windows into cognitive and metacognitive strategies. *ReCALL* 30.2, 196–213.

Pawan, F., Paulus, T. M., Yalcin, S., & Chang, C. F. (2003) Online learning: Patterns of engagement and interaction among in-service teachers. *Language Learning & Technology* 7.3, 119–140.

Peeters, W. (2018) Applying the networking power of Web 2.0 to the foreign language classroom: A taxonomy of the online peer interaction process. *Computer Assisted Language Learning* 31.8, 905–931.

Pellet, S. H. (2012) Wikis for building content knowledge in the foreign language classroom. *CALICO Journal* 29.2, 224–248.

Peng, J. E. (2019) The roles of multimodal pedagogic effects and classroom environment in willingness to communicate in English. *System* 82, 161–173.

Perez, M. M., Van Den Noortgate, W., & Desmet, P. (2013) Captioned video for L2 listening and vocabulary learning: A meta-analysis. *System* 41.3, 720–739.

Pérez Cañado, M. L. (2010) Using virtual learning environments and computer-mediated communication to enhance the lexical competence of pre-service English teachers: A quantitative and qualitative study. *Computer Assisted Language Learning* 23.2, 129–150.

Pérez-Llantada, C. (2009) Textual, genre and social features of spoken grammar: A corpus-based approach. *Language Learning & Technology* 13.1, 40–58.

Pérez-Paredes, P., Ordoñana Guillamón, C., & Aguado Jiménez, P. (2018) Language teachers' perceptions on the use of OER language processing technologies in MALL.

Computer Assisted Language Learning 31.5–6, 522–545.

Pertusa-Seva, I. & Stewart, M. A. (2000) Virtual study abroad 101: Expanding the horizons of the Spanish curriculum. *Foreign Language Annals* 33.4, 438–441.

Peters, E. (2007) Manipulating L2 learners' online dictionary use and its effect on L2 word retention. *Language Learning & Technology* 11.2, 36–58.

Peters, E., Heynen, E., & Puimege, E. (2016) Learning vocabulary through audiovisual input: The differential effect of L1 subtitles and captions. *System* 63, 134–148.

Peters, M., Weinberg, A., Sarma, N., & Frankoff, M. (2011) From the mouths of Canadian university students: Web-based information-seeking activities for language learning. *CALICO Journal* 28.3, 621–638.

Peterson, M. (2009) Learner interaction in synchronous CMC: A sociocultural perspective. *Computer Assisted Language Learning* 22.4, 303–321.

Peterson, M. (2010) Task-based language teaching in network-based CALL: An analysis of research on learner interaction in synchronous CMC. In M. Thomas & H. Reinders (eds.), *Task-Based Language Learning and Teaching with Technology*. London: Continuum International Publishing Group. 41–62.

Peterson, M. (2012a) Learner interaction in a massively multiplayer online role-playing game (MMORPG): A sociocultural discourse analysis. *ReCALL* 24.3, 361–380.

Peterson, M. (2012b) EFL learner collaborative interaction in Second Life. *ReCALL* 24.1, 20–39.

Pinner, R. S. (2012) Teachers' attitudes to and motivations for using CALL in and around the language classroom. *Procedia – Social and Behavioral Sciences* 34, 188–192.

Pino-Silva, J. (2007) The video-based short comment writing task. *Foreign Language Annals* 40.2, 320–329.

Polisca, E. (2006) Facilitating the learning process: An evaluation of the use and benefits of a virtual learning environment (VLE)-enhanced independent language-learning program (ILLP). *CALICO Journal* 23.3, 499–515.

Praag, B. V. & Sanchez, H. S. (2015) Mobile technology in second language classrooms: Insights into its uses, pedagogical implications, and teacher beliefs. *ReCALL* 27.3, 288–303.

Priego, S. & Liaw, M. L. (2017) Understanding different levels of group functionality: Activity systems analysis of an intercultural telecollaborative multilingual digital storytelling project. *Computer Assisted Language Learning* 30.5, 368–389.

Pytash, K. E. (2013) *Exploring Technology for Writing and Writing Instruction.* Hershey, PA: IGI Global.

Qian, K. & McCormick, R. (2014) Building course cohesion: The use of online forums in distance Chinese language learning. *Computer Assisted Language Learning* 27.1, 44–69.

Quixal, M. & Meurers, D. (2016) How can writing tasks be characterized in a way serving pedagogical goals and automatic analysis needs? *CALICO Journal* 33.1, 19–48.

Rachels, J. R. & Rockinson-Szapkiw, A. J. (2018) The effects of a mobile gamification app on elementary students' Spanish achievement and self-efficacy. *Computer Assisted Language Learning* 31.1–2, 72–89.

Raia, A. (2001) An on-line program for intermediate level Latin readings. *CALICO Journal* 18.2, 375–391.

Raimes, A. (1983) *Techniques in Teaching Writing.* New York: OUP.

Ramírez Verdugo, D. & Alonso Belmonte, I. (2007) Using digital stories to improve listening comprehension with Spanish young learners of English. *Language Learning & Technology* 11.1, 87–101.

Ranalli, J. (2009) Prospects for developing L2 students' effective use of vocabulary learning-strategies via web-based training. *CALICO Journal* 27.1, 161–186.

Ranalli, J. (2013a) Designing online strategy instruction for teaching knowledge of English word patterns as a complex cognitive skill. *CALICO Journal* 30.1, 16–43.

Ranalli, J. (2013b) Online strategy instruction for integrating dictionary skills and language awareness. *Language Learning & Technology* 17.2, 75–99.

Ranalli, J. (2018) Automated written corrective feedback: How well can students make use of it? *Computer Assisted Language Learning* 31.7, 653–674.

Rassaei, E. (2019) Computer-mediated text-based and audio-based corrective feedback, perceptual style and L2 development. *System* 82, 97–110.

Reinhardt, J. & Zander. V. (2011) Social networking in an intensive English program classroom: A language socialization perspective. *CALICO Journal* 28.2, 326–344.

Richards, J. C. & Lockhart, C. (1996) *Reflective Teaching in Second Language Classrooms.* 王添淼译《第二语言课堂的反思性教学》，北京：北京语言大学出版社，2017年。

Richards, J. C., Platt, J., & Platt, H. (1992) *Longman Dictionary of Language Teaching & Applied Linguistics.* 管燕红译《朗文语言教学及应用语言学辞典（英英·英汉双解）》，

北京：外语教学与研究出版社，2000 年。

Rienties, B., Lewis, T., McFarlane, R., Nguyen, Q., & Toetenel, L. (2018) Analytics in online and offline language learning environments: The role of learning design to understand student online engagement. *Computer Assisted Language Learning* 31.3, 273–293.

Rifkin, B. (2000) Video in the proficiency-based advanced conversation class: An example from the Russian-language curriculum. *Foreign Language Annals* 33.1, 63–70.

Rigney, J. W. (1978) Learning Strategies: A Theoretical Perspective. In H. F. O'Neil (ed.), *Learning Strategies*. New York: Academic Press. 165–205.

Rilling, S., Dahlman, A., Dodson, S., Boyles, C., & Pazvant, O. (2005) Connecting CALL theory and practice in preservice teacher education and beyond: Processes and products. *CALICO Journal* 22.2, 213–235.

Robinson, P. (1995) Review article: Attention memory and the "noticing" hypothesis. *Language Learning* 45.2, 283–331.

Robinson, P. (2001) Task complexity, task difficulty, and task production: Exploring interactions in a componential framework. *Applied Linguistics* 22.1, 27–57.

Roby, W. B. (1999) "What's in a gloss?" A response to Lara L. Lomicka's "To gloss or not to gloss: An investigation of reading comprehension online". *Language Learning & Technology* 2.2, 84–101.

Roed, J. (2003) Language learner behaviour in a virtual environment. *Computer Assisted Language Learning* 16.2–3, 155–172.

Romeo, K. (2008) A web-based listening methodology for studying relative clause acquisition. *Computer Assisted Language Learning* 21.1, 51–66.

Rosell-Aguilar, F. (2005) Task design for audiographic conferencing: Promoting beginner oral interaction in distance language learning. *Computer Assisted Language Learning* 18.5, 417–442.

Rosell-Aguilar, F. (2018) Autonomous language learning through a mobile application: A user evaluation of the busuu app. *Computer Assisted Language Learning* 31.8, 854–881.

Roth, I. (1986) An introduction to object perception. In I. Roth & J. P. Frisby (eds.), *Perception and Representation: A Cognitive Approach*. Milton Keynes, UK: Open University Press. 79–132.

Rott, S. & Gavin, B. (2015) Comprehending and learning from Internet sources: A conceptual replication study of Goldman, Braasch, Wiley, Greasser and Brodowinska (2012).

CALICO Journal 32.2, 323–354.

Roussel, S. & Tricot, A. (2012) A tentative approach to analysing listening strategies in CALL. *Procedia – Social and Behavioral Sciences* 34, 193–197.

Roy, D. (2014) Website analysis as a tool for task-based language learning and higher order thinking in an EFL context. *Computer Assisted Language Learning* 27.5, 395–421.

Rüschoff, B. (1999) Construction of knowledge as the basis for foreign language learning. In B. Mißler & U. Multhaup (eds.), *The Construction of Knowledge, Learner Autonomy and Related Issues in Foreign Language Learning: Essays in Honour of Dieter Wolff*. Tübingen: Stauffenberg Verlag. 79–88.

Russell, V. (2012) Learning complex grammar in the virtual classroom: A comparison of processing instruction, structured input, computerized visual input enhancement, and traditional instruction. *Foreign Language Annals* 45.1, 42–71.

Saeed, M. A. & Ghazali, K. (2017) Asynchronous group review of EFL writing: Interactions and text revisions. *Language, Learning and Technology* 21.2, 200–226.

Sagarra, N. & Abbuhl, R. (2013) Optimizing the noticing of recasts via computer-delivered feedback: Evidence that oral input enhancement and working memory help second language learning. *The Modern Language Journal* 97.1, 196–216.

Salaberry, M. R. (2000) Pedagogical design of computer mediated communication tasks: Learning objectives and technological capabilities. *The Modern Language Journal* 84.1, 28–37.

Samburskiy, D. & Quah, J. (2014) Corrective feedback in asynchronous online interaction: Developing novice online language instructors. *CALICO Journal* 31.2, 158–178.

Sanprasert, N. (2010) The application of a course management system to enhance autonomy in learning English as a foreign language. *System* 38.1, 109–123.

Satar, H. M. (2013) Multimodal language learner interactions via desktop videoconferencing within a framework of social presence: Gaze. *ReCALL* 25.1, 122–142.

Satar, H. M. (2016) Meaning-making in online language learner interactions via desktop videoconferencing. *ReCALL* 28.3, 305–325.

Satar, H. M. & Akcan, S. (2018) Pre-service EFL teachers' online participation, interaction, and social presence. *Language Learning & Technology* 22.1, 157–183.

Satar, H. M. & Özdener, N. (2008) The effects of synchronous CMC on speaking proficiency and anxiety: Text versus voice chat. *The Modern Language Journal* 92.4, 595–613.

Sato, E., Chen, J. C. C., & Jourdain, S. (2017) Integrating digital technology in an intensive, fully online college course for Japanese beginning learners: A standards-based, performance-driven approach. *The Modern Language Journal* 101.4, 756–775.

Sato, T., Matsunuma, M., & Suzuki, A. (2013) Enhancement of automatization through vocabulary learning using CALL: Can prompt language processing lead to better comprehension in L2 reading? *ReCALL* 25.1, 143–158.

Sauro, S. (2009) Computer-mediated corrective feedback and the development of L2 grammar. *Language Learning & Technology* 13.1, 96–120.

Sauro, S. (2011) SCMC for SLA: A research synthesis. *CALICO Journal* 28.2, 369–391.

Sauro, S. & Sundmark, B. (2019) Critically examining the use of blog-based fanfiction in the advanced language classroom. *ReCALL* 31.1, 40–55.

Sawaki, Y. (2001) Comparability of conventional and computerized tests of reading in a second language. *Language Learning & Technology* 5.2, 38–59.

Schenker, T. (2013) The effects of a virtual exchange on students' interest in learning about culture. *Foreign Language Annals* 46.3, 491–507.

Schmid, E. C. (2006) Investigating the use of interactive whiteboard technology in the English language classroom through the lens of a critical theory of technology. *Computer Assisted Language Learning* 19.1, 47–62.

Schmid, E. C. & Whyte, S. (2012) Interactive whiteboards in state school settings: Teacher responses to socio-constructivist hegemonies. *Language Learning & Technology* 16.2, 65–86.

Schulze, M. & Liebscher, G. (2010) Going in cycles: Courseware and material development for written communication. *CALICO Journal* 27.3, 554–563.

Schulze, M. & Scholz, K. (2018) Learning trajectories and the role of online courses in a language program. *Computer Assisted Language Learning* 31.3, 185–205.

Schwienhorst, K. (2002a) Evaluating tandem language learning in the MOO: Discourse repair strategies in a bilingual Internet project. *Computer Assisted Language Learning* 15.2, 135–145.

Schwienhorst, K. (2002b) The state of VR: A meta-analysis of virtual reality tools in second language acquisition. *Computer Assisted Language Learning* 15.3, 221–239.

Selcuk, H., Jones, J., & Vonkova, H. (2019) The emergence and influence of group leaders in web-based collaborative writing: Self-reported accounts of EFL learners. *Computer*

Assisted Language Learning 34.8, 1040–1060.

Selinker, L. (1972) Interlanguage. *International Review of Applied Linguistics in Language Teaching* 10.3, 209–231.

Sert, O. & Balaman, U. (2018) Orientations to negotiated language and task rules in online L2 interaction. *ReCALL* 30.3, 355–374.

Sha, G. (2010) Using Google as a super corpus to drive written language learning: A comparison with the British National Corpus. *Computer Assisted Language Learning* 23.5, 377–393.

Shadiev, R., Hwang, W. Y., & Huang, Y. M. (2017) Review of research on mobile language learning in authentic environments. *Computer Assisted Language Learning* 30.3–4, 284–303.

Shamsudin, S. & Nesi, H. (2006) Computer-mediated communication in English for specific purposes: A case study with computer science students at Universiti Teknologi Malaysia. *Computer Assisted Language Learning* 19.4–5, 317–339.

Shawback, M. J. & Terhune, N. M. (2002) Online interactive courseware: Using movies to promote cultural understanding in a CALL environment. *ReCALL* 14.1, 85–95.

Shen, H., Yuan, Y., & Ewing, R. (2015) English learning websites and digital resources from the perspective of Chinese university EFL practitioners. *ReCALL* 27.2, 156–176.

Shin, S. K. (2015) Teaching critical, ethical, and safe use of ICT to teachers. *Language Learning & Technology* 19.1, 181–197.

Shintani, N. (2016) The effects of computer-mediated synchronous and asynchronous direct corrective feedback on writing: A case study. *Computer Assisted Language Learning* 29.3, 517–538.

Siekmann, S. (2001) Which web course management system is right for me? A comparison of WebCT 3.1 and Blackboard 5.0. *CALICO Journal* 18.3, 590–617.

Siemens, G. (2005) Connectivism: A learning theory for the digital age. Retrieved January, 2005 from http://www.itdl.org/Journal/Jan_05/article01.htm

Sildus, T. I. (2006) The effect of a student video project on vocabulary retention of first-year secondary school German students. *Foreign Language Annals* 39.1, 54–70.

Slaughter, Y., Smith, W., & Hajek, J. (2019) Videoconferencing and the networked provision of language programs in regional and rural schools. *ReCALL* 31.2, 204–217.

Smidt, E. & Hegelheimer, V. (2004) Effects of online academic lectures on ESL listening comprehension, incidental vocabulary acquisition, and strategy use. *Computer Assisted Language Learning* 17.5, 517–556.

Smith, B. (2003) Computer-mediated negotiated interaction: An expanded model. *The Modern Language Journal* 87.1, 38–57.

Smith, B. (2017) Methodological innovation in CALL research and its role in SLA. *Language Learning & Technology* 21.1, 1–3.

Soboleva, O. & Tronenko, N. (2002) A Russian multimedia learning package for classroom use and self-study. *Computer Assisted Language Learning* 15.5, 483–499.

Sockett, G. (2013) Understanding the online informal learning of English as a complex dynamic system: An emic approach. *ReCALL* 25.1, 48–62.

Sockett, G. (2014) *The Online Informal Learning of English.* London: Palgrave Macmillan.

Sockett, G. & Toffoli, D. (2012) Beyond learner autonomy: A dynamic systems view of the informal learning of English in virtual online communities. *ReCALL* 24.2, 138–151.

Son, J. B. (2018) *Teacher Development in Technology-Enhanced Language Teaching.* Switzerland: Springer International Publishing.

Son, J. B. & Windeatt, S. (eds.) (2017) *Language Teacher Education and Technology: Approaches and Practices.* New York: Bloomsbury Publishing.

Sotillo, S. M. (2000) Discourse functions and syntactic complexity in synchronous and asynchronous communication. *Language Learning & Technology* 4.1, 77–110.

Spina, S. & Bassetti, E. (2012) APRIL: An online learning environment devoted to language learning. *Procedia – Social and Behavioral Sciences* 34, 216–218.

Spodark, E. (2001) The changing role of the teacher: A technology-enhanced, student-centered lesson on French fashion. *Foreign Language Annals* 34.1, 46–51.

Stapleton, P. (2005) Using the web as a research source: Implications for L2 academic writing. *The Modern Language Journal* 89.2, 177–189.

Steinberg, D. D. (1993) *An Introduction to Psycholinguistics.* New York: Longman.

Sternberg, R. J. (1983) Criteria for intellectual skill straining. *Educational Research* 12, 6–12.

Stickler, U. & Emke, M. (2011) Literalia: Towards developing intercultural maturity online. *Language Learning & Technology* 15.1, 147–168.

St-Jacques, C. & Barrière, C. (2005) Search by fuzzy inference in a children's dictionary.

Computer Assisted Language Learning 18.3, 193–215.

Stockwell, G. (2007) Vocabulary on the move: Investigating an intelligent mobile phone-based vocabulary tutor. *Computer Assisted Language Learning* 20.4, 365–383.

Stockwell, G. (2010) Using mobile phones for vocabulary activities: Examining the effect of platform. *Language Learning & Technology* 14.2, 95–110.

Stockwell, G. & Harrington, M. (2003) The incidental development of L2 proficiency in NS-NNS email interactions. *CALICO Journal* 20.2, 337–359.

Stockwell, G. & Liu, Y. C. (2015) Engaging in mobile phone-based activities for learning vocabulary: An investigation in Japan and Taiwan. *CALICO Journal* 32.2, 299–322.

Stranger-Johannessen, E. & Norton, B. (2017) The African storybook and language teacher identity in digital times. *The Modern Language Journal* 101.S1, 45–60.

Strobl, C. (2015) Attitudes towards online feedback on writing: Why students mistrust the learning potential of models. *ReCALL* 27.3, 340–357.

Strobl, C. & Jacobs, G. (2011) Assessing QuADEM: Preliminary notes on a new method for evaluating online language learning courseware. *Computer Assisted Language Learning* 24.5, 433–449.

Sturm, J. L. (2012) Using film in the L2 classroom: A graduate course in film pedagogy. *Foreign Language Annals* 45.2, 246–259.

Su, Y., Li, Y., Liang, J. C., & Tsai, C. C. (2019) Moving literature circles into wiki-based environment: The role of online self-regulation in EFL learners' attitude toward collaborative learning. *Computer Assisted Language Learning* 32.5–6, 556–586.

Sun, Y. & Dong, Q. (2004) An experiment on supporting children's English vocabulary learning in multimedia context. *Computer assisted language learning* 17.2, 131–147.

Sun, Y. C. (2007) Learner perceptions of a concordancing tool for academic writing. *Computer Assisted Language Learning* 20.4, 323–343.

Sun, Y. C. (2014) Microteaching writing on YouTube for pre-service teacher training: Lessons learned. *CALICO Journal* 31.2, 179–200.

Sun, Y. C. & Chang, Y. J. (2012) Blogging to learn: Becoming EFL academic writers through collaborative dialogues. *Language Learning & Technology* 16.1, 43–61.

Sun, Y. C. & Yang, H. C. (2012) Do language proficiency and lecture comprehension matter? OpenCourseWare lectures for vocabulary learning. *CALICO Journal* 29.4, 663–678.

Sun, Z., Lin, C. H., You, J., Shen, H. J., Qi, S., & Luo, L. (2017) Improving the English-speaking skills of young learners through mobile social networking. *Computer Assisted Language Learning* 30.3–4, 304–324.

Sun, Z., Yang, X. M., & He, K. K. (2016) An extensive reading strategy to promote online writing for elementary students in the 1:1 digital classroom. *Computer Assisted Language Learning* 29.2, 398–412.

Suzuki, S. (2013) Private turns: A student's off-screen behaviors during synchronous online Japanese instruction. *CALICO Journal* 30.3, 371–392.

Swain, M. (1985) Communicative competence: Some roles of comprehensible input and comprehensible output in its development. In S. M. Gass & C. G. Madden (eds.), *Input in Second Language Acquisition*. Rowley, MA: Newbury House. 165–179.

Sydorenko, T., Smits, T. F., Evanini, K., & Ramanarayanan, V. (2019) Simulated speaking environments for language learning: Insights from three cases. *Computer Assisted Language Learning* 32.1–2, 17–48.

Sykes, J. M. (2005) Synchronous CMC and pragmatic development: Effects of oral and written chat. *CALICO Journal* 22.3, 399–431.

Sykes, J. M. (2018) Interlanguage pragmatics, curricular innovation, and digital technologies. *CALICO Journal* 35.2, 120–141.

Sykes, J. M. & Oskoz, A. (2008) Web 2.0, synthetic immersive environments, and mobile resources for language education. *CALICO Journal* 25.3, 528–546.

Taghizadeh, M. & Hasani Yourdshahi, Z. (2019) Integrating technology into young learners' classes: Language teachers' perceptions. *Computer Assisted Language Learning* 33.8, 982–1006.

Tan, C. C., Chen, C. M., & Lee, H. M. (2019) Effectiveness of a digital pen-based learning system with a reward mechanism to improve learners' metacognitive strategies in listening. *Computer Assisted Language Learning* 33.7, 785–810.

Tan, S., O'Halloran, K. L., & Wignell, P. (2016) Multimodal research: Addressing the complexity of multimodal environments and the challenges for CALL. *ReCALL* 28.3, 253–273.

Tang, X. (2019) The effects of task modality on L2 Chinese learners' pragmatic development: Computer-mediated written chat vs. face-to-face oral chat. *System* 80, 48–59.

Tanner, M. & Landon, M. (2009) The effects of computer-assisted pronunciation readings on ESL learners' use of pausing, stress, intonation, and overall comprehensibility. *Language*

Learning & Technology 13.3, 51–65.

Taylor, A. M. (2009) CALL-based versus paper-based glosses: Is there a difference in reading comprehension. *CALICO Journal* 27.1, 147–160.

Taylor, A. M. (2014) Glossing frequency and L2 reading comprehension: The influence of CALL glossing. *CALICO Journal* 31.3, 374–389.

Taylor, R. P. & Gitsaki, C. (2003) Teaching WELL in a computerless classroom. *Computer Assisted Language Learning* 16.4, 275–294.

Tecedor, M. & Campos-Dintrans, G. (2019) Developing oral communication in Spanish lower-level courses: The case of voice recording and videoconferencing activities. *ReCALL* 31.2, 116–134.

Teng, M. F. (2019) Maximizing the potential of captions for primary school ESL students' comprehension of English-language videos. *Computer Assisted Language Learning* 32.7, 665–691.

Teng, M. F. (2018) Flip your classroom to improve EFL students' speaking skills. In J. Mehring & A. Leis (eds.), *Innovations in Flipping the Language Classroom: Theories and Practices.* Singapore: Springer Nature Singapore. 113–122.

Teo, A. (2012) Promoting EFL students' inferential reading skills through computerized dynamic assessment. *Language Learning & Technology* 16.3, 10–20.

Terantino, J. (2016) Examining the effects of independent MALL on vocabulary recall and listening comprehension: An exploratory case study of preschool children. *CALICO Journal* 33.2, 260–277.

Thomas, M. & Reinders, H. (eds.) (2010) *Task-Based Language Learning and Teaching with Technology.* London: Continuum.

Thomson, R. I. (2011) Computer assisted pronunciation training: Targeting second language vowel perception improves pronunciation. *CALICO Journal* 28.3, 744–765.

Thouësny, S. & Bradley, L. (eds.) (2011) *Second Language Teaching and Learning with Technology: Views of Emergent Researchers.* Dublin: Research-publishing.net.

Tochon, F. (2013) A brief history of video feedback and its role in foreign language education. *CALICO Journal* 25.3, 420–435.

Toetenel, L. (2014) Social networking: A collaborative open educational resource. *Computer Assisted Language Learning* 27.2, 149–162.

Toffoli, D. & Sockett, G. (2015) University teachers' perceptions of online informal learning of English (OILE). *Computer Assisted Language Learning* 28.1, 7–21.

Tono, Y., Satake, Y., & Miura, A. (2014) The effects of using corpora on revision tasks in L2 writing with coded error feedback. *ReCALL* 26.2, 147–162.

Tony, E. & Iona, S. (eds.) (2007) *CALLing All Foreign Language Teachers: Computer-Assisted Language Learning in the Classroom.* New York: Eye On Education, Inc.

Toole, J. & Heift, T. (2002) The tutor assistant: An authoring tool for an intelligent language tutoring system. *Computer Assisted Language Learning* 15.4, 373–386.

Torlaković, E. & Deugo, D. (2004) Application of a CALL system in the acquisition of adverbs in English. *Computer Assisted Language Learning* 17.2, 203–235.

Torsani, S. (2016) *CALL Teacher Education: Language Teachers and Technology Integration.* Rotterdam: Sense Publishers.

Tozcu, A. & Coady, J. (2004) Successful learning of frequent vocabulary through CALL also benefits reading comprehension and speed. *Computer Assisted Language Learning* 17.5, 473–495.

Tracy-Ventura, N. (2017) Combining corpora and experimental data to investigate language learning during residence abroad: A study of lexical sophistication. *System* 71, 35–45.

Trinder, R. (2002) Multimedia in the business English classroom: The learners' point of view. *Computer Assisted Language Learning* 15.1, 69–84.

Tsai, C. H., Kuo, C. H., Horng, W. B., & Chen, C. W. (2012) Effects on learning logographic character formation in computer-assisted handwriting instruction. *Language Learning & Technology* 16.1, 110–130.

Tsai, K. J. (2019) Corpora and dictionaries as learning aids: Inductive versus deductive approaches to constructing vocabulary knowledge. *Computer Assisted Language Learning* 32.8, 805–826.

Tsai, P. H. (2019) Beyond self-directed computer-assisted pronunciation learning: A qualitative investigation of a collaborative approach. *Computer Assisted Language Learning* 32.7, 713–744.

Tsai, S. C. (2011) Courseware integration into task-based learning: A case study of multimedia courseware-supported oral presentations for non-English major students. *ReCALL* 23.2, 117–134.

Tsai, S. C. (2017) Effectiveness of ESL students' performance by computational assessment and role of reading strategies in courseware-implemented business translation tasks. *Computer Assisted Language Learning* 30.6, 474–487.

Tsai, S. C. (2019) Using Google translate in EFL drafts: A preliminary investigation. *Computer Assisted Language Learning* 32.5–6, 510–526.

Tsai, Y. R. (2015) Applying the technology acceptance model (TAM) to explore the effects of a course management system (CMS)-assisted EFL writing instruction. *CALICO Journal* 32.1, 153–171.

Tsai, Y. R. & Talley, P. C. (2014) The effect of a course management system (CMS)-supported strategy instruction on EFL reading comprehension and strategy use. *Computer Assisted Language Learning* 27.5, 422–438.

Tschirner, E. (2001) Language acquisition in the classroom: The role of digital video. *Computer Assisted Language Learning* 14.3–4, 305–319.

Tseng, S. S., Yeh, H. C., & Yang, S. H. (2015) Promoting different reading comprehension levels through online annotations. *Computer Assisted Language Learning* 28.1, 41–57.

Tsubota, Y., Dantsuji, M., & Kawahara, T. (2004) An English pronunciation learning system for Japanese students based on diagnosis of critical pronunciation errors. *ReCALL* 16.1, 173–188.

Türk, E. & Erçetin, G. (2014) Effects of interactive versus simultaneous display of multimedia glosses on L2 reading comprehension and incidental vocabulary learning. *Computer Assisted Language Learning* 27.1, 1–25.

Turner III, R. L. (2017) The challenges of using the WebCAPE placement exam in an advanced Spanish grammar class. *Computer Assisted Language Learning* 30.3–4, 247–258.

Tyler, R. W. (2013) *Basic Principles of Curriculum and Instruction*. Chicago: The University of Chicago Press.

Underwood, J., Luckin, R., & Winters, N. (2012) Managing resource ecologies for mobile, personal and collaborative self-directed language learning. *Procedia – Social and Behavioral Sciences* 34, 226–229.

Urlaub, P. (2013) Questioning the text: Advancing literary reading in the second language through web-based strategy training. *Foreign Language Annals* 46.3, 508–521.

Ushida, E. (2005) The role of students' attitudes and motivation in second language learning in online language courses. *CALICO Journal* 23.1, 49–78.

Uzum, B. (2010) An investigation of alignment in CMC from a sociocognitive perspective. *CALICO Journal* 28.1, 135–155.

Vakili, S. & Ebadi, S. (2019) Exploring EFL learners' developmental errors in academic writing through face-to-face and computer-mediated dynamic assessment. *Computer Assisted Language Learning*, 1–36.

Van der Zwaard, R. & Bannink, A. (2016) Nonoccurrence of negotiation of meaning in task-based synchronous computer-mediated communication. *The Modern Language Journal* 100.3, 625–640.

Van der Zwaard, R. & Bannink, A. (2018) Reversal of participation roles in NS-NNS synchronous telecollaboration. *CALICO Journal* 35.2, 162–181.

Van der Zwaard, R. & Bannink, A. (2019) Towards a comprehensive model of negotiated interaction in computer-mediated communication. *Language Learning & Technology* 23.3, 116–135.

Van Deusen-Scholl, N. (2018) The negotiation of multilingual heritage identity in a distance environment: HLA and the plurilingual turn. *CALICO Journal* 35.3, 235–256.

Van Deusen-Scholl, N., Frei, C., & Dixon, E. (2005) Coconstructing learning: The dynamic nature of foreign language pedagogy in a CMC environment. *CALICO Journal* 22.3, 657–678.

Van Doremalen, J., Boves, L., Colpaert, J., Cucchiarini, C., & Strik, H. (2016) Evaluating automatic speech recognition-based language learning systems: A case study. *Computer Assisted Language Learning* 29.4, 833–851.

Van Olphen, M. (2007) Perspectives of foreign language preservice teachers on the use of a web-based instructional environment in a methods course. *CALICO Journal* 25.1, 91–109.

VanPatten, B. (2002) Processing instruction: An update. *Language Learning* 52.4, 755–803.

VanPatten, B. & Benati, A. G. (2015) *Key Terms in Second Language Acquisition* (2nd Edition). 陈亚平注《二语习得核心术语（第2版）》，北京：外语教学与研究出版社，2018年。

Van Praag, B. & Sanchez, H. S. (2015) Mobile technology in second language classrooms: Insights into its uses, pedagogical implications, and teacher beliefs. *ReCALL* 27.3, 288–303.

Varley, S. (2009) I'll just look that up in the concordancer: Integrating corpus consultation into the language learning environment. *Computer Assisted Language Learning* 22.2, 133–152.

Varol, B. & Erçetin, G. (2019) Effects of gloss type, gloss position, and working memory capacity on second language comprehension in electronic reading. *Computer Assisted Language Learning* 34.7, 820–844.

Varonis, E. & Gass, S. (1985) Non-native/non-native conversation: A model for negotiation of meaning. *Applied Linguistics* 6.1, 71–90.

Vasconcelos, R. (2012) Multimedia activities in L2 course websites: The case study of a site dedicated to cultural topics of Portuguese-speaking countries. *CALICO Journal* 29.4, 639–662.

Vautherin, B. (1999) Du laboratoire audio au laboratoire multimédia. *Alsic* [Online] 2.2, 85–92. Available: alsic.univ-fcomte.fr

Vetter, A. & Chanier, T. (2006) Supporting oral production for professional purposes in synchronous communication with heterogenous learners. *ReCALL* 18.1, 5–23.

Vinagre, M. & Muñoz, B. (2011) Computer-mediated corrective feedback and language accuracy in telecollaborative exchanges. *Language Learning & Technology* 15.1, 72–103.

Von der Emde, S., Schneider, J., & Kötter, M. (2001) Technically speaking: Transforming language learning through virtual learning environments (MOOs). *The Modern Language Journal* 85.2, 210–225.

Vorobel, O. & Kim, D. (2017) Adolescent ELLs' collaborative writing practices in face-to-face and online contexts: From perceptions to action. *System* 65, 78–89.

Wagener, D. (2006) Promoting independent learning skills using video on digital language laboratories. *Computer Assisted Language Learning* 19.4–5, 279–286.

Wagner, E. (2007) Are they watching? Test-taker viewing behavior during an L2 video listening test. *Language Learning & Technology* 11.1, 67–86.

Wagner-Loera, D. (2018) Flipping the ESL/EFL classroom to reduce cognitive load: A new way of organizing your classroom. In J. Mehring & A. Leis (eds.), *Innovations in Flipping the Language Classroom*. Singapore: Springer Nature Singapore.169–184.

Walker, K. (2003) Applying distributed learning theory in online business communication courses. *Business Communication Quarterly* 66.2, 55–67.

Wang, A. (2015) Facilitating participation: Teacher roles in a multiuser virtual learning environment. *Language Learning & Technology* 19.2, 156–176.

Wang, J. (2012) The use of e-dictionary to read e-text by intermediate and advanced learners of Chinese. *Computer Assisted Language Learning* 25.5, 475–487.

Wang, J. (2014) Strategies for reading Chinese texts with and without pop-up dictionary for beginning learners of Chinese. *CALICO Journal* 31.2, 244–260.

Wang, L. (2019) Effects of regulation on interaction pattern in web-based collaborative writing activity. *Computer Assisted Language Learning* 35.1–2, 1–35.

Wang, N., Chen, J., Tai, M., & Zhang, J. (2019) Blended learning for Chinese university EFL learners: Learning environment and learner perceptions. *Computer Assisted Language Learning* 34.3, 297–323.

Wang, S. & Vásquez, C. (2012) Web 2.0 and second language learning: What does the research tell us? *CALICO Journal* 29.3, 412–430.

Wang, S. & Vásquez, C. (2014) The effect of target language use in social media on intermediate-level Chinese language learners' writing performance. *CALICO Journal* 31.1, 78–102.

Wang, Y. (2004) Distance language learning: Interactivity and fourth-generation internet-based videoconferencing. *CALICO Journal* 21.2, 373–395.

Wang, Y. (2007) Task design in videoconferencing-supported distance language learning. *CALICO Journal* 24.3, 591–630.

Wang, Y. & Chen, N. S. (2009) Criteria for evaluating synchronous learning management systems: Arguments from the distance language classroom. *Computer Assisted Language Learning* 22.1, 1–18.

Wang, Y., Chen, N. S., & Levy, M. (2010) Teacher training in a synchronous cyber face-to-face classroom: Characterizing and supporting the online teachers' learning process. *Computer Assisted Language Learning* 23.4, 277–293.

Wang, Y. C. (2015) Promoting collaborative writing through wikis: A new approach for advancing innovative and active learning in an ESP context. *Computer Assisted Language Learning* 28.6, 499–512.

Wang, Y. J., Shang, H. F., & Briody, P. (2013) Exploring the impact of using automated writing evaluation in English as a foreign language university students' writing. *Computer Assisted Language Learning* 26.3, 234–257.

Wang, Y. T. (2019) Effects of L1/L2 captioned TV programs on students' vocabulary learning and comprehension. *CALICO Journal* 36.3, 204–224.

Ware, P. & Kramsch, C. (2005) Toward an intercultural stance: Teaching German and English through telecollaboration. *The Modern Language Journal* 89.2, 190–205.

Warren, P., Elgort, I., & Crabbe, D. (2009) Comprehensibility and prosody ratings for pronunciation software development. *Language Learning & Technology* 13.3, 87–102.

Weasenforth, D., Biesenbach-Lucas, S., & Meloni, C. (2002) Realizing constructivist objectives through collaborative technologies: Threaded discussions. *Language Learning & Technology* 6.3, 58–86.

Wei, W. & Zheng, Y. (2017) An investigation of integrative and independent listening test tasks in a computerised academic English test. *Computer Assisted Language Learning* 30.8, 864–883.

Weinberg, A. (2002) Virtual misadventures: Technical problems and student satisfaction when implementing multimedia in an advanced French listening comprehension course. *CALICO Journal* 19.2, 331–357.

Weinberg, A. (2005) Les Chansons de la francophonie website and its two web-usage-tracking systems in an advanced listening comprehension course. *CALICO Journal* 22.2, 251–268.

Weinberg, A., Knoerr, H., & Vandergrift, L. (2011) Creating podcasts for academic listening in French: Student perceptions of enjoyment and usefulness. *CALICO Journal* 28.3, 588–605.

Wen, Q. F. (1993) Advanced level English language learning in China: The relationship of modifiable learner variables to learning outcomes. Unpublished Ph.D. thesis, Hong Kong University.

White, R. & Arndt, V. (1991) *Process Writing.* London: Longman.

Whyte, S., Schmid, E. C., Van Hazebrouck Thompson, S., & Oberhofer, M. (2014) Open educational resources for CALL teacher education: The iTILT interactive whiteboard project. *Computer Assisted Language Learning* 27.2, 122–148.

Widdowson, H. G. (1981) English for specific purposes: Criteria for course design. In L. Selinker, E. Tarone, & V. Hanzeli (eds.), *English for Academic and Technical Purposes: Studies in Honor of Louis Trimble.* New York: Newbury House. 1–11.

Wilhelm, T. (2018) Task-based language learning in a real-world digital environment: The European digital kitchen, edited by Paul Seedhouse. *CALICO Journal* 36.2, 145–148.

Wilken, J. L. (2018) Perceptions of L1 glossed feedback in automated writing evaluation:

A case study. *CALICO Journal* 35.1, 30–48.

Wilkins, D. A. (1972) *Linguistics in Language Teaching.* Cambridge: MFT Press.

Winke, P., Gass, S., & Syodorenko, T. (2010) The effects of captioning videos used for foreign language listening activities. *Language Learning & Technology* 14.1, 65–86.

Winkler, B. (2001) English learners' dictionaries on CD-ROM as reference and language learning tools. *ReCALL* 13.2, 191–205.

Wood, J. (2001) Can software support children's vocabulary development? *Language Learning & Technology* 5.1, 166–201.

Wrigglesworth, J. & Harvor, F. (2018) Making their own landscape: Smartphones and student designed language learning environments. *Computer Assisted Language Learning* 31.4, 437–458.

Wu, E. & Yang, S. C. (2016) Examining the impact of online labeling on tutoring behavior and its effect on the English learning and motivation of low-achieving university students. *Computer Assisted Language Learning* 29.2, 316–333.

Wu, H., Gao, J., & Zhang, W. (2014) Chinese EFL teachers' social interaction and socio-cognitive presence in synchronous computer-mediated communication. *Language Learning & Technology* 18.3, 228–254.

Xie, Y., Chen, Y., & Ryder, L. H. (2019) Effects of using mobile-based virtual reality on Chinese L2 students' oral proficiency. *Computer Assisted Language Learning* 34.3, 225–245.

Xu, J. (2010) Using multimedia vocabulary annotations in L2 reading and listening activities. *CALICO Journal* 27.2, 311–327.

Xu, J. & Xiang, M. (2019) Review of *Blending Technologies in Second Language Classrooms*, Palgrave Macmillan, Don Hinkelman. London, England (2018), pp. xxxii + 407 *System* 81, 216–218.

Xu, Q. (2016) Item-based foreign language learning of give ditransitive constructions: Evidence from corpus research. *System* 63, 65–76.

Xu, Q. & Peng, H. (2017) Investigating mobile-assisted oral feedback in teaching Chinese as a second language. *Computer Assisted Language Learning* 30.3–4, 173–182.

Xu, Y. J., Chiou, S. C., & You, M. (2019) Effects of improving the interactive design of a Chinese character learning system on the learning performance of Chinese as foreign language students. *Computer Assisted Language Learning* 33.8, 916–935.

Yamada, M. & Akahori, K. (2007) Social presence in synchronous CMC-based language learning: How does it affect the productive performance and consciousness of learning objectives? *Computer Assisted Language Learning* 20.1, 37–65.

Yang, H. (2014) The effects of advance organizers and subtitles on EFL learners' listening comprehension skills. *CALICO Journal* 31.3, 345–373.

Yang, H. C. & Sun, Y. C. (2013) It is more than knowledge seeking: Examining the effects of OpenCourseWare lectures on vocabulary acquisition in English as a foreign language (EFL) context. *Computer Assisted Language Learning* 26.1, 1–20.

Yang, H. C. & Zapata-Rivera, D. (2010) Interlanguage pragmatics with a pedagogical agent: The request game. *Computer Assisted Language Learning* 23.5, 395–412.

Yang, J., Thomas, M. S., Qi, X., & Liu, X. (2019) Using an ANN-based computational model to simulate and evaluate Chinese students' individualized cognitive abilities important in their English acquisition. *Computer Assisted Language Learning* 32.4, 366–397.

Yang, J. C. & Chang, P. (2014) Captions and reduced forms instruction: The impact on EFL students' listening comprehension. *ReCALL* 26.1, 44–61.

Yang, R. (2018) The use of questions in a synchronous intercultural online exchange project. *ReCALL* 30.1, 112–130.

Yang, Y. F. (2011) Engaging students in an online situated language learning environment. *Computer Assisted Language Learning* 24.2, 181–198.

Yang, Y. F. (2016) Transforming and constructing academic knowledge through online peer feedback in summary writing. *Computer Assisted Language Learning* 29.4, 683–702.

Yang, Y. F. (2018) New language knowledge construction through indirect feedback in web-based collaborative writing. *Computer Assisted Language Learning* 31.4, 459–480.

Yang, Y. F. & Hsieh, P. Y. (2015) Negotiation of meaning to comprehend hypertexts through peer questioning. *Language Learning & Technology* 19.2, 69–84.

Yang, Y. F. & Meng, W. T. (2013) The effects of online feedback training on students' text revision. *Language Learning & Technology* 17.2, 220–238.

Yang, Y. F. & Qian, D. D. (2019) Promoting L2 English learners' reading proficiency through computerized dynamic assessment. *Computer Assisted Language Learning* 33.5–6, 628–652.

Yang, Y. F., Wong, W.-K., & Yeh, H.-C. (2013) Learning to construct English (L2) sentences in a bilingual corpus-based system. *System* 41.3, 677–690.

Yanguas, I. (2009) Multimedia glosses and their effect on L2 text comprehension and vocabulary learning. *Language Learning & Technology* 13.2, 48–67.

Yanguas, I. (2012) Task-based oral computer-mediated communication and L2 vocabulary acquisition. *CALICO Journal* 29.3, 507–531.

Yanguas, I. & Bergin, T. (2018) Focus on form in task-based L2 oral computer-mediated communication. *Language Learning & Technology* 22.3, 65–81.

Yazdanjoo, M. & Sadeghi, B. (2011) Designing a novel and high performance online English for business purposes courses with MASHUP. Paper presented at the 7th International Scientific Conference eLearning and Software for Education, Bucharest.

Yeh, H. C. (2014) Exploring how collaborative dialogues facilitate synchronous collaborative writing. *Language Learning & Technology* 18.1, 23–37.

Yeh, H. C. (2015) Facilitating metacognitive processes of academic genre-based writing using an online writing system. *Computer Assisted Language Learning* 28.6, 479–498.

Yeh, H. C., Hung, H. T., & Chiang, Y. H. (2017) The use of online annotations in reading instruction and its impact on students' reading progress and processes. *ReCALL* 29.1, 22–38.

Yeh, H. C. & Lai, W. Y. (2019) Speaking progress and meaning negotiation processes in synchronous online tutoring. *System* 81, 179–191.

Yeh, S. W., Lo, J. J., & Chu, H. M. (2014) Application of online annotations to develop a web-based error correction practice system for English writing instruction. *System* 47, 39–52.

Yeh, Y., Liou, H. C., & Li, Y. H. (2007) Online synonym materials and concordancing for EFL college writing. *Computer Assisted Language Learning* 20.2, 131–152.

Yeldham, M. (2018) Viewing L2 captioned videos: What's in it for the listener? *Computer Assisted Language Learning* 31.4, 367–389.

Yen, Y. C., Hou, H. T., & Chang, K. E. (2015) Applying role-playing strategy to enhance learners' writing and speaking skills in EFL courses using Facebook and Skype as learning tools: A case study in Taiwan. *Computer Assisted Language Learning* 28.5, 383–406.

Yim, S. & Warschauer, M. (2017) Web-based collaborative writing in L2 contexts: Methodological insights from text mining. *Language Learning & Technology* 21.1, 146–165.

Yoon, C. (2016) Concordancers and dictionaries as problem-solving tools for ESL academic writing. *Language Learning & Technology* 20.1, 209–229.

Yoon, H. (2008) More than a linguistic reference: The influence of corpus technology on L2 academic writing. *Language Learning & Technology* 12.2, 31–48.

Youngs, B. L., Prakash, A., & Nugent, R. (2018) Statistically-driven visualizations of student interactions with a French online course video. *Computer Assisted Language Learning* 31.3, 206–225.

Yu, P., Pan, Y., Li, C., Zhang, Z., Shi, Q., Chu, W., Liu, M., & Zhu, Z. (2016) User-centred design for Chinese-oriented spoken English learning system. *Computer Assisted Language Learning* 29.5, 984–1000.

Yuksel, D. & Inan, B. (2014) The effects of communication mode on negotiation of meaning and its noticing. *ReCALL* 26.3, 333–354.

Yutdhana, S. (2005) Design-based research in CALL. In J. Egbert & G. M. Petrie (eds.), *CALL Research Perspectives* [ESL & Applied Linguistics Professional Series]. Mahwah, NJ: Lawrence Erlbaum Associates Incorporated.169–178.

Zabaleta, F. (2007) Developing a multimedia, computer-based Spanish placement test. *CALICO Journal* 24.3, 675–692.

Zapata, G. & Sagarra, N. (2007) CALL on hold: The delayed benefits of an online workbook on L2 vocabulary learning. *Computer Assisted Language Learning* 20.2, 153–171.

Zhang, D. & Pérez-Paredes, P. (2019) Chinese postgraduate EFL learners' self-directed use of mobile English learning resources. *Computer Assisted Language Learning* 34.8, 1128–1153.

Zhang, H. (2002) Teaching business Chinese online. *CALICO Journal* 19.3, 525–532.

Zheng, D., Young, M. F., Brewer, R. A., & Wagner, M. (2009) Attitude and self-efficacy change: English language learning in virtual worlds. *CALICO Journal* 27.1, 205–231.

Zou, B. (2013) Teachers' support in using computers for developing students' listening and speaking skills in pre-sessional English courses. *Computer Assisted Language Learning* 26.1, 83–99.

Zou, B., Li, H., & Li, J. (2018) Exploring a curriculum app and a social communication app for EFL learning. *Computer Assisted Language Learning* 31.7, 694–713.

Zou, B., Wang, D., & Xing, M. (2016) Collaborative tasks in wiki-based environment in EFL learning. *Computer Assisted Language Learning* 29.5, 1001–1018.

术语表

英文	英文缩写	中文
American Council on the Teaching of Foreign Languages	ACTFL	美国外语教学委员会
Adaptive Learning System	ALS	自适应学习系统
Application	APP	应用程序
Asynchronous Computer-Mediated Communication	ACMC	以计算机为媒介的异步交流
Augmented Reality	AR	增强现实
Automated Writing Evaluation	AWE	写作自动评价
Automatic Speech Recognition	ASR	自动语音识别
Autonomous Learning Platform		自主学习平台
Blackboard		由美国Blackboard公司开发的教学管理平台
Blended Learning (B-Learning)		混合学习
Chinese Proficiency Test	HSK	汉语水平考试
Classical Test Theory	CTT	经典测量理论
Cognitive Load Theory	CLT	认知负荷理论
Computer-Assisted Language Learning	CALL	计算机辅助语言学习
Computer-Assisted Pronunciation Training	CAPT	计算机辅助发音训练
Computer-Based Test	CBT	基于计算机的考试（简称"机考"）

(续表)

英文	英文缩写	中文
Computer-Mediated Communication	CMC	以计算机为媒介的交流
Course Management System	CMS	课程管理系统
Data-Driven Learning	DDL	数据驱动学习
Design-Based Research	DBR	基于设计的研究
Digital Game-Based Learning	DGBL	数字化游戏学习
Digital Storytelling		数字故事
Dynamic Assessment	DA	动态评价
E-Learning		数字化学习（也称"网络化学习"）
English as a Foreign Language	EFL	英语作为外语
English as a Second Language	ESL	英语作为二语
English for Academic Purposes	EAP	学术英语
English for Specific Purposes	ESP	专门用途英语
Event-Related Potentials	ERP	事件相关电位
First Certificate in English	FCE	第一英语证书考试/中高级英语认证考试
Flipped/Inverted Classroom		翻转课堂
Generalizability Theory	GT	概化理论
Human Computer Interaction	HCI	人机交互
Information and Communication Technology	ICT	信息通信技术
Intelligent Computer-Assisted Language Learning	ICALL	智能计算机辅助语言学习
Intelligent Tutoring System	ITS	智能导师系统
International English Language Testing System	IELTS	雅思（全称为"国际英语测试系统"）
Internet-Based Test	IBT	网考（即基于因特网环境的计算机化考试）
Item Response Theory	IRT	项目反应理论
Language for Specific Purposes	LSP	专门用途语言
Learning Management System	LMS	学习管理系统
Massive Open Online Course	MOOC	慕课

（续表）

英文	英文缩写	中文
Mobile-Assisted Language Learning	MALL	移动辅助语言学习
Modular Object-Oriented Dynamic Learning Environment	Moodle	模块化面向对象的动态学习环境，一个基于网络的在线学习的开源课程管理系统
Massively Multiplayer Online Role Playing Games	MMORPG	多人在线角色扮演游戏
Natural Language Processing	NLP	自然语言处理
Open Educational Resource	OER	开放教育资源
Oral Proficiency Interview	OPI	口语能力面试
Second Life		第二人生，一款大型3D模拟现实的PC端网络游戏
Synchronous Computer-Mediated Communication	SCMC	以计算机为媒介的同步交流
Tandem Language Learning		配对语言学习
Teaching of English to Speakers of Other Languages	TESOL	教授非英语人士英语
Technology Acceptance Model	TAM	技术接受模型
Test of English as a Foreign Language	TOEFL	托福（全称为"检定非英语为母语者的英语能力考试"）
Test of English for International Communication	TOEIC	托业（全称为"国际交流英语考试"）
Total Physical Response	TPR	全身反应法
Virtual Learning Environment		虚拟学习环境
Virtual Reality	VR	虚拟现实
Web Course Tool	WebCT	由加拿大British Columbia计算机科学系为高校开发的异步课程传递及管理系统
Web 2.0		相对Web 1.0（2003年以前的互联网模式）的一个新一类互联网应用的统称
wiki		维基（也称"多人协作的写作系统"）
Wikipedia		维基百科
Zone of Proximal Development	ZPD	最近发展区